dtv

20 Tage im 20. Jahrhundert

Herausgegeben von
Norbert Frei
Klaus-Dietmar Henke
Hans Woller

Robert D. Johnson

Washington, 20. Januar 1961

Der amerikanische Traum

Aus dem Amerikanischen übersetzt
von Hartmut Schickert

Deutscher Taschenbuch Verlag

Ein Überblick über die gesamte Reihe findet sich am Ende des Bandes.

Originalausgabe
April 1999
© Deutscher Taschenbuch Verlag GmbH & Co. KG, München
Umschlaggestaltung: christof berndt & simone fischer
Umschlagfoto: © dpa/United Press
Satz: Jürgen G. Rothfuß, Neckarwestheim
Druck und Bindung: C.H. Beck'sche Buchdruckerei, Nördlingen
Gedruckt auf säurefreiem, chlorfrei gebleichtem Papier
Printed in Germany · ISBN 3-423-30610-6

Inhalt

Washington, 20. Januar 1961

Am 20. Januar 1961 wurde John Fitzgerald Kennedy als 35. Präsident der Vereinigten Staaten von Amerika vereidigt. 1917 als zweiter Sohn eines demokratischen Politikers und erfolgreichen Geschäftsmanns irischer Abstammung geboren, war er nach dem Studium in Harvard in die Marine eingetreten und aus dem Zweiten Weltkrieg als hochdekorierter Veteran zurückgekehrt. Dieses Ansehen nutzte der noch nicht Dreißigjährige – neben den persönlichen Kontakten und dem Geld, das ihm durch die Familie zur Verfügung stand –, sich 1946 für die Demokraten ins Repräsentantenhaus wählen zu lassen, in dem er bald durch klare außenpolitische Ansichten und einen eigenen Stil auffiel, der durch Charme und aktives gesellschaftliches Leben geprägt war. In der Innenpolitik scheute Kennedy vor allzu liberalen Positionen zurück; von Angelegenheiten der Wirtschaftspolitik bis hin zur Frage, wie die Demokraten mit dem Kommunistenfresser Joseph McCarthy umgehen sollten, nahm er moderate oder sogar konservative Positionen ein. Trotz seiner mageren Leistungsbilanz im Kongreß wählten die Bürger von Massachusetts John F. Kennedy 1952 in den Senat; mit äußerst knapper Mehrheit verdrängte er den Amtsinhaber Henry Cabot Lodge.

Als Mitglied des Oberhauses errang Kennedy bald landesweite Aufmerksamkeit, wenngleich eher durch Ereignisse in seinem Privatleben – seine Heirat mit Jacqueline Bouvier oder den Pulitzer-Preis für sein Buch ›Profiles in Courage‹ – als aufgrund seiner politischen Leistungen. Dennoch galt er innerhalb der Demokratischen Partei bald als erfolgreich. 1956 unternahm er einen ernsthaften Versuch, für die Vizepräsidentschaft zu kandidieren. Nachdem er dadurch sein Charisma der gesamten Nation hatte vorführen können, galt er als herausragender Bewerber für die Präsidentschaftsnominierung vier Jahre später. Eine wirkungsvolle Kampagne trug ihm dabei die Kandidatur für die Demokraten und dann im Herbst 1960 den Sieg ein:

als jüngster jemals in dieses Amt gewählter Präsident der Vereinigten Staaten.

Kennedy trat sein Amt nach einer der am knappsten ausgegangenen Präsidentschaftswahlen der amerikanischen Geschichte an. Die Republikaner, für die Dwight D. Eisenhower in den zurückliegenden acht Jahren als Präsident gedient hatte, waren mit Vizepräsident Richard Nixon ins Rennen gegangen. Der für seine Parteitreue und seinen Antikommunismus bekannte Nixon war den Demokraten verhaßt; obwohl auch er erst 47 Jahre alt war, blickte Nixon auf eine reiche Erfahrung in der Außenpolitik zurück – und verfügte damit über einen substantiellen politischen Vorteil gegenüber Kennedy in einem Wettbewerb, in dem Fragen der nationalen Sicherheit entscheidend sein würden. Die relative Geschlossenheit der Republikaner stand in deutlichem Kontrast zum Wettlauf um die Nominierung bei den Demokraten. Kennedy mußte zunächst Zweifel hinsichtlich seiner Wählbarkeit ausräumen – die sich allerdings mehr auf seine katholische Herkunft bezogen als auf seine kärglichen politischen Leistungen. Nachdem er seinen Senatskollegen Hubert Humphrey in einer Reihe von Parteivorwahlen besiegt hatte, schlug er beim Konvent der Demokraten zwei weitere Konkurrenten aus dem Feld: Adlai Stevenson, den Kandidaten von 1952 und 1956, sowie Lyndon B. Johnson, den Führer der Senatsmehrheit. Da Kennedy bewußt war, daß er sich innerhalb der Partei eine breitere Basis verschaffen mußte, wählte er Johnson schließlich zu seinem Mitstreiter und stellte damit früh seinen politischen Pragmatismus unter Beweis.

Der verblüffendste Aspekt des Wahlkampfs von 1960 war, daß die beiden Kandidaten so viele Übereinstimmungen aufwiesen. Sowohl Kennedy als auch Nixon waren als frisch aus dem Zweiten Weltkrieg heimgekehrte junge Veteranen in die Politik gegangen. Beide vertraten in der Innen- wie in der Außenpolitik stark antikommunistische Ansichten. Beide hielten Distanz zu den Ideologen ihrer Parteien, in Nixons Fall die rechten Republikaner, in Kennedys die liberalen Demokraten. In der Außenpolitik versprach Kennedy höhere Verteidigungsausgaben und eine rigorosere Fortsetzung des Kalten Kriegs – jener Politik der Eindämmung des sowjetischen Expansionismus, die schon die Grundlage der nationalen Sicherheitspolitik der ersten beiden Nachkriegspräsidenten, des Demokraten Harry Truman und des Republikaners Eisenhower, gewesen war. Doch Nixon genoß einen hervorragenden internationalen Ruf. Die Reputation des Vizepräsidenten machte es dem Demokraten schwer, sich als der leidenschaftlichere kalte Krieger zu positionieren. In der Innenpolitik versprach Kennedy, das Land wieder »auf Trab zu bringen«. Doch er hatte Probleme zu sagen, wie sich seine Wirtschaftspolitik konkret von jener der Republikaner unterscheiden würde. Dies um so mehr, als auch Nixon die Stimulierung des Wirtschaftswachstums als einen Eckpfeiler seiner künftigen Innenpolitik darstellte. Alarmiert konstatierten politische Kommentatoren die Konvergenz zwischen den beiden Kandidaten. Eric Severaid von CBS beschrieb sie als »Politiker von der Stange«: »sauber und adrett«, aber »durch und durch Fließbandprodukte«. Der Kolumnist Richard Rovere meinte treffend, Kennedy und Nixon neigten »immer mehr dazu, sich wechselseitig die Grundpositionen und die Wahlversprechen des anderen anzueignen«. Tatsächlich demonstrierte die Übereinstimmung der beiden, wie wenig Spielraum es in der Wirtschaftspolitik der Nachkriegszeit gab und wie sehr der Kalte Krieg die Perspektiven des Parteivolks beider Seiten bestimmte.[1]

Die nur minimalen politischen Differenzen führten dazu, daß für den Wahlausgang die taktischen Schritte der beiden Kandidaten den Ausschlag gaben. Kennedy machte viel Boden wett, indem er Johnson zu seinem Mitstreiter kürte. Seinen zweiten großen Sieg errang er in der ersten Fernsehdebatte mit Nixon; seine meisterlichen Fähigkeiten, mit dem neuen Medium umzugehen, ließen erkennen, wie sehr das Aufkommen des Fernsehens die Bedeutung des persönlichen Images in der amerikanischen Politik verändern sollte. Als drittes gelang es Kennedy, das »Problem« seiner Konfession in den Griff zu bekommen. Er unterstellte subtil, daß eher Bigotterie als politische Differenzen für den protestantischen Widerstand gegen seine Kandidatur verantwortlich sei. Gleichzeitig stellte er den Stolz auf seinen Glauben zur Schau, um möglichst viele der katholischen Wähler, die 1952 und 1956 Eisenhower ihre Stimme gegeben hatten, auf seine Seite zu bringen.

Der letzte taktische Triumph gelang Kennedy gegen Ende des Wahlkampfs mit einem Telefonat: Er rief die Frau von Martin Luther King jr. an und drückte sein Mitgefühl aus, weil der Bürgerrechtler verhaftet und ins Gefängnis gesperrt worden war. Nixon hingegen ging auf diesen Vorfall nicht nur nicht ein, er versuchte sogar, um die Stimmen der Südstaatler buhlend, seine Mitgliedschaft in der führenden Bürgerrechtsorganisation des Landes, der National Association for the Advancement of Colored People, herunterzuspielen. Diese Spekulation des Republikaners zahlte sich jedoch nicht aus. Die Tatsache, daß sich die schwarzen Wähler entschieden auf die Seite Kennedys stellten, sollte in der Rassenfrage wichtige langfristige Konsequenzen zeitigen.

Insgesamt entfachte der Wahlkampf Kennedy–Nixon soviel Begeisterung, daß es zur höchsten Wahlbeteiligung in der Nachkriegszeit kam. 64 Prozent der registrierten Wähler gaben ihren Stimmzettel ab. Für Kennedy stimmten 49,7 Prozent der Wähler, für Nixon 49,6 Prozent; allerdings fiel Kennedys Triumph im Wahlausschuß mit 303 gegenüber 219 Stimmen überzeugender aus. Für Kennedys Partei aber brachte dieser knappe Sieg wenig ein; bei den Wahlen zum Kongreß verloren die Demokraten an Boden.[2]

Persönliche, politische und ideologische Gründe veranlaßten den neuen Präsidenten, sich zunächst auf die Außenpolitik zu konzentrieren. Kennedy suchte für das kommende Jahrzehnt einen neuen Stil zu etablieren: nach außen ein entschlosseneres Vorgehen gegen die Sowjetunion und Wandel im Inneren. So verkündete er in seiner Antrittsrede am 20. Januar, einem kalten und stürmischen Tag – in der Nacht waren 20 Zentimeter Schnee gefallen, und das Thermometer stieg auf nicht mehr als minus 5 Grad Celsius –: »Die Fackel ist einer neuen Generation von Amerikanern übergeben worden.« Kennedy meinte damit jene, die in der großen Wirtschaftskrise und im Zweiten Weltkrieg erwachsen geworden waren; Männer und Frauen, die »jeden Preis bezahlen, sich jede Last aufbürden, mit jeder Entbehrung fertig werden, jeden Freund unterstützen und jedem Feind entgegentreten, um das Überleben und den Erfolg der Freiheit sicherzustellen«.

Kennedy reichte nicht nur den traditionellen amerikanischen Verbündeten in Westeuropa die Hand, sondern auch den Ländern der Dritten Welt und Lateinamerikas, die, so fürchtete er, an den Kommunismus verlorengehen könnten. Gerade für Lateinamerika bekräftigte er den Wunsch, daß es während seiner Regierungszeit in diesem Teil der Welt zu einer »friedlichen Revolution« kommen möge, versprach aber auch, militärisch einzugreifen, um »jede andere Macht wissen zu lassen, daß diese Hemisphäre Herr im eigenen Haus zu bleiben gedenkt«. Diese Mischung von rigider antikommunistischer Rhetorik und Hinweisen auf ein flexibleres Vorgehen im Kalten Krieg beherrschte den Rest von Kennedys Ansprache. Der Präsident erneuerte das Gelöbnis, die diplomatischen Anstrengungen der Vereinten Nationen zu unterstützen (eine Organisation, die von Eisenhower grundsätzlich links liegengelassen worden war); er versprach, die Sowjetunion zu zwingen, den Vereinten Nationen beizutreten, um eine Basis für ein »neuerliches Streben nach Frieden« zu schaffen, und er forderte beide Seiten auf, sich im Kalten Krieg »niemals vor Verhandlungen zu fürchten«. Gleichzeitig jedoch argumentierte er: »Nur wenn unsere Waffen über jeden Zweifel erhaben sind, können wir über jeden Zweifel hinaus sicher sein, daß sie niemals zum Einsatz kommen.« Damit bestätigte er sein Ziel, die Verteidigungsausgaben zu erhöhen, um die Sowjets nicht durch eine militärische Schwäche der USA »in Versuchung zu führen«. Kennedy schloß seine Rede mit der Vision einer »neuen Weltordnung, in der die Starken gerecht und die Schwachen sicher sind und der Friede bewahrt wird«. Er leugnete nicht die Schwierigkeiten, diese Ziele zu erreichen; seine Generation müsse »die Last eines langen Kampfes im Halbdunkel tragen«, wenn sie einer Verpflichtung gerecht werden wolle, wie sie nur wenigen Generationen in der Weltgeschichte aufgebürdet worden ist: »die Freiheit in der Stunde ihrer höchsten Gefährdung zu verteidigen«. In der berühmtesten Passage seiner Rede stellte der Präsident klar, daß dieses Ziel nur durch ein gemeinsames Opfer zu erreichen sei. Kennedy forderte die Amerikaner auf, »nicht zu fragen, was euer Land für euch, sondern was ihr für euer Land tun könnt«[3].

Einer der bemerkenswertesten Aspekte von Kennedys Inaugurationsrede war, daß innenpolitische Themen kaum vorkamen. Entsprechend persönlicher Neigungen hatte Kennedy seinem Redenschreiber, Theodore Sorenson, den Auftrag für ein Manuskript gegeben, das sich auf Fragen der Außenpolitik konzentrieren solle; ja, er hatte sogar mit dem Gedanken gespielt, innenpolitische Themen völlig auszuklammern. Harris Wofford, einer der neuen Präsidentenberater in Bürgerrechtsfragen, war schockiert, als er erfuhr, daß der ursprüngliche Entwurf der Ansprache dieses Thema mit keinem Wort erwähnte, obwohl es eindeutig das innenpolitische Problem schlechthin darstellte. Selbst nach intensivem Drängen konnte Wofford lediglich Kennedys Zustimmung erreichen, in einen Satz, der die Entschlossenheit der Regierung kommentierte, nicht »die allmähliche Demontage jener Menschenrechte zuzulassen, für die sich dieses Land schon immer eingesetzt hat und für die wir uns heute zu Hause wie auf der ganzen Welt einsetzen«, die Worte »zu Hause« einzufügen. Insofern entsprach Kennedys erste Ansprache der wachsenden Bedeutung internationaler Angelegenheiten für sein neues Amt – eine Entwicklung, die durch den Kalten Krieg noch verstärkt werden sollte. Bereits nach dem Zweiten Weltkrieg hatte eine Neuinterpretation der Verfassung die Funktion des Oberkommandierenden (des Präsidenten) verändert. Sie war nicht länger eng auf militärische Ereignisse begrenzt, sondern autorisierte den Präsidenten zur Verteidigung »nationaler Interessen«; das Aufkommen der Nuklearwaffen rechtfertigte offensichtlich diese Ausweitung der präsidialen Machtbefugnisse. Der Präsident wurde in den sechziger Jahren international zur Personifikation des Kampfes der Vereinigten Staaten gegen die Sowjetunion.[4]

Aber der Kalte Krieg wertete nicht nur das Präsidentenamt auf, er wirkte sich auch erheblich auf die amerikanische Politik und Kultur aus. Sowohl in den Augen politischer Entscheidungsträger als auch denen der Öffentlichkeit kam es in den Nachkriegsjahren zur Verschmelzung von Außen- und Innenpolitik. 1950 hatte die US-Regierung das Dokument 68 des National Security Council (NSC 68) zur offiziellen Politik erhoben. Das zog eine Verdreifachung der Verteidigungsausgaben im Namen des weltweiten Kampfs gegen die kommunistische Bedrohung nach sich. Dieser politische Kurswechsel zeitigte eine Reihe von nicht erwarteten Nebeneffekten. So lösten die massiven Bundesausgaben nicht zuletzt einen Wirtschaftsboom aus, der sich von Alaska zur Pazifikküste, von Washington nach Kalifornien und quer durch den Süden auf Staaten wie Arizona, Texas und Florida erstreckte. Manche Beobachter waren über diese Entwicklung besorgt und warnten wie Dwight D. Eisenhower in seiner Abschiedsrede vor einem »militärisch-industriellen Komplex«, dessen politischer Einfluß Entscheidungen in Fragen der nationalen Sicherheit beeinträchtigen könnte.

Auch in ideologischer Hinsicht veränderte der Kalte Krieg die Vereinigten Staaten. Er brachte eine mächtige rechtskonservative Bewegung in Gang, die am deutlichsten von Joseph McCarthy verkörpert wurde. Mit seinen antikommunistischen Kampagnen suchte der Senator von Wisconsin die soziale und ideologische Einheit einer Gesellschaft zu stärken, die durch den Zweiten Weltkrieg und seine Nachwehen in Unruhe geraten war. Auf seiten der Linken stimulierte der Kalte Krieg eine Entwicklung, die ein Historiker das »Bekenntnis zum Nationalliberalismus« nannte: Die Liberalen verloren das Interesse an Wirtschaftsreformen und konzentrierten sich innenpolitisch auf den Schutz der bürgerlichen Rechte und individuellen Freiheiten, um die amerikanische Demokratie in einen deutlichen Kontrast zum sowjetischen Kommunismus zu bringen; zugleich verfochten sie eine scharf antikommunistische Außenpolitik.

Diese Tendenz, Liberalismus als außenpolitischen Aktionismus zu definieren, erreichte während der Regierungszeit Kennedys ihren Höhepunkt. Sein Wahlkampfversprechen, das Land wieder »auf Trab« zu bringen, versuchte er einzulösen, indem er die Verteidigungsausgaben in die Höhe schraubte, um flexibler auf die sowjetische Herausforderung reagieren zu können. In Lateinamerika lancierte Kennedy die »Allianz für den Fortschritt«, die eine friedliche Revolution, finanziert von den USA, unterstützen sollte, um die Attraktivität radikaler Alternativen auszuhöhlen. Und er versuchte die nationalstaatlichen Theorien liberaler Sozialwissenschaftler auf die Ereignisse in Vietnam anzuwenden, wo die proamerikanische Regierung im Süden sich mit einem von Kommunisten geführten Aufstand konfrontiert sah.

Schon lange vor Kennedy hatten Reformer die Außenpolitik dazu benutzt, ihre Stellung im Inneren zu festigen. Woodrow Wilson hatte dies nach dem Ersten Weltkrieg versucht, als er um Unterstützung für den Völkerbund warb, um jene Reformer zu beschwichtigen, die von seiner Innenpolitik befremdet waren; Wilsons Rivalen vom linken Flügel ahmten diese Taktik mit ihrem antiimperialistischen Kurs in den zwanziger Jahren nach. Doch in der ersten Hälfte des Jahrhunderts hatten die Liberalen ihre Vorschläge für die internationale Politik als Teil eines umfassenden Programms betrachtet, dessen Kernpunkt eine Wirtschaftsreform war. In den sechziger Jahren jedoch verengte sich das liberale Wirtschaftsprogramm so substantiell, daß Kennedy einen republikanischen Investmentbanker, Douglas Dillon, zu seinem Finanzminister machen konnte.

Der das bisherige Jahrhundert bestimmende Prozeß war eine Verengung der ökonomischen Perspektive. Die Entscheidungen Kennedys und seines Nachfolgers Johnson können nicht verstanden werden, ohne daß man sich ausführlich mit diesem Thema beschäftigt. Das Jahrhundert hatte damit begonnen, daß die Populisten eine radikale Reformalternative vorlegten; daß sie ihre Basis in der Landwirtschaft hatten, erklärte ihre Forderungen nach bundesstaatlicher Intervention gegen die Strukturen des kapitalistischen Korporatismus, der zunehmend das amerikanische Wirtschaftsleben dominierte. Doch die Populisten vermochten keine Mehrheit der Wählerschaft auf ihre Seite zu ziehen. Als ihre Absichten in abgeschwächter Form von den Demokraten übernommen wurden, wurden sie zu einer Minorität. Die nächste, in der progressiven Ära aktive Generation von Reformern litt nicht unter den politischen Schwierigkeiten der Populisten, hatte aber darum zu kämpfen, ihre diffuse Ideologie in konkrete Politik umzusetzen. Zwar kamen die Progressiven mit Wilsons Präsidentschaft (1913–1921) an die Macht, doch sie gingen entweder fatale Kompromisse ein (beispielsweise als der Präsident sein antimonopolistisches Wahlkampfversprechen verwässerte und für ein nur schwaches föderales Kontrollorgan zur Überwachung der Wirtschaft eintrat), oder sie mußten feststellen, daß ihr politischer Rückhalt unterminiert wurde (wie nach dem Ersten Weltkrieg, als sich eine antidirigistische Stimmung breitmachte).

Als die nächste Generation von Reformern an die Macht kam – jene des »New Deal« der dreißiger Jahre –, hatte sich das Spektrum der ökonomischen Optionen noch weiter verengt. Doch selbst unter diesen Umständen legte die Regierung Roosevelt kein kohärentes Wirtschaftsprogramm vor, und die Kooperation der Liberalen mit prominenten Unternehmensführern, die während des Zweiten Weltkriegs zu Scharen in die Dienste der Regierung traten, dämpfte die Begeisterung der Reformer für eine umfassende Restrukturierung der Wirtschaft weiter. Kennedy beschleunigte diesen Prozeß, indem er die Anti-Trust-Vision, einst ein fester Bestandteil der reformistischen Tradition, durch das Credo ersetzte, die Regierung müsse das wirtschaftliche Wachstum fördern. Diese Philosophie rief nach einer engen Zusammenarbeit zwischen der öffentlichen Hand und der Wirtschaft; ihren wichtigsten Ausdruck fand sie in einer erheblichen Steuersenkung für Unternehmen, die die Produktivität stimulieren sollte.

Zwei Entwicklungen begleiteten und nährten diesen Niedergang der Wirtschaftspolitik. Die erste war das Anwachsen der Bundesbürokratie, die den unbeabsichtigten, aber nichtsdestotrotz stimmigen Nebeneffekt hatte, umstrittene ökonomische (und nach den sechziger Jahren auch soziale) Themen aus der politischen Arena zu verbannen. Das verringerte die Bandbreite der Optionen, anhand derer sich die großen Parteien unterscheiden konnten. Diese Entwicklung setzte 1914 ein, als Präsident Wilson Pläne verwässerte, die Anti-Trust-Statuten zu verschärfen. Statt dessen trieb er die Bildung der Federal Trade Commission voran, die die Rolle der Monopole im amerikanischen Wirtschaftsleben überwachen sollte. Ähnlich entwickelte Franklin Roosevelt das National Labor Relations Board, einen Vorläufer späterer Entwicklungen, die immer wieder versuchten, die Beziehungen zwischen der organisierten Arbeiterschaft und den Wirtschaftsunternehmen zu stabilisieren. Nach dem Zweiten Weltkrieg bauten die Demokraten diesen Ansatz weiter aus, wobei das aufkeimende Thema der nationalen Sicherheit die traditionell antidirigistische Stimmung der Bevölkerung insgesamt und der Republikaner im besonderen dämpfte. Zwischen 1960 und 1975 entstanden Bundesbürokratien, die sich von den ökonomischen Auswirkungen der Geschlechts- und Rassendiskriminierung bis zum Umweltschutz und zur Wahlrechtsreform um ein Spektrum von Problemen kümmern sollten.

Insgesamt waren die Jahre nach dem Zweiten Weltkrieg Zeuge einer Neuorientierung des liberalen Programms, das die Aufmerksamkeit verstärkt auf Bürgerrechtsfragen lenkte. Das Aufkommen mächtiger sozialer Bewegungen bildete die politische Basis für diese Entwicklung, unterstützt durch den fortdauernden Kalten Krieg, der die Liberalen dazu bewegte, sich darauf zu konzentrieren, wie die Vereinigten Staaten vom sowjetischen Totalitarismus unterscheidbar gemacht werden könnten. (Dies verstärkte auch die Abneigung, das Prinzip des freien Unternehmertums herauszufordern.) Nach der Ernennung von Earl Warren zum Vorsitzenden des Obersten Gerichtshofs im Jahr 1953 begann der Supreme Court die Politiker durch entsprechende Urteile zu zwingen, hochsensible soziale und kulturelle Fragen anzugehen, die ansonsten vielleicht unbeachtet geblieben wären. In den sechziger Jahren wurde der Liberalismus – und damit auch das Streben nach dem amerikanischen Traum – viel eher über die Ausweitung der bürgerlichen Rechte und individuellen Freiheiten definiert als über Vorschläge für eine umfassende Wirtschaftsreform.

Als Präsident mußte sich John F. Kennedy mit dem komplexen Erbe dieser Entwicklung herumschlagen. Seine Amtszeit – und die seines Nachfolgers Lyndon B. Johnson – verstärkte die Haupttrends der Nachkriegspolitik und -kultur noch. Kennedys Regierungszeit kann damit als Angelpunkt für das Verständnis der Entwicklung Amerikas nach dem Zweiten Weltkrieg dienen. Doch wenn wir das Spektrum der Optionen wirklich verstehen wollen, die dem jüngsten Präsidenten der USA bei seinem Amtsantritt offenstanden, muß man weiter zurückgehen: bis zum Anfang des Jahrhunderts, als die Rahmenbedingungen für die wirtschaftlichen und politischen Entwicklungen der Nachkriegszeit definiert wurden.

Kapitel 1

Die Vorläufer des Progressismus

Fast sechs Jahrzehnte vor Kennedys Amtseinführung, im September 1901, erschoß ein Anarchist namens Leon Czolgosz den Präsidenten William McKinley. Diese Tat brachte einen ganz anderen Politikertyp ins Oval Office, und die Ähnlichkeiten zwischen Theodore Roosevelt, dem McKinley folgenden Präsidenten, und John F. Kennedy sind in vielerlei Hinsicht verblüffend. Roosevelt, sechzehn Jahre jünger als sein Vorgänger, wurde 1858 in eine Familie geboren, in der sich seit Generationen die Elite New Yorks wiederfand. Seine schlechte Gesundheit bezwang der Junge mit einem anstrengenden körperlichen Ertüchtigungsprogramm, dabei bildete er eine Leidenschaft für Aktivitäten im Freien aus, die ihn bis ins Erwachsenenalter begleitete. Gleichzeitig entwickelte er breitgestreute Interessen, besonders auf dem Gebiet der Zeitgeschichte. Nach dem Studium in Harvard schrieb er zehn Bücher, darunter eines über die Seeschlachten des Krieges von 1812. Im Gegensatz zu vielen anderen Amerikanern der Oberschicht entschloß er sich zu einer Karriere als Politiker. Der Durchbruch gelang ihm im Spanisch-Amerikanischen Krieg: Er gab seine Position als stellvertretender Marineminister auf, sammelte ein Kontingent von Freiwilligen um sich, taufte es »Rough Riders« und führte das Aufgebot auf Kuba in die Schlacht. Roosevelts Fähigkeit, öffentliche Aufmerksamkeit auf sich zu ziehen, überstieg sein Talent als militärischer Anführer, doch nichtsdestotrotz trug ihm sein Kriegseinsatz landesweite Beachtung ein, die er 1898 in eine erfolgreiche Kandidatur für den Posten des Gouverneurs von New York ummünzte. Während seiner zweijährigen Amtszeit betrieb er eine aktive Regierungspolitik mit Entwürfen zur Erhöhung der Steuern und verstärkter Kontrolle der Großunternehmen; dies unterschied ihn von den Laisser-faire-Prinzipien McKinleys. Seine Berufung zum Vizepräsidenten im Jahr 1900 war zum Teil darauf zurückzuführen, daß die Parteiführung glaubte, er könne McKinley für die Reformer attraktiver machen, zum Teil aber auch darauf, daß Konservative danach trachteten, ihn aus der einflußreichen Position des Gouverneurs von New York wegzuloben. Statt dessen machte das Attentat Roosevelt zum Präsidenten.

Roosevelts Amtsübernahme (wie die Kennedys sechs Jahrzehnte später) stärkte diejenigen Kräfte, die für den Wandel eintraten, brachte eine neue Generation an die Macht und leitete die sogenannte progressive Ära ein. Seine Fähigkeit, den Zeitgeist zu erfassen, und sein Talent zur Selbstdarstellung brachten ihm soviel persönliche Bewunderung ein wie keinem anderen Präsidenten seit Abraham Lincoln. 1904 wurde er mit 58 Prozent wiedergewählt, dem höchsten Stimmenanteil, den bis zu jenem Zeitpunkt ein Präsidentschaftskandidat erreicht hatte. Roosevelts Fähigkeiten, Worte in politische Taten umzusetzen, waren dagegen eher begrenzt – auch ein Charakteristikum, das er mit Kennedy teilte. Auch bei Roosevelt zählte nicht – wie bei Kennedy – seine spezifische Leistung, sondern sein Image und das durch ihn geförderte intellektuelle wie kulturelle Klima.

Der neue Präsident wies der Außenpolitik eine zentrale Rolle zu, und indem er die Macht des Präsidentenamts ausweitete, lieferte er ein Modell für genau die Art von nationaler Führung, die die Reformer herbeisehnten. Politisch hinterließ er jedoch kein so klar umrissenes Erbe. Einerseits befürwortete Roosevelt Machtpolitik und kämpfte für ein starkes Militär. Andererseits sprach er sich auch für Schiedsgerichtsverfahren aus und wurde mit dem Friedensnobelpreis ausgezeichnet. Innenpolitisch beklagte Roosevelt den Verlust nationaler Gesinnung und beschwor seine Landsleute, mehr Idealismus an den Tag zu legen; doch an den entscheidenden Wendepunkten seiner Amtszeit schreckte er selbst davor zurück, gegen die konservativen Kräfte seiner eigenen Partei zu opponieren. Als Präsident erarbeitete er zwar die Grundlagen dafür, daß der Bundesregierung bei der Überwachung der Wirtschaft das Primat eingeräumt wurde, aber er war viel weniger bereit als jeder seiner unmittelbaren Nachfolger, eine dementsprechende Gesetzgebung durchzusetzen oder wenigstens diejenigen Reformgesetze anzuwenden, die es bereits gab. Daß Roosevelt die Politik ebenjener Ära personifiziert, spiegelt letzten Endes vielleicht das ambivalente Wesen der progressiven Ideologie als Ganzes wider.[1]

Vereinfacht ausgedrückt stellte die progressive Ära einen Versuch dar, drei verschiedene und dennoch zusammenhängende Veränderungen in der amerikanischen Gesellschaft anzugehen. In der Wirtschaft hatten sich Großkonzerne als dominierende Unternehmensform ausgebildet. Im Zuge dieser Entwicklung gerieten Schlüsselindustrien wie Öl und Stahl unter die Kontrolle einer Handvoll großer Firmen. Zudem fiel gegen Ende des 19. Jahrhunderts eine mögliche wirtschaftliche Alternative weg; sie hatte ihre Basis im agrarischen Mittelwesten gehabt und wurde Opfer klimatischer und finanzieller Debakel. Die individualistische Tradition des Landes wurde auch von einer Fülle technologischer Fortschritte im späten 19. Jahrhundert in Frage gestellt, wie beispielsweise dem rapiden Ausbau des Eisenbahnnetzes (von 35 000 Meilen 1860 auf 250 000 Meilen zur Jahrhundertwende), der Verbreitung von Telefon, Telegraph, Rotationspressen und Zeitschriften mit Massenauflage sowie dem Aufkommen von Ladenketten und Versandhauskatalogen. Das alles trug dazu bei, daß sich die ökonomischen und sozialen Strukturen nationaler ausrichteten. Die USA nahmen die internationale Führerschaft in der Hochtechnologie jener Zeit für sich in Anspruch; doch dieser Fortschritt rief durch die Geschwindigkeit auch Verunsicherung hervor – zumal die riesigen Weiten des Landes bislang eher nur nominell miteinander verbunden gewesen waren.[2]

Die wirtschaftlichen Entwicklungen verschärften demographische Veränderungen, die bereits in vollem Gang waren, als sich die Jahrhundertwende näherte. Zwischen 1860 und 1900 wuchsen die urbanen Zentren des Landes doppelt so schnell wie die Gesamtbevölkerung. Vor allem die Städte zogen riesige Einwandererströme an: Zwischen 1880 und 1920 emigrierten mehr als 9 Millionen Menschen – ein Viertel der Gesamtbevölkerung von 1880 – in die Vereinigten Staaten. In ihrer ethnischen Zusammensetzung unterschieden sich diese Einwanderer von ihren Vorgängern: Die Zahl der Ost- und Südeuropäer überstieg jetzt die der Einwanderer aus dem Norden und Westen der Alten Welt bei weitem. Die Stadtverwaltungen waren nicht in der Lage, mit den Problemen fertig zu werden, die dieser Bevölkerungsanstieg mit sich brachte. Sie gerieten zunehmend unter die Kontrolle politischer Apparate wie beispielsweise der Tammany Hall Democratic Organization in New York, die den Einwanderern im Tausch gegen ihre Wählerstimmen ein soziales und ökonomisches Sicherheitsnetz bot. Die Politik hatte sich professionalisiert.[3]

Die Mittelschicht reagierte auf diese politischen Apparate mit Entsetzen. Einige sprachen sich für eine Beschränkung der Einwanderung aus, wobei Gruppen wie die Immigrant Restrictive League niedrige Quoten für »unerwünschte« Nationalitäten empfahlen oder die Immigration völlig unterbinden wollten. Andere Mittelschichtsangehörige meinten, zur Schwächung der Apparate würden weniger drastische Eingriffe ausreichen. Die »Mugwumps« in New York City und anderen wichtigen urbanen Gebieten warben für eine Reihe von Maßnahmen, mit denen eine weniger parteiorientierte und dafür effizientere Stadtverwaltung gefördert werden sollte; sie hegten dabei die Hoffnung, die Korruption, die die Apparate am Leben hielt, zerschlagen zu können. Die »Mugwumps«, Republikaner aus der Mittel- und Oberschicht, spielten auch bei der Präsidentschaftswahl von 1884 eine wesentliche Rolle: Ihr Entschluß, den republikanischen Kandidaten James Blaine fallenzulassen, weil ihm Korruption vorgeworfen wurde, half die Wahl zugunsten des Demokraten Grover Cleveland zu entscheiden.[4]

Die Kampagnen der »Mugwumps« und anderer Gruppen für eine »gute Regierung« zeigten, wie ökonomische und demographische Veränderungen des ausgehenden 19. Jahrhunderts die Politik beeinflußten. Dieser Zusammenhang wurde nach dem Börsenkrach von 1893 noch deutlicher. Obwohl es seit dem Bürgerkrieg bereits mehrere Finanzkrisen gegeben hatte, griff der Kurssturz aufgrund höherer wirtschaftlicher Verflechtung nun auf das ganze Land über und rief eine schwere Rezession hervor. Innerhalb von sechs Monaten mußten über 8000 Firmen schließen; gut eine Million Arbeiter verloren ihre Stellen, was eine Welle von Arbeiterunruhen und bundesstaatlichen Gegenreaktionen heraufbeschwor. Daß die Bundesregierung sich auf die Seite der Unternehmen stellte, überraschte nicht; der Pullman-Streik allerdings stellte wegen der harten Reaktion der Regierung eine Ausnahme dar.

Insgesamt war das Goldene Zeitalter durch ein hohes Maß an Konkurrenz zwischen den Parteien charakterisiert, obwohl diese nur geringe ideologische Unterschiede aufwiesen, kaum die dringlichen wirtschaftlichen Probleme angingen und Bundesregierungen stellten, die in ihrer Struktur fast beklagenswert schwach waren. Das System reflektierte eher eine Vorstellung von Politik als irgendeinen sozialen Wandel. Auch aus diesem Grund zeichnete sich die Ära durch eine Reihe von schwachen Präsidenten und starken Legislativen aus. Dabei war der Sprecher des Repräsentantenhauses oft die mächtigste Figur der Bundesregierung – die allerdings im Alltagsleben der meisten Menschen nur eine untergeordnete Rolle spielte. Während des gesamten Goldenen Zeitalters belief sich ihr Durchschnittsetat nur auf rund 300 Millionen Dollar; sie konzentrierte sich darauf, die Pensionen der Veteranen zu bezahlen, das Militär zu finanzieren (größtenteils für Feldzüge gegen die Indianer im amerikanischen Westen) und Unternehmen wie die US-Post zu protegieren.[5]

Daß sich die Verhältnisse zwischen 1892 und 1896 änderten, lag hauptsächlich an der phantasielosen Reaktion der Regierung Cleveland auf die Wirtschaftskrise. Cleveland argumentierte, der Börsenkrach würde sich wie andere finanzielle Debakel zuvor selbst korrigieren, solange die Regierung nichts unternähme, was das Vertrauen der Finanzkreise in den Goldstandard erschüttern würde. Diese Haltung erschien einer immer mächtigeren Gruppe von Landwirtschaftsreformern unannehmbar; sie hatten sich unter dem Banner der Populistischen Partei gesammelt und verlangten, das Silber zu monetisieren (um eine Inflation auszulösen und damit die Lage der Schuldner zu verbessern), ein »Unterschatzamt« einzurichten, um der Bundesregierung mehr Kontrolle über das nationale Finanzsystem zu geben, und politische Reformen wie etwa die Direktwahl der US-Senatoren einzuleiten, um die politische Macht der ökonomischen Elite zu beschneiden. (Der Senat, wegen seines hohen

Anteils an Reichen als »Millionärsclub« tituliert, hatte sich auch im Goldenen Zeitalter als dasjenige Regierungsorgan erwiesen, das Reformen am entschiedensten ablehnte.) Zusammen mit ihren ökonomischen Ansichten vermittelten die Populisten zudem eine soziale Botschaft: Sie versuchten, sich die Unzufriedenheit jener zunutze zu machen, die durch die technologischen und gesellschaftlichen Folgen der Industrialisierung ins Hintertreffen geraten waren. Letztlich sollte diese sozialkonservative Vision zu einem Bruch in der populistischen Ideologie führen; doch im ausgehenden 19. Jahrhundert ergänzten sich das soziale und das ökonomische Programm wechselseitig, da mit beiden versucht wurde, das Gefühl der Machtlosigkeit abzubauen, das Unterschicht und Bauern beherrschte. 1892 stellten die Populisten einen Präsidentschaftskandidaten, den ehemaligen Unionsgeneral James Weaver, der 8 Prozent der Wähler und 22 der Wahlmänner hinter sich bringen konnte. Der Erfolg der Partei auf staatlicher und lokaler Ebene zwang die beiden großen Parteien zumindest, politische und soziale Reformen auf eine Weise anzugehen, die sie bislang vermieden hatten.[6]

Den populistischen Griff nach der Macht vereitelten schließlich zum einen partikularistische Abspaltungen und zum anderen die Fähigkeit der Demokraten, sich die populistische Botschaft zu eigen zu machen. Damit begannen die Demokraten, sich ihrerseits den substantiellen Problemen zuzuwenden, und drifteten dementsprechend nach links. Das löste eine Neuausrichtung aller Parteien aus, die die Republikaner für den größeren Teil der folgenden drei Jahrzehnte zur Mehrheitspartei machte. Die Hauptrolle bei dieser Entwicklung spielte William Jennings Bryan, ein ehemaliger Kongreßabgeordneter aus Nebraska. Beim demokratischen Nationalkonvent von 1896 kämpfte Bryan an vorderster Front darum, Clevelands Wirtschaftsprogramm eine Absage zu erteilen. In einer der dramatischsten politischen Ansprachen der amerikanischen Geschichte antwortete der Demokrat aus Nebraska den ökonomischen Eliten, die nach dem Goldstandard verlangten: »Ihr sollt der Stirn des Arbeiters diese Dornenkrone nicht aufdrücken! Ihr sollt die Menschheit nicht an ein Kreuz aus Gold nageln!« Der leidenschaftliche Appell mit religiösem Unterton kam bei den Delegierten an: Sie verabschiedeten nicht nur ein Pro-Silber-Programm, sondern wählten den sechsunddreißigjährigen Bryan auch zum Präsidentschaftskandidaten. Im Gegenzug setzten sich die Republikaner deutlich von Bryans Wirtschaftspolitik ab, indem sie den Gouverneur von Ohio nominierten: William McKinley, ehemaliger Kongreßabgeordneter und Verfasser des nach ihm benannten Zollgesetzes von 1890, galt als starker Garant des Pro-Wirtschafts-Kurses, den die Partei während des gesamten Goldenen Zeitalters beibehielt. Somit war alles bereit für die Entscheidungsschlacht im Herbst, bei der die Parteien durch ideologisch polarisierte Positionen auffielen, wie es sie seit dem Bürgerkrieg nicht mehr gegeben hatte. Am Ende gelang McKinley ein knapper, doch entscheidender Sieg mit 51 Prozent der Wähler gegenüber 47 Prozent für Bryan. Zudem hatte – im Gegensatz zu den Wahlen des Goldenen Zeitalters – McKinleys Triumph auch die niederen Ränge mitgerissen: Die Republikaner sicherten sich die Mehrheit sowohl im Repräsentantenhaus wie im Senat.[7]

Paradoxerweise setzte die zunehmende Bedeutung einer problemorientierten Politik einen Prozeß in Gang, in dessen Verlauf die überragende Stellung der politischen Parteien abnahm. Die meisten Bundesstaaten waren technisch zum australischen Verfahren übergegangen, bei dem die Regierung Stimmzettel drucken ließ, auf denen die Kandidaten aller Parteien aufgelistet waren; die Wähler konnten so leichter Kandidaten unterschiedlicher Listen wählen, und den Parteien fiel es schwerer, die Wähler stramm auf Parteikurs zu halten. Gleichzeitig kamen im letzten Jahrzehnt des 19. Jahrhunderts die Boulevardblätter auf, unabhängige Zeitungen, deren finanzielle Basis nicht die ökonomische Unterstützung politischer Parteien war, sondern Einkünfte aus Verkauf und Anzeigengeschäft. Diese Veränderungen drängten Parteiloyalität und die aktive politische Rolle der meisten Wähler zurück. Die Wahlbeteiligung, die zwischen 1876 und 1896 durchschnittlich bei 78 Prozent gelegen hatte, fiel von 73 Prozent 1900 auf 66 Prozent 1908, bis sie schließlich 1912 auf 58 Prozent absackte. Darüber hinaus begannen politisch aktive Wähler jenseits der Parteistrukturen auf Entwicklungen einzuwirken. Sie schlossen sich zu Interessengruppen zusammen, um den Kongreß bei Gesetzesvorhaben nach Art einer Lobby zu beeinflussen, um Kandidaten zu unterstützen, die ihre Ansichten vertraten, und um sympathisierende Wähler unabhängig von der Parteizugehörigkeit zu mobilisieren. Die geringere Wahlbeteiligung und das Aufkommen von Interessengruppen verstärkten den Trend zu einer eher problemorientierten Politik, die nicht nur Hauptcharakteristikum der progressiven Ära, sondern des gesamten 20. Jahrhunderts wurde.[8]

Parallel zu diesen innenpolitischen Veränderungen entwickelten sich die USA international zu einer Großmacht. Wie bei den wirtschaftlichen Verhältnissen gab es schon seit längerem entsprechende Anzeichen zu beobachten. Seit den vierziger Jahren des 19. Jahrhunderts hatten die USA nach und nach in der Karibik die politische Oberhand gewonnen; William Seward, von 1861 bis 1869 Außenminister, skizzierte sogar ein noch ehrgeizigeres Expansionsprogramm. Doch während des gesamten Goldenen Zeitalters blockierte eine ideologisch ungeschickte, aber politisch effektive anti-expansionistische Koalition im Senat die meisten Versuche, diese Vision in die Tat umzusetzen. In den neunziger Jahren zerbrach diese Koalition, als die Wahl McKinleys das politische und ideologische Pendel zugunsten einer imperialistischen Außenpolitik ausschlagen ließ: 1897 drückte der Präsident die Annexion Hawaiis durch, und er beschleunigte den Aufbau der Marine. Die amerikanische Seestreitmacht rückte in nur zwei Jahrzehnten von der dreizehnt- zur drittgrößten der Welt vor. Im folgenden Jahr erklärte die USA Spanien den Krieg; dieser endete mit einem entscheidenden Sieg für die USA, der die Republik als imperialistische Macht fest etablierte. Die Regierung leitete eine dreijährige Besetzung Kubas ein, die mit dem Platt Amendment endete, das die Insel zum Protektorat der USA machte. Zusätzlich übertrug der Vertrag von Paris den Vereinigten Staaten die Kontrolle über die spanischen Kolonien in Puerto Rico und auf den Philippinen, was die Präsenz der USA nicht nur in der Karibik, sondern auch in Ostasien etablierte; allerdings ließ sich ihre Position hier erst nach einem grauenvollen Krieg gegen die philippinische Guerrilla festigen.[9]

Folglich spielten die Vereinigten Staaten zur Jahrhundertwende politisch, ökonomisch und international eine völlig andere Rolle als noch zehn Jahre zuvor. Nur der Süden des Landes blieb von diesen Veränderungen unberührt – bezeichnend für die gähnende Kluft zwischen der politischen und wirschaftlichen Entwicklung dieser Region und dem Rest des Landes. Die wirtschaftliche und politische Elite des Südens reagierte auf den Niedergang der Baumwollwirtschaft durch den Bürgerkrieg und die Rekonstruktionsperiode gespalten. Für eine neue Schicht von Unternehmern lautete die Antwort, den Norden nachzuahmen. Doch die Politik, die die Vertreter des »neuen Südens« wie der Industrielle Henry Brady empfahlen, schaffte es nicht, ein anhaltendes wirtschaftliches Wachstum auszulösen. So konnte die Pflanzerelite der Vorkriegszeit wieder ihre alten Machtpositionen einnehmen. Die Sklaverei war zwar verboten, doch die Elite des Südens fand andere Möglichkeiten, die schwarze Bevölkerung weiterhin auszubeuten: Sie nutzte ihre Dominanz im Rechtswesen und bediente sich eines Wirtschaftssystems, das sich auf Landverpachtung und Ernteabgaben gründete. So blieben die Schwarzen als kleine Pachtbauern und unter der Last von Hypotheken finanziell von der Oberschicht abhängig. Um 1890 waren zwischen 75 und 90 Prozent der Bauern in dieser Region in einem System permanenter Verschuldung gefangen; daher fiel die populistische Bewegung gerade im Süden auf fruchtbaren Boden. Doch dann schlugen die Konservativen zurück und belebten die Rassenfrage mit solcher Energie neu, daß sie das gesamte politische Leben beherrschte. Die Südstaaten erließen von 1890 an – und nach 1895 immer schneller – Gesetze, die Schwarze von Wahlen ausschlossen und soziale Schranken zwischen den Rassen errichteten. Unterstützt wurde diese Politik von einer Entscheidung des Supreme Court 1896 im Fall Plessy gegen Ferguson, die die Schaffung »separater, aber gleicher« Einrichtungen in der Region für rechtens erklärte. Von großer Tragweite waren auf lange Sicht die sozialen Folgen dieses »Jim-Crow«-Systems [sinngemäß: die Schwarzen diskriminierendes System], ganz unmittelbare Wirkung zeigte es aber im politischen Bereich: Faktisch schloß die Gesetzgebung die Schwarzen, die im Süden das Rückgrat der Republikanischen Partei gebildet hatten, als politische Kraft aus; 99 Prozent der Schwarzen verloren ihr Wahlrecht (und auch 40 Prozent der Weißen, in der Mehrheit Angehörige der armen Landbevölkerung). Da ihnen politische Macht versagt war, fehlten den Schwarzen auch die sozialen Möglichkeiten, Widerstand zu leisten; die annähernd zweihundert jährlichen Lynchmorde waren nur grausame Demonstration, wie sehr die gesellschaftlichen Strukturen des Südens durch die Weißen kontrolliert wurden.[10]

Darüber hinaus vertraten die Schwarzenführer auch keinen einheitlichen Standpunkt, wie die unterschiedlichen Ansätze der beiden prominentesten illustrieren: Booker T. Washington, ein ehemaliger Sklave, der dem Tuskegee Institute in Alabama vorstand, forderte die Schwarzen auf, das Problem der politischen und sozialen Gleichheit zu ignorieren und sich statt dessen auf die wirtschaftliche Selbsthilfe zu konzentrieren. Er war überzeugt, das ökonomische Leben könne sich unabhängig von den sozialen Verhältnissen des Südens entwickeln, übersah dabei jedoch, wie sehr das »Jim-Crow«-System es den Schwarzen unmöglich machte, ihre wirtschaftliche Lage zu verbessern; und er unterschätzte auch den abgrundtiefen Abscheu der Weißen vor jedem Versuch der Schwarzen, auf soziale und wirtschaftliche Verbesserungen zu dringen. Dieser Haltung widersetzte sich am heftigsten W. E. B. Du Bois, der erste Schwarze, der von Harvard mit einem Doktortitel ausgezeichnet wurde (in Soziologie). Du Bois argumentierte, die Schwarzen bräuchten eine gebildete Elite, die Führungsrollen übernehmen könnte; er zweifelte Washingtons Überzeugung an, daß Schwarze ihr wirtschaftliches Wohlergehen sichern könnten, indem sie ihre politischen Rechte opferten. Auf lange Sicht sollte Du Bois recht behalten, doch zur Jahrhundertwende hatte er so gut wie keine Anhänger im Süden, wo immer noch der größte Teil der schwarzen Bevölkerung lebte. Auch die weiße politische Elite (aller Regionen) favorisierte Washington und nicht Du Bois als Sprecher der Schwarzen.[11]

Die Ermordung seines Vorgängers war nur das unmittelbare Warnzeichen für Theodore Roosevelt, in welch ungeklärtem Zustand sich die nationalen Angelegenheiten bei seinem Amtsantritt befanden. Grundlegende Reformen und Rückschläge waren vorrangige Themen. Das Aufkommen von Großkonzernen und der Kollaps der Landwirtschaft hatten zu einem raschen Wirtschaftswachstum geführt, das jedoch eine tiefe Kluft zwischen Gewinnern und Verlierern aufriß. Rassen- und Einwanderungsprobleme hatten sozialpolitisch ein Schlaglicht darauf geworfen, wie verunsichert die angelsächsische Mehrheit der Nation war und wie sehr sie versuchte, mit Hilfe der Regierung ihre Position abzusichern. International warf das Auftreten der USA als Großmacht eine Reihe neuer Probleme auf. Darüber hinaus war das vertraute politische System zusammengebrochen, das mit starken politischen Parteien und großen Wahlbeteiligungen das zurückliegende Vierteljahrhundert dominiert hatte. All das waren Probleme von nationalem Ausmaß. Vertreter aller Seiten wandten sich um Lösung zunehmend an die Bundesregierung.

Doch in seiner ersten Amtszeit bestand Roosevelts wichtigste Aufgabe weniger darin, diese heiklen Fragen anzugehen, als vielmehr in der Festigung seiner politischen Position, um zu verhindern, daß konservative Republikaner 1904 seine erneute Kandidatur mit einer ideologisch genehmeren Person in Frage stellen würden. Also sprang der neue Präsident über seinen Schatten und festigte seine persönlichen und politischen Beziehungen zu den republikanischen Kongreßführern, die in den meisten offenen Fragen eine erheblich konservativere Einstellung hatten als er. Die beste Gelegenheit zur Stärkung seiner internen Position eröffnete sich auf internationalem Parkett. De facto blieb die Außenpolitik während seiner gesamten politischen Karriere ein wesentlicher Faktor für die Schaffung einer gemeinsamen Basis mit der konservativen Parteiführung.

Zwei Ereignisse aus den Anfängen seiner Amtszeit illustrieren Roosevelts Neigung, die Außenpolitik für innenpolitische Zwecke zu instrumentalisieren. Das erste fand 1902 statt: Als die Regierung von Venezuela sich weigerte, die Auslandsschulden des Landes abzutragen, provozierte sie damit England, Deutschland und Italien, die im Gegenzug mit vereinten Kräften die Häfen Venezuelas blockierten – die ernsthafteste militärische Bedrohung der Karibik durch Europäer seit den sechziger Jahren des 19. Jahrhunderts. Roosevelt drohte Berlin mit

Krieg, falls Deutschland sich nicht zurückzöge. Auch machte er gegenüber den Briten seine Entschlossenheit klar, die daraufhin sofort ihren Kurs revidierten. Deutschland war isoliert und stimmte zu, die Angelegenheit dem Internationalen Gerichtshof zu übertragen. Über die Vorgänge in Venezuela war Roosevelt vor allem deshalb besorgt, weil das Land nicht weit vom Isthmus von Panama entfernt lag, durch den er einen von den USA kontrollierten Kanal zu bauen hoffte. Das wichtigste Ergebnis von Roosevelts Karibikpolitik war ein Abkommen mit Kolumbien; doch mußte er binnen kurzem erfahren, daß der kolumbianische Führer, José Marroquín, versuchte, günstigere finanzielle Bedingungen auszuhandeln. Dieser Sinneswandel löste einen komplexen Strudel von Entwicklungen aus, die zu einer Revolte in Panama führten. So landete das amerikanische Marine-Korps und hinderte die kolumbianischen Streitkräfte daran, wieder die Kontrolle über Panama an sich zu reißen. Das Eingreifen der USA ermöglichte die Unabhängigkeit Panamas. Die Folge war der Hay-Bunau-Varilla-Vertrag, mit dem Roosevelt alles bekam, was er sich gewünscht hatte: Ein zehn Meilen breiter Streifen panamaischen Territoriums wurde auf 99 Jahre an die USA verpachtet; dafür flossen nur geringfügige Summen, und die Vereinigten Staaten bekamen das Recht, in Panama zu intervenieren, wenn der Kanal ihrer Ansicht nach von ausländischen Mächten bedroht war. Obwohl Roosevelt in Venezuela und Panama ziemlich provokativ vorgegangen war, beschrieb ihn ein Historiker als »zögerlichen Imperialisten«. Der Präsident verwandte viel Zeit auf Alternativen, die amerikanische Hegemonie in der Karibik ohne den Einsatz der Streitkräfte zu etablieren. So deutete er das große unilaterale (d.h. ohne Zustimmung des Kongresses) Spektrum an Mitteln der Exekutive zu Beginn des 20. Jahrhunderts an und leitete eine für die Zukunft folgenschwere Entwicklung ein: Internationale Ereignisse dienten zunehmend der Ausweitung präsidialer Machtbefugnisse.[12]

Angesichts ideologischer Differenzen mit den republikanischen Kongreßführern konzentrierte sich Roosevelt innenpolitisch auf Initiativen, die – wie seine internationalen Aktivitäten – der Zustimmung der Legislative bedurften. Sein Programm bildete den Auftakt zu einer Reihe von grundlegenden Veränderungen, die im Lauf der nächsten Jahrzehnte die Macht vom Kongreß auf die Exekutive verlagern sollten. Verglichen mit späteren Umwälzungen agierte Roosevelt noch zurückhaltend. 1902 intervenierte er beispielsweise vermittelnd bei einem Bergarbeiterstreik und berief beide Seiten zu Verhandlungsgesprächen ins Weiße Haus; dies war Teil seines umfassenden Plans, die bislang unbedeutende Position der Bundesregierung gegenüber der Wirtschaft zu stärken. Zu seinen bedeutenden Errungenschaften in dieser Hinsicht zählten die Einrichtung des Department of Commerce and Labor 1903 und des Forest Service 1905, der ersten Regierungsbehörde, die sich mit dem Naturschutz befaßte. Genauso wichtig war, daß er die bereits vorhandenen politisch-strategischen Möglichkeiten der Exekutive verbesserte, indem er eine Reihe von herausragenden Persönlichkeiten – von Elihu Root über Gifford Pinchot bis zu Oliver Wendell Holmes – überredete, in die Dienste der Regierung zu treten. Schließlich versuchte Roosevelt, das Präsidentenamt zu einer »bully pulpit« [sinngemäß: Kanzel für Strafpredigten] der Nation zu machen; das heißt, er wollte kraft seines Amts immer wieder auf die drängendsten politischen und sozialen Probleme hinweisen.[13]

Das zunehmende Bildungsniveau der Nation (die Zahl der High-School-Graduierten verdreifachte sich zwischen 1900 und 1920) sorgte für eine gut informierte Wählerschaft, auf die sich dieser Präsident stützten konnte. Mit Tageszeitungen in Massenauflagen und den neuen Wochenmagazinen mit politischen und sozialen Schwerpunkten wie ›MacClure's‹ und ›The World's Work‹ bildete sich eine überregionale Presselandschaft heraus, die die Reformstimmung insgesamt zu festigen half. Die erste Dekade des 20. Jahrhunderts war von einem weitverbreiteten Enthüllungsjournalismus geprägt, der Mißstände in der amerikanischen Industrie, Politik und Kultur aufdecken wollte. Einst hatte Roosevelt solche Reportagen als »Korruptionsschnüffelei« denunziert, weil er befürchtete, daß die Berichte mit den tiefsten Ängsten der Öffentlichkeit spielten und die Bundesregierung zu sehr unter Druck setzten, um grundlegende Reformen angehen zu können; doch diese landesweit zirkulierenden Zeitschriften halfen jene Basisbewegungen anzuregen, von denen später der Erfolg des Progressismus abhängen sollte. Die einstigen Attacken des Präsidenten gegen die »Korruptionsschnüffler« beruhten zum Teil auch auf seiner Erkenntnis, daß entsprechende Seiten an wesentlich radikaleren Strukturveränderungen in der Wirtschaft interessiert waren, als er selbst es für klug hielt; Roosevelts eigenes ideologisches Gerüst stellte kaum eine echte Bedrohung für den ökonomischen Status quo dar.[14]

Roosevelts erste Amtszeit veränderte sowohl das Wesen des Präsidentenamts wie den Tenor der Bundespolitik drastisch. Gleichzeitig kam es an der Basis, auf kommunaler und staatlicher Ebene zu einem grundsätzlichen ideologischen Wandel. Während des größten Teils von Roosevelts Amtszeit war die ideologische Vielfalt des Progressismus am besten an den unterschiedlichen Programmen der staatlichen und lokalen Reformer abzulesen. Der umstrittenste progressive Gouverneur war Robert La Follette aus Wisconsin, der, 1900 gewählt, mit dem Programm angetreten war, den Einfluß der Eisenbahnindustrie und ihrer Verbündeten auf das politische und ökonomische Leben des Staates zurückzudrängen. Zwar machte gerade Wisconsin sich als »Reformlabor« einen Namen, doch es kam auch in anderen Staaten zu ähnlichen, wenn auch weniger ehrgeizigen Aktivitäten. In Kalifornien führte Hiram Johnson mit seinen Verbündeten einen vehementen Feldzug gegen die Interessenvertreter der staatlichen Eisenbahn- und Versorgungsunternehmen; die Progressiven des Staates verschafften sich bundesweite Anerkennung, weil sie mit Erfolg Initiativen starteten und Referenden einzusetzen verstanden. In Iowa warb Albert Cummins für seine »Iowa-Idee«, mit kombinierten staatlichen und föderalen Aktionen die Macht der großen Wirtschaftsunternehmen zu verringern; in Mississippi drückte »White Chief« James Vardaman ein Programm durch, das in seinem Umfang ökonomischer Reformen dem eines jeden anderen Staates das Wasser reichen konnte. Vardaman stellte aber die besonderen politischen Verhältnisse des Südens in Rechnung und festigte seine Basis unter den armen Weißen nicht nur mit einem Wirtschaftsprogramm, sondern auch mit rassistischen Haßtiraden, die selbst nach Maßstäben jener Zeit abscheulich waren. Die

Reformer unterschieden sich auch wegen ihrer Aktivitäten in den großen Städten, wo sie gegen die Interessen der privaten Versorgungs- und Transportunternehmen kämpften und sich darauf konzentrierten, den Einfluß der Politiker auf die alltäglichen Verwaltungsvorgänge zurückzudrängen, indem sie entweder das Kommissions- oder das Stadtdirektor-System übernahmen.[15]

Die regionale, ideologische und schichtenspezifische Bandbreite seiner Ursprünge wie seiner Anhänger verlieh dem Progressismus eine ideologische Vielfalt, die den früheren Reformbewegungen, beispielsweise dem Populismus, nicht zu eigen gewesen war. Ihr Programm, das weniger auf ideologische Stimmigkeit abzielte als vielmehr auf praktische Resultate, gründeten die progressiven Reformer im allgemeinen auf drei Säulen. Der antimonopolistische Aktivismus war die mächtigste. Besorgt wegen der ökonomischen und moralischen Wirkungen der immer stärker werdenden Großkonzerne, suchten die Progressiven nach einem Kompromiß, der das Wirtschaftswachstum nicht stören und zugleich die moralische und politische Kultur des Landes bewahren sollte, auch wenn sie sich regional und ideologisch in der Frage nicht einig waren, wie weit die Regierung bei der Zerschlagung der großen Wirtschaftskonglomerate gehen sollte. Während in Wirtschaftsfragen im allgemeinen das antimonopolistische Moment den Kurs der Progressiven prägte, ging es bei ihren sozialen Aktivitäten darum, den gesellschaftlichen Zusammenhalt zu fördern und angesichts der Urbanisierung und der Einwanderungswellen die Werte der Mittelschicht zu wahren. Doch wie in ökonomischen Fragen kamen die Progressiven auch hier zu keinem Konsens, auch wenn sie sich darin einig waren, daß die Regierung auf dem Gebiet des öffentlichen Wohlergehens eine größere Rolle spielen müßte. Diese Geisteshaltung spiegelte sich wider in ihrer Sympathie für die Opfer der Industrialisierung, vor allem Frauen und Kinder, und in der Hartnäckigkeit, mit der sie die Aufmerksamkeit auf allgemein gesellschaftsrelevante Themen wie den Schutz der natürlichen Ressourcen des Landes lenkten. Die Progressiven veränderten die politischen Vorstellungen der amerikanischen Öffentlichkeit noch mit einer Reihe von Ideen, die in dieser Periode erstmals auftauchten: mit aus der angewandten Sozialwissenschaft geborenen und an Effizienz orientierten Konzepten wie der Rationalisierung. Dieses Konzept beruhte auf der Überzeugung, daß es Experten gäbe, die für die sozialen und ökonomischen Probleme der Nation Lösungen jenseits politischer Ideologien maßschneidern könnten.[16]

Der Historiker Barry Karl hat den Progressismus als die letzte Reformbewegung des 19. und die erste des 20. Jahrhunderts beschrieben. Die Vorgehensweise, die die Reformaktivisten an den Tag legten, war ziemlich modern. Damit entwarfen sie die Grundstruktur für Interaktionen zwischen sozialen Bewegungen und der Bundespolitik, die für den Rest des Jahrhunderts Bestand haben sollte. Gestützt auf ein breites Spektrum von Basis-Aktivisten und die rege Beteiligung der intellektuellen Elite der Nation, wandte sich die Bewegung mit ihrem Anliegen verstärkt an die Bundesregierung und brachte im Verlauf dieser Entwicklung neue Themen in die nationale politische Debatte ein. Um ihr Programm in praktische Politik umsetzen zu können, brauchte sie aber ein entsprechendes politisches Klima, und sie mußte sich um enge Beziehungen zu dafür offenen Führungspersönlichkeiten kümmern. Für die progressive Bewegung waren diese Schlüsselfiguren Theodore Roosevelt und Woodrow Wilson. Und wie in anderen sozialen Bewegungen des 20. Jahrhunderts kam es zu subtilen, aber wesentlichen Umschichtungen sowohl bei den Prioritäten als auch bei der Ideologie, sobald die Kontrolle über das Programm erst einmal an Washington übergegangen war.

Im ersten Jahrzehnt des 20. Jahrhunderts hatte dieser Prozeß jedoch noch nicht in vollem Umfang eingesetzt. Die für den Progressismus typische komplexe Mischung von Einstellungen brachte an der Basis ein ganzes Spektrum von Reformbewegungen hervor, die sich nicht direkt auf die Politik konzentrierten. Eine solche Kampagne war der Versuch, die Armut auszurotten. Die wesentlichen Anliegen des Progressismus – antimonopolistische Grundsätze, die Verbesserung der sozialen Wohlfahrt und die Sorge um die Position der Mittelklasse – erklären das umfassende Interesse am Leid jener, die aufgrund der industriellen Konsolidierung der Ära McKinley und des anschließenden Wirtschaftsbooms ins Hintertreffen geraten waren. Ein

Beispiel für diese neue Betroffenheit war die Siedlungshaus-Reformbewegung, in der sich ein Programm zur Beseitigung der Armut und die Sorgen der Mittelschicht angesichts der wachsenden Macht von Immigranten in den Städten mischten. Persönlichkeiten wie Jane Addams, die in Chicago »Hull House« gründete, um die Armen zu amerikanisieren (und damit den sozialen Zusammenhalt zu fördern) und ihr Alltagslos zu verbessern, lenkten die allgemeine Aufmerksamkeit auf das Problem. Frauen ihres Schlags spielten auch bei anderen sozialen Bewegungen der Ära eine herausragende Rolle; die explizit politischste davon war der Kampf für das Frauenwahlrecht. Trotz vielversprechender Signale für Unterstützung, vor allem von seiten der Republikanischen Partei, bewegten die Anstrengungen bis ins zweite Jahrzehnt des 20. Jahrhunderts hinein nichts: Das Grundprinzip der Bewegung – daß Frauen die gleichen Rechte zustehen wie Männern – erwies sich als zu radikal für die Zeit. Einig in der Vorstellung, daß das Wahlrecht für Frauen deren traditionelle Rolle als Mutter und Erzieherin festigen würde, konnten sich die Suffragetten in eine Fülle verwandter Kreuzzüge der progressiven Ära einbringen, wie dem zur Eindämmung der Prostitution, zur Abschaffung der Kinderarbeit oder zur Verbesserung der Lage der städtischen Immigranten durch die Siedlungshaus-Bewegung. Besonders viel Unterstützung erhielten sie von den Temperenzlern, die überzeugt waren, das »moralischere« weibliche Geschlecht würde prohibitionistische Initiativen unterstützen.[17]

Während die Suffragettenbewegung versuchte, das Los der Frauen durch den Kampf für politische Rechte zu verbessern, taten sich die Schwarzen mit weißen Liberalen zusammen und versuchten, jene Rechte wieder einzuklagen, derer man sie erst kürzlich beraubt hatte. 1909 wandte sich Du Bois an weiße Reformer, die sich intellektuell aus der Abolitionistenbewegung herleiteten, und gründete die National Association for the Advancement of Colored People (NAACP). Die neue Vereinigung konzentrierte sich darauf, den Schwarzen die gleichen politischen Rechte zu erfechten, und bediente sich hauptsächlich der Bundesgerichte. Um 1915 hatte die NAACP erste bedeutende Siege errungen. Ihr anderes Instrument war der öffentliche Protest, denn sie hoffte, sie könnte damit das Gewissen der weißen Mehrheit wachrütteln und eine Basisbewegung zur Einforderung der bürgerlichen Rechte begründen. Nach Booker T. Washingtons Tod im Jahr 1915 etablierte sich die NAACP als die mächtigste schwarze Organisation des Landes. Ihr Programm konzentrierte sich mehr auf die politische Frage der gleichen Rechte als auf die wirtschaftlichen und sozialen Folgen der Rassentrennung.[18]

Viele Progressive, die sich Anliegen wie das Frauenwahlrecht und die Bürgerrechte zu eigen machten, profilierten sich zugleich in einer weiteren sozialen Reformbewegung, die Anfang des Jahrhunderts erstarkte: das Streben nach dauerhaftem Frieden, das zu den eher konservativen Reformanstrengungen der Ära zählte. Es spiegelte sich im Programm der Lake Mohonk Conferences on International Law wider. Auf diesen seit 1895 veranstalteten jährlichen Treffen von internationalen Juristen wurde ein allgemeiner Schiedsgerichtsvertrag zwischen England und den Vereinigten Staaten propagiert. Die Entwicklung der Friedensbewegung bestätigte einmal mehr, daß das Aufkommen des Progressismus die Vereinigten Staaten dazu zwang, international eine aktivere Rolle zu übernehmen – ein Zusammenhang, der im Laufe des Jahrhunderts nur noch deutlicher werden sollte. Daß sich die Progressiven internationalen Rechtsfragen zuwandten, paßte beispielsweise gut zu ihrer Befürwortung technischer und unpolitischer Ansätze zur Lösung von politischen Problemen und dem Vorbehalt der Reformaktivisten, daß der Öffentlichkeit bei politischen Entscheidungen ein größeres Mitspracherecht eingeräumt werden müsse. Doch das wechselhafte Wesen des progressiven Impulses führte auch in andere Richtungen. Die Reformidee diente einigen auch als Rechtfertigung des Imperialismus; so räsonierten etwa Befürworter der fortgesetzten Kontrolle über die Philippinen, daß die USA, wenn sie schon ihre eigene Gesellschaft reformierten, genauso auch andere reformieren könnten. Andererseits führte die ständige Verknüpfung von innen- und außenpolitischen Reformen dazu, daß sich in die progressive Ideologie die Forderung einschlich, die Vereinigten Staaten müßten bei der Neudefinition der internationalen Ordnung eine Führungsrolle jenseits der traditionellen Machtpolitik übernehmen – eine Haltung, die letztlich mit Woodrow Wilson verknüpft war. Die Reformstimmung brachte einige Progressive sogar dazu, den offenen Widerstand der USA als Anführer einer internationalen antiimperialistischen Koalition gegenüber dem europäischen Kolonialismus zu fordern. Wie auch immer, das Aufkommen des Progressismus sorgte dafür, daß einer aktiven Außenpolitik mehr Unterstützung zuteil wurde.[19]

Was diese Differenzen alles implizierten, sollte sich aber eine ganze Weile noch nicht in vollem Umfang zeigen. Während seiner gesamten Präsidentschaft beurteilten die meisten Friedensaktivisten Roosevelt positiv, typisch für die Progressiven an der Basis. Gleichzeitig tendierten Roosevelt und die Reformer dazu, während seiner ersten Amtszeit auf verschiedenen Ebenen zu operieren. Nach Roosevelts Wiederwahl verschmolzen die Basis- und die politischen Elemente des Progressismus jedoch immer mehr. Roosevelts ehrgeizige Förderung des Konservatismus war ein bezeichnendes Beispiel für die Synergie zwischen dem Präsidenten von oben und dem Basis-Aktivismus von unten und vielleicht das einzige wichtige Resultat, das unmittelbar auf Roosevelts persönlichen Einsatz zurückging. Obwohl die Wurzeln der Ideologie ins 19. Jahrhundert zurückreichten, blühte der Konservatismus einzig und allein in der progressiven Ära. Als Reaktion auf geschäftliche Exzesse riefen Antimonopolisten nach mehr Regierungskontrolle über die Ressourcen des Landes. Auch Naturschutzinitiativen fanden öffentliche Unterstützung; das war zum einen auf Korruption aufdeckende Artikel zum Thema zurückzuführen, zum anderen auf Autoren wie John Muir, dem Gründer des Sierra Club, der dafür plädierte, die natürliche Umwelt um ihrer selbst willen zu erhalten. Eher auf Roosevelts ideologischer Linie lag, daß der Konservatismus auch Persönlichkeiten wie Gifford Pinchot anzog, weil dieser der Regierung einen bequemen Weg bot, für einen effizienteren Gebrauch der nationalen Ressourcen zu werben. 1905 ernannte Roosevelt Pinchot zum ersten Leiter des U.S. Forest Service – trotz des tiefen Gegensatzes zwischen Pinchot, der die nationalen Ressourcen effizienter zu verwalten und auszubeuten trachtete, und den Zielen eines Muir, der die

Natur bewahren wollte. Dennoch sah sich Pinchot mit dem Widerstand jener konfrontiert, die schon bei den geringsten Anzeichen irgendwelcher Einmischungen der Regierung in die Wirtschaft erschreckten. Als der von Republikanern kontrollierte Kongreß Pinchots Handlungsfreiheit beschnitt, unterstützte der Präsident, kurz bevor die Restriktionen des Kongresses wirksam wurden, einen Plan seines Chefförsters, knapp 7 Millionen Hektar Wald als Nationalreservate auszuweisen. Bei dieser Aktion setzte Roosevelt die präsidiale Macht aggressiv ein. Das verdeutlicht, wie sehr seine Allianz mit den Progressiven ihn dazu trieb, mehr als während seiner ersten Amtszeit auf Konfrontationskurs gegenüber den Kongreßführern seiner eigenen Partei zu gehen.[20]

Als 1906 der Pure Food and Drug Act und der Meat Inspection Act verabschiedet wurden, zeigte sich einmal mehr, daß der progressive Basis-Aktivismus den Präsidenten zwang, auf nationaler Ebene ein ehrgeizigeres Programm zu verfolgen. Die Öffentlichkeit war auf das Thema aufmerksam geworden, weil die auf Enthüllungsjournalismus spezialisierte Zeitschrift ›The World's Work‹ einen Artikel von Upton Sinclair veröffentlicht hatte, der die mangelnde Qualitätskontrolle in den Chicagoer Schlachthöfen kritisierte. Roosevelt reagierte mit einer neuen Bundesbehörde, der Food and Drug Administration (FDA), die Arzneimittel prüfen sollte, ehe sie auf den Markt kamen. Das Gesetz autorisierte auch das Landwirtschaftsministerium, ein Bundesprogramm zur Prüfung und Kennzeichnung von Fleisch durchzuführen. Sowohl die FDA wie der Forest Service zeigten, wie sehr Roosevelt sich eines administrativen Regierungsstils befleißigte. Er schuf neue Exekutivorgane und besetzte sie mit Experten, die je nach Bedarf und frei von politischen Zwängen Reformen durchführen und Kontrollmaßnahmen einleiten konnten. Mehr Macht in den Händen von Experten, eine stärkere politische Beteiligung der Intellektuellen und die Überzeugung, daß viele Probleme am besten auf unpolitische Weise gelöst werden könnten – all das spiegelte fundamentale progressive Grundüberzeugungen wider. Trotz sich mehrender Anzeichen für eine Allianz zwischen der progressiven Bewegung sowohl an der Basis wie auf staatlicher Ebene und der Exekutive gab es doch Grenzen einer möglichen Kooperation. Beispielsweise konnten Roosevelts Neigung, die Monopole zu denunzieren, und seine Bereitschaft, in einigen wenigen profilierten Fällen den Sherman Anti-Trust Act durchzusetzen, nicht verschleiern, daß er es wie viele Reformer aus dem Osten nicht als besonders dringlich erachtete, den Einfluß der Monopole auf das amerikanische Wirtschaftsleben auszuschalten. Statt dessen zog der Präsident es vor, die administrativen und regulatorischen Funktionen der Regierung zu stärken, um weitere Werkzeuge in die Hand zu bekommen, Wirtschaftsführer indirekt zu beeinflussen. Antimonopolistische Progressive hielten andererseits das Thema weniger für ein ökonomisches denn ein moralisches Problem und bezeichneten es als dringend notwendig, die Rolle der Großkonzerne im politischen und sozialen Leben Amerikas zu beschneiden. Mit Robert La Follettes Einzug in den Senat im Jahr 1905 begann ihr Einfluß auf die republikanischen Kongreßmitglieder stärker zu werden. Während Roosevelt sich mit Progressiven herumschlug, die ihm zu wenig Reformfreude vorwarfen, litt er zugleich unter dem tiefen Graben zwischen ihm und den republikanischen Kongreßführern; ironischerweise wurde Roosevelt während seiner zweiten Amtszeit durchweg von der Minorität der Demokraten unterstützt, die sich als die eigentliche Reformpartei darzustellen versuchten.[21]

Abgesehen davon, daß Roosevelt die Partei auf eine starke Bundesregierung einschwor, was deren Flügel aus unterschiedlichen Gründen unterstützten, gelang es ihm während seiner Präsidentschaft nicht, den Republikanern seine innenpolitischen Vorstellungen näherzubringen. Weil er es nicht schaffte, die alte konservative Garde aus ihrer dominanten Position zu verdrängen, mußte er nach Mitteln suchen, wie er unilateral, qua Macht seines Amtes sein Programm in die Tat umsetzen konnte; daher rührte seine Vorliebe für einen administrativen Regierungsstil und eine aktive Außenpolitik. Sein Versuch, die Nation mit mehr Idealismus zu erfüllen, baute darüber hinaus darauf, daß die Wähler ihre persönlichen und materiellen Ziele zugunsten des Gemeinwohls zurückstellen würden; das aber war eine unrealistische Erwartung (vor allem von einem Mann, der sich rühmte, die menschliche Natur gut zu kennen). Und schließlich regierte Roosevelt, der immer behauptet hatte, nur in internationalen Krisen könne sich wahre Führerschaft zeigen, in einer Ära relativen Friedens. Mehr noch: die Reformstimmung an der Basis und der Druck, den solch ein verstärkter Aktivismus auf den Kongreß ausüben konnte, sollten sich erst in den acht Jahren aufbauen, die auf seine Amtszeit folgten. Roosevelt weckte bei den Reformern Erwartungshaltungen und trug dazu bei, die kommende, politisch turbulentere Dekade einzuleiten. Doch soweit war es noch nicht. Als er 1908 sein letztes Amtsjahr antrat, ohne daß es einen offensichtlichen Nachfolger gab, ging der Präsident abermals einen Kompromiß mit den konservativen Republikanern ein, die es sich nicht leisten konnten, diesen zurückzuweisen, da Wahlen anstanden und die Demokraten mit ihrer Unterstützung für das Reformprogramm des Präsidenten warben. Folgendes handelten die beiden Seiten aus: Roosevelt wurde das Recht zugestanden, den Präsidentschaftskandidaten für 1908 zu benennen, und er räumte den Konservativen ein, daß sie über das Parteiprogramm entscheiden könnten, welches die Plattform für diese Kandidatur sein würde. Aber der Mann, den der Präsident auswählte, scheiterte, als er mit den politischen und ideologischen Herausforderungen konfrontiert wurde, die Roosevelt ihm hinterlassen hatte.

Kriegsminister William Howard Taft, Sproß einer prominenten Familie von Republikanern in Ohio, absolvierte ein Jurastudium in Yale, diente als oberster Justizbeamter der Vereinigten Staaten, als Generalgouverneur der Philippinen und schließlich im Kabinett. Für den Wahlkampf aber mangelte es ihm an Erfahrung, und seine innenpolitischen Positionen blieben unklar. Dennoch ging der Kandidat der Republikaner im Herbst als klarer Favorit in den Wahlkampf. Obwohl die Demokraten ihre Verluste bei den Zwischenwahlen von 1906 wieder ein Stück weit hatten gutmachen können und Bryan mit einem streng reformistischen Parteiprogramm aufstellten – den stärksten Kandidaten, den sie hatten –, untergrub Tafts Entschlossenheit, Roosevelts politisches Programm beizubehalten, das Hauptargument der Demokraten, sie seien die einzig wahre Reformpartei. Taft siegte, doch sein Vorsprung fiel knapper aus als der

Roosevelts im Jahr 1904, und die Republikaner verloren auch bei den Kongreßwahlen an Boden.[22]

Als ein persönliches oder politisches Mandat konnte das Wahlergebnis nicht gelten, und Taft hatte von Anfang an mit Schwierigkeiten zu kämpfen. Was für Probleme auf den Präsidenten warteten, zeichnete sich ab, als er auf progressive Republikaner reagierte, die den autokratischen republikanischen Sprecher des Repräsentantenhauses, Joseph Cannon, schwächen wollten. Taft hatte ursprünglich die Rebellen ermutigt, dann aber unter dem Druck der konservativen Parteimehrheit einen Rückzieher gemacht – zu spät, um eine Koalition von republikanischen Progressiven und Demokraten zur Beschneidung von Cannons Macht noch zu verhindern, doch rechtzeitig genug, um die Beziehungen zwischen sich und dem linken Parteiflügel zu vergiften. Tafts erste große Gesetzesinitiative, die Revision der Zölle, ließ abermals seine politischen Defizite deutlich werden. Das immer noch von Cannon dominierte Repräsentantenhaus reagierte mit einer dürftigen Gesetzesvorlage, die im Grunde die Abgaben auf die meisten Waren anhob. Der Senat schien entschlossen, sich ähnlich zu verhalten, als eine Koalition von progressiven Republikanern unter Führung von La Follette und Jonathan Dolliver aus Iowa sich mit Demokraten zusammentat, um die Anstrengungen konservativer Republikaner zu unterbinden. Die Unterschiede zwischen der Gesetzesvorlage des Repräsentantenhauses und der Version des Senats machten es erforderlich, daß Vertreter beider Häuser sich zusammensetzten; der anfangs unentschlossene Präsident schlug sich auf die Seite der Konservativen, die darauf drängten, die ursprüngliche Stoßrichtung des Repräsentantenhauses beizubehalten. Der aus diesem Prozeß hervorgegangene Payne-Aldrich Tariff war für die Progressiven unannehmbar, die Taft abermals vorwarfen, er habe die Sache der Reformer verraten.[23]

Tafts ineffektiver Regierungsstil befremdete mehr als nur den progressiven Flügel der Republikaner: Bis 1911 waren der Präsident und sein Vorgänger zu Feinden geworden. Zum Teil erklärten einige Absonderlichkeiten des Rooseveltschen Programms die Verschlechterung der Beziehung. Eines der wenigen Gebiete, auf denen Taft eine aggressivere Politik verfolgte als

Roosevelt, war das Problem der Unternehmenskonzentrationen; der paragraphentreue Präsident forderte – unterstützt von dem willensstarken Justizminister George Wickersham – eine rigorose Durchsetzung der nationalen Anti-Trust-Gesetze. Während seiner vierjährigen Amtszeit ließ der Präsident neunzigmal Anklage wegen Verstoßes gegen diese Gesetze erheben, bei Roosevelt waren es in der doppelten Zeit gerade einmal 57 Fälle gewesen. Die Administration nahm sich mehrerer herausragender Beispiele an, so des Aufkaufs der Tennessee Coal and Iron Company durch U.S. Steel im Jahr 1907. Der Vorgang hatte eindeutig gegen den Sherman Anti-Trust Act verstoßen, doch Roosevelt hatte, was Taft nicht wußte, ihm heimlich zugestimmt. Der Amtsvorgänger, der gerade von einer ausgedehnten Safari in Afrika in die USA zurückgekehrt war, betrachtete Tafts Initiative als persönliche Beleidigung. Die Beziehungen zwischen den beiden verschlechterten sich noch weiter, als Taft Gifford Pinchot als Direktor des Forest Service feuerte, nachdem Pinchot dem neuen Innenminister, Richard Ballinger, korrupte Praktiken zugunsten großer Wirtschaftsunternehmen vorgeworfen hatte.[24]

Angesichts seiner langjährigen Verbindungen zum Parteiestablishment und seines Juristentemperaments war das innenpolitische Zerwürfnis zwischen Taft und den progressiven Republikanern keine Überraschung. Eher konnte da schon verblüffen, daß Taft, der unter Roosevelt außenpolitisch tätig gewesen war, auf dem internationalen Parkett einen so scharfen Bruch mit den Initiativen seines Vorgängers vollzog. Obwohl er Roosevelts Ansicht teilte, daß nur eine aktive Rolle der USA Frieden und Stabilität in der Welt erhalten könne, hielt Taft die Diplomatie der Machtbalance für einen Bestandteil einer vergangenen Weltordnung. Er argumentierte, daß angesichts der zunehmenden ökonomischen Interdependenzen zwischen den Großmächten die Vereinigten Staaten sich darauf konzentrieren müßten, zur Verhinderung lokaler Kriege, in die entwickeltere Länder hineingezogen werden könnten, die Stabilität in den unterentwickelten Teilen der Welt aufrechtzuerhalten. Um dieses Kernargument herum entwickelte Taft seine Außenpolitik, die er als »Dollar-Diplomatie« bezeichnete, weil er die militärische durch die ökonomische Macht Amerikas ersetzen und die wirtschaftliche Stabilität in Übersee fördern wollte. In der Praxis jedoch erwies sich Tafts Außenpolitik als nicht umsetzbar, und entsprechende Versuche verschlimmerten nur noch die bereits angespannte Beziehung zum Reformflügel seiner Partei. Am spektakulärsten versagte der Präsident in Nicaragua, wo eine Serie von politischen Fehlentscheidungen das Eingreifen des US-Militärs zugunsten eines schwachen Regimes, das von amerikanischen Geschäftsinteressen gestützt wurde, erforderlich machte; diese Politik trug Taft die scharfe Opposition von Progressiven aus dem Kongreß ein, die sich bereits wegen der Innenpolitik von der Regierung abgewandt hatten.[25]

Der enge Zusammenhang zwischen Außen- und Innenpolitik spiegelt sich auch darin wider, daß Tafts Probleme auf internationalem Parkett seine politische Situation zu Hause verschlechterten: Republikanische Reformer attackierten (ziemlich unfair) die »Dollar-Diplomatie« als treffliches Beispiel für die überaus freundliche Einstellung der Regierung gegenüber Wirtschaftsinteressen. Tafts innerparteiliche Position wurde nach den Kongreßwahlen von 1910 noch weiter geschwächt, als progressive Republikaner bei Parteivorwahlen eine Anzahl von Konservativen verdrängten, obwohl (oder vielleicht gerade weil) Taft die Konservativen offen unterstützte. Nach den Wahlen begannen die progressiven Republikaner als geschlossener Block selbständig zu agieren; sie nannten sich »Insurgents« (Rebellen). Da sie die Partei in den einzelnen Staaten immer fester in den Griff bekamen, konnten sie sich erlauben, in vielerlei Hinsicht wie eine unabhängige politische Partei zu agieren. Ihre Basis hatten die Rebellen im nördlichen Mittelwesten und Westen; sie übernahmen eine Version des Progressismus, wie sie etwa für Robert La Follette, Albert Cummins und Hiram Johnson typisch war. Die Heimat der Gruppe war nur einer von mehreren Punkten, in denen sie sich von den meisten Reformern aus dem Osten unterschied, die sich um Theodore Roosevelt gesammelt hatten. Da sie sich teils als Erben der populistischen Welle in derselben Region betrachteten, vertraten die Rebellen einen vehement antimonopolistischen Standpunkt; und sie befürworteten Mittel der direkten Demokratie – wozu nicht nur Initiativen und Referenden gehörten, sondern auch eine Stärkung der Machtposition des Kongresses als dem Repräsentanten des Volks auf Bundesebene. Diese Positionen standen im Widerspruch zu denen Roosevelts, der eine starke Exekutive bevorzugte und dessen administrativer Regierungsstil es erforderte, die Macht der Bundesbürokratie zu stärken und sie möglichst von politischem Druck freizuhalten.

Als die Wahlen von 1912 näherrückten, wurde klar, daß der frühere Präsident der stärkste ideologische Herausforderer des Taft-Flügels der Republikaner war. 1909 veröffentlichte der progressive Intellektuelle Herbert Croly ›The Promise of American Life‹, worin er eine Wirtschaftsphilosophie vertrat, die den Mittelweg zwischen dem antimonopolistischen Programm der Rebellen und der konservativen Vision von Taft suchte. Croly argumentierte, es fehle der Regierung an Macht, die Kräfte der wirtschaftlichen Konsolidierung umzukehren, und er wies die Vorstellung zurück, daß große Konzentrationen an sich schlecht seien. Statt dessen hätten, so führte er an, einige Monopole die Effizienz der Industrie gesteigert, die Serviceleistungen verbessert und oft niedrigere Preise für den Endverbraucher ermöglicht. Um gegen die vorzugehen, die dieses Kriterium nicht erfüllten, wollte er die Machtbefugnisse der Bundesregierung ausweiten und so mit der Richtschnur industrieller Effektivität zwischen guten und schlechten Trusts unterscheiden. Dieses Programm ähnelte weitgehend dem, das Roosevelt während seiner Zeit im Weißen Haus vertreten hatte, und der Präsident machte es in einer Ansprache von 1910, in der er erklärte, einen »New Nationalism« unterstützen zu wollen, zu seinem eigenen. Roosevelt aber ging in einem wichtigen Punkt noch über sein früheres Programm hinaus und wollte die Möglichkeit der Justiz beschränkt sehen, sich in föderale Versuche zur Kontrolle der Wirtschaft einzumischen. Zwei Entscheidungen des Obersten Gerichtshofs zogen in besonderem Maß den Zorn der Reformkräfte auf sich: 1895 hatte der Supreme Court im Fall U.S. gegen E.C. Knight den Anwendungsbereich des Sherman Anti-Trust Act drastisch zurückgestutzt; zehn Jahre später kippte er im Fall Lochner gegen New York ein New Yorker Gesetz zur Regelung der Arbeitszeit. Scharfsichtig erkannte

Roosevelt die Bedrohung, die die ideologische Richtschnur dieser Entscheidungen für seinen administrativen Regierungsstil darstellte. Doch daß er die Macht der Judikative in Frage stellte, rief den schärfsten Widerstand von konservativen Republikanern auf den Plan.[26]

Aus der Republikanischen Partei gingen also zwei alternative Vorstellungen von Progressismus hervor. Währenddessen konnten die Demokraten ihre Glaubwürdigkeit als die eigentliche Reformpartei weiter festigen. Da die Partei 1910 die Mehrheit im Repräsentantenhaus erlangt hatte, konnte sie neben William Jennings Bryan weitere Kader von bundesweit bekannten Führungspersönlichkeiten ausbilden: beispielsweise Champ Clark, den neuen Sprecher, und Oscar Underwood, den neuen Vorsitzenden des Ways and Means Committee. Der prominenteste Sieger von 1910, Woodrow Wilson, saß jedoch nicht im Kongreß, sondern im Staat New York, wo er zum Gouverneur gewählt worden war. Der Sohn eines presbyterianischen Geistlichen aus Virginia promovierte nach der Abschlußprüfung in Princeton an der Johns Hopkins University in Politologie; er profilierte sich in seinem Fach mit der Publikation von ›Congressional Government‹, einer kritischen Analyse des Goldenen Zeitalters mit dem System einer schwachen Exekutive und starken Legislative. 1902 wurde Wilson zum Präsidenten seiner Alma mater gewählt; seine Kampagne, Princeton zu mehr sozialer Gleichheit und zu höheren akademischen Standards zu verhelfen, machte ihn zum bekanntesten College-Präsidenten der Vereinigten Staaten. Während seiner gesamten Amtszeit an der Universität blieb Wilson politisch interessiert, und nach einigen Auseinandersetzungen mit dem Kuratorium der Universität begann er sich gerade zu dem Zeitpunkt nach etwas Neuem umzusehen, als die Demokraten von New Jersey einen Gouverneurskandidaten mit unpolitischem Image suchten. Die Wahlen im Herbst gewann Wilson mit Leichtigkeit; nachdem er im Amt war, brach er mit den Anführern des Demokratischen Apparats im Staat und befürwortete sowohl eine Wahlrechtsreform als auch eine straffere Regulierung des Wirtschaftslebens und ein progressives Arbeitsrecht. Dieses Programm trug ihm bald landesweit einen herausragenden Rang unter den progressiven Aktivisten ein.[27]

Solche mit neuer Energie versehenen Reformkräfte dominierten die politische und intellektuelle Landschaft bis zur Wahl von 1912 sehr viel mehr als der gescheiterte Taft. Nachdem La Follettes Kandidatur ins Wanken geraten war, bestätigte Roosevelt die Vermutung vieler: er selbst würde Taft herausfordern. Aber obwohl der frühere Präsident eindeutig sehr populär war, wählten nur wenige Staaten ihre Delegierten in offenen Vorwahlen, während anderenorts treue Parteigänger, die tendenziell wesentlich konservativer waren als die Partei, den Nominierungsprozeß kontrollierten. Taft erhielt die Unterstützung der Parteiorganisationen der meisten Staaten, auch wenn klar war, daß seine erneute Kandidatur die Partei im Herbst zum Scheitern verurteilte. Roosevelt weigerte sich, die Niederlage zu akzeptieren, und scharte seine Anhänger in Chicago auf einem zweiten Konvent, auf dem er zum Kandidaten der neugegründeten Progressiven Partei ernannt wurde, um sich.[28]

Weil die Republikaner weiterhin Taft unterstützten, sah Roosevelt seine Chancen auf einen Sieg nur dann gewahrt, wenn die Demokraten einen Konservativen aufstellten, wie sie es 1904 mit Alton Parker getan hatten. Das hätte ihm ermöglicht, die Reformer beider Parteien auf sich zu vereinen und, weil drei Kandidaten zur Wahl standen, einen knappen Vorsprung zu erzielen. Statt dessen wandten sich die Demokraten Woodrow Wilson zu. Sofort lag er im Wettrennen um die Präsidentschaft vorn, weil so sichergestellt war, daß Roosevelt nicht die Reformkräfte auf sich vereinen konnte. Der Boden für die vermutlich dramatischste Präsidentenwahl in der amerikanischen Geschichte war bereitet; Wilson und Roosevelt stellten immer detailliertere Programme für soziale, politische und ökonomische Reformen auf und kartierten damit auch die zentralen Punkte des amerikanischen Reformprogramms für das folgende Vierteljahrhundert. Die Politik gegenüber den Trusts erwies sich als das Schlüsselthema des Wahlkampfs; sie diente als Symbol für die umfassendere Frage, wie die Regierung auf die weitreichenden ökonomischen Veränderungen reagieren sollte, die das Land im zurückliegenden Vierteljahrhundert erlebt hatte. Bei den Reformern dominierten zwei Standpunkte, die sich vor allem an der Frage ausrichteten, ob Zentralisierung an sich schlecht und der Prozeß der wirtschaftlichen Konsolidierung umkehrbar sei. Antimonopolisten setzten sich dafür ein, daß einschneidende Maßnahmen seitens der Regierung kleineren Produzenten einen größeren Anteil am nationalen Markt sichern könnten. Progressive Anhänger Roosevelts bezweifelten, daß die Wirtschaft zu den Verhältnissen vor der Bildung von Großkonzernen zurückkehren könnte, selbst wenn die Regierung entschlossen wäre, diesen Kurs zu unterstützen.[29]

Unmittelbar nach seiner Nominierung ging Wilson an die Arbeit und skizzierte für seinen Wahlkampf einen Wirtschaftsplan. Er bediente sich Louis Brandeis', des sogenannten »Anwalts des Volkes«, der sich als der gründlichste antimonopolistische Intellektuelle des Landes erwiesen hatte. Im Gegensatz zu Croly, Roosevelts Chefintellektuellem, war Brandeis der Meinung, die Zerschlagung der großen Trusts würde im Rahmen der Wirtschaftspolitik mehr Wettbewerb versprechen. Für Brandeis hatten die Monopole nicht nur einen ökonomischen Preis: Ihre Größe bedrohte das Recht der Individuen auf Selbstbestimmung und förderte den Machtmißbrauch. Logisch auf die Spitze getrieben, stand diese Überlegung natürlich genauso in Opposition zu allzugroßer Konzentration von Regierungsmacht. Um das zu vermeiden, unterstützten die Antimonopolisten die Stärkung und rigorose Anwendung der nationalen Anti-Trust-Gesetze durch ein aggressives Vorgehen der Judikative. Die unterschiedliche Interpretation der Rolle der Monopole in Wirtschaft und Gesellschaft schied die Demokraten eindeutig von den Progressiven. Roosevelt reagierte darauf, indem er das Brandeissche Gedankengebäude seines Opponenten als eine Welt von Schmalspur-Produzenten desavouierte, die es längst nicht mehr gäbe. Statt dessen baute er auf die Theorien, die etwa Herbert Croly und Walter Lippmann vorgelegt hatten; der frühere Präsident forderte einen pragmatischen Ansatz, der das Positive an Zentralisierungen in Rechnung stellen und zugleich ihre Exzesse verhindern würde. Entlang dieser Richtschnur sprach er sich für eine starke Bundesregierung aus, die als neutraler Schiedsrichter zwischen den Monopolen und ihren Gegnern fungierte, für eine föderale Unterstützung der Gewerkschaften, um im Wirtschaftsleben eine größere Chancengleichheit zu erreichen, und für eine ebenso umsichtige wie umfassende föderale Regulierung der Wirtschaft, um einem Mißbrauch durch die bereits bestehenden Monopole vorzubeugen. Roosevelt drängte auch darauf, die wirtschaftlich Unterdrückten stärker unter den Schutz der Regierung zu stellen; seine Vorschläge reichten von gesetzlich festgeschriebenen Mindestlöhnen über das Verbot der Kinderarbeit bis hin zu staatlichen Versicherungen und Pensionen. Die ökonomischen Visionen der beiden Kandidaten wurden in den Vereinigten Staaten auch die nächsten achtzig Jahre nicht übertroffen. In seinem Herzen befürwortete Wilson eine strukturelle Reform der Wirtschaft, während Roosevelt einem eher assoziativen Ansatz den Vorzug gab, bei dem eine starke Regierung die Wirtschaft zu Strategien ermutigen sollte, die ökonomisch allen zugute kämen. Roosevelt akzeptierte die Großkonzernstrukturen als Kern der amerikanischen Wirtschaft, wollte aber zugleich, daß die Regierung das Los jener bessern würde, die aufgrund der ökonomischen Umwälzungen der vorangegangenen Ära ins Abseits geraten waren.

Abgesehen vom relativ guten Abschneiden des sozialistischen Kandidaten Eugene Debs war das Wahlergebnis von 1912 keine Überraschung. Taft, der kaum Wahlkampf gemacht hatte, landete abgeschlagen auf dem dritten Platz, nur 23 Prozent der Wähler und die Staaten Vermont und Utah brachte er auf seine Seite. Roosevelt eroberte 27 Prozent der Wähler, erhielt aber nur 88 Wahlmännerstimmen, und seine Partei schnitt auf staatlicher und lokaler Ebene ziemlich schlecht ab, auf der die Republikaner mühelos die Progressiven als größte Oppositionspartei ausstachen. Doch indem Roosevelt einige Progressive aus der Republikanischen Partei auf seine Seite ziehen konnte, setzte er einen Umorientierungsprozeß in Gang, in dessen Verlauf die Reformer nach und nach alle Hoffnungen fahren ließen, daß die Republikaner die Prinzipien des ökonomischen Konservatismus, die sie seit dem Goldenen Zeitalter verfochten hatten, aufgeben könnten. Wilson hingegen brachte 42 Prozent der Wähler, vierzig Staaten und 435 Wahlmänner hinter sich. Das Ergebnis läßt sich auf zweierlei Weise interpretieren: Einerseits hatte Wilson nur die relative Mehrheit der Wählerstimmen errungen; andererseits stimmten 1912 über drei Viertel der Wähler für Kandidaten, die für eine Veränderung des Status quo eintraten. Zusätzlich zu den Stimmenanteilen von Roosevelt und Wilson, die beide für ein reformistisches Programm eingetreten waren, gaben 6 Prozent der Wähler dem Sozialisten Eugene Debs ihre Stimme, der für strengere Maßnahmen gegen die Monopole und für eine deutliche Wahlrechtsreform eingetreten war und dessen Abschneiden bezeugte, wie tiefreichend die Entfremdung im Wählervolk war. Angesichts dieser Ergebnisse war Wilsons Aufgabe klar: Er brauchte ein Programm, das breit genug war, um die auf Reformen drängenden Wähler anzusprechen und gleichzeitig seine demokratische Basis nicht zu verschrecken.[30]

Als Wilson ins Weiße Haus einzog, hatte er gründlicher über das Wesen seines Amtes nachgedacht als irgendein amerikanischer Präsident vor ihm. Sein akademischer Hintergrund und der nur relative Wahlerfolg von 1912 prägten seinen Regierungsstil. Als Politikwissenschaftler hatte Wilson den Standpunkt vertreten, daß die amerikanische Regierung am effizientesten und am ehrlichsten agieren könne, wenn sie sich stärker der öffentlichen Debatte öffnen und den politischen Parteien mehr Gewicht geben würde. (Diese beiden Grundpositionen waren nicht notwendigerweise komplementär, wie sein Verhalten als Präsident zeigen sollte.) Wilson sah den Präsidenten zugleich in der Rolle des Parteiführers wie des Premierministers und versuchte, mittels Wahlversammlungen der Demokraten zu regieren. Dieser Ansatz war in den Vereinigten Staaten einst weit verbreitet – die Wahlversammlungen der Kongreßparteien zur Nominierung der Präsidentschaftskandidaten hatten sich zu Beginn des 19. Jahrhunderts sogar verdoppelt –, inzwischen aber aus der Mode gekommen. Die Parteidisziplin funktionierte im großen und ganzen. Einerseits, weil Wilson sich nur vor verhältnismäßig wenige interne Herausforderungen gestellt sah: Da die Demokraten weniger Bindungen zu den Unternehmen der Nation unterhielten, gab es in der Partei keine nennenswerte wirtschaftsorientierte konservative alte Garde. Andererseits standen dem Präsidenten ungewöhnlich kompetente Kongreßführer zur Seite, hauptsächlich Oscar Underwood im Repräsentantenhaus und Senator John Worth Kern aus Indiana, der erste Mehrheitsführer des Oberhauses.[31]

Noch auf andere Weise zeigte Wilson ein neues Verständnis seines Amtes. Um den Aufbruch in ein neues Zeitalter zu unterstreichen, legte er als erster Präsident der amerikanischen Geschichte sein Gesetzgebungsprogramm im voraus vor und wandte sich auch häufig formell an den Kongreß, was seit Jefferson kein Präsident mehr getan hatte. Wilson, der stets glänzende öffentliche Ansprachen hielt, war dieser Aufgabe mehr als gewachsen; in deutlichem Gegensatz zu Taft (und genauso zu vielen seiner Nachfolger im 20. Jahrhundert) bereitete es ihm kaum Schwierigkeiten, seine Vorstellungen klarzumachen. In Übereinstimmung mit seinem Anspruch, die Öffentlichkeit besser zu unterrichten, hielt er als erster Präsident auch regelmäßig einberufene Pressekonferenzen ab. Er profitierte von einem reziproken Interesse an Reformen beim Wählervolk, was sich am spektakulärsten 1913 zeigte, als gleich zwei von den Progressiven geforderte Zusatzartikel zur Verfassung verabschiedet wurden. Der 16. Zusatz räumte dem Kongreß die Möglichkeit ein, private und Unternehmenseinkommen zu besteuern, was der Oberste Gerichtshof im Rahmen einer Flut von wirtschaftsfreundlichen Entscheidungen bislang für verfassungswidrig erklärt hatte. Der 17. Zusatz sah die Direktwahl der Senatoren vor (bis dahin waren sie von den staatlichen Legislativen gewählt worden); die Reformer argumentierten, die Direktwahl der Senatoren durch das Volk würde bewirken, daß diese stärker auf den Druck der Öffentlichkeit reagieren müßten und weniger die konservativen wirtschaftlichen und sozialen Positionen übernehmen könnten, für die sie während des Goldenen Zeitalters bestens bekannt gewesen waren.[32]

Wilson bat die Wähler, ihn anhand seiner Gesetzgebung zu beurteilen. An diesem Anspruch gemessen, waren die Leistungen des Präsidenten beeindruckend. Von 1913 bis 1916 drückte Wilson nicht nur ein, sondern gleich zwei umfassende Reformprogramme durch den Kongreß. Genauso wichtig war, daß er die Politisierung des Progressismus zum Abschluß brachte und eine einst amorphe, auf die Basis konzentrierte Reformstimmung zu einem spezifischen politischen und ökonomischen

Programm zuspitzte. Damit legte er jedoch zugleich auch die Basis für den Niedergang des Progressismus. Indem er die republikanischen Reformer zwang, sich zwischen Partei und Prinzip zu entscheiden, machte es Wilsons parteitreuer Regierungsstil ihnen zunehmend schwer, sich mit dem Programm des Präsidenten zu identifizieren. Wichtiger noch ist, daß der Progressismus ursprünglich von vielfältigen ideologischen Grundlagen geprägt war. Indem Wilson das Reformdenken schärfer bündelte, verringerte er zugleich die Basis der populären Unterstützung, denn vorsichtigere Reformer begannen dem Präsidenten ihre Gefolgschaft zu entziehen. Im Gegensatz zur ersten war die zweite Entwicklung ganz und gar unvermeidlich. Einer von Wilsons größten Fehlern bestand darin, daß er nicht bereit war, mehr progressiven Republikanern die Hand zu reichen, um eine vereinte Basis hinter sein Programm zu scharen.[33]

Die »New Freedom« wandte der Präsident zunächst auf drei Gebieten an: in der Finanzpolitik, bei der Bankenreform und den Regulierungsmaßnahmen der Regierung. Im dritten Fall wurden jedoch die Schwierigkeiten deutlich, das antimonopolistische Programm aus dem »New Freedom«-Wahlkampf in praktische Politik umzusetzen. Im Januar 1914 empfahl Wilson eine Verschärfung der Anti-Trust-Gesetze und eine neue Regulierungsbehörde nach dem Vorbild der Interstate Commerce Commission, die die Eisenbahnindustrie überwachte. Im Gegensatz zu seiner Position von 1912 räumte er regulatorischen Initiativen eine größere Priorität ein, was zur Federal Trade Commission (FTC) führte. Er kombinierte Elemente seines eigenen Programms von 1912 mit solchen Theodore Roosevelts und brachte das regulatorische Konzept mit der antimonopolistischen Ideologie zur Deckung, indem er argumentierte, daß eine mit Experten besetzte Regulierungsbehörde die Monopole effizienter im Zaum halten könnte als die Gerichtshöfe – ein Standpunkt, der durch die Erfahrung mit dem erfolglosen Sherman Act gestützt wurde. An einem kritischen Punkt des Gesetzgebungsprozesses jedoch gab Wilson den Forderungen konservativer Senatoren nach und modifizierte die Gesetzesvorlage dahingehend, daß Wirtschaftsunternehmen Erlasse der FTC vor Gericht bringen konnten, so daß das eigentliche Ziel der antimonopolistischen Regulierungsvision verhindert wurde. Dieses Zugeständnis erwies sich als nur einer der Gründe, warum die FTC nicht den Erwartungen genügen konnte. Das Gesetz war auch zu vage formuliert, und seine erfolgreiche Umsetzung hing von den Personen ab, die in die Kommission berufen wurden. Wer jedoch von der reformfreudigen Regierung Wilson erwartete, sie würde den Ausschuß mit entschiedenen Antimonopolisten besetzen, wurde herb enttäuscht. Eine der signifikantesten Folgen des Niedergangs der politischen Parteien war das Aufkommen von Interessengruppen. Mit einer Lobby-Stärke, die jene der Konsumentengruppen bei weitem überstieg, beeinflußten die Interessenvertreter der Wirtschaft von Anfang an erfolgreich die Berufungen in die FTC. So wurde es bis zum Ende der Dekade die Regel, Kommissionsmitglieder zu ernennen, die den Industrien, die sie eigentlich überwachen sollten, überaus freundlich gesonnen waren. Antimonopolistische Progressive hätten es vielleicht toleriert, daß Wilson sich der FTC annahm, wenn der Präsident zugleich entschlossener für Claytons ursprüngliche Vorlage gekämpft hätte, eine Fülle von Geschäftspraktiken wie beispielsweise die Schachtelaufsichtsräte der Aktiengesellschaften oder Preismanipulationen zur Ausschaltung des Wettbewerbs für ungesetzlich zu erklären. Aber Wilson verlor allmählich das Interesse an der Maßnahme, während Wirtschaftslobbyisten im Senat die Gesetzesvorlage verwässerten. George Norris, einer der republikanischen Rebellen, verglich die Erwartungen im Anschluß an den Wahlkampf von 1912 mit dem Ergebnis, das am Ende herausgekommen war, und kritisierte die Maßnahme als den »größten legislativen Sieg, den die Trusts und die Interessenverbände im Leben aller hier Anwesenden errungen haben«. Doch der Senator aus Nebraska, der wie alle anderen Rebellen die Gesetzesvorlage ablehnte, schaffte es nicht, eine konkrete Alternative auszuarbeiten. Letzten Endes waren die Unzulänglichkeiten sowohl des Clayton Act wie der FTC typisch für die Schwierigkeiten, die antimonopolistische Ideologie in konkrete Gesetzesvorlagen umzusetzen.[34]

In den Kernfragen der Wirtschaftsreform war Wilsons Leistungsbilanz also eher unausgewogen. In der Außenpolitik betrachteten die Reformer seine Errungenschaften ähnlich ambivalent. Mit William Jennings Bryan als Außenminister startete die neue Regierung schnell eine Fülle von internationalen Initiativen, um Selbstbestimmung, Demokratie und den Frieden zu fördern. Sie versuchte, die Grundzüge des progressiven Gedankengebäudes auf das internationale Parkett zu übertragen. Wie schon Taft verknüpfte Wilson ziemlich selbstbewußt sein nationales mit seinem internationalen Programm. Doch wiederum wie Taft lernten die Demokraten die politischen Schwierigkeiten einer aktiv betriebenen Außenpolitik kennen. So wurde durch die Handhabung der Angelegenheiten in Mexiko die Beziehung des Präsidenten zu den progressiven Republikanern im Kongreß belastet. In einem unangebrachten Versuch, die Opponenten des diktatorischen mexikanischen Regimes von Victoriano Huerta zu unterstützen, autorisierte Wilson im Mai 1914 die militärische Besetzung von Veracruz. Von den Rebellen angeführte reformerische Kongreßabgeordnete attackierten den Präsidenten, weil er für ein fundamental politisches Problem eine militärische Lösung gesucht hatte. Sie argumentierten, die Vereinigten Staaten, die selbst aus einer Revolution hervorgegangen waren, sollten sich nur mit äußerster Vorsicht in die internen Angelegenheiten einer anderen Nation einmischen. Darüber hinaus kritisierten Senatoren wie La Follette, Joseph Bristow aus Kansas und George Norris, daß Wilson nicht die Zustimmung des Kongresses für die Intervention eingeholt hatte. Zusammen mit dem streng parteikonformen Regierungsstil des Präsidenten trieben solche außenpolitischen Fehlschläge viele republikanische Progressive wieder in die Arme der eigenen Partei. Diese Entwicklung sollte dem Präsidenten auf lange Sicht erhebliche Probleme bereiten.[35]

Die reformerischen Defizite waren jedoch nicht Wilsons Hauptsorge, als die Zwischenwahlen von 1914 näherrückten. Anfang 1914 gab es erste Anzeichen, daß die politische Unterstützung für Reformen nachließ; Turbulenzen in Europa hatten der amerikanischen Wirtschaft einen Abschwung mit dramatischen politischen Folgen beschert. Darüber hinaus hatte die Progressive Partei trotz solider Finanzierung und eher sporadischer Unterstützung durch Roosevelt nicht Fuß fassen können. Ein führender Rebellen-Senator, Joseph Bristow, überstand die

republikanischen Vorwahlen nicht, andererseits schafften erzkonservative Kräfte es bis in die vorderste Front von Staaten
wie Minnesota, North Dakota und sogar La Follettes Wisconsin, die bislang von reformfreudigen Republikanern dominiert
worden waren. Die Wahlergebnisse des Herbstes waren für die
Reformkräfte alles andere als ermutigend. Wilsons Demokraten
mußten bei den Wahlen zum Repräsentantenhaus einen schweren Schlag einstecken: Sie verloren 71 Sitze und waren auch im
Senat nur noch mit knapper Mehrheit vertreten. Daher begann
sogar Roosevelt seinen Flirt mit den Reformern aufzugeben. Zu
William Allen White, einem prominenten progressiven Journa-
listen aus Kansas (der die fehlgeschlagene Kandidatur Bristows
unterstützt hatte), sagte Roosevelt, die Resultate deuteten darauf hin, daß der Durchschnittswähler sich um seine eigenen
Angelegenheiten kümmere, nicht um »soziale Gerechtigkeit,
wirtschaftliche Gerechtigkeit, saubere Politik oder öffentliche
Moral«. Vielleicht sei sein Ruf nach mehr Idealismus die ganze
Zeit falsch gewesen.

Im Gegensatz zu Roosevelts düsteren Aussichten boten die
Ereignisse von Ende 1914 für den Präsidenten doch einige positive Anzeichen. Die immer feindlichere Haltung der Republikanischen Partei gegenüber den Reformen veranlaßte viele von
Roosevelts früheren Bewunderern in intellektuellen und reformerischen Zirkeln, sich Wilson als Führer zuzuwenden. Ein
besonders prominentes Beispiel waren die Gründer der ›New
Republic‹, einer neuen Reformzeitschrift, die literarische, politische und soziale Kommentare von schneidender Schärfe veröffentlichte. Herausgegeben von Persönlichkeiten wie Walter
Lippmann, Herbert Croly und dem Ökonomen Walter Weyl,
wandte sich die Zeitschrift innenpolitisch immer stärker Wilson
zu. Die Wahlergebnisse stellten den Präsidenten vor einen
Zwiespalt: Er konnte versuchen, mit den neu erstarkten Konservativen im Kongreß zu kooperieren und die Demokratische
Partei wieder zu ihrer traditionellen Befürwortung einer eingeschränkten Regierungsgewalt zurückzuführen; er konnte aber
auch hoffen, daß es noch immer eine Mehrheit für Reformen
gab, und versuchen, die linken Kräfte der Sozialistischen Partei
und den Rebellenflügel der Republikaner, die ihm 1912 die

Unterstützung verweigert hatten, auf seine Seite zu ziehen. Angesichts der politischen Landschaft kam Wilson zu dem Schluß, daß die zweite Vorgehensweise ihm die besten Chancen bot, den politischen Sieg mit der Treue zu seinen reformerischen Prinzipien zu verbinden. In der Folge kanalisierte er die Reformstimmung noch weiter abseits der Hauptströmung der Republikaner, weil er verspätet versuchte, die verbliebenen Reformer der Partei in seine Koalition hineinzuziehen.[36]

Mit dieser hochriskanten Strategie zu regieren, erforderte ein Reformprogramm, hinter dem sich eine wiedererstarkende progressive Wählerschaft scharen konnte. Abermals demonstrierte Wilson seine Befähigung zum politischen Führer; die zweite Stufe der »New Freedom« bestand aus einer Flut von Kongreß- und Regierungsaktionen, die auf allen Ebenen des nationalen Wirtschaftslebens das föderale Prinzip etablierten. Erstens konsolidierte er die strukturellen wirtschaftspolitischen Veränderungen der ersten »New Freedom« durch die Tariff Commission, die die Exekutive in Fragen der Zölle beriet, und durch das Shipping Board, das die Vollmacht bekam, Passagier- und Frachttarife für die Handelsmarine festzulegen. Um seine progressive Glaubwürdigkeit über die Gesetzgebung hinaus abzupolstern, nominierte er zweitens Louis Brandeis für einen freien Stuhl im Supreme Court. Diese Wahl trug ihm sowohl wegen Brandeis' expliziter ökonomischer Ansichten als auch wegen dessen Religionszugehörigkeit heftigsten Widerstand ein. Die unerschütterliche Unterstützung durch den Präsidenten war nötig, um 47 zu 22 Stimmen für die Bestätigung der Berufung zu bekommen. Danach holte Wilson einen weiteren dezidierten Wirtschaftsreformer, John Hessin, in das höchste Gericht. Drittens zeigte Wilson mehr Bereitschaft, die Progressiven im Kongreß zu unterstützen. So befürwortete er beispielsweise einen Vorstoß von La Follette und Claude Kitchin, dem Abgeordneten von North Carolina und Vorsitzenden des House Ways and Means Committee, zur Erhöhung der Einkommen- und Grundbesitzsteuer für die Reichen. Schließlich reichte der Präsident früheren Anhängern der Progressiven Partei die Hand, indem er sich Roosevelts Vorschläge von 1912 für soziale und wirtschaftliche Gerechtigkeit zu eigen machte. Dementspre-

chend zeichnete sich die zweite Welle der »New Freedom«-
Reformgesetzgebung durch eine Fülle von Initiativen aus, die
die Position der Arbeiter stärken sollten, beispielsweise dem
Keating-Owen Act, der den Transport über die Staatsgrenzen
von Waren, die von Minderjährigen produziert worden waren,
verbot und für Arbeiter eine Entschädigung für alle Verletzungen vorsah, die sie sich bei Arbeiten im Regierungsauftrag
zuzogen. Die wichtigste Initiative zugunsten der Arbeiter war
der Adamson Act, der für Eisenbahnarbeiter einen Achtstun-
dentag vorschrieb. Das war die erste bundesstaatliche Maßnahme, mit der die tägliche Arbeitszeit von Lohnabhängigen regu-
liert wurde. Über die politischen Belange hinaus ließen diese
Maßnahmen erkennen, daß das gesellschaftliche Bild der Indu-
striearbeiter sich weitgehend verändert hatte und Reformer
sämtlicher ideologischer Schattierungen nun akzeptierten, daß
man den Problemen der Industrialisierung mit nationaler Politik begegnen müsse.[37]

Aber wie schon 1914 im Fall von Mexiko erschwerten die
internationalen Probleme nach wie vor Wilsons Aufgabe. Neben
der zweiten Stufe der »New Freedom« standen 1915 und
Anfang 1916 für die politische Elite die Ereignisse in Europa im
Mittelpunkt. Der Kriegsausbruch im August 1914 stellte den
Präsidenten vor die doppelte Herausforderung, außenpolitisch
die Interessen der USA zu wahren und gleichzeitig seinen
Grundprinzipien treu zu bleiben. Zunächst drängte Wilson die
Amerikaner, neutral in Worten wie in Taten zu bleiben. Doch
diese Ermahnung erwies sich in einem Land mit einem so hohen
Anteil von Einwanderern als wirkungslos. Hinzu kam, daß
wirtschaftliche Interessen der USA gegen die strikte Neutralität
sprachen. Nachdem sie kurz an einen Protest gedacht hatte,
akzeptierte die Regierung die britische Seeblockade Deutsch-
lands. Diese Entscheidung unterband allen Handel der Vereinigten Staaten mit den Mittelmächten, versprach gleichzeitig
aber einträgliche Geschäfte mit den Alliierten. Darüber hinaus
schockierte eine Kombination von wirkungsvoller britischer
Propaganda und deutscher Realpolitik – vor allem was die
Besetzung Belgiens anging – sowohl den moralischen Wilson als
auch den größten Teil der nationalen Elite. Diese Haltung ver-

schärfte sich noch erheblich infolge des uneingeschränkten deutschen Unterseebootkriegs. Dessen folgenschwerste Konsequenz war die Versenkung des britischen Passagierdampfers »Lusitania« am 7. Mai 1915 durch ein deutsches U-Boot, bei der 1198 Menschen, darunter 128 Amerikaner, ums Leben kamen. In zwei scharfen diplomatischen Noten verlangte der mit Krieg drohende Präsident, daß Deutschland die Neutralität Amerikas zu respektieren habe. Die Deutschen machten einen Rückzieher, aber der Zwischenfall forderte von Wilson einen hohen Preis: Wegen seiner säbelrasselnden Reaktion trat William Jennings Bryan als Außenminister zurück. Sein Rückzug aus dem Kabinett machte deutlich, wie groß das Spaltungspotential in der progressiven Koalition war, wenn es um Außen- und nicht um Wirtschaftspolitik ging.

Obwohl Bryan in der Demokratischen Partei keine starke Stellung mehr hatte, fanden viele Positionen des früheren Außenministers die Unterstützung unabhängiger und linker Progressiver in der Republikanischen Partei, die Wilson mit Blick auf 1916 für sein erneuertes innenpolitisches Reformprogramm zu gewinnen trachtete; sie gingen als »Friedens-Progressive« in die Geschichte ein. Auch wenn Fragen wie Neutralität oder Militärausgaben zeigten, wo außenpolitische Gefahren auf Wilson lauerten, boten die internationalen Angelegenheiten dem Präsidenten doch Gelegenheit, seine Mitte-Links-Koalition in den Monaten vor den Wahlen von 1916 zu konsolidieren. In diesem Jahr sammelte sich eine Gruppe von Aktivisten unter dem Banner dessen, was ein Historiker als »progressiven Internationalismus« bezeichnet hat. Diesem ideologischen Ansatz zufolge sollten die Vereinigten Staaten nach dem Krieg die Führung bei dem Versuch übernehmen, das internationale System durch die progressiven Ideen der Selbstbestimmung, der Freiheit der Meere und der Entwaffnung weltweit zu reformieren. Zur Erreichung dieser Ziele befürwortete die Gruppe besonders die Mitgliedschaft der USA in einem nach dem Krieg zu schaffenden Völkerbund. Obwohl Wilson die Mitgliedschaft der USA an einem solchen Völkerbund öffentlich nicht unterstützte, bestanden doch kaum Zweifel, daß er Sympathien dafür hegte. In der Tat war der Präsident genausowenig wie die vehementen Verfechter der Nichteinmischung – beispielsweise die »Friedens-Progressiven« – davon überzeugt, daß ein umfassendes militärisches Eingreifen der USA mit dem traditionellen amerikanischen Idealismus in Einklang gebracht werden könnte. Diplomatisch opponierte Wilson zusätzlich gegen eine Beendigung der amerikanischen Neutralität, weil er befürchtete, dies würde ihn der Chance berauben, in dem Konflikt im Sinn des progressiven Internationalismus zu vermitteln. Mit Hilfe seiner außenpolitischen Chefberater, Colonel Edward House und Außenminister Robert Lansing (die in Wirklichkeit beide den Kriegseintritt befürworteten und daher ständig die Anstrengungen des Präsidenten unterminierten), unternahm Wilson Ende 1915 und 1916 mehrere Versuche, die kriegführenden Parteien zu einem Waffenstillstand zu bewegen. International zeigten diese Anstrengungen keine Wirkung, und sie führten auch noch zu Spannungen mit den Alliierten. Doch innenpolitisch bewiesen sie einer für Wilsons Wiederwahl entscheidenden Wählerklientel die Glaubwürdigkeit des Präsidenten als Friedensstifter.[38]

Wilsons außenpolitische Positionen trugen ihm immer heftigere Attacken von seinen ärgsten innenpolitischen Widersachern ein. Doch er war nicht der einzige prominente Politiker, dessen Verhalten erkennen ließ, wie sehr in den Monaten vor den Wahlen von 1916 internationale Entwicklungen die politische Landschaft zu Hause veränderten. Roosevelt rückte mit seinen außenpolitischen Empfehlungen von der zeitgenössischen intellektuellen Strömung der progressiven Bewegung ab. Vielmehr argumentierte er, 1916 müsse vor allem ein Präsident gewählt werden, der sich der Steigerung der Militärausgaben und nicht innenpolitischen Reformfragen verschrieb. Dementsprechend bedrängte er seine früheren Anhänger, zu den Republikanern zurückzukehren. Im nachhinein verblüfft jedoch nicht die Geschlossenheit der interventionistischen Position, sondern die relativ geringe öffentliche Unterstützung, die ihr zuteil wurde. Trotz großer Reden und schlagkräftiger Argumente gelang es Roosevelt nicht, die Öffentlichkeit wachzurütteln. Das stellten die Republikaner in Rechnung, als sie über einen Herausforderer von Wilson nachdachten. Die Demokraten waren nicht die einzige Partei, für die die außenpolitischen Fragen ein potentielles politisches Handicap darstellten.[39]

In der Tat begannen im Verlauf des Jahres 1916 die treibenden Kräfte der Demokraten außenpolitisch deutlicher Position zu beziehen. Den Höhepunkt erreichte diese Entwicklung mit dem Nationalkonvent der Partei. Der Hauptredner, der frühere New Yorker Gouverneur Martin Glynn, erhielt enthusiastischen Beifall, als er Wilson dafür pries, daß er dem republikanischen Drängen auf ein forcierteres diplomatisches Vorgehen widerstanden hätte: »He Kept Us Out of War« wurde zum Wahlkampfslogan der Demokraten. Der Schlachtruf übertrieb allerdings erheblich die Entschlossenheit des Präsidenten, einen Krieg um jeden Preis zu vermeiden. Doch seine Popularität bezeugte, wie weit die Anti-Kriegs-Position in der Bevölkerung verbreitet war. Das entsprach auch Wilsons Absicht, die außenpolitischen Differenzen herunterzuspielen, um seine innenpolitische Koalition intakt zu halten. Die Republikaner litten immer noch unter den Abspaltungen von 1912; sie hatten inzwischen davon abgesehen, Roosevelt oder Taft aufzustellen, und sich Charles Evans Hughes, Richter am Obersten Gerichtshof, als Kompromißkandidaten ausgesucht. Hughes' Stellung in der Justiz erlaubte es ihm, sich aus dem Taft-Roosevelt-Schisma von 1912 herauszuhalten. Zugleich hatte er als Gouverneur von New York eine gemäßigt reformistische Leistungsbilanz vorzuweisen. Doch Hughes sollte sich als schwacher Kandidat erweisen. Es fiel ihm schwer, ein innenpolitisches Programm zu formulieren, das aus mehr als nur der Opposition zu Wilson bestand. Die konservativen Positionen von Wilsons Widersachern im Kongreß zu vertreten hätte bewirkt, daß progressive Republikaner zu den Demokraten übergelaufen wären. Doch die Sache der Reform zu unterstützen, riskierte eine Entfremdung von der Parteibasis, ohne zugleich sicherzustellen, daß Progressive dann überhaupt für die Republikaner stimmen würden. Außenpolitisch sah sich Hughes vor noch größere Schwierigkeiten gestellt. Während Roosevelt versuchte, im Wahlkampf eine Mehrheit für die Intervention zu gewinnen – was ihm bislang nicht gelungen war –, versprach Hughes ungeschickterweise den Deutschamerikanern – traditionell eine entscheidende republikanische

Wählergruppe im Mittelwesten –, daß seine Regierung einen Krieg vermeiden würde. Wegen dieser durchsichtigen politischen Anbiederung konnte Wilson Hughes vorwerfen, er spalte die Amerikaner aufgrund ihrer ethnischen Herkunft. Er versprach, in seiner zweiten Amtszeit ebenso entschieden für den internationalen Frieden zu arbeiten, wie er es in seiner ersten getan hatte, als er genau das Programm vertrat, das viele Deutschamerikaner dazu brachte, die Parteiseiten zu wechseln und ihn zu unterstützen. Daß der Präsident die USA als »zu stolz zu kämpfen« hinstellte, schmeichelte noch mehr dem progressiven Wunsch, sich aus dem Krieg herauszuhalten. Angesichts der Ungleichheit zwischen den Wahlkampftalenten der beiden Kandidaten und der beeindruckenden innenpolitischen Leistungsbilanz von Wilsons erster Amtszeit war das Verblüffende am Wahlausgang von 1916 nicht, daß Wilson gewann, sondern daß ihm das nur mit äußerst knappem Vorsprung gelang: 49 zu 46 Prozent der Wähler, 277 zu 254 Stimmen im Wahlausschuß. Letzten Endes profitierte Wilson davon, daß er im Gegensatz zu 1912 progressive Republikaner in Staaten wie Kalifornien (dreizehn Wahlmänner), Washington (sieben) und North Dakota (fünf) auf seine Seite ziehen konnte. Wilsons Siegesmarge von 3 Prozent bei den Wählern entsprach genau dem Rückgang der Gesamtstimmen für die Sozialisten, die von 6 Prozent im Jahr 1912 auf 3 Prozent 1916 zurückfielen. Die Rechnung des Präsidenten war also aufgegangen: Indem er nach links rückte, brachte er genügend enttäuschte republikanische Reformer und Sozialisten dazu, zusammen mit der traditionellen demokratischen Basis im Süden ihm zur Mehrheit zu verhelfen.[40]

In seiner ersten Amtszeit hatte Woodrow Wilson gleich zwei unterschiedliche Reformprogramme durch den Kongreß gepeitscht. Wichtiger als seine legislativen Fähigkeiten war jedoch, daß sein politisches Programm, seine Taktik und seine ideologischen Fortschritte das Gerüst für das reformistische Denken der nächsten fünfzig Jahre etablierten. Folglich ist es nicht möglich, ein klares Verständnis von den dreißiger Jahren oder sogar der Zeit nach dem Zweiten Weltkrieg zu entwickeln, ohne sich

Wilsons Präsidentschaft in der progressiven Ära genau anzuschauen. Politisch positionierte Wilson die Demokratische Partei erfolgreich als Reforminstrument, indem er mit seinem innovativen Gebrauch der Parteiversammlungen seine Position als Parteiführer absicherte. Darüber hinaus gelang es ihm – vor allem in der zweiten Hälfte der ersten Amtszeit –, mit seiner Arbeits-, Rechts- und Finanzpolitik auch republikanische Reformer, Sozialisten und progressive Intellektuelle anzusprechen. Die Folgen manifestierten sich bei den Wahlen von 1916, als die beiden großen Parteien ideologisch so polarisiert dastanden wie in keinem Wahlkampf seit dem Bürgerkrieg. Die Reformer sollten ihr unbestrittenes Primat in der Demokratischen Partei erst mit dem »New Deal« etablieren können, und die republikanischen Progressiven sollten dem Abdriften ihrer Partei nach rechts ebenfalls bis in die dreißiger Jahre Widerstand leisten. Doch das Grundmuster dafür zeichnete sich bereits Mitte der zweiten Dekade ab.

Ideologisch gestaltete Wilsons erste Amtszeit den Progressismus von einer diffusen, an der Basis konzentrierten Ideologie in ein realisierbares politisches Programm um, das national ausgerichtet war. Wirtschaftlich hinterließ Wilson ein zweischneidiges Erbe: Einerseits setzte er die Mittel ein, die ihm die Verfassungs-Zusatzartikel der progressiven Ära an die Hand gaben, um das Prinzip einer verstärkten föderalen Rolle in der Wirtschaft mit Maßnahmen wie etwa der abgestuften Einkommensteuer zu etablieren. Nach eher ambivalenten Anfängen hatte seine Administration mittlerweile das Konzept akzeptiert, durch positive Regierungsaktionen den ökonomischen Verlierern zur Seite zu stehen, wie die Arbeitspolitik des Präsidenten am deutlichsten demonstrierte. Andererseits beschränkte Wilson das Potential für eine fundamentale Wirtschaftsreform ernsthaft, als er entschied, nicht auf eine stringentere Version des Clayton Act in Kombination mit Regulierungsmaßnahmen als bestem Vehikel für ein antimonopolistisches Programm zu drängen. Niemals wieder sollte das politische oder wirtschaftliche Klima so günstig dafür sein. Zumindest jedoch verankerte Wilson das Konzept einer Wirtschaftsreform als zentralen Kern der progressiven Ideologie.

Auf anderen Gebieten war Wilsons Erbe deutlicher konturiert. Bei seiner Bewerbung um das Präsidentenamt hatte William Jennings Bryan sowohl eine soziale wie eine wirtschaftliche Botschaft verkündet, die beide seine größtenteils ländliche und besitzlose politische Wählerschaft ansprachen. In den komplexeren politischen Verhältnissen der progressiven Ära wurden die beiden Konzepte jedoch nicht länger miteinander verknüpft. Die Hervorhebung sozialer Fragen drohte so nicht nur den Ruf nach ökonomischer Veränderung aus dem Zentrum der nationalen Debatte zu verdrängen, sondern geradewegs die Einheit der Koalition zu zerstören, die sich für eine Wirtschaftsreform zusammengefunden hatte, deren einzelne Komponenten aber keinen gemeinsamen sozialen Vorstellungen entsprachen. Weil ihm dies klar war und weil er selbst in den meisten dieser Fragen konservative Ansichten hatte, vermied Wilson während seiner Präsidentschaft soziale Themen soweit wie möglich. Seine Einstellungen zu den Fragen der Bürgerrechte, des Frauenwahlrechts, der Beschränkung der Einwandererzahlen und der Prohibition belegen das. Während Wilson soziale Themen herunterspielte, hielt er es mit den internationalen Angelegenheiten gerade anders herum, indem er auf der Weltbühne aggressiv progressive Konzepte anwandte und die Außenpolitik dafür zu instrumentalisieren trachtete, seine innenpolitische Basis zu festigen. Dadurch leitete er die Verschmelzung von Innen- und Außenpolitik ein, die unverändert für den größten Teil des Jahrhunderts anhielt; zugleich legte er das Fundament für eine umfassendere internationale Reformvision, als es sie vor der progressiven Ära gegeben hatte.

Über die Besonderheiten von Wilsons Programm hinaus zeigte die progressive Ära die Tendenz, sich politisch auf Washington zu konzentrieren. Das Verhalten von Wilson, Roosevelt und (in geringerem Maß) Taft etablierte das Primat der Exekutive im Rahmen der nationalen Regierung. Roosevelts unilaterale außenpolitische Aktionen, sein administrativer Regierungsstil und seine Einführung der »bully pulpit«, Tafts rigorose Anwendung der bereits bestehenden, von seinen Vorgängern aber oft übersehenen Gesetze und Wilsons Konzept einer Präsidentschaft als Premierminister, Parteiführer und oberster

Schulmeister der Nation – all dies illustriert die Bandbreite der Vorgehensweisen, die einer ehrgeizigen Exekutive im Rahmen der neuen politischen Verhältnisse offenstanden. Alle drei Präsidenten festigten das Prinzip einer aktiven wirtschaftspolitischen Rolle der Bundesregierung, obwohl sie hier in ihren Reden meist weiter gingen als in ihren Taten. Darüber hinaus präsidierte das Trio einer Ära, in der die Wähler selbst zunehmend über Probleme im nationalen Zusammenhang nachdachten und folglich auch nach nationalen Lösungen verlangten, was in deutlichem Gegensatz zum größten Teil des 19. Jahrhunderts stand. Obwohl dieser intellektuelle Wandel die traditionellen amerikanischen Ängste vor einer starken Bundesregierung nicht vertrieb, ermöglichte er doch die Art von Initiativen, die sowohl Roosevelt in seinem Wahlkampf von 1912 als auch Wilson in seiner ersten Amtszeit favorisiert hatten.

Die progressive Ära wirkte sich auch drastisch auf den Tenor der nationalen Politik aus und öffnete den Weg für vieles von dem, was kommen sollte. Sie machte der Parteistruktur des Goldenen Zeitalters den Garaus, die sich durch massive Wählerzahlen, die relativ gleiche Stärke der beiden großen Parteien und dürftige Diskussionen wichtiger Wirtschaftsfragen ausgezeichnet hatte. Nach dem McKinley-Bryan-Wahlkampf von 1896 spielten die Parteien im politischen Prozeß eine weniger zentrale Rolle, wodurch ein Abwärtstrend in der Wahlbeteiligung in Gang kam, der bis ins kommende Jahrhundert hinein anhalten sollte.

Gleichzeitig jedoch erwiesen sich die neuen politischen Verhältnisse als viel besser geeignet, grundlegende wirtschaftliche, soziale und internationale Fragen anzusprechen. Das taten nicht nur Politiker, sondern auch die sich immer stärker ausbildenden Interessengruppen. Auf Parteiebene verschob sich das Gleichgewicht von Demokraten und Republikanern zugunsten einer republikanischen Mehrheit, wie die vier aufeinanderfolgenden Siege der Partei von 1896 bis 1908 zeigten. Anfang 1917 lautete die zentrale Frage, ob die Präsidentschaftswahlen von 1912 und 1916 eine weitere Umorientierung darstellten – diesmal zugunsten reformfreudiger Kräfte – oder ob sie nur eine vorübergehende Verlagerung im vorherrschenden politischen Klima waren. Angesichts einer Fülle von inneren und internationalen Problemen sollte Wilsons zweite Amtszeit die Antwort auf diese Frage liefern.

Kapitel 2

Vom Progressismus zum Liberalismus

Obwohl Wilsons Sieg nur knapp ausgefallen war, konnte er aufgrund des Wahlergebnisses ein Mandat für sich in Anspruch nehmen. Die Demokraten hatten die Kontrolle über den Senat wiedererlangt. Im Repräsentantenhaus verfügte keine der beiden großen Parteien über eine stabile Mehrheit. Mehrere progressive Republikaner aber taten sich mit einer Handvoll unabhängiger Kongreßmitglieder zusammen und hielten weiterhin an Champ Clark als Sprecher des Hauses fest. Einmal mehr ließ das darauf schließen, daß das Wahlergebnis von 1916 auf einer tiefgreifenden ideologischen Verlagerung der amerikanischen Politik beruhte. Wilson stand jedoch vor der schweren Aufgabe, seine Koalition zusammenzuhalten. Die Einigkeit unter den Reformern schwand, als soziale Belange ins Zentrum der Politik rückten, und es bestand auch kein Konsens darüber, wie man international die gemeinsame Vision in konkrete Politik umsetzen sollte. Folglich kam es für Wilson entscheidend darauf an, sich nicht auf die brenzlige Frage einzulassen, ob die USA in den Ersten Weltkrieg eintreten sollten. Statt dessen konzentrierte er sich auf eine dritte Wirtschaftsreform.

Das war nicht leicht. Den ersten Schritt unternahm der Präsident in der Außenpolitik mit seinem bislang ambitioniertesten Vermittlungsversuch: Er forderte die kriegführenden Mächte auf, ihre Ziele darzulegen, und bot seine Vermittlung an, um nach dem Prinzip »Frieden ohne Sieg« zu einer Einigung zu kommen. Der Plan war jedoch eine Totgeburt. Lansing und House bedrängten insgeheim die Briten (ohne daß Wilson davon wußte), gegen den Plan zu mauern. Die Aussichten auf Vermittlung schwanden am 31. Januar 1917 völlig: Deutschland nahm den uneingeschränkten U-Boot-Krieg wieder auf. Das ließ das politische Klima in Washington zugunsten einer Intervention umkippen.

Am 4. April verlangte Wilson vom Kongreß die Kriegserklärung gegenüber Deutschland. Er versuchte seinen Schritt damit zu rechtfertigen, daß die USA sich nur durch einen Kriegseintritt einen Sitz bei den Friedensverhandlungen sichern und so die Nachkriegsverhältnisse im Sinne des progressiven Internationalismus gestalten könnten. Trotz dieser Argumentation stimmte ein erheblicher Teil von Wilsons glückloser Koalition von 1916 nicht zu: Fünfzig Mitglieder des Repräsentantenhauses taten sich mit sechs Senatoren zusammen und votierten gegen die Kriegserklärung. Die leidenschaftlichste Rede hielt George Norris, der – an die Worte von William Jennings Bryan im Jahr 1896 erinnernd – sich entschieden dagegen wandte, aus dem »Lebensblut« amerikanischer Männer Kapital zu schlagen, um das wirtschaftliche Wohlergehen von New Yorker Unternehmen zu sichern. Außerhalb des Kongresses waren die progressiven Kräfte gleichermaßen gespalten. Einige Reformer verwiesen auf die Lehren der Geschichte und argumentierten, Kriege hätten in den Vereinigten Staaten schon immer zu einer reaktionären Periode geführt. Andere Progressive wie Walter Lippmann bezweifelten hingegen die Unvereinbarkeit eines Kriegszugs mit der Durchführung von inneren Reformen. Der Philosoph John Dewey ging sogar noch einen Schritt weiter und beschrieb diesen historischen Moment als einen »gestalterischen Augenblick« der Geschichte, in dem ein entschlossenes Handeln der Vereinigten Staaten dabei helfen könnte, die Welt neu zu gestalten.

Zumindest in militärischer Hinsicht hatte Deweys Vorhersage etwas Hellseherisches. Das Eingreifen der USA reduzierte die Wucht des deutschen U-Boot-Kriegs drastisch, und das Gros der amerikanischen Streitkräfte traf rechtzeitig genug in Europa ein, um eine deutsche Offensive an der Westfront zu stoppen. Bis zum Herbst 1918 hatte sich das Blatt gewendet, und die Deutschen waren an der gesamten Front auf dem Rückzug.[1]

Doch Mobilisierung und erfolgreiche Feldzüge genügten weder Wilson noch seinen eifrigsten Anhängern. Randolph

Bourne, der wie Lippmann und Dewey New Yorks literarischem Establishment angehörte, kritisierte die den Kriegseintritt befürwortenden Progressiven und fragte, wie denn der Krieg schwach genug sein könnte, um von den Reformern unter Kontrolle gehalten zu werden, wenn er zu stark gewesen war, um von ihnen verhindert zu werden. Doch die Progressiven waren überzeugt – politisch, ideologisch und persönlich –, Wilson würde sich weiterhin dafür einsetzen, daß die Vereinigten Staaten in Übersee einen Krieg im Sinne der progressiven Grundwerte führten und zugleich innenpolitisch reformfähig blieben. Fast unmittelbar darauf wurde diese These allerdings in Frage gestellt. Noch vor dem Kriegseintritt der USA hatten demokratische Kriegsbefürworter die Webb-Culberson-Gesetzesvorlage eingebracht, die die Regierung autorisierte, die Presse zu zensieren und die Post zu überwachen. Wilson, den derart offenkundige Zwangsmaßnahmen beunruhigten, entwarf sogleich eine Alternative, die sich – wenn auch eher theoretisch – auf Freiwilligkeit stützte, und gründete das Committee on Public Information (CPI), die erste von der Regierung finanzierte Propaganda-Agentur der amerikanischen Geschichte. Doch das patriotische Feuer, das das CPI entfachte, dämpfte zugleich die geradezu zwanghaften Aktivitäten selbsternannter patriotischer Organisationen. Die mächtigste dieser Gruppen, die National Security League (NSL), verband einen promilitärischen Standpunkt mit nativistischem und antiradikalem Aktivismus, predigte »100 Prozent Amerikanismus« und warnte davor, daß ausländische Linke Amerika unterwandern könnten. Sowohl die NSL wie das CPI instrumentalisierten den traditionellen progressiven Wunsch nach einer sozial gefestigteren Gesellschaft, verzerrten und übersteigerten aber die Stimmung in einem solchen Maß, daß die politischen Resultate für Vorkriegsreformer überhaupt nicht wiederzuerkennen gewesen wären. Dieser Einsatz progressiver Mittel für nichtreformistische Ziele sollte in den nächsten fünfzehn Jahren ein wichtiges Charakteristikum der amerikanischen Politik bilden.[2]

Während George Creel, der Vorsitzende des CPI, scheinbar weiterhin an progressiven Prinzipien festhielt, fanden sich in Wilsons Kabinett auch andere Personen, die diese Sympathien nicht teilten. Den vielleicht krassesten Eingriff in die bürgerlichen Freiheiten leistete sich Postminister Albert Burleson, der aufgrund des Trading with the Enemy Act von 1917 die Post zensieren durfte. Gemeinsam mit Justizminister Thomas Gregory setzte Burleson aggressiv auch den Sedition Act von 1918 durch, der jegliche Kritik an der Flagge oder an den Streitkräften verbot. Gleichzeitig verpflichtete Gregory die privaten patriotischen Gruppen auf eine gemeinsame Kampagne gegen »antiamerikanische« Haltungen, wobei er eine besonders enge Allianz mit den 250 000 Agenten der American Protective League (APL) einging. Diese Politik brachte viele Reformer zum Verstummen, die für Wilsons Wiederwahl 1916 entscheidend gewesen waren. Bei den Bürgerrechten war die Leistungsbilanz der Regierung keineswegs besser. In den Kriegsjahren kam es in St. Louis und Memphis zu Rassenunruhen, während Wilson sanktionierte, daß nach Rassenzugehörigkeit und ethnischer Herkunft getrennte Armee-Einheiten aufgestellt wurden.[3]

Angesichts seiner Einstellung vor Kriegseintritt war die dürftige Leistungsbilanz des Präsidenten bei den Bürgerrechten keine Überraschung. Doch weniger durchschaubar ist, warum Wilson Maßnahmen wie den Sedition Act und den Espionage Act guthieß. Die Anspannungen des Krieges verstärkten bei ihm offensichtlich eine gewisse Intoleranz, die ihm schon immer zu eigen gewesen war. Die progressiven Anstrengungen der Mittelschichtbasis der Bewegung zielten auf ein Amerika ohne größere ideologische oder Klassenunterschiede. Während der Kriegsjahre betrachtete man eine Politik, die nach dem Krieg für extrem gehalten wurde, als vollkommen angemessene Reaktion auf längst vorhandene progressive Interessen. Angesichts der Unruhe, die die Kriegspolitik der Regierung sogar noch nach dem April 1917 hervorrief, rechtfertigten auch politische Gründe deren Kurs. Die Möglichkeiten der Regierung zu erweitern, um mit Widerstand fertig zu werden, war einer der Wege, um die innere Einheit zu erreichen, die dem Präsidenten für den Sieg in Europa als entscheidend galt. Administrativ schließlich hatte der Kriegseintritt der USA den unbeabsichtigten Nebeneffekt, daß Wilson seine Aufmerksamkeit auf die Außenpolitik konzentrieren und die innenpolitischen Probleme

seinem Kabinett überlassen mußte. In der Finanzpolitik beispielsweise übertrug er die Verantwortung Personen wie Finanzminister William Gibbs McAdoo, die das Programm des
Präsidenten unangetastet ließen. Bei den bürgerlichen Freiheiten jedoch ermöglichte es Wilsons mangelnde Aufmerksamkeit,
daß Figuren wie Burleson und Gregory, die kaum an Reformen
interessiert waren und andere Meinungen grundsätzlich nicht
gelten ließen, das politische Vakuum füllten.[4]

Die kriegsbedingten Eingriffe in die bürgerlichen Freiheiten
blieben nicht ohne Gegenreaktion. So gründeten mehrere prominente Progressive unter der Führung von Oswald Garrison
Villard und Roger Baldwin die American Civil Liberties Union
(ACLU); die Beziehungen zwischen Wilson und einigen seiner
treuesten Anhänger aus den Anfängen des Jahrzehnts waren
also angespannt. Die Gründung der ACLU markierte auch –
und das war entscheidender – einen weiteren Bruch an der ideologischen Basis der Reform. Der Progressismus hatte sich
immer dadurch ausgezeichnet, daß er mehr Aktivitäten von
staatlicher wie von privater Seite zum Schutz und zur Ausweitung der individuellen Freiheiten forderte, wie etwa an der
NAACP oder an Margaret Sangers Einsatz für Geburtenkontrolle deutlich wurde. Im Kern aber konzentrierte sich die progressive Triebkraft auf Wirtschaftsprobleme, wie die Erfolge
von Wilsons erster Amtszeit zeigten. Von 1916 an jedoch begann sich ein signifikanter Teil der progressiven Koalition auf
die Außenpolitik zu verlagern, und letztlich schloß sich auch
Wilson diesem Kurs an. Jetzt steuerten progressive Gruppen
wie die ACLU eine dritte ideologische Variante bei und forderten, die Reformer müßten sich auf den Schutz der individuellen
Rechte und Freiheiten konzentrieren. Diese unterschiedlichen
Prioritäten stellten den Höhepunkt der ideologischen Spaltungen dar, die Wilsons Kriegspolitik aufgedeckt hatte, und unter-
strichen noch die politischen Schwierigkeiten, vor die sich der
Präsident gestellt sah, als die Zwischenwahlen von 1918 näherrückten. In der Tat drohten die neuen sozialen und kulturellen
Probleme die Einheit der progressiven Vorkriegskoalition samt
und sonders zu zerstören, weil sie die Reformer je nach Schich-
tenzugehörigkeit spalteten. Intellektuelle, Reformer der Ober-

und Mittelschicht und jene in den städtischen Gebieten neigten weit stärker zu einem Bürgerrechtsprogramm als Wähler aus der Unterschicht und der Arbeiterklasse. Wie erstmals die Bryan-Kampagne demonstriert hatte, nahmen diese im allgemeinen in gesellschaftlichen Fragen eine eher konservative Position ein.[5]

Am wichtigsten war vielleicht, daß Wilsons wirtschaftspolitische Leistungen nicht die Bedenken der Reformer ausräumen konnten, die seine Bürgerrechtspolitik hervorgerufen hatte. Deutlich wurde das bei seiner Kriegsfinanzierung. Anfänglich hatte der Präsident gute Geschäfte versprochen. Finanzminister McAdoo kündigte kurz nach der Kriegserklärung an, im Gegensatz zu früheren Konflikten würde die Regierung diesmal so viele Kriegskosten wie möglich durch direkte Steuern und nicht durch Schuldverschreibungen finanzieren. Doch nachdem McAdoo eine Gesetzesvorlage eingebracht hatte, nach der mindestens die Hälfte der Kriegsaufwendungen durch Steuern finanziert werden sollten, machte er – sowohl aus finanziellen wie politischen Gründen – hastig einen Rückzieher und beschränkte sich auf steuerliche Maßnahmen, mit denen nur 20 Prozent der Mittel gedeckt waren. Da die Steuermaßnahmen nicht ausreichten, mußte die Regierung einen wesentlich größeren Teil der Kriegskosten mit Schuldverschreibungen finanzieren, als Wilson oder McAdoo vorausgesehen hatten. Wie schon bei Creel und dem CPI kumulierten die Folgen der ursprünglichen Fehleinschätzung mit der Zeit. Für die Schuldverschreibungen war ein Werbefeldzug erforderlich – die Liberty-Loan-Kampagne –, der sich einer aggressiven und militaristischen Rhetorik bedienen mußte, um die nötige Begeisterung in der Öffentlichkeit zu entfachen. Andere Elemente des wirtschaftspolitischen Regierungsprogramms widersprachen ebenfalls den traditionell progressiven Prinzipien. Ein herausragendes Beispiel war das War Industries Board (WIB). Dieser neuen Organisation stand Bernard Baruch vor, ein Finanzmann aus der Wall Street, dessen bedeutendste Fähigkeit wohl sein Talent zur Selbstdarstellung war. Im Gegensatz zu Wilsons Absichten propagierte Baruch, die Regierung solle Wirtschaftszusammenschlüsse billigen, selbst um den Preis, daß die Anti-Trust-

Gesetze des Landes vorübergehend außer Kraft gesetzt wurden. All das gehörte zu einem umfassenderen Muster, das der Ökonom John Kenneth Galbraith als kriegsbedingte »massive informelle Kooperation zwischen der Regierung und dem organisierten Privatunternehmertum« bezeichnete. Was auch immer die ursprünglichen Absichten der Progressiven gewesen sein mögen, Einrichtungen wie das WIB förderten die Machtkonzentration der Unternehmen und ihre Zusammenarbeit mit der Regierung. Wie schon bei Burleson und Gregory und den Bürgerrechten war Wilson entweder nicht bereit oder unfähig, mit seiner formalen Autorität Baruchs Politik im Zaum zu halten, und so schlugen auf einem weiteren Gebiet die Versuche des Präsidenten fehl, die Kriegsteilnahme an reformistischen Prinzipien auszurichten.[6]

Selbst diejenigen politischen Ansätze Wilsons, die den reformistischen Prinzipien treu blieben, scheiterten an der praktischen Umsetzung. Nachdem anfängliche Versuche, der Regierung mehr Regulierungsmöglichkeiten zu geben, ebenso wie Appelle an den Patriotismus der Unternehmer fehlgeschlagen waren, übernahm die Regierung Anfang 1918 die Kontrolle über die nationalen Eisenbahnen, um einen effizienten Transport von Menschen und Material sicherzustellen, ohne dadurch die wirtschaftliche Infrastruktur mehr als unbedingt nötig anzutasten. William Gibbs McAdoo weitete seine bürokratische Macht aus, indem er den Vorsitz bei der neuen Railroad Administration übernahm. Doch sich gerade die Eisenbahnindustrie für eine so ehrgeizige Initiative auszusuchen, erwies sich als verhängnisvoller Fehler. Eine Kombination von schlechtem Management und scharfem Wettbewerb hatte in dem Jahrzehnt vor der Übernahme den meisten Eisenbahngesellschaften schwindelerregende Verluste eingebracht. Die Lage zu verbessern wäre schon unter normalen Umständen schwierig gewesen; McAdoo aber hatte keinerlei Chance. Der Krieg sorgte für zusätzliche Turbulenzen, er selbst war durch andere Verpflichtungen abgelenkt, und die Regierungsbürokratie konnte nicht das erforderliche Personal bereitstellen. Gegen Ende 1918 klagten die Eisenbahngeschäftsführer scheinheilig, das Mißmanagement der Regierung ruiniere ihr Geschäft. Gleichzeitig hatten die Eisenbahnergewerkschaften eingedenk der engen Vorkriegsbeziehungen zur Regierung Wilson erwartet, die Übernahme würde zu großzügigen Lohnvereinbarungen führen. Als McAdoo Bedenken äußerte, mißfiel auch ihnen zunehmend die Politik der Railroad Administration, und sie drohten mit Streik.[7]

Die Erfahrungen mit der Eisenbahn waren typisch für die Probleme, mit denen sich die Regierung Wilson konfrontiert sah, als sie versuchte, mit den (immer noch schwachen) Strukturen der Bundesregierung die Heimatfront für den Kriegseinsatz zu mobilisieren. Den Reformern fehlte einfach das bürokratische und ideologische Rüstzeug, um die wirtschaftspolitische Rolle der Bundesregierung derart drastisch auszuweiten. Im nachhinein kann man sich angesichts der ideologischen, bürokratischen und politischen Zwänge ein effizienteres Vorgehen der Regierung nur schwer vorstellen. Das amerikanische Volk jedoch war wie betäubt angesichts der Vielzahl an sozialen und ökonomischen Veränderungen, die der Krieg mit sich brachte, und es war nicht so nachsichtig. Das Versagen der Railroad Administration hatte Konsequenzen, die weit über das nationale Transportgewerbe hinausgingen. Das Experiment war das berühmteste von zahlreichen Beispielen, bei denen die Öffentlichkeit eine Ausweitung der Regierungsautorität mit den Kriegsanstrengungen in einen Topf warf. Nach dem Krieg war es dann viel schwieriger, für eine erweiterte wirtschaftspolitische Rolle der Regierung die notwendige Unterstützung zu bekommen, weil die Wähler die Rückkehr zur Normalität und ein Ende der kriegsbedingten Kontrollen forderten.[8]

Die Innenpolitik der Kriegsjahre bot folglich den Reformern kaum positive neue Erfahrungen. Doch viele Progressive folgten dem Präsidenten, der ihre Aufmerksamkeit während des Krieges auf die Außenpolitik lenkte und versuchte, die Kernpunkte ihrer reformistischen Ideologie auf die internationalen Beziehungen anzuwenden. Die Außenpolitik bot Wilson den einzig verbliebenen Schauplatz, auf dem er seinen Idealen treu bleiben konnte.

Außenpolitische Fragen haben jedoch kaum jemals amerikanische Wahlen entschieden, vor allem nicht die Kongreßwahlen zwischen den Präsidentschaftswahlen. 1918 stellte in dieser

Hinsicht keine Ausnahme dar; die einstige Koalition des Präsidenten war in Auflösung begriffen, ganz im Gegensatz zur Oppositionspartei. Schon seit Beginn von Wilsons Amtszeit war abzusehen, daß sich bei den Republikanern ein konservatives Übergewicht ausbildete; der Krieg hatte diese Entwicklung nur noch verstärkt. Auf staatlicher Ebene erwiesen sich die Konservativen als besonders geschickt darin, die kriegsbedingte Welle des Nationalismus zu nutzen und zum Schlag gegen die progressiven Kräfte in der Partei auszuholen, von denen viele entweder gegen den Krieg selbst oder wenigstens gegen die entsprechenden Vorbereitungsmaßnahmen gekämpft hatten. Die Oppositionsrolle erlaubte es den Republikanern, die Unannehmlichkeiten zu attackieren, die die kriegsbedingte Stärkung der Bundesregierung mit sich brachte, und den Wunsch der Progressiven nach einer stärkeren föderalen Rolle in der Wirtschaft in Mißkredit zu bringen. Gleichzeitig unterließen sie es, eine positive Alternative zu Wilsons Programm vorzuschlagen. Wilson reagierte darauf, so gut er konnte: Mit seinem Programm für den Frieden versuchte er, die Reformer hinter sich zu bringen, und forderte die Wähler auf, den Demokraten zur Kongreßmehrheit zu verhelfen und damit das Vertrauen in seine Politik zu bekunden. Doch letztlich waren die Republikaner in einem überwältigenden Vorteil. Ohne Probleme eroberten sie das Repräsentantenhaus. Bei den Senatswahlen lagen die beiden Parteien dicht beisammen, und einige Resultate fielen so knapp aus, daß das Endergebnis noch mehrere Tage nach der Wahl nicht feststand. Die Republikaner errangen gerade genug Stimmen für eine Mehrheit von zwei Sitzen im Oberhaus, was als Schlag ins Gesicht für Wilson interpretiert wurde. Sechs Jahre lang hatte der Präsident mit Hilfe der demokratischen Parteiversammlungen sein Programm durch den Kongreß gepeitscht. Jetzt sah er sich vor die Herausforderung gestellt, bei seiner Regierungsarbeit gleich zwei Parteilinien berücksichtigen zu müssen.[9]

Was diese politische Veränderung bedeutete, wurde kurz nach den Wahlen noch klarer. Am 11. November unterzeichnete Deutschland ein Waffenstillstandsabkommen mit den Alliierten auf der Basis von Wilsons Vierzehn Punkten; damit war der

Krieg beendet. Der neue Kongreß mußte über das Schicksal von Wilsons Friedensprogramm entscheiden, und einem prominenten Republikaner fiel nun eine wichtige Rolle zu: Henry Cabot Lodge wurde der neue Vorsitzende des Senate Foreign Relations Committee. Wilson jedoch schien die veränderte politische Landschaft zu ignorieren. Im Januar reiste er nach Paris und übernahm den Vorsitz der US-Friedensdelegation, in die er keinen prominenten Pro-Völkerbund-Republikaner nach Art von Elihu Root oder William Howard Taft berufen wollte. In Paris sah er sich erneut vor die Notwendigkeit gestellt, Kompromisse eingehen zu müssen, wenn er seine Ziele erreichen wollte: Die Franzosen verlangten, daß ihre Sicherheitsinteressen stärker berücksichtigt würden, und die Japaner wollten ihre Vormachtstellung in China anerkannt haben. Zu Hause lehnten die Republikaner im Senat den ausgehandelten Vertrag ab, weil er die nationalen Interessen der Amerikaner nicht schütze. Wilson war gezwungen, nach Paris zurückzukehren und zu versuchen, den republikanischen Forderungen zu genügen, indem er den anderen Alliierten weitere Kompromisse anbot. Im nachhinein ist klar, daß Wilsons und Lodges ideologische und persönliche Differenzen jeden Versuch eines Kompromisses schon im Ansatz scheitern ließen. Die Stellung des Präsidenten war aber auch durch die ideologischen Verwerfungen unter den Reformern deutlich geschwächt. Als Wilson seinen Idealen konkrete Gestalt gab, wurde sein Friedensprogramm auch von vielen früheren Anhängern attackiert. Der Präsident definierte nie genau, inwieweit er die Idee der Selbstbestimmung umsetzen wollte; die Frage der internationalen Rassengleichheit versuchte er auf ein Nebengleis zu schieben. Wie der Völkerbund die kolonialen Probleme behandeln sollte, umriß er nur äußerst vage, und es gelang ihm nicht, eine angemessene Reaktion auf den revolutionären Nationalismus zu finden. Für die Progressiven zu Hause waren aber das die entscheidenden Themen. Während des gesamten Krieges hatte Wilson ihnen zum Ausgleich für die Innenpolitik dieser Jahre einen Nachkriegsfrieden im Geist der Reform in Aussicht gestellt. Die schärfste Kritik kam von den Friedens-Progressiven, die befürchteten, Kolonialmächte würden den Völkerbund dazu benutzen, nationalistische Revolten in ihren Kolonien zu ersticken. Obwohl es nicht viele waren, erschwerten die Friedens-Progressiven Wilsons Anstrengungen, eine Senatskoalition für den Friedensvertrag zusammenzuschmieden. Außerdem stellten sie ihn vor die schier unlösbare Aufgabe, seinen Vertrag gegen ideologische An-griffe sowohl von links als auch von rechts verteidigen zu müssen. In dem verzweifelten Versuch, seine politische Stellung wieder zu festigen, begab sich Wilson im Herbst 1919 auf eine Vortragsreise quer durch das Land und legte in einer Reihe von oft brillanten Reden seine überzeugendsten Argumente für eine progressive, internationalistische Außenpolitik dar. Doch der Schwung war zu schwach, um das Ruder herumreißen zu können, und er kam zu spät. Die Vortragsreise des Präsidenten zog seine Gesundheit stark in Mitleidenschaft. Im September 1919 brach Wilson nach einer Rede in Colorado zusammen; nach einem schweren Schlaganfall schwebte er über Wochen in Lebensgefahr und war monatelang außer Gefecht gesetzt. Zwischen November 1919 und März 1920 lehnte es der Senat dreimal ab, dem Friedensvertrag von Versailles zuzustimmen – ob unverändert oder mit Vorbehaltsklauseln. Obwohl der Präsident den Rest seiner Amtszeit durchstand, tat er dies nur noch als Sachwalter der Exekutive, da er körperlich wie politisch nicht mehr stark genug war, irgendwelche nennenswerten Initiativen zu ergreifen.[10]

Innenpolitisch standen die Chancen für eine Wiederbelebung der Reformstimmung sogar noch schlechter. Die neue republikanische Mehrheit im Kongreß ging sofort daran, den Status quo der Kriegsjahre soweit wie möglich zu demontieren. Der Esch-Cummins Act gab zu großzügigen Bedingungen den früheren Eigentümern die Kontrolle über die nationalen Eisenbahnen zurück. Sogar das WIB wurde aufgelöst, auch wenn der Geist dieser Organisation im Webb-Pomerene Act weiterlebte, der in einem ersten legislativen Rückzug vom antimonopolistischen Programm Exportunternehmen von der Anti-Trust-Gesetzgebung ausnahm. Soziale Entwicklungen verschlimmerten das Dilemma der Reformer noch. Nach dem Ersten Weltkrieg nahmen die Arbeiterunruhen zu (allein 1919 kam es zu 3600 Streiks), und die Inflation stieg sprunghaft (zwischen

1915 und 1920 verdoppelten sich die Preise). Das schürte landesweit die Angst vor »den Roten«, wobei die Öffentlichkeit beinahe hysterisch Emigranten, Radikalen, Arbeiterfunktionären und Kommunisten die Schuld an den schlechten Zeiten gab. Ehrgeizige Politiker wie Justizminister A. Mitchell Palmer heizten in eindeutig politischer Absicht diese Stimmung weiter an. Mit kräftiger Unterstützung der Nachfolger patriotischer Kriegsorganisationen, vor allem der National Security League (NSL), griff Palmer die Arbeiterfunktionäre an und steckte damit den Rahmen für die kommenden Jahre ab, in denen die Zahl der organisierten Arbeiter drastisch sank. Allein zwischen 1920 und 1923 sanken die Mitgliederzahlen der Gewerkschaften von 5 auf 3,6 Millionen, und diejenigen Gewerkschaften, die überlebten, nahmen gegenüber Wirtschaftsproblemen und Streiks wesentlich konservativere Positionen ein. Der Justizminister machte großzügig Gebrauch von seinen Möglichkeiten, Ausländer des Landes zu verweisen, die im Verdacht standen, anti-amerikanische Sympathien zu hegen. Breite Unterstützung fand Palmer, wenn er selbst bescheidene Reformversuche mit der internationalen kommunistischen Verschwörung gleichsetzte; die öffentliche Meinung hatte sich gegen Ende der zweiten Dekade grundlegend gewandelt.[11]

Zwar legte Palmer damit ein Grundmuster für die Zukunft, doch überstrapazierte er seine Versuche, mit dem Thema der kommunistischen Bedrohung seine politische Position auszubauen. Er prognostizierte für den 1. Mai 1920 zahlreiche, von Kommunisten organisierte Bombenattentate und einen Generalstreik. Als sich das nicht bewahrheitete, schwanden seine Aussichten auf eine Präsidentschaftskandidatur. Da Wilson ebenfalls außer Gefecht gesetzt war, brauchte die tief zerstrittene Demokratische Partei 44 Wahlgänge, um James Cox zu nominieren. Das wichtigste Argument für ihn war wohl, daß er sich als Gouverneur von Ohio vom amtierenden Präsidenten distanzieren konnte.

Bei den Republikanern trug eine dem Konvent vorausgehende polarisierende Kampagne beim zehnten Wahlgang einem Außenseiter die Kandidatur ein: Senator Warren Harding aus Ohio empfahl sich der Partei wohl eher durch seine Geschmeidigkeit als durch seinen Intellekt oder seine politische Begabung. Ein Augenzeuge merkte an, die Reden des Kandidaten böten »den Eindruck einer Armee von pompösen Phrasen, die auf der Suche nach einer Idee durch das Land zieht«. Was die Begeisterung oder die rhetorische Qualität angeht, erreichte der Wahlkampf kaum das Niveau von 1912 und 1916. Harding versprach, innenpolitisch zur »Normalität« zurückzukehren, und redete vage davon, die USA könnten sich auf internationalem Parkett an einer »Vereinigung der Nationen« beteiligen, ohne je zu definieren, was er mit dem einen wie dem anderen genau meinte. Obwohl der Ausgang der Wahlen nie in Zweifel stand, verblüffte doch, wie eindeutig Hardings Sieg ausfiel. Er übertrumpfte Cox mit mehr als 7 Millionen (von insgesamt 25 Millionen) Wählerstimmen und brachte 404 Wahlmänner hinter sich. Cox' Gesamtergebnis von 34 Prozent der nationalen Wähler stellte das schlechteste Abschneiden eines demokratischen Kandidaten seit dem Bürgerkrieg dar. Die Kongreß- und Gouverneurswahlen verschlimmerten die Niederlage der Demokraten noch. Die Republikaner errangen 61 Sitze im Repräsentantenhaus, einschließlich dem von Champ Clark aus Missouri, und fügten ihren Sitzen im Senat zehn weitere hinzu, womit sie ihre Mehrheit im Oberhaus auf 22 ausbauten.[12]

Hardings Sieg eröffnete eine von konservativen Republikanern dominierte Ära, obwohl die Partei in vieler Hinsicht ihre Vormachtstellung durch Nichtstun behauptete. Ihre Reihen blieben einfach fest geschlossen, während sich ihre parteilichen und ideologischen Opponenten zerstritten. Der Zusammenbruch der Demokratischen Partei im Jahr 1920 zeigte, in welchem Dilemma die Partei steckte, nachdem Wilson sich aus der Politik verabschiedet hatte.

Da die Demokraten gespalten waren, fiel die Rolle der Opposition de facto den Friedens-Progressiven zu. Innenpolitisch drängten sie darauf, den nicht zu Ende gebrachten antimonopolistischen Kreuzzug des vergangenen Jahrzehnts wieder in Gang zu setzen, während sie außenpolitisch weiterhin ihre antiimperialistische Position beibehielten. Obwohl sie in den Staaten, in denen sie ihre Basis hatten, politisch stark blieben, waren die Friedens-Progressiven zu sehr gehandicapt, um als Oppositionspartei fungieren zu können. Die Fraktion war nur von regionaler Bedeutung und konnte nie mehr als ein Fünftel des Senats für ihre Ideen gewinnen; im Repräsentantenhaus war ihre Unterstützung prozentual noch geringer. Nichtsdestotrotz hatten sie überraschend oft Erfolg, auch wenn sie keine so wirkungsvolle und politisch aggressive Opposition darstellten wie die Republikaner gegenüber Wilson im zweiten Jahrzehnt des Jahrhunderts.[13]

Politische Gründe allein konnten allerdings nicht die kontinuierliche Dominanz der Republikaner erklären. Der Erste Weltkrieg hatte es mit sich gebracht, daß New York anstelle von London zur Welthauptstadt und die USA zum größten Kreditgeber aller Nationen wurden. Nach einem kurzen Abschwung von 1920 bis Anfang 1922 boomte die Wirtschaft bis 1929. Die Industrieproduktion steigerte sich um über 60 Prozent, das Pro-Kopf-Einkommen stieg um mehr als 35 Prozent. Der technische Fortschritt beflügelte das Wirtschaftswachstum. Bis 1929 waren 70 Prozent der nationalen Industrien elektrifiziert (zehn Jahre zuvor waren es erst 30 Prozent gewesen), dank zunehmender Mechanisierung der Arbeitsabläufe steigerte sich die Produktivität pro Arbeiter in diesem Jahrzehnt um 72 Prozent. In der Automobilindustrie manifestierte sich diese Entwicklung am deutlichsten. Die zwanziger Jahre waren die große Zeit von Henry Fords Fließband, dem Beispiel industrieller Leistungssteigerung, die wiederum auf Theorien wie die von Frederick Taylor zurückging, der der Industrie empfahl, sich verstärkt auf Technologie, Organisation und wissenschaftliches Management zu stützen. Gleichzeitig erweiterte die umfassende Konsolidierung der Großkonzerne die wirtschaftlichen Möglichkeiten, stetigen Profit ohne die Gefahr einer Überproduktion zu garantieren. Bei diesem Wirtschaftsaufschwung blieben zwar erhebliche Teile der Bevölkerung wie Arbeiter und Bauern auf der Strecke, und de facto verschleierte er besorgniserregende langfristige Trends; doch das Vertrauen in die grundsätzliche Gesundheit der Wirtschaft und die Überzeugung, daß alle gesellschaftlichen Schichten sich wirtschaftlich verbessern könnten, stärkten die politische Stellung der Republikaner.[14]

Des weiteren verschärfte sich das politische Klima der zwanziger Jahre durch die stark konservativen Ansichten des Supreme Court, der sich in einem Maß in die Politik einmischte, wie es seit dem Bürgerkrieg nicht mehr der Fall gewesen war. Seit der Jahrhundertwende versuchte der Oberste Gerichtshof ständig, die Kontrollfunktionen der Regierung gegenüber der Wirtschaft einzuschränken. 1922 erklärte das Gericht im Fall Bailey gegen Drexel Furniture Company die Bundesgesetzgebung zur Eindämmung der Kinderarbeit für verfassungswidrig. Im folgenden Jahr verboten die Richter im Fall Adkins gegen Children's Hospital ein Gesetz über den Mindestlohn von Frauen im District of Columbia. 1925 befand das Gericht im Fall United States gegen Maple Flooring Association, Zusammenschlüsse von Handelsunternehmen verstießen nicht gegen die Clayton und Sherman Acts, solange es anschließend noch irgendeine Art von Wettbewerb in dem betreffenden Industriezweig gäbe, egal wie unbedeutend. Während der Supreme Court beständig die Regulierungsmöglichkeiten der Regierung auf die Wirtschaft beschnitt, zeigte er sich durchaus damit einverstanden, föderale Macht gegen die in dieser Dekade geschwächte Arbeiterbewegung einzusetzen; so bestätigte er regelmäßig die Entscheidungen unterer Gerichte, die Verfügungen verschiedenster Art gegen Gewerkschaftsvertreter erlassen hatten. Daß 1921 William Howard Taft zum Vorsitzenden des Obersten Gerichts berufen wurde, verstärkte noch dessen Position im politischen Tagesgeschäft. Aufgrund von Tafts Vorgehen mußte man noch mehr bezweifeln, daß die Entscheidungen des Gerichts unparteiisch waren. Reformer äußerten den Vorwurf, die Richter fällten ihre Urteile eher nach politischen als nach juristischen Maßstäben. Diese Überzeugung bestand auch während der dreißiger Jahre, und das sollte sowohl für den Supreme Court wie für reformfreudige Politiker schlimme Folgen haben.[15]

Mit einem konservativen Obersten Gerichtshof, einer politischen Ausrichtung deutlich zugunsten des rechten Flügels der Republikaner und einer an umfassenden Reformen wenig interessierten Öffentlichkeit versiegte irgendwann in den zwanziger Jahren die einst mit Leidenschaft geführte Debatte um Wirtschaftsfragen und besonders um die Gefahren, die von den Unternehmenskonzentrationen für die amerikanische Politik und Gesellschaft ausgingen. Völlig von der Tagesordnung verschwand das Thema jedoch nicht.

Die während der Regierung Harding überhandnehmenden Klagen über die politische Korruption waren das Stellvertreterthema für den antimonopolistischen Kreuzzug. Der Kampf gegen politische Schmiergelder manifestierte sich auch im Kampf der Reformer gegen die Ausweitung des Wirtschaftslobbyismus während der zwanziger Jahre.

Die Friedens-Progressiven wandten sich der Außenpolitik zu und füllten die Lücke, die die Unfähigkeit der Reformer hinterließ, mit einer stimmigen Alternative zum Materialismus und zur Unternehmerfreundlichkeit der Republikaner. Größte Beachtung fand das Thema, als es um die Beziehungen der Vereinigten Staaten zur Karibik ging. Abtrünnige im Senat attackierten sie als typisch für die unternehmerfreundliche republikanische Regierung, der sie vorwarfen, sie richte ihre internationalen Initiativen danach aus, inwieweit sie amerikanischen Wirtschaftsinteressen zugute kamen. Der antimonopolistische Kreuzzug fand in den zwanziger Jahren seinen stärksten Widerhall in der fortgesetzten Agitation für eine Kontrolle der öffentlichen Versorgungsunternehmen, die ihrer Struktur nach fast Monopole waren. Zwar beschäftigte die Frage schon seit einiger Zeit besorgte Progressive; unmittelbares Gewicht bekam sie aber in der Nachkriegsära, als die oligopolistische Struktur der Versorgungsunternehmen (1929 kontrollierten sechzehn Holdinggesellschaften 92 Prozent der privaten Stromproduktion) selbst für eine von Firmenfusionen geprägte Dekade ganz ungewöhnlich war. Reformer sprachen das Problem zwar mit Erfolg an, schafften es jedoch nicht, im Strudel der desillusionierenden zweiten Amtszeit Wilsons eine stimmige Antwort darauf zu finden. Die meisten begrüßten verstärkte Kontrollen, auch wenn sie in der Frage uneins waren, ob eher staatliche oder eher nationale Eingriffe ihren Interessen dienen könnten. In den ersten Jahren von Wilsons Präsidentschaft hatten mit der Verabschiedung des Clayton Act und der Schaffung der FTC viele Reformer eine Präferenz für nationale Lösungen erkennen lassen. Doch in den zwanziger Jahren war das nicht mehr so klar. Der konservative Trend der Bundesadministration spiegelte sich in der Besetzung der regulatorischen Posten: Fast immer wurden Personen berufen, die jenen Unternehmen freundlich gesonnen waren, die sie eigentlich kontrollieren sollten. (So versprach beispielsweise William Humphrey, ein von Coolidge in die FTC Berufener, er würde die Kommission in »ein Bollwerk statt einen Unterdrücker« der Wirtschaft umwandeln.) Deshalb seien, argumentierten viele Reformer, Regulierungsmaßnahmen auf staatlicher Ebene die bessere Wahl, weil Aktivisten von der Basis dann größeren Einfluß erlangen könnten. Gleichzeitig wandten sich Progressive der zwanziger Jahre gegen das Erbe des CPI, der Alien und Espionage Acts und anderer mißbräuchlicher, kriegsbedingter Regierungsermächtigungen. Ihrer Ansicht nach hatten sie den Beweis erbracht, daß der Schuß, der nationalen Regierung zusätzliche Macht zu geben, genausogut nach hinten losgehen und eben nicht der Sache der Reform dienen könne. Diese antidirigistische Haltung übernahm den ideologischen Kern der progressiven Stimmung, die mit der antimonopolistischen Reformtradition im nördlichen Mittelwesten und im äußersten Westen zusammenhing. Friedens-Progressive wie William Borah brachten das zum Ausdruck; er denunzierte den »unbarmherzigen Drang der Zentralisierung, den unersättlichen Rachen der Bürokratie«, die seiner Ansicht nach »immer mehr Menschen ihrer Stimmen berauben, aller Rechte, die Heim und Herd berühren, der Familien und der Nachbarn«. In der progressiven Ära waren Reformer wie Borah bereit gewesen, ihre ideologischen Skrupel zu überwinden, in den zwanziger Jahren aber verweigerten sie dies. Doch die zunehmende Betonung der staatlichen Rechte durch Politiker aller ideologischen Schattierungen arbeitete letzten Endes zugunsten der Konservativen, die damit das Mißtrauen der Öffentlichkeit gegenüber einer erweiterten wirtschaftspolitischen Rolle der Bundesbürokratie nährten.[16]

Diese relativ isolierte intellektuelle Debatte über das rechte Maß von Regulierungsmaßnahmen seitens der Regierung in einer demokratischen Gesellschaft erregte in den zwanziger Jahren, einer wirtschaftlichen Blütezeit, nicht viel öffentliches Interesse. Doch der führende Friedens-Progressive, George

Norris, nahm einen Kampf auf, der das Thema weit mehr dramatisierte, als die Reformer jemals hätten hoffen können. Daß die Harding-Administration sich anschickte, von der Bundesregierung eingegangene Verpflichtungen der Kriegsjahre zu liquidieren, steckte den Rahmen ab. Eines der wichtigsten Ziele der Kampagne war der Muscle-Shoals-Damm am Tennessee in Alabama, der nach einem Vorschlag der Administration praktisch umsonst privaten örtlichen Versorgungsunternehmen überlassen werden sollte. Angeführt von Norris, sträubten sich Progressive im Kongreß gegen diesen Schritt und kritisierten, die Regierung würde für ihre erheblichen Investitionen in den Kriegsjahren nichts zurückbekommen. Als Alternative schlug der Senator von Nebraska vor, der Damm solle in öffentlichem Besitz verbleiben, um die Wasserkraftressourcen des Flusses zu erschließen, der verarmten Gegend billigen Strom zur Verfügung zu stellen und eine von der Regierung kontrollierte »Meßlatte« zu bekommen, mit der man die von privaten Versorgungsunternehmen verlangten Preise beurteilen könnte. Diese Vorschläge stoppten die Privatisierungsversuche der Administration. 1928 drückte Norris schließlich seinen eigenen Plan einer regionalen Planungsbehörde zur Überwachung des Dammbetriebs durch. Coolidges Veto gegen diese Maßnahme sollte jedoch die Pattsituation zwischen den beiden Regierungsorganen für den Rest des Jahrzehnts besiegeln.[17]

Letzten Endes signalisierten diese Kampagnen der Friedens-Progressiven in aller Deutlichkeit, daß das Reformprogramm auf die generelle Frage verengt war, wie man auf die Präsenz von Großunternehmen im politischen Leben Amerikas reagieren solle. Das Wirtschaftswachstum während des Ersten Weltkriegs und der zwanziger Jahre hatte, zusammen mit der Schwächung der politischen Basisbewegungen, all den Reformprogrammen ein Ende bereitet, wie sie Wilson, Brandeis und viele Antimonopolisten in den Jahren 1912 und 1913 befürwortet hatten. In der veränderten politischen und ökonomischen Landschaft konzentrierten sich Reformer wie etwa die Friedens-Progressiven zunehmend auf das, was der Historiker Alan Brinkley als moralisches antimonopolistisches Programm beschrieben hat: den politischen Einfluß von Wirtschaftsinteressen zu reduzieren, außenpolitische Entscheidungen zu bekämpfen, die als Schutzmaßnahmen für amerikanische Firmen in Übersee galten, oder mit Hilfe der Regierung Monopole wie etwa die Versorgungsindustrie zur Kurskorrektur zu zwingen. Obwohl die Reformer das nur ungern zugaben, beendete dieses neue ideologische Konzept implizit die progressive Kampagne vom Anfang des Jahrhunderts, als geplant worden war, die amerikanische Wirtschaft so umzustrukturieren, daß große Wirtschaftskonglomerate zerschlagen würden und Kleinproduzenten wieder mehr Macht bekämen.

Das Erbe des Ersten Weltkriegs veranlaßte die Reformer auch, ihre Vorkriegsvision, im Präsidentenamt das Hauptvehikel der Veränderung zu sehen, zu überdenken und statt dessen die Macht des Senats zu erkennen. Die Rollen, die beispielsweise Norris in der Innenpolitik und viele Friedens-Progressive in der Außenpolitik spielten, sind ein Indiz dafür, daß sich der Senat in den zwanziger Jahren national zum Zentrum der Reformaktivitäten entwickelte. Er zeichnete sich traditionell durch unbegrenzte Debatten und eine schwache Führung aus (im Gegensatz zum Repräsentantenhaus) und war daher von den beiden legislativen Kammern seit langem für Dissidenten die weit bessere Wahl: Ein Vergleich der Macht des Repräsentantensprechers mit der des Mehrheitsführers im Senat belegt, daß die Führungsstruktur des Unterhauses weit stärker institutionalisiert war. Da sowohl Harding als auch sein Nachfolger, Calvin Coolidge, ihre Exekutivgewalt nur als gering einschätzten, entstand in den zwanziger Jahren ein politisches Machtvakuum, das die Legislative geradezu einlud, den Präsidenten herauszufordern. Ein Mitglied des Washingtoner Pressecorps erinnerte sich: »Über das Weiße Haus haben wir in den zwanziger Jahren niemals berichtet. Wir haben über den Senat berichtet.« Trotzdem erfreute sich letztlich die Exekutive der überlegenen Position. Wie beispielsweise Senator Norris im Kampf um den Muscle-Shoals-Damm erkennen mußte, war es schwierig, von seiten der Legislative politisch die Initiative zu ergreifen.[18]

Die Unausgewogenheit des Wettkampfs zwischen Senat und Exekutive war aber nicht der einzige Grund, warum die Reformer in den zwanziger Jahren scheiterten. Wie George Norris mitten in seinem Kampf um den Muscle-Shoals-Damm verbittert anmerkte, spalteten höchst umstrittene soziale Fragen die Reformer. Sie lenkten die öffentliche Aufmerksamkeit weg von den ökonomischen Problemen und erstickten so die engagierten wirtschaftspolitischen Basisaktivitäten, die ein zentrales Charakteristikum der progressiven Ära gewesen waren.

Wie bei so vielen politischen Themen der zwanziger Jahre beschleunigten die nachkriegsbedingten Unruhen vorhandene Trends. Einer davon war demographischer Natur: Nach der Volkszählung von 1920 lebte zum ersten Mal in der amerikanischen Geschichte eine Mehrheit der Erfaßten in Städten und nicht in ländlichen Gegenden. Für viele bekräftigte diese Volkszählung die instinktive Überzeugung, daß sich die amerikanische Gesellschaft zu schnell und in vieler Hinsicht unangenehm verändere. Die zunehmende Verstädterung zeigte sich in der aufkommenden Kultur des Massenkonsums. Sie wurde durch neue Kommunikationsformen gefördert, die es ermöglichten, simultan ein großes Publikum anzusprechen. 1923 erschien mit ›Time‹ die erste landesweit verbreitete Illustrierte. Im selben Jahrzehnt expandierte auch die amerikanische Filmindustrie: Waren es 1922 noch 40 Millionen gewesen, so gingen 1930 100 Millionen Menschen ins Kino. 1920 erhielt der erste kommerzielle Rundfunksender der Vereinigten Staaten seine Lizenz; drei Jahre später existierten mehr als fünfhundert. 1927 wurde der erste nationale Rundfunksender gegründet, die National Broadcasting Company; am Ende der Dekade besaßen über 12 Millionen Haushalte ein Radio.[19]

Die Meinung, die traditionelle amerikanische Kultur sei zusammengebrochen, fand sich auch in einer Veränderung der Geschlechterrollen bestätigt. Nachdem 1919 mit einem Verfassungszusatz den Frauen das Wahlrecht zugestanden worden war, gingen die Führerinnen der Frauenbewegung mit Zuversicht in die zwanziger Jahre; sie glaubten, die erheblich gestärkte Wählerschaft würde die Politik dazu zwingen, innenpolitisch ein breites Spektrum von sozialen und wirtschaftlichen Reformen durchzuführen und international Frieden und Abrüstung zu unterstützen. Statt dessen spaltete sich die Frauenbewegung alsbald. Radikale konzentrierten ihre Aktivitäten darauf, sowohl rechtliche wie soziale Gleichheit für Frauen zu erreichen. Alice Paul gründete beispielsweise 1921 die National Woman's Party, die einen Verfassungszusatz über gleiche Rechte für Frauen forderte, während Margaret Sanger weiterhin die Liberalisierung der Geburtenkontrolle verfocht. Weibliche Gewerkschaftsmitglieder jedoch konzentrierten sich mehr auf wirtschaftliche Dinge und machten sich Sorgen, daß durch Initiativen wie zum Beispiel die ERA staatliche und kommunale Gesetze zugunsten der Arbeiterinnen gefährdet sein könnten. Seit der progressiven Ära waren nämlich eine Menge von staatlichen Gesetzen erlassen worden, die die Arbeitszeiten von Frauen oder Kindern begrenzten und die Sicherheitsbestimmungen für Arbeiterinnen verbesserten. Solche Maßnahmen waren zu umstritten, um in der Arbeiterbewegung insgesamt Unterstützung zu finden, ihre Verabschiedung war jedoch durch eine Koalition von Reformern und kulturell Konservativen möglich gemacht worden, die die Frauen in ihrer traditionellen Rolle als Mutter und Erzieherin schützen wollten.

Auf sozialem und wirtschaftlichem Gebiet waren für Frauen ähnlich ambivalente Entwicklungen typisch für die Dekade. Beispielsweise gingen verheiratete Frauen vermehrt einem Beruf nach: 1900 waren 15 Prozent der arbeitenden Frauen verheiratet gewesen; bis 1930 stieg deren Zahl auf 20 Prozent. Ihr Zugang zu besser bezahlten Jobs blieb jedoch beschränkt, auch Frauen in gehobenen Positionen mußten sich meist mit einer schlechteren Bezahlung zufriedengeben. Genauso wie ihre zunehmende Präsenz in der Arbeiterschaft sowohl den Wandel als auch die Kontinuität der traditionellen Frauenrolle in der Wirtschaft symbolisierte, war die Entwicklung auch im sozialen Bereich ambivalent. Tatsächlich beschränkten sich die meisten Frauenaktivistinnen der zwanziger Jahre darauf – trotz späterer Behauptungen des Gegenteils –, Reformen im Rahmen der traditionellen ehelichen, mütterlichen und femininen Normen zu befürworten. Diese Haltung trieb sie oft dazu, international radikale Reformen zu begrüßen: Eindeutig pazifistische Frauenfriedensgruppen wie beispielsweise die WILPF und die neu gegründete Woman's Peace Party blieben während der gesamten Dekade aktiv. Innenpolitisch war jedoch die Leistungsbilanz der Frauenorganisationen eher mager. Doch das Jahrzehnt zeigte durchaus Anzeichen für eine zunehmende Frauenemanzipation: Die Geburtenrate fiel, vor allem in der Mittelschicht, drastisch, während die Scheidungsrate stieg. In den zwanziger Jahren bildete sich in den Intellektuellenkreisen von New York ein kleiner Kreis von Frauen, der den Gleichheitsgedanken wirtschaftlich wie sexuell auslegte. Diese Frauen betrachteten ihre Lebensform als gesellschaftspolitische Aussage und brachten ein ehrgeiziges soziales Programm in die politische Arena ein, in dem sie ökonomische Unabhängigkeit und sexuelle Freiheit forderten. Das Bild der »neuen Frau« spielte im Kino, in der Werbung und in der populären Presse eine herausragende Rolle, wobei all diese Medien das neugefundene Verständnis von feministischer Unabhängigkeit allerdings gewaltig übersteigerten.[20]

Diese Sicht provozierte die restaurativen Kräfte, die das vermeintlich im Schwinden begriffene Amerika zu erhalten trachteten und sich zunehmend politisierten. Mit Hilfe populistischer Stimmungen gelang es den kulturell Konservativen, die Dekade mit einem besonders beeindruckenden Sieg im Jahr 1920 einzuleiten, als der 18. Verfassungszusatz in Kraft trat: Er verbot die Herstellung und den Verkauf von Alkohol. Das war ein verheerendes Experiment in angewandter Sozialwissenschaft; dennoch wurde die Prohibition von einer großen Wählerschaft – meist ländlichen Protestanten –, die den Zusatz als Symbol für den Kampf gegen die modernisierenden, säkularen Kräfte der amerikanischen Kultur betrachteten, begeistert unterstützt. Seine Hauptbedeutung war tatsächlich symbolischer Natur: Die Befürworter sahen in der Prohibition nicht nur ein Mittel, Moral und Mäßigung zu fördern, sondern wollten damit auch die Dominanz der weißen, angelsächsischen, protestantischen Wertvorstellungen bestätigen, die in der Nachkriegsära so offensichtlich unter Druck geraten waren. Ironischerweise – angesichts der Ziele – förderte jedoch die Prohibition Stimmungen, die ursprünglich in der progressiven Ära aufgekommen waren, wie die Besorgnis wegen der Machtkonzentration urbaner Regierungsapparate und das Streben nach stärkerem sozialen Zusammenhalt. Damals jedoch instrumentalisierten die meisten Reformer diese Ideen, um Pläne wie die Wahlrechtsreform zu unterstützen, oder sie stärkten freiwilligen Maßnahmen den Rücken wie etwa jenen, für die das CPI stand. Doch in der Nachkriegsära riefen kulturell Konservative danach, die Macht der urbanen Einwanderer zu zerschlagen, kritisierten deren Verhalten und empfahlen Zwangsmaßnahmen seitens der Regierung, um einer sich zunehmend heterogen entwickelnden Gesellschaft eine kulturelle Einheit aufzuzwingen. Progressive Konzepte, die Zwecke verfolgten, welche ihre Urheber sich niemals hätten vorstellen können, stellten einen der politischen Schlüsseltrends der zwanziger Jahre dar.[21]

Die Agitation für eine Beschränkung der Einwanderungen – ebenfalls aus Ideen der progressiven Ära hervorgegangen – war ein weiteres politisches Thema im Rahmen dieses neuen Populismus. Wie der Historiker John Higham dargelegt hat, erstarkte der Nativismus immer dann, wenn die Amerikaner glaubten, sich um ihre sozialen und politischen Institutionen ängstigen zu müssen. Die Turbulenzen des Ersten Weltkriegs und der ersten Nachkriegsjahre sorgten für die notwendige Unbehaglichkeit. Seit 1880 veränderte die Herkunft der Immigranten aus Süd- und Osteuropa, die im Gegensatz zu ihren Vorgängern dazu neigten, sich in urbanen Gebieten zu konzentrieren, statt sich über das Land zu verteilen, das Erscheinungsbild der Einwanderungswellen. Diese Entwicklung schien die Vorherrschaft der einheimischen weißen, angelsächsischen, protestantischen Kultur zu bedrohen, die die kulturell Konservativen folglich in den zwanziger Jahren zu verteidigen suchten. 1921 verabschiedete der Kongreß – als Reaktion auf den kurzen ökonomischen Abschwung – eine Maßnahme zur vorübergehenden Begrenzung der Einwanderungszahlen. Im Jahr 1924 ließ er ein entsprechendes Gesetz folgen, das den tiefgreifenden Rassismus hinter der neuen nativistischen Welle erkennen ließ, denn es unterband die Zuwanderung aus den meisten asiatischen Ländern (einschließlich Japans) vollständig und etablierte ein Quotensystem, demzufolge die Einwanderungen pro europäischer Nation 2 Prozent der Menschen, die nach der Statistik von 1890 bereits in den Vereinigten Staaten lebten, nicht überschreiten durfte; diese Statistik beruhte auf der letzten Volkszählung vor der Einwanderungswelle aus Süd- und Osteuropa. Indem sie theoretisch »wissenschaftliche« und »effiziente« Standards auf die Immigrationsfrage anwandten, behaupteten die Restriktionisten, lediglich solche Strategien zu verfolgen, die die Progressiven der vorangegangenen Dekade für andere politische Probleme entwickelt hatten.[22]

Auch auf staatlicher Ebene sorgte der erstarkte Nativismus für eine Abkühlung der Reformstimmung. Das Jahrzehnt erlebte den Wiederaufstieg des Ku Klux Klan (KKK), dessen Vorläufer in der Zeit nach dem Bürgerkrieg gegründet worden war, um die gerade befreiten Schwarzen des Südens einzuschüchtern. Der neue KKK entstand als geheimer Männerbund in Georgia im Jahr 1915 und entwickelte sich rasch zu einer der einflußreichsten sozialen Basisbewegungen der Zeit. Seine Ideologie verband die Überlegenheit der Weißen mit der des Protestantismus sowie Ultranationalismus. Mit seiner Forderung nach einer strikten Verschärfung der Gesetze in sozialen Belangen wie etwa bei der Prohibition und dem Scheidungsrecht gelang es ihm, landesweit zwischen 3 und 6 Millionen Anhänger zu gewinnen und die staatliche Politik von Maine bis Texas zu beeinflussen. Der KKK der zwanziger Jahre sprach also weit mehr als nur Rassenfragen an, und die Organisation erwies sich bei der Anpassung ihres spezifischen Programms an lokale Verhältnisse als überraschend flexibel. Im weitesten Sinn versuchte der KKK mit seinem politischen Einfluß einen historischen Typ von Gemeinschaft wiederherzustellen, indem er mit Hilfe der Regierung einen reaktionären Populismus förderte, der sich eher auf soziale als auf ökonomische Angelegenheiten konzentrierte. Nach 1925 brachte eine Reihe interner Skandale dem KKK den Niedergang. Zuerst wurde D. G. Stephenson, der Grand Dragon von Indiana, verhaftet, weil er seine Sekretärin entführt und sexuell mißbraucht hatte. Dem folgte eine Fülle von belastenden Veröffentlichungen über andere prominente Führer des Klans. Nichtsdestotrotz zeigte das plötzliche Erscheinen des KKK, daß die populistische Stimmung, die auf dem Höhepunkt der progressiven Ära so viele Angriffe auf den Monopolismus angeheizt hatte, sich genausogut für ein reaktionäres politisches Programm einspannen ließ, vor allem wenn soziale Belange statt wirtschaftlicher im Zentrum der politischen Auseinandersetzungen standen.[23]

Die politische und ideologische Stärke des KKK in den gesamten zwanziger Jahren manifestierte sich auch auf andere Weise. Zwar sind sich die Historiker nicht völlig einig über die Verbindungen zwischen den beiden Bewegungen, doch die Grunddogmen, die der KKK vertrat – Durchsetzung der Prohibition, Verteidigung der (protestantischen) Religion in den öffentlichen Schulen gegen den Säkularismus, Bestrafung von Scheidungen –, prägten auch den wiedererstarkten religiösen Fundamentalismus. Der Schock des Ersten Weltkriegs, die kontinuierliche Expansion der urbanen Kultur und das Infragestellen vieler religiöser Glaubensartikel durch die Naturwissenschaften bedrohten die traditionell zentrale Stellung der Religion im Leben Amerikas. Gleichzeitig ersetzten die immer attraktiveren Freizeitvergnügungen auch noch das bescheidenste Zeichen von Religiosität: den Besuch des Gottesdienstes am Sonntag. Diese Entwicklungen sorgten bei den religiösen Fundamentalisten für erhebliche Unruhe, am Niedergang der Religion und an den kulturellen Veränderungen der Nachkriegsära gaben sie dem wissenschaftlichen Darwinismus die Schuld. Das trieb die evangelischen Christen in die Politik. Landesweite Beachtung erlangten sie, als Tennessee 1925 die Evolutionslehre aus dem Lehrplan der öffentlichen Schulen verbannt hatte und ein Biologielehrer namens John Scopes aufgrund dieses Gesetzes angeklagt worden war. Die ACLU beauftragte den bekannten Rechtsanwalt Clarence Darrow, Scopes zu verteidigen, während William Jennings Bryan, der seinen politischen Einfluß festigen wollte, indem er sich an den wiedererstarkten Fundamentalismus hängte, als Vertreter der Anklage in Tennessee eintraf. Der Prozeß endete mit Scopes' Verurteilung, seine langfristigen Folgen waren aber noch viel verheerender. Zum einen gelang es Darrow, seinen Widersacher Bryan durch unaufhörliches Polemisieren gegen seinen fundamentalistischen Glauben an die wörtliche Bibelinterpretation lächerlich zu machen; zum anderen hatte der Prozeß eine anhaltende Einschüchterung der Lehrer und Schulbuchverleger zur Folge: Noch zwei Jahrzehnte später bekannte mehr als ein Drittel der High-School-Lehrer, sie hätten Angst, im Unterricht die Evolution zu behandeln. Der Kampf sollte in späteren Jahren noch einmal aufgegriffen werden, mit gleichermaßen ambivalenten Resultaten.[24]

Auch wenn der KKK und die religiösen Fundamentalisten extreme Positionen einnahmen, so wußten sie doch sehr gut von den Ängsten weiter Kreise der Gesellschaft zu profitieren. So war es den kulturell Konservativen trotz ihrer internen Schwäche möglich, erheblichen Einfluß auf die nationale Politik zu nehmen, was in den meisten Fällen die Position der Reformer weiter schwächte. Am drastischsten demonstrierten sie ihre Macht 1924 beim demokratischen Nationalkonvent. Die beiden Spitzenkandidaten, William Gibbs McAdoo und der New Yorker Gouverneur Al Smith, wiesen sich durch eine solide Leistungsbilanz in der Exekutive als glaubwürdige Wirtschaftsreformer aus. Doch soziale Belange verdrängten bald die Wirtschaftsreform aus den Konventsdebatten. Urbane Demokraten legten zwei Programmpunkte vor: Die Prohibition sollte aufgehoben und die Aktivitäten des KKK sollten geächtet werden. Beide Vorschläge kamen nicht durch; sie scheiterten allerdings nur äußerst knapp und erst nach langen, leidenschaftlichen Debatten, die zeigten, wie sehr die urbanen und die ländlichen Demokraten polarisiert waren. Da beide Seiten sich unversöhnlich zeigten, zog sich der Nominierungsprozeß über 103 Wahlgänge hin, bis die erschöpften Delegierten sich auf John Davis einigten, einen Rechtsanwalt, der kaum McAdoos und Smith' ökonomische Einstellungen teilte, doch kulturpolitisch für beide Parteiflügel akzeptabel war.[25]

Empört über das Ergebnis, suchten einige Progressive sich Betätigungsfelder außerhalb der etablierten Parteistruktur, um die Reformkräfte zu revitalisieren. Davis' Nominierung veranlaßte Robert La Follette, sich als unabhängiger Kandidat für das Präsidentenamt zu bewerben, im Vertrauen darauf, daß er eine schichtenspezifische Koalition von Farmern und städtischen Arbeitern hinter sich bringen würde, da er vor allem auf die Unterstützung der Sozialistischen Partei und der in der Regel nicht parteigebundenen American Federation of Labor (AFL) rechnen konnte. Davis spielte im Wahlkampf eine derart untergeordnete Rolle, daß die Kräfte um Coolidge ihre Angriffe auf

La Follette konzentrierten, den sie als gefährlichen Radikalen brandmarkten. Allerdings bot der Präsident mit seinem schwachen Regierungsstil und seinen ausgedehnten Nachmittagsnickerchen, die ihm den Spitznamen »Silent Cal« eintrugen, nicht gerade eine dynamische Alternative. Trotz der Defizite seiner Widersacher wurde La Follettes Wahlkampf zum Ende hin schwach. Die Kampagne des Senators litt unter schlechter Organisation und Finanzierungsproblemen. Die weit auseinanderliegenden Forderungen seiner beiden wichtigsten Wählergruppen stellten ein weiteres Problem dar: Das Verlangen der Farmer, die Bundesregierung müsse die Agrarpreise künstlich in die Höhe treiben, fand kaum die Unterstützung der Arbeiterschaft. La Follette hatte auch einen persönlichen Nachteil: Daß er gegen den Eintritt der USA in den Ersten Weltkrieg gestimmt hatte, warf man ihm noch immer vor, auch wenn dies 1924 nicht mehr so kontrovers diskutiert wurde wie 1917. Sein bisher starkes Wählerpotential in ländlichen Gebieten wurde durch seine offene Feindschaft gegenüber dem KKK und seine Weigerung, die Beibehaltung des 18. Verfassungszusatzes zu bejahen, dezimiert. Coolidge errang einen überwältigenden Sieg und fuhr 54 Prozent der Wählerstimmen ein, während Davis mit 28 Prozent noch hinter das magere Ergebnis von James Cox vier Jahre zuvor zurückfiel. Die Demokraten konnten sich wenigstens insoweit trösten, als sie ihre Position im Kongreß gehalten und La Follette in den meisten Staaten übertrumpft hatten. Für den Senator aus Wisconsin allerdings war das Ergebnis niederschmetternd. Angesichts der mangelnden institutionellen Unterstützung, mit der jeder unabhängige Präsidentschaftskandidat zu kämpfen hat, war es bemerkenswert, daß er Davis in knapp der Hälfte aller Staaten außerhalb des Südens geschlagen hatte. Doch mit 16,8 Prozent der Wählerstimmen konnte er sich nur zu Hause im Staat Wisconsin durchsetzen. Nach dem anstrengenden Wahlkampf körperlich geschwächt und von den Ergebnissen deprimiert, verfiel seine Gesundheit rapide, und kaum ein Jahr später erlag er einem Herzanfall. Sein Tod beraubte die Bewegung ihres prominentesten, wenn auch umstrittenen nationalen Führers und verhinderte das Aufkommen einer dritten Partei auf der Basis der Prinzipien der Friedens-Progressiven.[26]

Davis' Abschneiden hingegen gab den Reformern unter den Demokraten neue Energie. Da die Konservativen der Partei vorübergehend außer Gefecht gesetzt waren, gelang es den Demokraten, einen Kandidaten aufzustellen, der als Reformer ausreichend Glaubwürdigkeit besaß, um La Follettes alte Koalition beim Wahlkampf 1928 hinter sich zu scharen. Doch abermals bremsten soziale Belange die Kräfte der Wirtschaftsreform. Da McAdoo durch seine Niederlagen von 1920 und 1924 politisch angeschlagen war, sah er davon ab, sich ein drittes Mal um die Präsidentschaft zu bewerben; er überließ das Feld Al Smith, dessen politische Position sich nach seiner triumphalen Wiederwahl zum Gouverneur von New York 1926 gefestigt hatte. Um Ausgewogenheit bemüht, wählte Smith Joe Robinson (den ersten Südstaatler, der seit dem Bürgerkrieg bei einer nationalen Wahl antrat) als Mitstreiter und thematisierte besonders zwei Punkte, die für La Follettes frühere Anhänger von höchster Wichtigkeit waren: Er stellte sich gegen die Interventionen der USA in der Karibik, und er forderte, die Bundesregierung müsse die Versorgungsindustrie stärker regulieren. Doch Smith brachte weniger Bundesstaaten hinter sich als John Davis im Jahr 1924. In diesem schlechten Abschneiden spiegelten sich teils die antikatholischen Vorurteile des Landes, teils die generelle Schwäche der Demokratischen Partei in den zwanziger Jahren wider, auch die noch immer prosperierende Wirtschaft tat ein übriges. Der überwältigende Sieg der Republikaner wurde jedoch auch durch den Mann möglich, den die Partei zum Kandidaten gewählt hatte: Der Ingenieur Herbert Hoover hatte zunächst im Ersten Weltkrieg landesweit auf sich aufmerksam gemacht, als er im besetzten Belgien die Lebensmittelversorgung organisierte und dann, als er den bolschewistischen Einfluß in Rußland und Osteuropa bekämpfte. Sein Ruf, politisch ungebunden zu sein, machte ihn für Progressive beider Parteien attraktiv. Demokratische Reformer taten sich mit ihren Gesinnungsgenossen bei den Republikanern zusammen und drängten 1920 auf Hoovers Kandidatur. Dieser erklärte sich schließlich zum Republikaner und bewarb sich um die Nominierung, konnte jedoch keine politische Stärke entwickeln und bekam den relativ unbedeutenden Posten des Handelsministers.[27]

Doch Hoover machte das Beste aus der Situation und baute sein Amt in den zwanziger Jahren zur mächtigsten Position im Kabinett aus. Er nutzte diese administrative Macht, um seine Vorstellungen von einer Zusammenarbeit zwischen Regierung und Wirtschaft zugunsten des ökonomischen Wachstums umzusetzen. Damit entsprach er dem allgemeinen Muster des Jahrzehnts, progressive Strategien für Ziele zu instrumentalisieren, die die Reformer sich kaum hätten vorstellen können. Wie die Progressiven Anfang des Jahrhunderts befürwortete Hoover mehr wirtschaftspolitische Einflußmöglichkeiten der Regierung und sprach davon, überparteiliche Maßstäbe der Effizienz und des wissenschaftlichen Fortschritts an politische Aufgaben anzulegen. Doch zwischen der Wirtschaftsphilosophie des Handelsministers, die im allgemeinen als Korporatismus bezeichnet wird, und dem Progressismus klaffte eine erhebliche ideologische Lücke. Brandeis, La Follette und andere Antimonopolisten hatten Regulierungsmaßnahmen seitens der Regierung verlangt, um das kapitalistische Fundament der amerikanischen Wirtschaft umzustrukturieren, während Theodore Roosevelt mit regulierenden Eingriffen nur sicherstellen wollte, daß das Verhalten der Monopole nicht dem öffentlichen Gemeinwohl schadete. Bei beiden Programmen behielt die Regierung die Oberhand, wobei allerdings die Antimonopolisten sich von Roosevelts neuen Nationalisten hauptsächlich darin unterschieden, wie sie die wirtschaftliche Nützlichkeit und Unvermeidbarkeit von Monopolen bewerteten. Hoover hingegen warb für komplementäre Beziehungen zwischen der Regierung und der Wirtschaft, bei denen beide Seiten eher gleiches Gewicht haben sollten. Das Handelsministerium agierte als zentrale Beratungsbehörde für die amerikanische Wirtschaft und förderte entschieden das Übersee-Engagement amerikanischer Wirtschaftsunternehmen. Es gelang Hoover jedoch in der Regel nicht, die Wirtschaftsführer zu Gegenleistungen zu bewegen. Weil er die zeitgenössische republikanische Ablehnung von zuviel Regierungsmacht teilte, hatte er keinen Hebel, die von ihm gewollte Wirtschaftspolitik durchzusetzen. Das Problem, die Wirtschaft dazu zu bringen, sich stärker für das Gemeinwohl zu engagieren, sollte Hoovers Präsidentschaft schwer belasten.

Doch im Jahr 1928 verwies die Leistungsbilanz der amerikanischen Wirtschaft der vergangenen Jahre eher auf das Geniale an Hoovers Theorien, nicht auf ihre Defizite.[28]

Also schien Hoover sein Amt unter idealen Voraussetzungen anzutreten. Sofort drückte er der Exekutive seinen Stempel auf und versammelte als erster Präsident einen – wenn auch kleinen – professionellen Beraterstab um sich. Das Spezifische seiner anfänglichen Politik ging unter in der allgemeinen Erregung über die Art seiner Amtsführung. Jedenfalls schien seine Politik zu funktionieren. Das von der Regierung Coolidge geerbte Wirtschaftswachstum hielt unvermindert an. Zwischen Mai 1928 und September 1929 stiegen die Aktienkurse an der New Yorker Börse um durchschnittlich mehr als 40 Prozent. Bald wurde klar, wie ungesund diese Entwicklung war. Genau in dem Moment schlug die öffentliche Meinung um und wandte sich gegen Hoovers Regierungsstil und seine Wirtschaftsphilosophie. In der zweiten Oktoberhälfte 1929 stürzte der Aktienmarkt zweimal steil ab, erholte sich aber wieder. Dann folgte am 29. Oktober der »Schwarze Dienstag«: Die Börsenwerte erreichten einen Tiefstand, viele Aktien waren wertlos. Bis zum 13. November gingen 13,3 Milliarden Dollar an Marktwert verloren. Theoretisch standen diese Verluste nur auf dem Papier. Doch der Spekulationsboom der zurückliegenden achtzehn Monate hatte dazu geführt, daß der Strom amerikanischer Kredite nach Europa versiegte. Jetzt waren diese Fonds unwiderruflich verloren, und der Börsenkrach löste weltweit finanzielle Panik aus. Die Große Depression, die Wirtschaftskrise, hatte eingesetzt, die Verhältnisse verschlechterten sich rapide. Mehr als 9000 Banken brachen zwischen 1930 und 1933 zusammen; die Sparer verloren über 2,5 Milliarden Dollar, da es kein landesweites System von Bankenversicherungen gab. Der Geldvorrat der Nation schrumpfte um rund 33 Prozent, was die Nachfrage stark dämpfte und eine Deflationsspirale auslöste. Das Bruttosozialprodukt sank von 104 Milliarden Dollar im Jahr 1929 auf 76 Milliarden Dollar drei Jahre später. Die Arbeitslosigkeit stieg auf mindestens 25 Prozent, und viele, die ihre Stellen behielten, mußten Lohn- oder Arbeitszeitverkürzungen hinnehmen.

Die Wirtschaftskrise war auf eine Fülle von Gründen zurückzuführen, die größtenteils schon aus der Zeit vor dem Börsenkrach datierten. Vor allem beruhte die Prosperität der zwanziger Jahre auf einer nur wenig diversifizierten Wirtschaft, die von einigen wenigen hochprofilierten Branchen abhing, etwa der Bau- und der Automobilindustrie. Rückgänge in diesen Branchen begannen am Ende der dritten Dekade die Wirtschaft zu bremsen. Dieser Prozeß wurde durch die ungleiche Verteilung des Wohlstands in den zwanziger Jahren beschleunigt – weniger als 5 Prozent der Familien verfügten über mehr als ein Drittel des nationalen Einkommens. All das hemmte die Konsumnachfrage. Die ungesunde Kreditstruktur der Dekade machte alles noch schlimmer. Die Landwirtschaft war in einer jahrzehntetalten Krise festgefahren und hatte es nicht geschafft, sich der Schulden zu entledigen, die sich während der Kriegsjahre aufgrund stetig steigender Preise angehäuft hatten; viele ländliche Banken gingen noch vor dem Börsenkrach pleite. Größere Banken waren in besserer Verfassung – zumindest auf dem Papier. Doch zu viele hatten leichtfertig Kredite vergeben, einige hatten stark in den Aktienmarkt investiert. Als der Börsenkrach diese Einkommensquelle versiegen ließ und der Zugriff auf neues Kapital verbaut war, kollabierten auch diese Institute wie schon zuvor die kleineren. Schließlich waren die exportorientierten Wirtschaftsbranchen nach wie vor von der politischen und finanziellen Stabilität in Europa abhängig. Doch aufgrund europaspezifischer Entwicklungen und amerikanischer Politik wegen – etwa der Weigerung Washingtons, dem Völkerbund beizutreten oder den Alliierten die Kriegsschulden zu erlassen – war es damals um die Stabilität in Übersee schlecht bestellt.[29]

Angesichts der Wirtschaftskrise scheiterte Hoovers Politik kläglich. Der Präsident schien entweder nicht bereit oder unfähig, in der Depression mehr zu erkennen als nur eine vorübergehende Erschütterung einer im Grunde soliden Ökonomie. Folglich hielt er an seiner Überzeugung fest, daß eine begrenzte Partnerschaft von Regierung und Wirtschaft der sicherste Weg sei, wieder zu Prosperität zu gelangen. Seine erste Reaktion auf den Abschwung bestand aus einer Reihe öffentlicher Ansprachen, die das Vertrauen der Öffentlichkeit wiederherstellen sollten und korporatistische Lösungen zur Bewältigung der Krise verfochten: Eine freiwillige Zusammenarbeit von Regierung, Wirtschaft und Arbeiterbewegung sollte die Genesung in Gang setzen.

Hoover rechtfertigte seine innenpolitische Untätigkeit damit, daß er die Ursache der Wirtschaftskrise in internationalen und nicht in amerikanischen Entwicklungen sah; diese Haltung spiegelte die Erfahrungen wider, die er in den zwanziger Jahren im Handelsministerium gemacht hatte. So hielt er statt eines drastischen innenpolitischen Kurswechsels außenpolitische Initiativen für den Schlüssel zur wirtschaftlichen Erholung. Dieser Ansatz war jedoch politisch nur schwer zu verkaufen. Außerdem nahm er nicht zur Kenntnis, daß die Depression – mit einer Arbeitslosigkeit, die von 1,5 Millionen 1929 auf 12 Millionen 1933 stieg, mit dem drastischen Rückgang des Bruttosozialprodukts und mit dem Zusammenbruch der amerikanischen Kapitalmärkte – den ökonomischen Unterbau der Zwanziger-Jahre-Diplomatie zerstört hatte. Plötzlich hatten sich die Trends umgekehrt: Kapitalismus und Demokratie steckten sowohl sozial als auch ökonomisch in der Defensive und mit ihnen die Weltführerschaft der USA. Hoovers Maßnahmen reichten nicht aus, obwohl er bereit war, Konzessionen an die veränderten internationalen Verhältnisse zu machen, und beispielsweise den Alliierten die Rückzahlung der Kriegsschulden für ein Jahr stundete. Gleichzeitig erwies sich Hoover als unfähig, mit dem zunehmenden innenpolitischen Druck umzugehen, der aus der Forderung entstand, daß die USA wirtschaftspolitisch eine nationalistischere Position einnehmen müßten. Das herausragendste Beispiel eines solch ökonomischen Nationalismus zeigte sich 1930: Der Kongreß verabschiedete den Hawley-Smoot Tariff, die drastischste Zollmaßnahme der amerikanischen Geschichte.[30]

Der Hawley-Smoot Tariff verdeutlichte, welche Schwierigkeiten Hoover mit seinem doppelten Ziel hatte, die Wirtschaftskrise primär mit internationalen Maßnahmen zu überwinden und zugleich seine Außenpolitik an einer Wiederbelebung des internationalen ökonomischen und politischen Systems der zwanziger Jahre zu orientieren. Innenpolitisch gelang es dem Präsidenten nie, die nötige Unterstützung für seine Strategie zu bekommen. Besonders problematisch war für die Republikaner, daß Hoover lokalen und nicht so sehr nationalen Reaktionen auf die Depression Beachtung schenkte. Gemäß seinen föderalistischen Überzeugungen der zwanziger Jahre empfahl der Präsident, lokale und staatliche Regierungen sowie private Wohlfahrtsorganisationen müßten aktiver werden, um das Leid zu lindern, das der ökonomische Abschwung mit sich gebracht hatte. Doch traditionelle Hilfsorganisationen wie beispielsweise Rotes Kreuz oder Heilsarmee waren auf kurzfristige Hilfsaktionen eingestellt, nicht auf massive Fürsorgemaßnahmen, wie sie die Depression erforderte. In einigen Industrieregionen war das Wirtschaftsleben absolut gelähmt. Da der Präsident für die fehlgeschlagene Wirtschaftspolitik stand, hegte kaum jemand Zweifel, daß die Krise von den Republikanern einen politischen Preis fordern würde. Doch wie tief sie abrutschen würden, war nicht leicht vorauszusagen. Hoover war nicht der einzige Politiker in Washington, der angesichts des Ausmaßes des wirtschaftlichen Zusammenbruchs perplex war. Mit Sicherheit hatten die veränderten Verhältnisse regierungsfeindlichen Kräften im Kongreß recht gegeben, die vor den Gefahren unkontrollierter Wirtschaftsaktivitäten gewarnt hatten. Das konstruktive Programm der Reformer war jedoch ziemlich karg: Das Konzept, das Norris' Muscle-Shoals-Vorschlag zugrunde lag, sollte zu einer generellen Unterstützung zahlreicher Bundesprojekte – vor allem in der Versorgungsindustrie – ausgeweitet werden und befürwortete umfassendere Bundeshilfen für die Landwirtschaft, beispielsweise die McNary-Haugen Bill, ein Plan, mit Bundesgarantien das Niveau der Agrarpreise auf Kosten gestiegener Lebensmittelpreise zu stabilisieren. Vor der Wirtschaftskrise wäre dieses Programm kaum durchzusetzen gewesen, und während der Amtszeit Hoovers erhielt es von Kongreßmitgliedern außerhalb der Agrarstaaten nur äußerst dürftige Unterstützung.

Die Demokraten boten indes ein noch vageres Programm, das größtenteils den Präsidenten wegen seiner Untätigkeit kritisierte, ohne konkrete Gegenvorschläge zu unterbreiten. Dennoch profitierten die Demokraten als Oppositionspartei erheblich vom ökonomischen Niedergang. Zum ersten Mal seit 1918 konnten sie wieder die Kontrolle über das Repräsentantenhaus erlangen. Dieses Ergebnis ließ darauf schließen, daß sich die Einstellung eines großen Teils der Wählerschaft grundlegend gewandelt hatte. Immer mehr Wähler betrachteten die Bewältigung der Wirtschaftskrise als nationale Aufgabe, die alle Schichten der Bevölkerung in der einen oder anderen Weise betraf, was ein nationales und nicht ein staatliches oder lokales Reagieren erforderte. Außerdem begann sich der Konsens herauszubilden, daß sich die Wirtschaftskrise nicht von selbst in Luft auflösen würde. Die Regierenden mußten eingreifen, und die Bundesregierung bot sich dafür als einzige Instanz an. Die Demokraten profitierten von diesem neuen vernunftorientierten Konsens wie 1912, als Woodrow Wilson siegte.[31]

Auch in einer anderen Hinsicht veränderte die Wirtschaftskrise entscheidend den Tenor der nationalen Politik. Zur Freude der ökonomisch Konservativen und zum Leidwesen von Reformern wie George Norris verschafften sich während der zwanziger Jahre die Nativisten und die religiösen Fundamentalisten in allen sozialen Belangen große politische Bedeutung. Nach 1929 jedoch ersetzten Wirtschaftsfragen die sozialen: Dieselben in den USA geborenen weißen Angelsachsen aus der Unter- und der Mittelschicht, die in den zwanziger Jahren die Basis des kulturellen Konservatismus gewesen waren, litten jetzt unter ökonomischen Defiziten. Daß sich das Blatt in Sachen Prohibition jetzt wendete, war bezeichnend für die Neuausrichtung. Der Verfassungszusatz über die Prohibition war außerhalb des Südens und einiger Gegenden im Westen nie konsequent durchgesetzt worden, doch selbst seine Gegner glaubten nicht daran, daß er zurückgenommen werden könnte. In der Mitte von Hoovers Amtszeit nahm jedoch der nationale Druck zur Abschaffung der Prohibition merklich zu. In den 39 Staaten, in denen Referenden über die Frage durchgeführt wurden, befürworteten 72,9 Prozent der Wähler ihr Ende. Politisch sorgte die neue Macht, die die Wirtschaftskrise der Demokratischen Partei im Norden und im Mittelwesten verliehen hatte, für ein solides Wählermandat zugunsten der Beendigung dieses Experiments in angewandter Sozialwissenschaft. Obwohl Hoover den Verfassungszusatz weiterhin befürwortete, war 1931 klar, daß dessen Tage gezählt waren.[32]

Die politischen Folgen dieser Entwicklungen lagen auf der Hand. Im Gegensatz zu den Ereignissen zwanzig Jahre zuvor war der demokratische Nominierungswettlauf von 1932 eine recht einseitige Angelegenheit: Franklin Delano Roosevelt, Gouverneur von New York, ging als Spitzenkandidat ins Rennen und gab seinen Vorsprung nicht mehr ab. Schon beim Wahlkampf der Demokraten 1920, wo er als Vizepräsidentschaftskandidat für James Cox aufgetreten war, war er der einzige Lichtblick gewesen. Roosevelt stammte aus einer Familie der New Yorker Oberschicht und war ein entfernter Cousin von Theodore Roosevelt. Er studierte in Harvard; ebenso wie sein Verwandter strebte er eine politische Karriere an (wenn auch als Demokrat und nicht als Republikaner). Er sicherte sich einen Sitz in der Staatslegislative von New York, ging nach Wilsons Wahl nach Washington und übernahm den Posten des stellvertretenden Marineministers (den auch Theodore einst innegehabt hatte). 1921 unterbrach jedoch eine persönliche Tragödie seinen politischen Aufstieg: Er erkrankte an Kinderlähmung und konnte nie wieder laufen. Während die Demokratische Partei sich in den zwanziger Jahren immer mehr über soziale Fragen zerstritt, konzentrierte sich Roosevelt auf die Wiederherstellung seiner Gesundheit. 1928 erlebte er eine triumphale Rückkehr in die Politik, als er beim demokratischen Nationalkonvent die Nominierungsrede für Al Smith hielt. Smith' New Yorker Anhänger schätzten Roosevelt fälschlicherweise als ziemlich schwache Persönlichkeit ein, meinten aber, er könne für die Partei nützlich sein, und organisierten seine Nominierung zum Gouverneurskandidaten im Jahr 1928. Roosevelts Sieg bei diesen Wahlen und seine überwältigend erfolgreiche Wiederwahl zwei Jahre später erlaubten es ihm, seinen einstigen politischen Förderer auszustechen. Seine politische Arbeit als Gouverneur hatte ihm den Ruf eingebracht, einer der wenigen landesweit prominenten Politiker zu sein, die mit innovativen Regierungsprogrammen versuchten, der Wirtschaftskrise entgegenzuarbeiten. Eine geschickte Wahlkampfstrategie und seine solide sozialpolitische Leistungsbilanz als Gouverneur festigten seine Attraktivität für die Progressiven. Roosevelt profitierte auch von seinem privaten Wohlstand; zwar hatte er sein ganzes

Leben in der Politik verbracht, doch dank seines Reichtums mußte er nicht als Berufspolitiker auftreten. Zwar bewarb sich auch Smith noch einmal um die Präsidentschaft (diesmal als Kandidat der ökonomisch Konservativen in der Partei), aber Roosevelt gewann bereits im ersten Wahlgang die Nominierung.[33]

Nachdem die Republikaner erneut Hoover aufgestellt hatten, zweifelte niemand mehr am Ausgang der Wahlen im Herbst. Angesichts seines respektablen Vorsprungs bei den Wählerumfragen beschränkte sich Roosevelt darauf, nur die vagesten Statements darüber abzugeben, wie er das wirtschaftliche Elend des Landes anzugehen gedachte. In der Rede, mit der er seine Nominierung annahm (er war der erste Kandidat der amerikanischen Geschichte, der das persönlich beim Parteikonvent tat), kündigte er einen »New Deal« an, definierte aber seine Absichten nicht deutlicher und versprach lediglich einen ausgeglichenen Haushalt, was auch Hoovers zentrales ökonomisches Prinzip war. Dennoch gab es deutliche Anzeichen, daß Roosevelt und der Amtsinhaber die Wirtschaftsprobleme unterschiedlich angehen würden. Erstens forderte Roosevelt – wie auch schon als Gouverneur – eine aktive Bundespräsenz in der Wirtschaft. Seine Ideen vereinten ein breites Spektrum; er bezog sie vom »Brains Trust«, der hauptsächlich an der Columbia University konzentriert war und zu dem viele führende Universitätsprofessoren gehörten, wie auch von Felix Frankfurter, Professor an der Harvard Law School, der landesweit als intellektueller Protegé von Louis Brandeis galt. Zweitens versprach Roosevelt, sich zunächst auf die Innenpolitik zu konzentrieren, während Hoover bis zum Schluß meinte, man müsse primär eine internationale Lösung für die Wirtschaftsflaute suchen. Drittens zeichnete sich Roosevelt durch wesentlich mehr Dynamik aus als Hoover. Diesen Charakterzug setzte er konsequent dafür ein, zu erreichen, was der Amtsinhaber verspielt hatte: die Wiederherstellung des öffentlichen Vertrauens in die Fähigkeit der Regierung, mit der Depression fertig zu werden.[34]

Auf dem Erfolg der Demokraten von 1930 aufbauend, gelang Roosevelt im November ein überwältigender Sieg. Er schlug Hoover um 20 Prozent und brachte mit 472 zu 59 Stimmen im

Wahlausschuß bis auf sechs alle Staaten hinter sich. Trotz dieses beeindruckenden Triumphs waren die inneren Zerwürfnisse, die die Partei in den zwanziger Jahren so dezimiert hatten, nicht verschwunden. Roosevelt sah sich ständig damit konfrontiert, mit den Elementen einer ziemlich disparaten politischen Koalition jonglieren zu müssen.

Zum einen beruhte – wie bei Wilson – die politische Stärke der Demokraten auf der soliden Parteibasis im Süden. Im Kongreß erhielten die Südstaatler dank ihres höheren Dienstalters den Vorsitz der wichtigsten Ausschüsse, als die Demokraten wieder die Kontrolle übernahmen. Doch das schiere Ausmaß des demokratischen Triumphs brachte zum anderen auch ein viel größeres Kontingent von Nicht-Südstaatlern in den Kongreß als unter Wilson. Diese oft mit Unterstützung der Gewerkschaften gewählten Liberalen – etwa der New Yorker Senator Robert Wagner – betrachteten bundesstaatliche Eingriffe in die Wirtschaft sehr viel wohlwollender als ihre Kollegen aus dem Süden. Die Nöte ihrer Wählerschaft ließ sie im besonderen Maß bundesstaatliche Wohlfahrts- und öffentliche Arbeitsbeschaffungsprojekte unterstützen. Das zunehmende politische Gewicht der Arbeiterschaft und das große ökonomische Elend infolge der Wirtschaftskrise beschnitten die Macht der Konservativen, die zu Anfang des Jahrhunderts das nordöstliche Kontingent der Partei dominiert hatten, und in den dreißiger Jahren waren es die Kongreß-Demokraten aus dem Norden, die den Präsidenten am konsequentesten unterstützten. In dieser Region bewirkte Roosevelts Präsidentschaft auch eine historische Neuausrichtung, deren Folgen sich im vollen Umfang erst eine Generation später zeigen sollten: die Schwarzen fühlten sich von Roosevelts Wirtschaftsprogramm angezogen und begannen ihre traditionellen Bindungen an die Republikaner – die Partei Abraham Lincolns – aufzugeben. Schließlich wurde Roosevelt auch von vielen Progressiven unterstützt, die sich als Unabhängige oder Republikaner betrachteten; im Gegensatz zu Wilson vermied Roosevelt nämlich einen ausschließlich parteikonformen Regierungsstil. Seit 1910 stellten antimonopolistische Aktivitäten das wirtschaftspolitische Hauptziel dieser Gruppe dar. Der Präsident berief zwei von ihnen in sein Kabinett:

Harold Ickes zum Innen- und Henry Wallace zum ersten Landwirtschaftsminister. Außerdem konsultierte er bei der Ausarbeitung seines Programms regelmäßig führende Progressive im Kongreß, beispielsweise George Norris. Der Präsident fand ferner die Unterstützung von Intellektuellen, Rechtsanwälten und anderen reformfreudigen Aktivisten; sie hatten in den ersten beiden Jahrzehnten des Jahrhunderts den Aufstieg des Progressismus gefördert, hielten sich in den zwanziger Jahren politisch aber eher zurück und identifizierten sich in den Dreißigern zunehmend mit dem moderneren Begriff »Liberale«.[35]

Angesichts einer so vielfältigen politischen Basis wäre es unvorstellbar gewesen, daß der Präsident seine Politik an einem gleichbleibenden ideologischen Standpunkt ausrichtete. Doch auch FDRs persönliche Präferenzen trugen zur Sprunghaftigkeit seiner Politik bei. Wie schon als Gouverneur berief Roosevelt immer wieder Persönlichkeiten mit stark unterschiedlichen Ansichten in Schlüsselpositionen, damit sie sich gegenseitig überwachten und so sichergestellt war, daß die politische Kontrolle allein in seinen Händen verblieb. Dieser Regierungsstil erwies sich als erfolgreich. Doch das stellt Historiker auch vor die schwierige Aufgabe, in einem Morast an bürokratischen Intrigen und Verwicklungen die wahren Absichten des Präsidenten zu entdecken. Jedenfalls kam es im »New Deal« zu drei wesentlichen Vorstößen: Der erste bestand aus einer Reihe von Hilfsmaßnahmen – oft waren es Notmaßnahmen –, die alle zusammen das Fundament für den amerikanischen Wohlfahrtsstaat bildeten. Unmittelbar nach FDRs Amtseinführung verabschiedete der Kongreß eine Unzahl von Gesetzesvorlagen zugunsten kurzfristiger Linderung sozialer Not. Anfang 1933 stellte er 500 Millionen Dollar für direkte Hilfsmaßnahmen bereit, die von der Federal Emergency Relief Administration (FERA) unter Vorsitz von Harry Hopkins verteilt wurden. Die anderen beiden Elemente der frühen »New Deal«-Dreifaltigkeit waren die Civil Works Administration (CWA), die im Winter 1933/34 vier Millionen Arbeitslosen zu neuen Stellen verhalf, und das Civilian Conservation Corps (CCC), das jungen Männern in einer Vielzahl von Forst- und Naturschutzprojekten Arbeit verschaffte. Zusammen erreichten die drei Maßnahmen fast 8 Millionen Haushalte beziehungsweise 28 Millionen Menschen, das entsprach 22,2 Prozent der Gesamtbevölkerung. Bis 1935 summierten sich die Regierungsausgaben für öffentliche Hilfsmaßnahmen auf insgesamt 3 Milliarden Dollar, das Fünfzehnfache der Summe, die während Hoovers letztem Amtsjahr ausgegeben worden war.[36]

Die direkten Hilfsmaßnahmen des Bundes endeten 1935; sie wurden den traditionellen amerikanischen Befürchtungen geopfert, daß derartige Unterstützungen zu einer Unterschicht führten, die auf Dauer von Regierungszuwendungen abhängig blieb, anstatt von einer generellen Verbesserung der wirtschaftlichen Verhältnisse zu profitieren. Im Lauf der nächsten Jahre ergaben sich die Umrisse der langfristigen Sozialpolitik des »New Deal« gleichsam von selbst. Sie umfaßte vier Komponenten: 1. allgemeine, von den Staaten und Lokalbehörden finanzierte Hilfestellungen primär für Menschen, die als arbeitsunfähig galten; 2. vom Bund finanzierte Arbeitsbeschaffungsmaßnahmen für Menschen in wirtschaftlicher Not, die arbeiten konnten; 3. öffentliche Hilfsmaßnahmen für Alte und abhängige Kinder; 4. Sozialversicherungen, Renten für Arbeiter im Ruhestand sowie vorübergehende Ausgleichszahlungen an Arbeitslose. Die Knauserei der meisten Staatsregierungen arbeitete ständig gegen die erste Komponente. Obwohl die Arbeitsbeschaffungsmaßnahmen des Bundes zunächst vielversprechend aussahen, litten die meisten Wohlfahrtsprogramme des »New Deal« an mangelnder Finanzierung und unzureichender Unterstützung durch die Administration und den Kongreß. Das dritte Element des Konzepts – konkretisiert im Aid to Dependent Children Program – garantierte wenigstens den in Armut lebenden Kindern die Hilfe des Bundes. Die vierte Komponente wurde durch den Social Security Act und den Wagner Act von 1935 konkretisiert, die ein System von Alterspensionen und Arbeitslosenunterstützung errichteten, und erwies sich als das politisch populärste Konzept, weil seine Segnungen unabhängig von den persönlichen Mitteln alle erreichten, was der herkömmlichen Definition von »Wohlfahrt« überhaupt nicht entsprach.

Mit diesem kombinierten Ansatz konnte FDR den Bund verpflichten, die Armen zu unterstützen. 46 Millionen Menschen –

35 Prozent der Gesamtbevölkerung – erhielten in den dreißiger Jahren irgendeine Form von öffentlicher Hilfe. Negativ ist zu verbuchen, daß es der Regierung nicht gelang, die Wirtschaftskrise zu beenden oder eine konsequente Familienpolitik zu verfolgen. Weil sie den Bundesstaaten zuviel Kontrolle abtrat, sanktionierte sie eine ungleiche Verteilung der Mittel und befriedigte zu sehr lokales Wunschdenken. Die Wohlfahrtsprogramme des »New Deal« waren prinzipiell kurzfristig angelegt, weil man Armut als vorübergehenden Zustand betrachtete; Kernfragen wie Krankenversicherungen wurden vermieden. Letztlich bildete der »New Deal« eine ideologisch inkonsistente Grundlage für spätere Wohlfahrtsprogramme.[37]

FDR unterschied sich von Hoover keineswegs nur dadurch, daß er sich leidenschaftlich für Bundesmaßnahmen zur Bekämpfung der Wirtschaftskrise einsetzte. Er beendete auch Hoovers Politik, der internationalen ökonomischen Stabilität Vorrang vor nationalen wirtschaftlichen Fördermaßnahmen einzuräumen. Trotz ihrer ideologischen Differenzen teilten Roosevelt und sein Vorgänger aber das langfristige Interesse an der Außenpolitik. Obwohl FDR immer Demokrat war, hatte ihn das Vorbild seines Cousins Theodore verleitet, in die Politik zu gehen und unter Wilson stellvertretender Marineminister zu werden. Aufgrund der Erfahrungen des Ersten Weltkriegs und des Kampfs um den Völkerbund bewunderte er Wilson. So wurde Roosevelt zu einem der wenigen, die ihr außenpolitisches Erbe sowohl auf Theodore Roosevelt als auch auf Woodrow Wilson zurückführen konnten, die Exponenten diametral entgegengesetzter außenpolitischer Ideologien waren. Zwischen 1920 und seiner Präsidentschaftskandidatur 1932 hatte sich Roosevelts außenpolitisches Denken nur wenig weiterentwickelt, 1932 war er nur allzugern bereit, langgehegte internationale Überzeugungen zugunsten politischer Zwecke über Bord zu werfen. Daß dies auch während seiner ersten Amtszeit als Präsident so blieb, zeigt sich hauptsächlich in seiner Entscheidung, Cordell Hull, Senator von Tennessee, zum Außenminister zu berufen. Die beiden Männer standen sich persönlich oder ideologisch nie sonderlich nahe, doch Roosevelt schuldete Hull wegen seiner Leistungen als Vorsitzender des Democratic

National Committee einen politischen Gefallen. Darüber hinaus glaubte der Präsident zu Recht, die Berufung Hulls würde sich wegen der Kongreßfreunde des Ministers auszahlen, deren Stimmen FDR für die Innenpolitik brauchte. Doch im Gegensatz zu Hoover, der Außenminister Henry Stimson als außenpolitischen Chefberater ernst nahm, behielt Roosevelt die internationalen Angelegenheiten selbst in der Hand. Seine ersten Schritte in der Außenpolitik bestätigten, daß er seine internationalen Positionen nach innenpolitischen Bedürfnissen ausrichten würde. Am Versagen seines Vorgängers erkannte er, wie gefährlich es war, sich zu sehr auf internationale Angelegenheiten zu konzentrieren. Entsprechend verhielt er sich bei der London Economic Conference von 1933: Zwar ernannte der Präsident den Wilson-Anhänger Hull, der für offene Weltwirtschaft und Freihandel eintrat, zum Vorsitzenden der US-Delegation, balancierte dies aber in für ihn charakteristischer Weise dadurch aus, daß er George Peek, einen ökonomischen Nationalisten, zu Hulls Stellvertreter bestimmte. Des weiteren unterlief er den Minister im Verlauf der Konferenz, indem er die Vereinigten Staaten aus dem Goldstandard herausnahm und sich weigerte, jedwedes ökonomische Stabilitätsprogramm zu unterstützen, das seine innenpolitische Handlungsfreiheit beschränken würde.[38]

Roosevelt zeigte also schon früh Anzeichen dafür, daß er den ökonomischen Internationalismus seines Vorgängers ins Gegenteil verkehren würde. Trotzdem waren seine ersten Amtsjahre eher durch seine Innenpolitik geprägt als durch sein Nachdenken über eine internationale Neuordnung. Die Entwicklung des Wohlfahrtsstaat ist bis heute die vorrangigste Leistung des »New Deal«; zugleich stand er aber auch für FDRs wirtschaftspolitisches Vorgehen, das am wenigsten auf einem klaren ideologischen Ansatz beruhte. Der Präsident hinterließ auch hinsichtlich der wirtschaftspolitischen Rolle der Regierung ein ziemlich widersprüchliches Erbe. Was als der erste »New Deal« bekannt wurde, bestand aus einer Reihe von Initiativen, in denen sich hauptsächlich die Ideen des »Brains Trust« spiegelten, der wiederum vom neuen Nationalismus zehrte. Der zweite »New Deal« aus dem Jahr 1935 war dagegen eher von der antimonopolistischen Ideologie geleitet, die von Brandeis höchst überzeugend artikuliert worden war und die Roosevelt aus der progressiven Ära übernommen hatte. Es wäre natürlich zu einfach zu behaupten, die Regierung hätte nach zwei Jahren drastisch ihren Kurs geändert, weil es Teile des assoziationalistischen Ansatzes auch noch nach 1935 gab und die meisten Antimonopolisten während der Wahl von 1932 und in den Anfängen seiner Präsidentschaft Roosevelt kräftig unterstützten. Vielmehr brachte Roosevelts erste Amtszeit beide wirtschaftspolitische Hauptansätze der progressiven Ära auf die Bühne zurück. Ironischerweise wiesen sie sich beide eher durch ihre intellektuellen und politischen Defizite aus als durch das Potential, die Wirtschaftskrise zu bewältigen.

Persönlichkeiten wie der Gewerkschaftsanwalt Donald Richberg und die Columbia-Professoren Raymond Moley, Adolf Berle und Rexford Tugwell als Mitglieder des »Brains Trust« konnten sich nicht auf exakte politische Präferenzen einigen, obwohl sie wußten, was sie nicht wollten, nämlich, in Moleys Worten: »... die traditionelle Wilson-Brandeis-Philosophie, daß wir die Probleme des amerikanischen Lebens gelöst haben werden, wenn Amerika wieder eine Nation der kleinen Grundbesitzer, der Lebensmittelhändler an der Ecke und der Schmieden unter breit ausladenden Kastanien wird.« Zusammenfassend meinte die Gruppe, daß Roosevelt sich nicht auf eine Umstrukturierung der Wirtschaft, sondern auf die Stabilisierung der bestehenden Industrie konzentrieren sollte, weil Monopol und Oligopol zu den alles beherrschenden Strukturen des amerikanischen Wirtschaftslebens geworden waren. Solche Vorstellungen leiteten viele der anfänglichen wirtschaftspolitischen Initiativen der Regierung, bei denen es auf die Revitalisierung der bestehenden Geschäftsbankenstruktur, die Zusammenarbeit von Regierung und Wirtschaft, die Produktionskontrolle in Industrie und Landwirtschaft sowie einen ausgewogenen Bundeshaushalt ankam. Die prominenteste Maßnahme war die Gründung der National Recovery Administration (NRA), die versuchte, freiwillige Regelabsprachen mit den wichtigsten Industriezweigen zu treffen, um die Gefahren eines unbeschränkten Wettbewerbs zu reduzieren. Der »Brains Trust« distanzierte sich eindeutig von der Brandeis-Schule und stellte sich erfolgreich gegen einen Verfassungszusatz des Friedens-Progressiven und Senators von Idaho, William Borah, der eine antimonopolistische Einstellung als Leitideologie der NRA-Politik durchsetzen wollte.

Einmal im Amt, beugte sich die NRA den traditionellen Forderungen der Wirtschaftsführer, im Namen der wirtschaftlichen Genesung die Anti-Trust-Bestimmungen außer Kraft zu setzen. Doch im Gegensatz zu Hoovers korporatistischem Ansatz bestand die NRA zugleich auf einem quid pro quo für dieses Zugeständnis: Das Recht der Arbeiter, sich zu organisieren und kollektiv mittels Gewerkschaften die Löhne auszuhandeln, sollte anerkannt werden. Zunächst schien das Programm gut zu funktionieren, doch die Regeln konkret umzusetzen, erwies sich als nahezu unmöglich, und strukturell tendierte alles zur Begünstigung von Großproduzenten auf Kosten kleiner Unternehmen. Dann erklärte der Oberste Gerichtshof im Fall Schlechter gegen United States das Programm einstimmig für verfassungswidrig und befand, daß sich seine Verabschiedung auf eine falsche Interpretation der zwischenstaatlichen Handelsklausel gestützt habe.[39]

Der Sturz der NRA reflektierte nicht nur verfassungsrechtliche Realitäten, sondern auch weitverbreitete Zweifel, ob es klug sei, den Wirtschaftsführern noch mehr Macht zu geben, da sie von vielen Reformern in erster Linie für die Wirtschaftskrise verantwortlich gemacht wurden. Anders als während fast der gesamten zwanziger Jahre erfreute sich während des »New Deal« der antimonopolistische Standpunkt einer erheblichen Unterstützung durch nationale politische Kreise. Brandeis bedrängte Roosevelt privat, die Wirtschaftskrise durch massive öffentliche Arbeitsbeschaffungsmaßnahmen, kombiniert mit der Durchsetzung antimonopolistischer Ideale durch Eliminierung der Holding-Gesellschaften sowie der Schachtelaufsichtsräte und mit gesetzlichen Vorschriften zur progressiven Besteuerung, zu beenden. Felix Frankfurter konnte im Gegensatz zu Brandeis freimütig öffentliche Kommentare zu politischen Vorgängen abgeben und machte aktiv Propaganda für die Vorschläge des obersten Richters. Er erwies sich auch als geschickt darin, Posten für geistesverwandte Personen innerhalb der

Bürokratie des »New Deal« zu finden. Unter dem Spitznamen »New Dealers« konstituierte dieses liberale Netzwerk – in den Worten des Historikers Alan Brinkley – »eine lockere, breite Allianz von offensichtlich ähnlich gesinnten Menschen ... die unauffällig, aber strategisch geschickt über die Bürokratie verteilt« waren. Im übrigen waren sie dafür bekannt, daß sie sich mit Frankfurter identifizierten; einflußreich waren sie, weil sie die oberen Ränge der jüngst erweiterten Bundesbürokratie besetzten, deren nur vage formulierte legislative Ermächtigung den Administratoren der Politik erhebliche Handlungsfreiräume gewährte.[40]

Daß die Regierung zunehmend die antimonopolistische Ideologie unterstützte, wurde bei der Verabschiedung des Revenue Act Anfang 1935 klar. In seinen ersten beiden Amtsjahren hatte FDR eine Fülle von rückwirkenden Besteuerungen befürwortet, beispielsweise erhöhte Abgaben auf Alkohol (in Kraft gesetzt als Teil des Handels, der zur Abschaffung der Prohibition führte). Gleichzeitig räumte er den Wirtschaftsvertretern ein virtuelles Veto bei der Unternehmensbesteuerung ein, weil er darauf vertraute, daß eine Zusammenarbeit mit ihnen die ökonomische Gesundung fördern würde. Das Ende der assoziationalistischen Periode des »New Deal« beendete auch diese Ära der Rooseveltschen Steuerpolitik. Der Revenue Act von 1935 brachte eine scharfe Anhebung der individuellen Steuersätze für Wohlhabende, eine bundesweite Erbschaftssteuer, eine abgestufte Unternehmensbesteuerung zu Lasten der Großunternehmen sowie eine Besteuerung konzerninterner Dividendenvergaben zur Entmutigung der Holding-Gesellschaften. So gesehen spiegelte er Brandeis' Überzeugung, daß man mit der Steuergesetzgebung ein antimonopolistisches Programm durchdrücken könnte. Obwohl die Maßnahme von einigen Historikern als nur »symbolische« Reform attackiert wurde, weil sie letzten Endes davor zurückscheute, das Steuersystem zur Umverteilung des Reichtums zu nutzen, war sie doch das progressivste fiskalische Gesetz, das Washington seit Wilson verabschiedet hatte. Darüber hinaus wurde es durch den Revenue Act von 1936 noch ausgeweitet, der Steuern auf nicht ausgeschüttete Gewinne vorsah.

Noch umstrittener als der Revenue Act war der Public Utility Holding Company Act, den Frankfurters Protegés Ben Cohen und Tommy Corcoran entworfen hatten. Als Höhepunkt der reformistischen Kampagne gegen die privaten Versorgungsunternehmen autorisierte das Gesetz die Securities and Exchange Commission (in den frühen Stadien des »New Deal« zur Regulierung des Aktienmarkts gegründet), »unnötig komplizierte« Holding-Gesellschaften binnen drei Jahren zu zerschlagen. In vielerlei Hinsicht erfüllten diese Initiativen das, was von dem ökonomischen Programm der Progressiven der zwanziger Jahre geblieben war, und bildeten so ein Bindeglied zwischen dem Reformaktivismus des »New Deal« und seinen Vorläufern.[41]

Die zweite Welle der »New-Deal«-Gesetzgebung ging über Versuche, die Wirtschaft umzustrukturieren, hinaus, um mit mehr sozialer Gerechtigkeit bei den neuen Elementen der demokratischen Koalition Anklang zu finden. Die Einrichtung der Sozial- und Arbeitslosenversicherung sowie der WPA stellte drei herausragende Beispiele dafür dar. Trotz einer persönlich ambivalenten Haltung gegenüber den Gewerkschaften, die unter progressiven Reformern nicht ungewöhnlich war, hatte der Präsident inzwischen der organisierten Arbeiterschaft durch Unterstützung des Wagner Act die Hand gereicht. Das daraus resultierende National Labor Relations Board hatte die Macht, kollektive Lohnverhandlungsrunden festzusetzen, die Gewerkschaftswahlen zu überwachen und Unterlassungsklagen an Arbeitgeber zu richten, die sich dem Gesetz nach unfair verhielten. Diese Maßnahme revolutionierte die Beziehung zwischen Regierung und Arbeiterschaft, weil sie erstmals den Gewerkschaften die Mittel der Bundesregierung an die Hand gab. Mittlerweile zeigte die Arbeiterschaft selbst Anzeichen für gesteigerten Radikalismus und vermehrte Aggressivität. Besonders deutlich wurde das, als John Lewis, Vorsitzender der United Mine Workers (UMW), sich mit William Green von der AFL zerstritt, weil die AFL daran festhielt, die Arbeiter nach ihrem Ausbildungsstand zu organisieren. 1935 wollten Lewis und andere Gewerkschaftsführer, daß sich sämtliche Arbeiter eines Industriezweigs in einer Einheitsgewerkschaft organisierten, um ihre Geschlossenheit und ihr Verhandlungsgewicht zu stärken. Sie gründeten den Congress of Industrial Organizations (CIO), der die Speerspitze der Arbeiterbewegung des kommenden Jahrzehnts bildete. Da der CIO auch un- und angelernte Arbeiter als Zielgruppe hatte, trug er dazu bei, die Zahl der Gewerkschaftsmitglieder von 3,4 Millionen 1930 auf 8,7 Millionen zehn Jahre später anzuheben. Genauso wichtig war, daß die Gewerkschaften den politischen Aktivitäten des linken Flügels neue Energie gaben. Ansätze der progressiven Ära aufgreifend, nutzten die Arbeiterorganisationen die neuen Möglichkeiten, politische Vorgänge durch Interessengruppen zu beeinflussen.[42]

Alle innenpolitischen Zielsetzungen – Hilfsmaßnahmen, Assoziationalismus und antimonopolistischer Aktivismus – verlangten nach einer Stärkung der Bundesregierung gegenüber der Wirtschaft. Besonders hier zeigt sich, daß die Depression dem Erbe des Ersten Weltkriegs und der Angst der Reformer vor einer zu mächtigen Bundesregierung ein Ende bereitete. Roosevelts Programm wertete in den Augen der Reformer das Präsidentenamt wieder politisch auf. Der Kongreß schien zu einem schnellen und entschlossenen Handeln, wie es die Wirtschaftskrise verlangte, nicht in der Lage, und der Druck seitens der Wähler, so fürchteten die Reformer, konnte die Legislative dazu bringen, wie im Fall des Hawley-Smoot Tariff falsch zu reagieren. Diese Entwicklung bedeutete nicht, daß der Kongreß jegliche Kontrolle über die Bundespolitik an die Exekutive abgetreten hatte, obwohl das beredteste Beispiel dafür nicht die Innenpolitik betraf, sondern Fragen der nationalen Sicherheit: Die allgemeine Stimmung in den dreißiger Jahren bewirkte eine deutlich isolationistische Politik – unterstützt von der Öffentlichkeit und dem Kongreß. Obwohl die Vorschläge der Isolationisten erheblich differierten, waren sich alle darin einig, was sie nicht wollten: Sicherungsmaßnahmen zur Aufrechterhaltung des Status quo in Europa, die womöglich zu einer ständigen politischen oder militärischen Präsenz der USA dort geführt hätten. Zusätzliches Gewicht erhielt dieser Standpunkt Mitte der dreißiger Jahre nach einer Reihe von Anhörungen unter dem Vorsitz von Gerald Nye, einem Friedens-Progressiven und Senator aus North Dakota, der größtenteils FDRs Innenpolitik unterstützte. Die Anhörungen waren offensichtlich dazu gedacht, die Einflußmöglichkeiten der amerikanischen Waffenhersteller auf die Neutralitätspolitik der Vereinigten Staaten zu ergründen. Sie endeten mit einer weiteren Beschwörung der moralischen antimonopolistischen Vision und folgerten, daß eine gesetzeswidrige Allianz von Waffenproduzenten, Wall-Street-Bankiers und Vertretern der Exekutive für den Eintritt der Vereinigten Staaten in den Ersten Weltkrieg verantwortlich gewesen war. Trotz der dürftigen Beweislage für diesen Vorwurf verabschiedete der Kongreß danach eine Reihe von Neutralitätsgesetzen und verzichtete dabei auf Rechte der USA als neutraler Macht, um die Möglichkeit zu minimieren, daß die Vereinigten Staaten in einen weiteren europäischen Konflikt hineingezogen würden. Trotz ihrer außenpolitischen Implikationen demonstrierten die Anhörungen des Nye-Ausschusses vor allem, wie sehr der Kongreß – und zwar Mitglieder aller ideologischen Ausrichtungen – sogar auf dem Höhepunkt des »New Deal« eine unkontrollierte Machtausübung der Exekutive fürchtete. Die Narben von Wilsons Weltkriegspolitik waren noch nicht verheilt.[43]

Dennoch verhinderte die Konzentration auf wirtschaftliche Gesundung in Roosevelts erster Amtszeit, daß Verfassungsfragen die Reformer spalteten. Vielmehr ließ Roosevelts deutlich reformistischer Kurs des zweiten »New Deal« erkennen, daß der Präsident noch immer ein Gefühl für die politische Lage hatte. Traditionelle Muster Lügen strafend, gewannen die Demokraten, obwohl sie an der Macht waren, bei den Zwischenwahlen 1934 zu ihrer bereits satten Mehrheit in beiden Häusern Sitze hinzu. Gleichermaßen verblüffte die Ausrichtung der neuen Kongreßmitglieder: Die meisten befürworteten eine Ausweitung der bundesstaatlichen Hilfsmaßnahmen und die Beschneidung der Macht der Großunternehmen. Zum Teil spiegelte sich in diesen liberalen Zielen eine zunehmende Radikalisierung der amerikanischen Gesellschaft; sie brachte gleich mehrere Bewegungen hervor, die noch weiter links angesiedelt waren. Dr. Francis Townsend, ein Arzt aus Kalifornien, erregte landesweit Beachtung mit seinem Vorschlag, alle Amerikaner über sechzig Jahren sollten eine staatliche Rente von 200 Dollar erhalten, wenn sie sich zur Ruhe setzten (und damit einen Arbeitsplatz freimachten) und Monat für Monat das Geld ausgaben (und damit Mittel in die Wirtschaft pumpten). Die Begeisterung, auf die der Townsend-Plan in der Öffentlichkeit stieß, war zum Teil dafür verantwortlich, daß FDR sein Sozialversicherungs-Konzept durchsetzte, obwohl dessen maximale monatliche Leistung sich nur auf wesentlich kärglichere 85 Dollar belief. Noch einflußreicher war Father Charles Coughlin, der »Radiopriester«, dessen landesweit ausgestrahlte wöchentliche Rundfunkpredigten eine populistische Interpretation der Wirtschaftsentwicklung wiederbelebten. Er stellte »raffgierige Kapitalisten« an den Pranger und forderte finanzielle Reformen wie die Remonetisierung des Silbers und andere inflationäre Maßnahmen. Besonders starken Zuspruch erhielt Coughlin von den katholischen Arbeitern, die ein entscheidendes Element der sich ausbildenden demokratischen Mehrheitskoalition waren. Coughlins Umgang mit dem Rundfunk zeigte unter anderem, wie technologische Fortschritte den Tenor der nationalen Politik veränderten. Auch FDR bediente sich des Mediums besonders effektiv mit seinen »Kamingesprächen«, in denen er über die Köpfe der Kongreßmitglieder hinweg deren Wählern seine Positionen darzulegen versuchte.

Die Schachzüge Coughlins und Townsends standen für einen machtvollen, populistischen Basisaktivismus, den zu ignorieren der Präsident sich nicht leisten konnte; ihre Funktion war der der Korruptionsschnüffler in der progressiven Ära nicht ganz unähnlich.

In besonderem Maß profitierte von diesen Entwicklungen Huey Long, der 1928 zum Gouverneur von Louisiana gewählt worden war, nachdem er vehement Banken, Ölgesellschaften und Versorgungsunternehmen angegriffen hatte, die in diesem Jahrzehnt allgemein die Zielscheibe der radikalsten progressiven Reformer waren. Die eindrucksvolle öffentliche Unterstützung in Verbindung mit seinem rücksichtslosen politischen Vorgehen führten dazu, daß er die staatliche Politik nahezu vollständig kontrollierte. 1930 zog er in den US-Senat ein. Anfangs unterstützte er den »New Deal«, überwarf sich aber Ende 1933 mit Roosevelt und drängte auf ein radikaleres Wirtschaftsprogramm. Unter dem Namen Share-Our-Wealth Plan forderte er eine Einkommensumverteilung mittels einer konfiskatorischen Besteuerung der Reichen bei einem gleichzeitig garantierten nationalen Mindesteinkommen von 2500 Dollar. Im Frühling 1935 ergab eine Umfrage des Democratic National Committee, daß Long 10 Prozent oder mehr erreichen könnte, wenn er sich als unabhängiger Präsidentschaftskandidat zur Wahl stellte.[44]

Roosevelt hatte also sowohl politisch als auch ökonomisch und ideologisch allen Grund, angesichts der näher rückenden Präsidentschaftswahlen von 1936 einen stärker reformistischen Kurs einzuschlagen. Dann überschlugen sich die Ereignisse zu seinen Gunsten. Im September 1935 wurde Long ermordet; damit war derjenige linke Führer ausgeschaltet, der am ehesten mit FDRs Popularität hätte konkurrieren können. Der zweite »New Deal« trieb die Progressiven aus dem Mittelwesten zurück in den Schoß der Demokratischen Partei, während die Republikaner unter inneren Zerwürfnissen litten. Die republikanischen Parteiführer sahen sich veranlaßt, sich ein moderateres Gesicht zu geben, und wählten Alf Landon, Gouverneur von Kansas, zu ihrem Kandidaten. Im nachhinein betrachtet, gefährdeten weder Landon noch der dritte Kandidat, William Lemke, Roosevelts Wiederwahl, doch wie groß der Triumph des Präsidenten ausfiel, war dennoch beeindruckend. Landon setzte sich nur in zwei kleinen Staaten durch – Maine und Vermont –, während der Präsident seinen republikanischen Widersacher landesweit mit einer Quote von 61 zu 36 Prozent ausstach. Darüber hinaus gewannen die Demokraten – bei der vierten Wahl in Folge – abermals Sitze in beiden Kongreßhäusern hinzu. Die politische Neuordnung des »New Deal« war abgeschlossen. Roosevelts Koalition von agrarischen Interessenvertretern aus dem Süden und Westen, ethnisch orientierten städtischen Wählern, Armen und Schwarzen sammelte sich hinter einem Programm, das zugleich auch reformistische Intellektuelle und frühere Progressive anzog: Sie hatte sich als eindeutige Mehrheit des Landes etabliert. Nach der überwältigenden Bestätigung dieser Tatsache blieb einzig offen, ob FDR sein Mandat dazu benutzen würde, einen dritten, vielleicht noch mutigeren »New Deal« zu starten.[45]

Roosevelt und seine entschiedensten Anhänger sollten letzten Endes mehr Enttäuschungen erleben, als sie für die zweite Amtszeit erwartet hatten. Roosevelts erste vier Jahre im Weißen Haus veränderten dennoch die amerikanische Politik so drastisch wie keine andere Periode seit Wilsons erster Amtszeit zwanzig Jahre zuvor. Die Wirtschaftskrise und die Anfangsphasen des »New Deal« dämpften deutlich die Anziehungskraft des Assoziationalismus für die Reformer, die mit zunehmendem Mißtrauen jedes Programm beäugten, das nicht das Primat der Regierung über die Wirtschaftsinteressen zumindest nominell beibehielt. Überdeutlich illustrierte dies der tiefe Sturz Hoovers, der in den zwanziger Jahren Reformer aller Parteien für sich einnehmen konnte, zu einem verschmähten Ex-Präsidenten, der nur noch die konservativen Republikaner als politische Basis hatte. Trotzdem hatten die Assoziationalisten Gelegenheit erhalten, in der Anfangsphase des »New Deal« ihr Programm einzubringen. Doch Vorhaben wie die NRA und die AAA verfehlten nicht nur die Hürde der Verfassungsmäßigkeit; sie regten auch kaum das ökonomische Wachstum an und schadeten FDRs Anstrengungen, seine politische Koalition zusammenzuhalten. In den veränderten intellektuellen und politischen Verhältnissen errang die Arbeiterschaft zum ersten Mal im 20. Jahrhundert eine stärkere politische Position als die Wirtschaft, obwohl selbst noch 1937 unklar blieb, wie lang dies anhalten würde.

Das Versagen der Assoziationalisten und die Depression ermöglichten den Antimonopolisten ihre größte politische Chance seit Wilsons erster Amtszeit. Doch die Politik des »New Deal« zeigte deutlich, daß die antimonopolistische Rhetorik zwar seit der progressiven Ära mehr oder weniger unverändert weiterexistierte, es ihren Anhängern aber an einem klar umrissenen Programm mangelte. Die Reifung der amerikanischen Wirtschaft zwischen 1917 und 1929 war teils Resultat des Ersten Weltkriegs, teils Folge der Regierungspolitik der zwanziger Jahre mit ihrer engen Bindung von Regierung und Wirtschaft. Eine umfassende Umstrukturierung der Ökonomie, wie man sie in der progressiven Ära ins Auge gefaßt hatte, hatte sie allerdings ganz und gar unmöglich gemacht. Die Antimono-

polisten machten Zugeständnisse, betonten eher die moralischen als die wirtschaftlichen Auswirkungen der Monopole und
entwickelten ein Programm, das nur die Macht der Großunternehmen beschneiden, nicht aber die Wirtschaft insgesamt
umgestalten sollte. Selbst dieses weniger ehrgeizige Ziel war
jedoch in einer Zeit wirtschaftlicher Not kaum durchzusetzen,
denn kurzfristige Initiativen zur Wiederherstellung der Prosperität erhielten Vorrang vor einer langfristigen Umgestaltung der
Beziehungen zwischen Wirtschaft und Regierung.

Die politische und ideologische Festlegung seiner wichtigsten Anhänger erklärte unter anderem, warum Roosevelts Innenpolitik so augenblicksbezogen und sprunghaft war. Das
Erbe der progressiven Ära nützte dem Präsidenten wirtschaftspolitisch letztlich wenig. Gesellschaftliche Belange waren jedoch eine andere Sache. Die Zwischenkriegszeit hatte die Reformer zumindest eines gelehrt, daß nämlich eine Betonung
sozialer Themen – etwa Prohibition oder Nativismus oder bür-
gerliche Rechte und Freiheiten – tendenziell die Anhänger der
Wirtschaftsreform spaltete. Es ist eine der Besonderheiten des
politischen Systems der USA, daß Arbeiter und ländliche weiße
Wähler, die die politische Anhängerschaft der Wirtschaftsreformer stellten, zugleich weitgehend für ein gesellschaftlich
konservatives Programm eintraten. Das daraus resultierende
Dilemma verstand in den zwanziger Jahren niemand besser
als George Norris, und Roosevelt meisterte es in den frühen
dreißiger Jahren. Absichtlich spielte er soziale Fragen herunter,
die wahrscheinlich die öffentliche Aufmerksamkeit von den
Wirtschaftsproblemen ablenken oder die Einheit seiner politischen Koalition bedrohen würden – wie beispielsweise die
Einwanderungsfrage oder die Bürgerrechte. Das gelang ihm,
doch sein Erfolg legte auch den Keim für das Versagen: Die
Reformer konnten solche Themen nicht für immer aufschieben,
und Roosevelts Koalition blieb höchst verwundbar für die ent-
zweiende Wirkung, die die Polarisierung sozialer Fragen hatte.
Die Nachkriegsära sollte das erweisen.

Wie schon in der progressiven Ära verschob die Wirtschaftskrise die öffentliche Diskussion ökonomischer Themen eher auf
die nationale Ebene. Das stellte einen der deutlichsten Unter-

schiede zwischen der Politik der zwanziger und jener der dreißiger Jahre dar. Roosevelt profitierte zwar von dem politischen Klima, das eine staatliche Reformbewegung wie die im nördlichen Mittelwesten hervorbrachte und seine Hilfsprogramme auf lokale Notsituationen ausrichtete; dennoch etablierte seine erste Amtszeit Washington als Zentrum der amerikanischen Politik und der politischen Öffentlichkeit. Während die zwanziger Jahre den Reformern gezeigt hatten, wie die Legislative als Zentrum der Reformanstrengungen fungieren konnte, nutzte der Präsident die Wirtschaftskrise und technologische Neuerungen wie das Radio, um dem Präsidentenamt wieder zur Vorherrschaft zu verhelfen. Erleichtert hat ihm diese Aufgabe die parteiliche Neuausrichtung während seiner Amtszeit; die »New Deal«-Wählerkoalition von Demokraten im Süden, Schwarzen und ethnisch orientierten Weißen im Norden sowie liberalen Intellektuellen brachte ihm nicht nur eine zweite Amtszeit ein, sondern verschaffte den Demokraten auch eine solide Mehrheit in beiden Häusern des Kongresses. Es blieb jedoch abzuwarten, wie der Präsident die konträren Forderungen derjenigen Wählergruppen, die für seine »New Deal«-Koalition entscheidend waren, in seiner zweiten Amtszeit ausbalancieren würde.

Kapitel 3

Die Erprobung des Liberalismus

Nach Überzeugung der meisten Anhänger des »New Deal«
hatten die Wahlen von 1936 bestätigt, daß die Öffentlichkeit eine aktive Bundesregierung wünschte, und entsprechend
fand dieses Thema in Roosevelts zweiter Antrittsrede seinen
Widerhall. Doch der Triumph der Demokraten belebte auch die
inneren Zerwürfnisse, welche die Partei während der zwanziger
Jahre gelähmt hatten. Für die Konservativen bedeutete der
Wahlausgang, daß sie nicht länger allein auf Roosevelt angewiesen waren. Sie wollten mit dem Präsidenten zwar nicht gerade
brechen, aber er konnte auch nicht mehr darauf zählen, daß sie
ein ehrgeiziges Reformprogramm unterstützen würden. Darüber hinaus verstand die Administration nicht, daß die Wähler
die Reformen des »New Deal« als eine Reaktion auf eine kurzfristige Krise, nicht aber als die Grundlage eines permanenten
Wohlfahrtsstaates betrachteten. So begann Roosevelt seine zweite Amtszeit damit, daß er eine Fülle von Initiativen vorlegte, die
die Macht des Präsidenten stärken sollten. Den Anfang machte
ein Plan, die Exekutive zu reorganisieren und ihre Effizienz zu
verbessern. Dann wollte er sich das Recht zugestehen, für jeden
Obersten Richter, der das Alter von siebzig Jahren erreicht hatte,
insgesamt bis zu sechs zusätzliche Mitglieder in den Supreme
Court berufen zu können. Theoretisch setzte Roosevelt damit
sein politisches Kapital geschickt ein: Da beim Obersten Gerichtshof Urteile über die Verfassungsmäßigkeit wichtiger »New
Deal«-Gesetze wie etwa des Wagner Act anstanden, machte es
keinen Sinn, ökonomische Ziele einfach weiterzuverfolgen, solange Gefahr bestand, daß die Richter dagegen entschieden.
Außerdem hatte der Präsident wenig Grund zu der Befürchtung, sein Vorschlag könnte auf Widerstand stoßen, denn der
Oberste Gerichtshof machte schon seit den zwanziger Jahren

Politik. Roosevelt konnte sich daher auf das Wahlergebnis von 1936 berufen und erklären, er habe von den Wählern den Auftrag bekommen, die Macht des Gerichtshofs einzuschränken. In der Praxis ging jedoch FDRs Schuß nach hinten los. Er stellte sich aber politisch ungeschickt an. Er schlug die Maßnahme vor, ohne sich mit den Kongreßführern seiner eigenen Partei beraten zu haben, und täuschte bewußt die Öffentlichkeit, indem er verkündete, damit die Arbeitsüberlastung der Richter abbauen zu wollen. Vor allem aber unterschätzte der Präsident, wie viele – auch unter seinen eigenen Anhängern – die Unabhängigkeit des Gerichtshofs gewahrt sehen wollten. Seinen Gegnern kam diese Affäre äußerst gelegen. Charles Evans Hughes, der Vorsitzende des Supreme Court, schrieb einen offenen Brief, in dem er die Behauptung, das Gesetz solle »überarbeitete« Richter entlasten, der Lächerlichkeit preisgab. Dann rückten Hughes und der beigeordnete Richter Owen Roberts bei einigen wichtigen Entscheidungen nach links und stimmten gemeinsam mit den drei liberalen Richtern dafür, staatliche Mindestlöhne und den Wagner Act beizubehalten. Mit diesem Schachzug unterminierten sie die politische Rechtfertigung für das Gesetz. Schließlich zogen sich die Republikaner im Kongreß aus der Debatte zurück und überließen es einer seltsamen Kombination von Konservativen, die Maßnahme zu Fall zu bringen. Größtenteils waren es Demokraten aus dem Süden, die sich während des zweiten »New Deal« von der Administration abgewandt hatten, und Progressive aus dem Westen, die wegen der verfassungsrechtlichen Konsequenzen über Roosevelts Vorschlag besorgt waren. Als sich schließlich ein informelles Netzwerk von rechten Kongreßmitgliedern beider Parteien – die »konservative Koalition« – gebildet hatte, mußte FDR die Gesetzesvorlage endgültig zurückziehen. Dieser Zusammenschluß von konservativen Demokraten und Republikanern sah sich durch seinen Erfolg ermutigt und forderte den Präsidenten auch in anderen innenpolitischen Fragen heraus. Da sich die Kongreßmehrheit nun gegen einen Großteil von FDRs Programmen stellte, verschlechterte sich seine politische Position rasch. Das Mandat, das ihm sein Triumph von 1936 verschafft hatte, verlor seinen Einfluß.[1]

Das Scheitern der Gerichtshof-Reform war ein schwerer politischer Rückschlag für die Regierung. Doch das war nicht FDRs einziges Problem, als der Winter 1937 näherrückte. In den ersten sechs Monaten nach der Wahl hatte es Anzeichen für eine wirtschaftliche Erholung gegeben – hauptsächlich einen Boom des Aktienmarkts. Daraufhin bedrängten einige konservative Berater unter Führung des Finanzministers Henry Morgenthau Roosevelt, sich auf den Haushaltsausgleich zu konzentrieren und die »New Deal«-Hilfsprogramme zurückzufahren. Der plötzliche Abzug von Regierungsgeldern aus der Wirtschaft führte jedoch zu einem ökonomischen Absturz. Diese sogenannte »Roosevelt-Rezession« erinnerte an 1929, vor allem weil die Aktienkurse drastisch fielen. Die Arbeitslosigkeit stieg von 7,7 Millionen 1936 auf 10,4 Millionen ein reichliches Jahr später. Die Rezession verstärkte den politischen Druck auf die Administration, ein umfassendes Programm zur Linderung der wirtschaftlichen Not vorzulegen. Zugleich hatte sich die konservative Koalition entschlossen, einer Steigerung der Bundesausgaben für Wohlfahrtsmaßnahmen zu widersprechen. Wie üblich unterbreiteten die zerstrittenen Berater des Präsidenten eine Vielfalt von Vorschlägen.

Kurzfristig gereichte der wirtschaftliche Abschwung jedoch am ehesten den antimonopolistischen Liberalen zum Vorteil, die die treibende Kraft hinter dem zweiten »New Deal« gewesen waren. Die Gruppe galt nach der Rezession als kraftvollster Bestandteil der Administration, und – was wichtig ist – sie erfreute sich starker Unterstützung durch diejenigen von FDRs überlebender Kongreß-Koalition, die aus dem Westen und dem Mittelwesten stammten und, als die Rezession sich verschärfte, eine Kongreßuntersuchung hinsichtlich der Rolle der Monopole in der amerikanischen Wirtschaft verlangten. In Reih und Glied mit den »New Deal«-Anhängern marschierte eine kleine, aber immer einflußreichere Gruppe, die fortgesetzte Regierungsausgaben für die beste Möglichkeit hielt, das Wirtschaftswachstum zu fördern. Sie stützte sich auf die ökonomischen Theorien von John Maynard Keynes; zu ihren prominentesten Mitgliedern zählten Leon Henderson und Marriner Eccles, ein Bankier aus Utah, den Roosevelt ins Federal Reserve Board berufen hatte. Einige »New Deal«-Anhänger forderten, die Regierung müsse zugleich auch die Interessen der Konsumenten schützen. Während die Antimonopolisten geschlossen erweiterte Regulierungsmaßnahmen durch die Bundesregierung unterstützten, stritten sie sich zunehmend darüber, ob die Regierung wirtschaftlich die kleinen Produzenten absichern sollte – das traditionelle Ziel der Antimonopolisten – oder lieber die Konsumenten, denn die Verbraucherpreise waren vom Verhalten der Monopolisten unmittelbar betroffen. Doch in dem Moment, als ihr Programm die größten Erfolgsaussichten hatte, erlebte die antimonopolistische Wirtschaftstheorie eine fundamentale ideologische Spaltung. Diese Entwicklung spiegelte das Versagen der Antimonopolisten in den zwanziger Jahren wider, als sie es nicht geschafft hatten, ihre Ideologie der Neuausrichtung der amerikanischen Wirtschaft anzupassen.

Die »New Deal«-Liberalen sahen sich also mit mehreren, miteinander verknüpften Problemen konfrontiert, als sich die Grundzüge von FDRs zweiter Amtszeit abzeichneten. Erstens brauchten sie ausreichend Unterstützung sowohl der Öffentlichkeit wie des Kongresses, um die politischen Rückschläge wettzumachen, die das Scheitern der Supreme-Court-Reform und der wirtschaftliche Abschwung gebracht hatten. Zweitens mußten sie die Details ihres Programms konsequent ausarbeiten, um die Schwierigkeiten zu vermeiden, in die ihre assoziationalistischen Rivalen geraten waren. Drittens mußten sie die Spannungen zwischen dem traditionellen antimonopolistischen Standpunkt und dem konsumentenfreundlichen Vorgehen auflösen, das zunehmend von jüngeren Liberalen befürwortet wurde. Letzten Endes erwies es sich als unmöglich, entweder die ökonomische oder die moralische antimonopolistische Ideologie in konkrete Regierungspolitik umzusetzen, was nicht nur alle weiteren Wirtschaftsreformen in der Ära Roosevelt vereitelte, sondern auch das seit dem zweiten Jahrzehnt vertraute Muster fortsetzte, wonach das Reformprogramm auf ökonomische Fragen beschränkt blieb.[2]

Diese ideologische Verschiebung bei den Reformern fiel mit einem scharfen innenpolitischen Rechtsruck zusammen. 1938 unterstützte der Präsident bei den Vorwahlen die Gegner jener sich zur Wiederwahl stellenden demokratischen Senatoren, die sich seiner Supreme-Court-Reform widersetzt hatten, beispielsweise Millard Tydings aus Maryland und Walter George aus Georgia – eine katastrophale Fehlkalkulation. Die Wahlergebnisse im Herbst schwächten FDRs Position weiter. In beiden Häusern des Kongresses gewannen die Republikaner Sitze hinzu, und zwar für explizit Konservative wie etwa Robert Taft aus Ohio, der landesweit Aufmerksamkeit erregte, während prominente Liberale wie der Abgeordnete Maury Maverick aus Texas Niederlagen einstecken mußten. Darüber hinaus traten in der Öffentlichkeit nicht länger linke Gruppen als energischste Dissidenten auf – beispielsweise die Progressive Partei von Wisconsin, die Bauern-und-Arbeiter-Partei von Minnesota oder nationale Bewegungen um Männer wie Huey Long oder Charles Townsend –, sondern es waren verschiedene rechte Gruppen, die sich entschieden gegen die Bundesregierung stellten und tendenziell Liberalismus mit Kommunismus gleichsetzten. Typisch für den neuen Trend waren die zunehmenden Aktivitäten von Vereinigungen wie dem House Committee on Un-American Activities, das in den dreißiger Jahren gegründet worden war, um nationalsozialistische Einflüsse im amerikanischen Leben aufzuspüren, sich in den vierziger Jahren aber zunehmend auf den Kommunismus im eigenen Land konzentrierte.[3]

Die konservative Koalition im Kongreß schränkte die Handlungsfreiheit des Präsidenten innenpolitisch zunehmend ein; in der Außenpolitik aber setzte sich FDR besser durch. Zwischen 1937 und 1939 revidierte der Kongreß dreimal den Neutrality Act, wobei er jedesmal FDRs diplomatischen Spielraum ausweitete. Damit setzte ein vielumstrittener Prozeß ein, in dessen Verlauf die Exekutive einen Großteil der außenpolitischen Macht zurückforderte, die sie in den vorangegangenen zwei Jahrzehnten an den Kongreß verloren hatte. Der Präsident stellte auf dreierlei Weise klar, daß er die Nation außenpolitisch auf diejenigen Kräfte ausrichten wolle, die den Aggressionen der Achsenmächte sowohl in Europa als auch im Pazifik Widerstand leisten würden. Erstens änderte Roosevelt die Beziehungen zu Lateinamerika, indem er stärkere strategische Bindungen zwischen den Nationen der westlichen Hemisphäre befürwortete, um möglichen Aggressionen der Achsenmächte begegnen zu können. Sodann unterstützte er die Steigerung der amerikanischen Rüstungsausgaben, wobei er allerdings sorgfältig sein Ziel definierte, nur das Territorium der Vereinigten Staaten schützen und nicht offensive Streitkräfte aufbauen zu wollen. Schließlich bereitete er mit seiner formidablen Überzeugungskunst die amerikanische Öffentlichkeit darauf vor, eine größere internationale Rolle zu übernehmen. Diese Entwicklung begann 1937: FDR argumentierte bei einer Rede in Chicago, die demokratischen Mächte der Welt müßten sich darauf vorbereiten, gemeinsam Aggressorstaaten »in Quarantäne zu nehmen«. Ein wenig schränkte der Kongreß die Handlungsfreiheit des Präsidenten allerdings ein: So erhielt beispielsweise Ende der dreißiger Jahre ein Verfassungszusatz, den der Abgeordnete Louis Ludlow (Demokrat, Indiana) einbrachte, starke Unterstützung. Dieser sah ein nationales Referendum vor einem Eintritt der Vereinigten Staaten in einen Krieg im Ausland vor. Doch der außenpolitische Gesamttrend in der Beziehung zwischen Exekutive und Legislative war klar.[4]

Daß die internationale Entwicklung ihren Verlauf änderte, verstärkte noch die Anstrengungen des Präsidenten, auf außenpolitische Ereignisse unilateral zu reagieren. Im September 1939 brach mit der deutschen Invasion Polens der Zweite Weltkrieg aus. Der Abschluß des Dreimächtepakts zwischen Deutschland, Japan und Italien und der Beginn des Winterkriegs zwischen der UdSSR und Finnland hatten zur Folge, daß in den USA die öffentliche Unterstützung für die Sache der Alliierten erheblich zunahm. Als dann nach der deutschen Invasion der Niederlande und Frankreichs der Faschismus den größten Teil Kontinentaleuropas im Griff hatte, dachten die Amerikaner allgemein unterschiedlich über die Bedrohung. Einige – wie Charles Lindbergh und die America-First-Bewegung – befürworteten einen noch strengeren Isolationismus. Für andere standen die Verbindungen zwischen den Vereinigten Staaten und dem belagerten Großbritannien im Vordergrund; sie gründeten Gruppen wie das American Committee to Aid the Allies. Daß die Briten es schafften, den deutschen Luftangriffen Widerstand zu leisten, wurde der amerikanischen Öffentlichkeit durch eine neue Generation von Reportern wie Edward R. Murrow und Eric Sevareid von CBS News nahegebracht, die den Konflikt in einem Ausmaß personalisierten, wie es zuvor in der amerikanischen Geschichte undenkbar war. Die Lage in Ostasien erregte weniger Aufsehen, schien aber genauso verhängnisvoll: 1940 förderte Japan die Errichtung des Marionettenregimes von Wang Chingwei in China und begann seinen Zug nach Süden, indem es Frankreich zwang, im Norden von Französisch-Indochina militärische Zugeständnisse zu machen.[5]

Die angespannte internationale Lage bildete zusammen mit der festgefahrenen Innenpolitik den Hintergrund für die Wahlen von 1940. Roosevelt verschleierte seine Absichten in den Monaten vor den Nationalkonventen. Niemals zuvor hatte ein amerikanischer Präsident mehr als zwei Amtszeiten lang regiert, und nur einer, Theodore Roosevelt, hatte einen ernsthaften Versuch unternommen, mit dieser Tradition zu brechen. Nach anfänglich vorgetäuschter Unentschlossenheit griff der Präsident in das Nominierungsrennen ein, weil er befürchtete, die Demokraten könnten sich jemandem wie Burton Wheeler zuwenden, der bei der fehlgeschlagenen Supreme-Court-Reform einer seiner Hauptkritiker gewesen war. Der Senator aus Montana war auch ein entschiedener Isolationist, doch sein makelloser Ruf als innenpolitischer Reformer machte ihn zu einem ernsthaften Anwärter auf die Nominierung, wenn das Rennen erst einmal gestartet war. Die Dinge entwickelten sich günstig für Roosevelt, als die Republikaner einen Mann aufstellten, der ein unbeschriebenes Blatt war: Wendell Willkie, ehemaliger Geschäftsführer eines Versorgungsunternehmens, attackierte die Innenpolitik des »New Deal«, stellte aber erst gegen Ende des Wahlkampfs FDRs Außenpolitik zugunsten der Alliierten in Frage. Trotzdem sah sich der Präsident genötigt, der öffentlichen Stimmung nachzugeben und zu versprechen, keine amerikanischen Truppen nach Europa zu schicken, wenn er die Wahlen gewinnen sollte. Diese Zusage und die anhaltende Stärke der demokratischen Wählerkoalition sicherten ihm den Sieg, auch wenn der Triumph deutlich geringer ausfiel als 1936. Willkie stellte die traditionelle republikanische Stärke im Mittelwesten wieder her und gewann sowohl Gebiete in den Rocky

Mountains als auch im äußersten Westen dazu, die bis dahin den Präsidenten unterstützt hatten. Das Wahlergebnis stellte eindeutig weder ein Mandat für einen neuerlichen innenpolitischen Aktivismus noch für eine aggressive Außenpolitik dar. Vielmehr hatte sich das amerikanische Volk in einer Zeit der internationalen Unsicherheit einer bewährten Führungspersönlichkeit zugewandt. Wie schon 1932 und 1936 hatte Roosevelt in Übereinstimmung mit der Öffentlichkeit sein Programm als Notwendigkeit dargestellt.[6]

Dank Roosevelts Wiederwahl konnten der Ausbau der amerikanischen Verteidigung und die Außenpolitik zugunsten der Alliierten weitergehen. Das ganze Jahr 1941 hindurch drehte sich Roosevelts Diplomatie um drei Dinge: 1. politische Entscheidungen auf der Basis einer zunehmend globalen Perspektive zu fällen, 2. der strategischen Bedrohung durch die Achsenmächte entgegenzutreten und gleichzeitig den Idealen des Wilsonismus treu zu bleiben sowie 3. mit unilateralen Aktionen das Risiko einer Zurückweisung durch den Kongreß zu vermeiden.

Obwohl sie sich wegen Japan Sorgen machten, sahen Roosevelt und die meisten seiner Spitzenpolitiker die größere Bedrohung für die Sicherheit der USA in Deutschland. Europa die Priorität einzuräumen machte Sinn, zog aber auch Risiken nach sich, vor allem in der Diplomatie gegenüber Ostasien. Nichtsdestotrotz nährte der Präsident erfolgreich die Hoffnung auf eine diplomatische Einigung zwischen den Vereinigten Staaten und Japan. Dabei vermied er Konzessionen, die die zunehmend engen Bindungen zwischen den USA und den verbliebenen Alliierten gefährden konnten. Roosevelts zweites außenpolitisches Hauptziel war, jede mögliche gegen die Achsenmächte gerichtete Initiative im Wilsonschen Sinne zu planen und so die strategischen mit den idealistischen Aspekten seiner Außenpolitik in Einklang zu bringen. Die beeindruckendste Leistung in dieser Hinsicht gelang ihm im August, als bei einem Treffen mit Winston Churchill in Argentia, Neufundland, beide Staatsmänner gemeinsam die Kriegsziele formulierten. (Daß es überhaupt zu einer solchen Konferenz kam, bezeugt, wie fragwürdig die Neutralität der USA schon im Sommer 1941 war.) Der letzte

Schritt von Roosevelts Diplomatie im Jahr 1941 war der Versuch, die Macht des Präsidentenamts durch unilaterale außenpolitische Aktionen auszuweiten. Aus Roosevelts Sicht lag es auf der Hand, daß es gefährlich war, sich auf die Zustimmung der Legislative zu verlassen. Die isolationistischen Kräfte im Kongreß waren zwar schwächer als während der Anhörungen des Nye-Komitees Mitte der dreißiger Jahre, aber sie waren immerhin noch stark, während seine eigene politische Basis alles andere als gesichert war. Daher rechtfertigte der Präsident seine außenpolitischen Aktionen zunehmend mit seinen Befugnissen als Oberkommandierender. Mitte 1941 beispielsweise autorisierte er aufgrund einer flexiblen Definition der Monroe-Doktrin die Stationierung von amerikanischen Truppen auf Island. Damit weitete er den Schutz alliierter Schiffe, die zwischen der westlichen Hemisphäre und Island verkehrten, durch US-Konvois aus und stellte britische Kräfte frei, die näher an der Heimat eingesetzt werden konnten.[7]

Zu Hause trug diese Politik Roosevelt allerdings Kritik ein. Isolationisten vor allem vom konservativen Flügel der Republikaner, die aus einer vergleichbaren Ideologie heraus den »New Deal« abgelehnt hatten, warfen dem Präsidenten vor, sich diktatorische Macht anzueignen. Zu Beginn von Roosevelts dritter Amtszeit hatte die Republikanische Partei begonnen, sich subtil, aber entscheidend zu wandeln. Ihre frühere Befürwortung eines starken Präsidentenamts hatte sie aufgegeben und forderte jetzt, den Kongreß zu stärken und gleichzeitig mehr Macht an die Bundesstaaten abzugeben. Nach wie vor gab es Spannungen zwischen den Konservativen und dem eher internationalistischen Flügel der Partei, der auch in ökonomischen Dingen moderatere Positionen einnahm; doch die tiefgreifende ideologische Spaltung in Progressive und Konservative, unter der die Partei im ersten Drittel des Jahrhunderts gelitten hatte, war völlig verschwunden. Die republikanischen Reformer drifteten entweder selbst nach rechts, weil sie nicht mit Roosevelts Außenpolitik einverstanden waren, oder sie verließen die Republikaner und gründeten eine dritte Partei, oder sie liefen zu den Demokraten über. Als das Land wirtschaftspolitisch wieder eine konservativere Haltung einnahm, hatten die frisch geeinten

Republikaner eine vorteilhafte, solide Ausgangsposition. Doch in der Außenpolitik behielt der Präsident als Oberkommandierender mehr Handlungsfreiheit. Letzten Endes riskierte Roosevelt lediglich, daß er und nicht seine politischen Widersacher die öffentlichen Meinungsumfragen korrekt gelesen hatte: Bis zu 80 Prozent der Bevölkerung stimmten einer amerikanischen Außenpolitik zum Schutz der britischen Interessen zu, auch wenn vergleichbar viele sich dagegen aussprachen, an der Seite Englands in den Krieg zu ziehen.[8]

Roosevelts diplomatischer und verfassungsrechtlicher Balanceakt war zu Ende, als Japan am 7. Dezember überraschend Singapur, Niederländisch-Indien, die Philippinen und den US-Marinestützpunkt Pearl Harbor auf Hawaii angriff. Während des ganzen Jahres 1941 schienen militärische Erfordernisse im Pazifik – vor allem mehr Zeit, um die Philippinen zu sichern und die US-Marine zu verstärken – gegenüber Tokio eine Politik der Kompromisse zu diktieren. Doch Roosevelts globale Diplomatie wies in die andere Richtung. Der Präsident nahm gegenüber Japan zunehmend eine harte Haltung ein, weil er hoffte, es davon abbringen zu können, sich am deutschen Angriff auf die UdSSR zu beteiligen. Am deutlichsten manifestierte sich diese Politik im Juli, als die USA ein Ölembargo verhängten und die japanische Führung zwangen, entweder ihre Kriegsanstrengungen auf die holländischen Kolonien in Indonesien auszudehnen (wo es Öl gab) oder den Kompromiß mit den Vereinigten Staaten zu suchen. Der Angriff auf Pearl Harbor zeigte, wie spektakulär das japanische Militär auf die erste Option gesetzt hatte. Der Überraschungsangriff einte die USA in der Kriegsfrage. Der Kongreß entsprach der Bitte des Präsidenten um die Kriegserklärung an Japan mit nur einer Gegenstimme, jener der Pazifistin Jeanette Rankin aus Montana. Drei Tage später erklärte Deutschland den Vereinigten Staaten den Krieg.[9]

Öffentlichkeit und Administration waren eindeutig geteilter Meinung, ob Deutschland oder Japan der Hauptfeind sei. Die Öffentlichkeit drängte, sich auf Japan zu konzentrieren, weil sie für den Angriff auf Pearl Harbor Rache nehmen wollte und tiefsitzende rassistische Gefühle gegenüber Japan hegte. Doch der

Präsident blieb seiner Vorkriegsstrategie treu und konzentrierte alle Energien auf den Kampf gegen Deutschland.

Die gelungene Mobilisierung der amerikanischen Kriegswirtschaft ermöglichte die militärischen Erfolge der USA und bereitete gleichzeitig einer ökonomischen Genesung den Weg, die die verschiedenen Maßnahmen des »New Deal« nicht geschafft hatten. Die Verzehnfachung des Bundesetats zwischen 1939 und 1945 pumpte mehr Geld in die Wirtschaft, als man sich zu Zeiten des »New Deal« auch nur hätte vorstellen können, und löste die verschiedenen wirtschaftlichen Probleme der dreißiger Jahre wie Unterbeschäftigung, Deflation und industrielle Stagnation. Besonders der Süden und der Westen profitierten von den Investitionen in die Verteidigungsindustrie: Allein 10 Prozent aller Gelder, die die Bundesregierung zwischen 1940 und 1945 ausgab, kamen Kalifornien zugute und schufen so die Grundlage für den außerordentlichen ökonomischen und demographischen Aufschwung dieses Staates in der Nachkriegszeit. Bürokratische Hürden behinderten zwar die Mobilisierungsanstrengungen hier und da, doch die Regierung Roosevelt umging die meisten Probleme, mit denen Wilson während des Ersten Weltkriegs zu kämpfen gehabt hatte, wie Ineffizienz und exzessiven Ausbau der Regierungsmacht. Beispielsweise lernte die Propaganda-Agentur des Zweiten Weltkriegs, das Office of War Information (OWI), aus den Fehlern des CPI und konzentrierte sich stärker auf freiwillige Anstrengungen, während eine Verbindung aus mehreren Bundeseinrichtungen unter Führung des Office of Price Administration (OPA) und des War Production Board (WPB) dafür sorgte, daß die Wirtschaft in den Kriegsjahren glatt weiterlief, mit einem Minimum an Inflation und ohne daß es zu übermäßigen Eingriffen seitens der Regierung oder zu einem Mangel an Nahrungsmitteln oder Material kam.[10]

Nach anfänglichen Rückschlägen verliefen die militärischen Aktionen der USA ziemlich erfolgreich. Die kriegsbedingten politischen, intellektuellen, sozialen und diplomatischen Entwicklungen sorgten dagegen für größere Turbulenzen. Zwar widerstand der Präsident dem Wunsch der Öffentlichkeit, seine Kriegsanstrengungen gegenüber Japan zu konzentrieren, aber er war nicht bereit oder nicht in der Lage, dem innenpolitischen Druck entgegenzuwirken, gegen Amerikaner japanischer Abstammung vorzugehen, deren Zahl sich zu Beginn des Krieges auf etwa 127000 belief. Die vor allem in den Staaten am Pazifik seit langem gehegten antijapanischen Animositäten verstärkten sich infolge des Angriffs auf Pearl Harbor. Einige Regierungsvertreter wie Marineminister Frank Knox gaben einer japanischen fünften Kolonne in Hawaii die Schuld an dem Ereignis. Im Februar 1942 stimmte Roosevelt unter dem Druck westlicher Politiker und örtlicher Militärführer zu, alle Japaner und Amerikaner japanischer Abstammung der drei Pazifikstaaten (paradoxerweise aber nicht Hawaiis, wo die vermutete militärische Bedrohung größer war) in Internierungslager in den Rocky Mountains und im Mittelwesten zu bringen. 1944 sanktionierte der Supreme Court im Fall Korematsu gegen United States diese Entscheidung. (Das Urteil war in zweierlei Hinsicht paradox, weil es seine kriegsbedingte Achtung der Exekutive aufgeben und in der Nachkriegsära aggressiv die bürgerlichen Rechte und Freiheiten verteidigen sollte.) Die Internierungen waren Teil einer umfassenderen Strategie im Pazifik-Krieg, der – auf beiden Seiten – viel eher den Charakter eines Rassenkriegs hatte als sein Gegenstück in Europa.[11]

Die Kriegsanstrengungen einerseits und das Festhalten an traditionellen amerikanischen Idealen andererseits führten zu Spannungen, die ein Hauptthema sowohl der Rooseveltschen Kriegsdiplomatie als auch der Reaktionen der amerikanischen Öffentlichkeit auf die internationalen Ereignisse bildeten. Beispielsweise weigerten sich die Vereinigten Staaten durchweg, die Einwanderungsgesetze zu liberalisieren, und sie ließen noch nicht einmal mehr Juden ins Land, die vor den Greueltaten der Nazis flohen. Vor allem Gewerkschaftsführer weigerten sich, Zugeständnisse zu machen, weil sie befürchteten, die Einwanderungswellen könnten den Arbeitsmarkt überschwemmen und zu Arbeitslosigkeit führen, wenn die Truppen nach dem Krieg heimkehrten. International zwang der Krieg Roosevelt – in wesentlich größerem Umfang, als dies eine Generation zuvor bei Wilson der Fall gewesen war –, mit der komplizierten Politik der Alliierten zurechtzukommen. Gleichzeitig mußte sich die Regierung mit einer scharf polarisierten öffentlichen Meinung zur Außenpolitik herumschlagen; besonders umstritten war, welche Rolle die USA nach dem Krieg spielen sollten. Die frühen vierziger Jahre brachten eine Wiederbelebung des Wilsonismus, wie sie in diesem Maß seit den Anfängen des Ersten Weltkriegs nicht mehr stattgefunden hatte.

Bezeichnenderweise versuchte Roosevelt, die ideologischen Perspektiven der Öffentlichkeit in seine Außenpolitik zu integrieren und sich gleichzeitig größtmögliche Handlungsfreiheit zu bewahren. Diplomatisch unterstützte er eine Ausweitung der Atlantik-Charta, die die Basis der Vereinten Nationen – wie er übrigens auch die Allianz während des Krieges bezeichnete – in der Nachkriegszeit bilden sollte. Einen Hinweis auf sein realpolitisches Denken lieferte der Präsident mit seinem Konzept der »vier Polizisten«: Die Vereinigten Staaten, England, die UdSSR und (paradoxerweise) China sollten jeweils einen Teil der Welt zugewiesen bekommen und dort für die Erhaltung des Friedens sorgen. Wirtschaftlich und sozial machte der Präsident allerdings mehr Zugeständnisse an Wilsons Vision. Konsequent befürwortete er einen ökonomischen Internationalismus (eine Politik, die natürlich auch den wirtschaftlichen Interessen der Vereinigten Staaten dienen sollte). Die Konferenz von Bretton Woods im Jahr 1944 legte das Fundament für die Nachkriegsordnung: Die Gründung von Institutionen wie des Internationalen Währungsfonds und der Weltbank wurde hier beschlossen. Am deutlichsten manifestierten sich die internationalistischen Ideale in der Kulturdiplomatie der Kriegszeit. Im Gegensatz zum CPI des Ersten Weltkriegs ging das OWI einen anderen Weg und vermied nationalistische Exzesse. Das Außenministerium richtete eine Abteilung für kulturelle Beziehungen ein, die die Basis der nach dem Krieg geschaffenen UNESCO (United Nations Educational, Scientific and Cultural Organization) bildete.[12]

Innenpolitisch beschleunigte die Kriegsteilnahme das Abdriften der USA ins konservative Lager, Reformer waren zunehmend unfähig oder abgeneigt, sich um öffentliche Unterstützung für eine grundlegende Wirtschaftsreform zu bemühen. Nur wenige Liberale versuchten den Reformgeist der dreißiger Jahre wiederzubeleben – etwa Leon Henderson, Vorsitzender des

Office of Price Administration, oder Henry Wallace, der für einen Vizepräsidenten ungewöhnliche Machtfülle besaß. Doch da der Präsident sich immer weniger für die Innenpolitik interessierte, wurden ihre Anstrengungen von der Bürokratie kaum unterstützt. Darüber hinaus begannen sogar die meisten Liberalen, ihre Positionen aus den dreißiger Jahren aufzugeben, weil die Kriegsteilnahme die Debatte über die wirtschaftspolitische Rolle der Regierung in andere Bahnen gelenkt hatte. Erstens hatten die Kriegsjahre die Reformer in engeren Kontakt zu Geschäftsleuten gebracht, die als »dollar-a-year men« eine Vielzahl von Posten in der Bürokratie übernahmen, was das gegenseitige Mißtrauen abbaute. Zweitens erschütterte der Krieg einen gleichermaßen von Antimonopolisten wie von Assoziationalisten gehegten Glauben: daß die amerikanische Wirtschaft ein Stadium der »Reife« erlangt habe, und es daher niemals wieder zu einem anhaltenden Wachstum kommen könne. Vor allem die Antimonopolisten hatten einen Großteil ihres Programms auf das Argument gestützt, die wirtschaftliche Stagnation zwänge die Reformer, sich auf die Umverteilung von Einkommen zu konzentrieren. Jetzt florierte die Wirtschaft – das Bruttosozialprodukt stieg von 91 Milliarden Dollar im Jahr 1939 auf 166 Milliarden Dollar im Jahr 1945 – und jener Standpunkt wich dem liberalen Credo, die Regierung müsse den Konsumenten helfen und das Los derjenigen bessern, die durch die Auswüchse des Kapitalismus aus der Bahn geworfen worden waren, beispielsweise der Arbeitslosen. Schließlich veränderte sich auch der öffentliche Dialog über Reformfragen, weil die Amerikaner ihre Nation als Feind jeglicher Diktatur zu begreifen begannen. Das belebte unbeabsichtigt die traditionelle amerikanische Furcht vor einer starken Bundesregierung wieder. Infolgedessen schwand die Unterstützung für eine Ausweitung der föderalen Macht in Wirtschaftsfragen. An ihre Stelle traten zunehmend Themen wie die bürgerlichen Rechte und Freiheiten, bei denen der Schutz des Individuums im Vordergrund stand und nicht eine stärkere Regierungspräsenz im Alltag der Bürger. Die Kriegsjahre stellten also eine bedeutende Übergangsphase dar, in der Wirtschaftsreformen aus dem Blick gerieten und die Liberalen sich mehr auf den Schutz sozial Schwacher verlegten. Dieser

Wandel zeitigte in den Nachkriegsjahren wichtige langfristige Folgen für die politischen Probleme des Liberalismus im allgemeinen und die der Demokratischen Partei im besonderen.[13]

Öffentlich schränkten die Kräfte, die eine Umstrukturierung der Wirtschaft am stärksten befürworteten, ihre Programme ein oder sahen im Verlauf des Kriegs ihre Position geschwächt. Die Gewerkschaften waren ein besonders deutliches Beispiel. Der Aufstieg der Arbeiterbewegung unter dem Schutz der Regierungspolitik – vor allem des Wagner Act – war eine Schlüsselentwicklung der dreißiger Jahre gewesen. Die Kriegsjahre jedoch schraubten die Beziehungen zwischen Arbeiterschaft und Management auf ein Minimum zurück. Vorbei waren Träume wie die der United Auto Workers und des CIO von »Industrieräten«, in denen Vertreter der Arbeiterschaft, der Unternehmen und der Regierung jeweils gleiches Mitspracherecht in Fragen der Wirtschaftspolitik des Landes hätten. Auch der kriegsbedingte Patriotismus schwächte die Verhandlungsposition der Gewerkschaften, weil ihre Führer Streikverzicht geloben und maßvollen Lohnerhöhungen zustimmen mußten. Wer sich weigerte, hatte mit Konsequenzen zu rechnen. Als John Lewis 1942 die United Mine Workers in den Streik führte, stimmten 87 Prozent der Öffentlichkeit gegen diese Aktion. Der Kongreß verabschiedete den Smith-Connally Act, der das Streikrecht der Arbeiter in kriegsrelevanten Industrien einschränkte. Die Arbeiterbewegung selbst stritt sich, wie man auf diese Entwicklungen reagieren solle, wobei die Mehrheit sich Sidney Hillman vom CIO anschloß. Er trat für eine enge Allianz von Arbeiterschaft und Regierung ein, um die Errungenschaften der dreißiger Jahre zu konsolidieren. Kurzfristig zahlte Hillmans Taktik sich aus. Das Labor Political Action Committee verhalf den Demokraten bei den Wahlen von 1944 zum Aufschwung, und die Mitgliederzahlen der Gewerkschaften stiegen während des Kriegs von 10,5 Millionen 1941 auf über 13 Millionen 1945. Langfristig brachte dieser Ansatz die Arbeiterbewegung jedoch zunehmend unter staatliche Kontrolle. Ihre Zukunft war mehr als je zuvor von Regierungsmaßnahmen bedroht.[14]

Ungeachtet der Erfolge Hillmans und der von den Arbeitern unterstützten Demokraten im Jahr 1944 kehrte die Kriegszeit den konservativen Trend der amerikanischen Politik nicht um. Vielmehr wurde der Konservatismus der Kriegsjahre – der auf dem Verdacht gründete, daß unter der Oberfläche der amerikanischen Politik ständig eine übermächtige Bundesregierung lauere – durch einen militanten Antiföderalismus ergänzt, der zunehmend alle Programme Washingtons mit Radikalismus gleichsetzte. Die politischen Auswirkungen dieser Entwicklung zeigten sich bei den Zwischenwahlen von 1942, bei denen die Republikaner 47 Sitze im Repräsentantenhaus und zehn im Senat hinzugewannen. Zu den Opfern zählten einige der prominentesten Reformer im Kongreß – zum Beispiel George Norris, dem es nicht gelang, zum sechsten Mal in den Senat einzuziehen. Das Wahlergebnis brachte beide Kammern fest in die Hand der konservativen Koalition von Republikanern und Demokraten vom rechten Flügel, die nun die verbliebenen »New Deal«-Programme wie etwa das CCC und die WPA im Namen einer Drosselung der Regierungsausgaben demontieren konnten. Auf anderem Gebiet förderten die Konservativen die Anstrengungen des House Committee on Un-American Activities (HCUA) unter Vorsitz des Abgeordneten Martin Dies (Demokrat, Texas). Während des Kriegs weitete es seine Aktivitäten aus und begann sich auf den kommunistischen Einfluß im amerikanischen Leben zu konzentrieren und die Wirtschaftsreformen des »New Deal« immer mehr mit Kommunismus gleichzusetzen. Oberflächlich betrachtet, signalisierten die Wahlen von 1944 ein Comeback der Demokraten, das von Roosevelts Wiederwahl für eine vierte Amtszeit gekrönt wurde. Die längerfristigen Trends jedoch blieben unverändert. Beim Nationalkonvent der Demokraten zwangen die Konservativen der Partei den Präsidenten, seinen Mitstreiter Henry Wallace fallenzulassen, der zu diesem Zeitpunkt der prominenteste Reformer in der Administration war. Statt dessen wurde ein gemäßigter Kandidat aufgestellt: Senator Harry Truman aus Missouri. Darüber hinaus brachten die Kongreßwahlen im Schlepptau der Präsidentenwahl nur magere Ergebnisse. Die Demokraten konnten lediglich die Hälfte der zwei Jahre zuvor verlorenen Sitze im Repräsentantenhaus zurückerobern, im Senat gewannen die Republikaner sogar einen hinzu. Die intellektuelle Debatte schließlich verlagerte sich weiter zugunsten der Konservativen. Im selben Jahr veröffentlichte Frederick Hayek ›Road to Serfdom‹, eine der ersten akademischen Rechtfertigungen für die zunehmende konservative Feindseligkeit gegenüber Regierungsinterventionen. 1944 war Roosevelts Führerschaft in der Innenpolitik zur bloßen Formsache geworden; seine Autorität erstreckte sich praktisch nur auf Kriegsbelange.[15]

Die Aussichten auf Wirtschaftsreformen waren also Mitte der vierziger Jahre auf vielen Gebieten entmutigend. Gleichzeitig hatten die Liberalen allen Grund, ihre Aufmerksamkeit den Bürgerrechten zuzuwenden. Vor allem die Schwarzen waren mit ihrer untergeordneten gesellschaftlichen Stellung immer weniger zufrieden. Der kriegsbedingte Arbeitskräftemangel ließ die Zahl der Schwarzen im produzierenden Gewerbe von 500 000 auf 1,2 Millionen steil emporschießen. Da die meisten dieser Arbeitsplätze im Mittelwesten und im Nordosten konzentriert waren, lösten die wirtschaftlichen Veränderungen eine große Wanderungsbewegung der Schwarzen in die Städte des Nordens aus. 1940 hatten noch 75 Prozent der Schwarzen in den ehemaligen Konföderationsstaaten gelebt, innerhalb der nächsten zehn Jahre migrierten 2 Millionen in die Nordstaaten. Binnen kurzem erhöhte diese Bevölkerungsverlagerung die Aufmerksamkeit, die man dem Problem der Diskriminierung widmete; das kam vor allem nach Rassenunruhen in Harlem und Detroit 1943 spektakulär zum Ausdruck. Ein Jahr zuvor hatten lokale Bürgerrechtsaktivisten den Congress of Racial Equality (CORE) gegründet. Er sollte der Rassentrennung beispielsweise mit »Sit-in«-Protesten in Hotels und Restaurants in Chicago profilierten Widerstand entgegensetzen. Dichter am politischen Mainstream war die NAACP angesiedelt; ihre lokalen Zweigstellen verdreifachten sich in den Kriegsjahren, und ihre nationale Mitgliederzahl wuchs um über 900 Prozent auf 500 000. Auf der politischen Ebene drohte der Arbeiterführer A. Philip Randolph mit einem Marsch nach Washington und zwang so Roosevelt, mit einer Exekutivverfügung die Fair Employment Practices Commission (FEPC) ins Leben zu rufen, die in den kriegsrelevanten Industrien die Diskriminierung von Schwarzen untersuchte. Obwohl es in vielerlei Hinsicht ein leeres Zugeständnis war – die Kommission hatte nicht die Macht, rechtliche Schritte einzuleiten –, stellte die FEPC dennoch einen ersten Schritt dar, sich von Regierungsseite des ökonomischen Erbes der Sklaverei anzunehmen. Zusätzlich zum kriegsbedingten außen- und innenpolitischen Druck, sich vom Reformgedanken an dirigistische Maßnahmen zu verabschieden, begannen einige Intellektuelle dafür zu plädieren, die Reformaktivitäten auf die Bürgerrechtsproblematik zu konzentrieren. Den überzeugendsten Ausdruck verlieh dieser Ansicht 1944 Gunnar Myrdals Untersuchung des US-Rassismus ›An American Dilemma‹. Der in Schweden geborene Soziologe arbeitete den Widerspruch zwischen der amerikanischen Tradition von Demokratie und Gleichheit und der überkommenen Rassenungleichheit heraus. Auch die Zeitschrift ›Life‹ griff das Thema auf und erklärte den Kampf gegen die Doppelmoral zur wichtigsten amerikanischen Aufgabe der Nachkriegszeit. In den Kommentaren spiegelte sich eine optimistische Stimmung, wie sie für die Kriegsjahre typisch war. In der Tat galt der Zweite Weltkrieg als »guter Krieg«, weil er ein Gefühl der Einheit hervorbrachte, das künftige Generationen nur schwer nachvollziehen konnten.[16]

Während all dieser politischen und sozialen Veränderungen wurden die Kriegsanstrengungen reduziert. Nach einer furiosen deutschen Gegenoffensive – der Ardennenschlacht 1944 – hatten sich die alliierten Streitkräfte an der Westfront wieder erholt. Anfang 1945 überquerten sie die deutsche Grenze, während die sowjetischen Streitkräfte fast genausoschnell von Osten her vordrangen. Der Krieg im Pazifik schien sich noch länger hinzuziehen, obwohl kaum Zweifel daran bestand, daß die Alliierten auch dort siegen würden. Franklin Roosevelt jedoch sollte den Waffenstillstand an keiner der Fronten mehr erleben. Schon 1944 war er schwer erkrankt, hatte aber seine Gebrechlichkeit im Wahlkampf geheimhalten können. Doch Anfang des folgenden Jahres war seine körperliche Entkräftung augenscheinlich. Am 12. April 1945 erlag er in seinem Wochenendhaus in Warm Springs, Georgia, einem Schlaganfall. Sein Tod brachte Harry Truman ins Weiße Haus, der vor der schwierigen Aufgabe stand, den Zweiten Weltkrieg zu beenden und anschließend das Fundament für die amerikanische und die internationale Nachkriegsordnung zu legen. Die Öffentlichkeit stand zunächst hinter ihrem neuen Präsidenten. Kaum einen Monat nach seiner Amtsübernahme war der Krieg in Europa vorüber, und die Nation richtete ihre Anstrengungen auf den Pazifik-Krieg, in dem die Kämpfe zwischen amerikanischen und japanischen Streitkräften in atemberaubendem Tempo weitergingen, beispielsweise mit der Einnahme von Iwo Jima und Okinawa durch die Amerikaner. Am 16. Juli wurde Truman benachrichtigt, daß in der Wüste von New Mexico eine Atombombe gezündet worden war. Das war der Höhepunkt einer Zwei-Milliarden-Dollar-Rüstungskampagne zum Bau eines Massenvernichtungsmittels. Truman verschwendete nicht viele Gedanken an die ethischen Fragen des Einsatzes einer solchen Bombe. Nach einer letzten Aufforderung an die Japaner, sich bedingungslos zu ergeben, befahl er am 6. August ihren Einsatz. Die »Enola Gay« warf eine Atombombe auf Hiroshima, die über 80 000 Menschenleben forderte. Drei Tage später wurde eine zweite Bombe über Nagasaki abgeworfen, die über 100 000 Menschen tötete. Die japanische Regierung ergab sich, und der Zweite Weltkrieg war beendet.[17]

Ungeachtet der Analyse revisionistischer Historiker, der zufolge die Atomdiplomatie sich schon immer gegen die UdSSR gerichtet habe und der Einsatz der Atomwaffen im Krieg gegen Japan militärisch nicht erforderlich gewesen sei, verschlechterten sich die Beziehungen zwischen den Vereinigten Staaten und der UdSSR in den Monaten nach Trumans Amtseinführung in der Tat eindeutig. Im Außenministerium gewannen Befürworter eines harten Kurses gegenüber der UdSSR immer mehr Einfluß – etwa Averell Harriman, im Krieg Botschafter in Moskau. Roosevelt hatte niemals die Möglichkeit eines Kompromisses mit dem Sowjetregime aufgegeben, wie er unter anderem mit der Anfang 1945 abgehaltenen Gipfelkonferenz von Jalta demonstriert hatte. Trumans Übernahme der Präsidentschaft änderte nun den Tenor und schließlich auch die Substanz der US-Außenpolitik drastisch. Im Gegensatz zu seinem Vorgänger war er bereit, seine Diplomatie durch die eher antikommunistische Struktur des Außenministeriums bestimmen zu lassen, neigte stärker dazu, außenpolitische Unternehmungen als moralische Kreuzzüge und nicht als ausbalancierte Machtpolitik zu begreifen, und vertraute in die Fähigkeit der USA, ihre politischen Präferenzen dem internationalen System aufzuzwingen. Diese Zuversicht wurde nach dem erfolgreichen Test und dem nachfolgenden Einsatz der Atombombe nur noch größer.[18]

Dennoch lastete ein Gefühl der Unsicherheit während der ersten Monate von Trumans Präsidentschaft nicht allein auf der internationalen Position des Landes. Auch die amerikanische Innenpolitik und die Gesellschaft waren am Ende des Zweiten Weltkriegs in Bewegung geraten. Obwohl politisch wie persönlich geschwächt, hatte Roosevelt seinen Sieg von 1944 zur Wiederbelebung der innenpolitischen Reformstimmung zu nutzen versucht. Seine Rede zur Lage der Nation 1945 forderte eine Art Wirtschaftsgrundgesetz, wozu auch das Recht auf einen garantierten Arbeitsplatz gehören sollte. Bis zu seinem Tod wurde dieser Ansatz nicht weiterentwickelt, aber Truman versuchte, die Vollbeschäftigung zum Eckstein eines eigenen innenpolitischen Programms zu machen, dem er den Namen »Fair Deal« gab. In den dreißiger Jahren war diese Idee nicht gerade ein zentrales Anliegen der meisten Liberalen gewesen, die sich statt dessen mehr auf die Wirtschaftsstrukturen konzentrierten, was die Vorstellung von der ausgereiften Wirtschaft widerspiegelt. Doch das Wachstum der Kriegszeit überzeugte viele Liberale vom anscheinend grenzenlosen Wirtschaftspotential, so daß sie sich nun eher Fragen von Konsum und Nachfrage zuwandten und dafür plädierten, die fiskalischen Möglichkeiten des Staates zur Verhinderung künftiger Krisen einzusetzen – durch antizyklische Regierungsausgaben für Programme zur öffentlichen Arbeitsbeschaffung beispielsweise – und damit die Vollbeschäftigung sicherzustellen. Selbst dieses eher begrenzte liberale Programm traf auf den Widerstand der konservativen Koalition, die noch immer den Kongreß dominierte. Die Beschäftigungsmaßnahme wurde erst verabschiedet, nachdem die Konservativen im Kongreß den Begriff »Voll-« hatten streichen lassen. Das verwässerte Gesetz schuf den Council of Economic Advisors (CEA), der vom Präsidenten einberufen wurde und Empfehlungen für eine nationale Beschäftigungsförderung ausarbeiten sollte. Formell wurde dem CEA jedoch keine Macht zugestanden, was auf die Widersprüchlichkeit eines Großteils der Wirtschaftspolitik der vierziger Jahre verweist. Die Regierung wurde zwar aufgefordert, sich um die Wirtschaft zu kümmern, bekam aber nicht die nötigen Hebel dafür an die Hand.[19]

Das Schicksal der Full Employment Bill demonstriert die ideologischen und politischen Handicaps des neuen Präsidenten. Zusätzlich zu Vollbeschäftigungsmaßnahmen verlangte Trumans »Fair Deal« höhere Mindestlöhne, eine garantierte Krankenversicherung und ein nationales Wohnungsbaugesetz; nichts davon schaffte die Hürde des Kongresses. Innenpolitisch hatte die Regierung nur dann Erfolg, wenn sie sich der patriotischen Begeisterung der Kriegszeit bedienen konnte, wie es bei der Verabschiedung der GI Bill der Fall war. Sie sah Regierungskredite und andere finanzielle Unterstützung für die Veteranen vor, damit diese Colleges und Ingenieurschulen besuchen konnten. Über 50 Prozent der heimkehrenden Kriegsteilnehmer – 7,8 Millionen – profitierten von diesem Programm, das die Regierung insgesamt über 14 Milliarden Dollar kostete. Langfristig jedoch hatten die kriegsbedingten Erhöhungen der Rüstungsausgaben Reformversuche beeinträchtigt, weil sie die politische und wirtschaftliche Macht der Militärs gestärkt hatten. Die hatten sich während des Zweiten Weltkriegs nicht gerade durch das Interesse ausgezeichnet, ihre Macht für soziale oder ökonomische Reformen einzusetzen. Daß Truman es nicht schaffte, eine Führungsmannschaft aufzustellen, die sein legislatives Programm durchdrücken konnte, verstärkte nur das Mißtrauen, das viele Liberale gegenüber dem neuen Präsidenten empfanden. Seine offensichtliche Unfähigkeit, seine exekutive Autorität effektiv einzusetzen, war für die meisten Liberalen ein weiteres Manko des Präsidenten. Da der Kongreß eine immer konservativere Ausrichtung erkennen ließ und der Supreme Court sich noch nicht zu einer unabhängigen reformistischen Institution gewandelt hatte, sahen die Liberalen in einer tatkräftigen Exekutive das entscheidende Mittel zur Durchsetzung ihres Programms. Darüber hinaus wies Truman eine besonders schlechte Leistungsbilanz bei Problemen auf, die Elemente der antimonopolistischen »New Deal«-Koalition wichtig waren. Beispielsweise besetzte er wichtige Regulierungsbehörden mit alten Freunden aus Politik und Wirtschaft, von denen die meisten wirtschaftsfreundliche Positionen vertraten. Gleichzeitig verließ ein prominenter Reformer nach dem anderen – etwa Harold Ickes – die Administration. Diese Entwicklung gipfelte darin, daß der Präsident im September 1946 Henry Wallace feuerte. Trumans persönliche Defizite verschlimmerten seine politischen Schwierigkeiten nur noch. Der Mann, der sich mit dem Motto brüstete »The Buck Stops Here« [sinngemäß: »Die letzte Verantwortung liegt bei mir«], schien entgegen seinem späteren Ruf zu schwanken und unentschlossen zu sein; Kommentatoren veranlaßte das zu dem Aphorismus »to err is Truman« [»Irren ist Truman«]. Abgesehen davon machte sich der Präsident mit seiner Impulsivität eines der mächtigsten Elemente der »New Deal«-Koalition zum Gegner – die organisierte Arbeiterschaft. Er verlangte das Recht, Arbeiter aller Industriezweige, die sich an einem Streik beteiligten, der einen nationalen Notstand heraufbeschwören könnte, unabhängig von ihrem Alter und Familienstand zwangsverpflichten zu können (allein 1946 beteiligten sich 4,6 Millionen Arbeiter, rund 7 Prozent der nationalen Arbeiterschaft, an 4985 Arbeitsniederlegungen). Die Ära, in der die Bundesregierung die Gewerkschaftsbewegung unterstützte, war eindeutig zu Ende. Trumans Arbeitspolitik bestätigte nur die weitverbreitete Überzeugung, daß es ihm an einer großen Vision für das Land mangelte. Statt dessen schien er sich damit zufriedenzugeben, als eine Art Sachwalter zu agieren und nur das politische Tagesgeschäft abzuwickeln, ohne mutige Initiativen in Gang zu setzen. In dieser Hinsicht teilte er die Einstellung vieler gemäßigter Demokraten, die fragten, ob sich die USA ein verwegenes Reformprogramm leisten könnten, wo doch der Ausgabenboom der Kriegszeit offensichtlich abebbte.[20]

Intern zerstritten, schlecht geführt und mit einer tatkräftigen Oppositionspartei konfrontiert: Die Demokraten waren in einer verzweifelt schwachen Position, als die Zwischenwahlen von 1946 näherrückten. Die Wähler sorgten sich wegen der Inflation nach dem Krieg und anderen Schwierigkeiten, die mit der Rückkehr zur Friedenswirtschaft zusammenhingen. Das führte zu einem Erdrutschsieg für die Republikaner, bei dem die Partei im Repräsentantenhaus eine Mehrheit von 246 zu 188 und im Senat von 51 zu 45 schaffte. Genauso bemerkenswert wie das Ausmaß des republikanischen Triumphs war dessen ideologischer Tenor. Aufgrund des Wahlergebnisses gelangten Männer vom rechten Flügel wie Richard Nixon und Joseph McCarthy in den Senat, die keinen Kompromiß einzugehen gedachten. Ins Repräsentantenhaus zog eine Gruppe von Neulingen ein, die die politische Ordnung des »New Deal« so schnell wie möglich demontieren wollten. Robert Taft, Führer der Senatsmehrheit und ein besonnener, aber entschiedener Konservativer, wurde zur ideologisch wichtigsten Figur Washingtons.[21]

Das Wahlergebnis von 1946 machte zumindest kurzfristig jede Möglichkeit für Truman zunichte, ein innenpolitisches Programm zur Fortführung des »New Deal« starten zu können. Darüber hinaus brachte das Jahr 1947 eine Fülle von außenpolitischen Entwicklungen, die Wirtschafts- und Sozialreformen noch weiter aus dem Blick der politischen Öffentlichkeit rückten. Ein Jahr zuvor hatte der Diplomat George Kennan aus Moskau sein berühmtes »Langes Telegramm« geschickt. Darin legte er dar, daß eine Mischung von innenpolitischen und internationalen Bedürfnissen die Sowjetunion davon abhielt, zu einer friedlichen Einigung mit den USA zu kommen. Er empfahl die »wachsame Eindämmung« des sowjetischen Expansionsdrangs. Diese Logik leitete die Regierung zunehmend in außenpolitischen Angelegenheiten. Im März forderte Truman 400 Millionen Dollar Militärunterstützung für Griechenland und die Türkei. Deren Regierungen sahen sich dem inneren und äußeren Druck von kommunistischen Kräften ausgesetzt, und die Briten konnten, wie sie verkündeten, es sich nicht länger leisten, sie zu unterstützen. Truman war jedoch besorgt, daß der Verweis auf die strategische Bedeutung der beiden Länder nicht ausreichen würde, um das Paket einem republikanischen Kongreß zu »verkaufen«, der entschlossen war, die Auslandshilfen zu kürzen. Er rechtfertigte daher diesen politischen Neubeginn mit apokalyptischen Worten. Die Rede, mit der er die Truman-

Doktrin verkündete, erklärte den Schutz der freien Völker vor jeder Form von kommunistischer Aggression zur Politik der Vereinigten Staaten. Das war ein weit mutigerer internationaler Kurs, als Truman und die meisten seiner Berater 1947 in Wirklichkeit einzuschlagen bereit waren. Die Angst vor den innenpolitischen Auswirkungen im Fall des Scheiterns ihres Programms erklärt den Übereifer: Erneut hatte die Innenpolitik auf internationale Belange eingewirkt. Die Truman-Doktrin sollte die militärische Seite der Europapolitik der Regierung festigen. Ihr ökonomisches Programm wurde hingegen ein paar Monate später von Außenminister George Marshall verkündet: Er bot jeder europäischen Regierung, die das wünschte, Wirtschaftshilfen an. Schließlich peitschte die Regierung 1947 den National Security Act durch den Kongreß, der die verschiedenen Führungsabteilungen der Streitkräfte in einem einzigen Verteidigungsministerium zusammenfaßte und den National Security Council (NSC) einrichtete. Er sollte die außenpolitischen Informationen für den Präsidenten koordinieren, und zwar in Zusammenarbeit mit der Central Intelligence Agency (CIA), die Informationen über äußere Bedrohungen sammeln und zugleich heimlich antikommunistische Kräfte in Übersee unterstützen sollte.[22]

Der Antikommunismus, der die Grundlage eines Großteils der Außenpolitik der Regierung bildete, schwächte ironischerweise innenpolitisch ihre Stellung. Zwei wichtige Kongreßinitiativen schlugen den Ton an, der politisch für die nächsten zwei Jahre die Musik machte. Auf die antigewerkschaftliche Stimmung bauend, zu der Truman selbst ein Jahr zuvor beigetragen hatte, verabschiedete der Kongreß im Juni 1947 den Taft-Hartley Act. Er verlangte von den Gewerkschaftsfunktionären ein Zertifikat des National Labor Relations Board, vor dem sie schwören mußten, daß sie keine Kommunisten waren; zudem wurde vor Streiks eine achtzigtägige Bedenkzeit vorgeschrieben. Der umstrittenste Paragraph des Gesetzes, 14(b), ermöglichte es den Staaten, Gesetze über das »Recht auf Arbeit« zu erlassen, die das »closed-shop«-Prinzip verboten, demzufolge die Mitgliedschaft in einer Gewerkschaft Voraussetzung war, einen Arbeitsplatz zu bekommen. Daß Truman gegen dieses

Gesetz sein Veto einlegte, besänftigte das angespannte Verhältnis zwischen ihm und der organisierten Arbeiterschaft, aber eine Mehrheit aus beiden Parteien im neuen, konservativen Kongreß überstimmte das Veto. Zwar zerschlug das Gesetz nicht die organisierte Arbeiterbewegung, wie einige Liberale befürchtet hatten, doch dämpfte es die Schlagkraft, die die Gewerkschaftsmitglieder durch die Expansion in den Kriegsjahren erlangt hatten, und schränkte die Handlungsfreiheit der Arbeiterbewegung in der politischen Nachkriegsarena ein. Während der Taft-Hartley Act die wirtschaftlichen Prinzipien des republikanischen Kongresses belegte, boten die forcierten Aktivitäten des HCUA Einblick, welche Haltung der Kongreß in Bürgerrechtsfragen einnahm. Versuche, den »Fair Deal« mit Kommunismus gleichzusetzen, waren ein Element des republikanischen Wahlkampfs von 1946 gewesen. Nach der Wahl nahm das HCUA den Kampf auf, wobei die neue republikanische Führung heimlich mit J. Edgar Hoover, dem Chef des FBI, zusammenarbeitete, um Kommunisten aus der Regierungsbürokratie »herauszuschießen«. Die Aktivitäten des Komitees erstreckten sich auch über die Politik hinaus auf den sozialen Bereich. Große publizistische Aufmerksamkeit erregte die Untersuchung des kommunistischen Einflusses in Hollywood, und trotz expliziter Verletzungen der Bürgerrechte der Zeugen erfreuten sich diese Anhörungen starker öffentlicher Unterstützung. Die Untersuchung führte zu einer schwarzen Liste, die Regisseure, Autoren und Schauspieler mit einem Arbeitsverbot belegte: Sie hatten in den dreißiger Jahren Gruppen unterstützt, die man jetzt für subversiv hielt. Die Anhörungen machten auch eine neue Generation von Republikanern wie Nixon landesweit bekannt.[23]

Die Welle des Antikommunismus lähmte reformfreudige politische Kräfte und Institutionen der Arbeiterbewegung. In Minnesota spaltete sich die Bauern-und-Arbeiter-Partei – eine der stärksten linken Staatsparteien der USA – unwiderruflich in eine prokommunistische und eine antikommunistische Fraktion. Der antikommunistische Flügel folgte seinem Anführer Hubert Humphrey in die wiedererstarkte staatliche Demokratische Partei, die prokommunistischen Überreste verschwanden in der Versenkung. Der antikommunistische Eifer zerschlug auch die organisierte Arbeiterbewegung, weil mehrere Gewerkschaften – zum Beispiel die United Electrical Workers, die International Longshoremen's Union und die National Maritime Union – sich während des Zweiten Weltkriegs durch eine kommunistische Führung oder eine prokommunistische Politik ausgezeichnet hatten. Die meisten dieser Gewerkschaften waren dem CIO angeschlossen, der eine bittere interne Spaltung miterlebte, bei der die antikommunistischen Kräfte unter der Führung von Walter Reuther die Oberhand behielten. Unmittelbar nach dem Zweiten Weltkrieg hatte Reuther selbst noch für die Arbeiterbewegung das Programm skizziert, weiterhin offen politisch zu fungieren und sich auf die Förderung einer progressiveren Gesellschaft zu konzentrieren, indem sie mit Maßnahmen für mehr soziale Gerechtigkeit das Los der Armen und der Minderheiten verbesserte. Jetzt jedoch, da die Flut der Reformen im Sand verlief, akzeptierte die große Mehrheit der Arbeiterbewegung das Diktum des AFL-Präsidenten George Meany, Aufgabe der Gewerkschaften sei es, sich nur auf die »Anhebung des Lebensstandards« im Rahmen der bestehenden kapitalistischen Strukturen zu konzentrieren. Die organisierte Arbeiterschaft hatte sich von der Speerspitze einer Wirtschaftsreform-Bewegung zu einer zunehmend bürokratisierten Interessengruppe gewandelt, deren politischer Erfolg von der Regierungspolitik und dem Patronat der Demokratischen Partei abhing. Diese programmatischen Einschränkungen kamen für die Arbeiterbewegung zu einem ungünstigen Zeitpunkt. Weil die Vereinigten Staaten sich von einer industriellen zu einer postindustriellen Wirtschaft entwickelten, in der Angestellten mehr Chancen offenstanden als Arbeitern, begann die Gewerkschaftsbewegung zu stagnieren; die Mitgliederzahlen gingen in den fünfzehn Jahren nach dem Zweiten Weltkrieg um 14 Prozent zurück. Darüber hinaus veränderten sich die Regierungsstrukturen, die der »New Deal« hinterlassen hatte, zuungunsten der Arbeiterinteressen. Staatliche Interventionen begannen in den Beziehungen zwischen Arbeiterschaft und Management Prioritäten im Sinne der Politik zu setzen. In dem neuen System waren Stabilität und geordnete Verhältnisse die Hauptziele. Das

Zugeständnis, während des Zweiten Weltkriegs nicht zu streiken, machte den Weg frei für die Nachkriegs-Entscheidungen des NLRB, die Streikmöglichkeiten zu beschneiden, die strikte Einhaltung von Verträgen zu verlangen und kollektive Verhandlungen von Lohn, Arbeitszeit und Arbeitsbedingungen einzuschränken. Gleichzeitig ließen Maßnahmen wie der Taft-Hartley Act erkennen, daß der zunehmende bürokratische Einfluß in der Arbeiterbewegung de facto zu deren Nachteil wirkte. Versuche der Arbeiterbewegung, sich aus dem Griff der Regierung zu befreien, erwiesen sich als erfolglos. So versagte eine umfassende Kampagne (bei der allein der CIO über eine Million Dollar ausgab) zur Organisierung von ungelernten Arbeitern, die bislang außerhalb der Gewerkschaftsstrukturen standen, vor allem im Süden katastrophal. Sie wurde Opfer des dortigen Rassismus und der entschiedenen Opposition der Wirtschaftsführer.[24]

Kein Reformer litt mehr unter der antikommunistischen Politik als Henry Wallace. Nachdem er kritisiert hatte, daß die Regierung gegenüber der UdSSR zunehmend auf Konfrontationskurs ging, war er aus dem Kabinett entlassen worden. Daraufhin wandte er sich mit dem Argument an die Öffentlichkeit, innenpolitische Reformen wären ohne eine konziliantere Außenpolitik nicht möglich. Trotz des veränderten innenpolitischen und internationalen Klimas blieb er dabei, die USA könnten am besten ihre Überlegenheit über den Kommunismus demonstrieren, indem sie die Demokratie im eigenen Land perfektionierten. Mitte 1947 gründeten liberale Bewunderer von Wallace, darunter auch Kommunisten, die Progressive Citizens of America (PCA). Der ehemalige Handelsminister begab sich auf eine landesweite Vortragsreise, die sich eines überraschend großen Zuspruchs erfreute. Das ermutigte ihn, sich als unabhängiger Kandidat unter der Flagge der Progressiven Partei um die Präsidentschaft zu bewerben. Nachdem die Partei in einer Wahl zum Kongreß Anfang 1948 gut gepunktet hatte, schien Wallace' Potential, linke Wählerstimmen von den Demokraten abziehen zu können, eine Wiederwahl Trumans zu vereiteln.[25]

Auch wenn Wallace' außenpolitische Positionen viele Liberale abschreckten, sah Truman keineswegs seine Popularität bei den Anhängern des »New Deal« sprunghaft ansteigen. Vielmehr verbrachten viele von ihnen unter Führung von Franklin Roosevelt jr., dem Sohn des verstorbenen Präsidenten, die Zeit vor den Wahlen mit vergeblichen Versuchen, statt des Präsidenten einen besseren demokratischen Kandidaten wie etwa den Zweite-Weltkriegs-General Dwight Eisenhower zu finden. Gleichzeitig paßten sich diese Liberalen der Nachkriegs-Außenpolitik an, distanzierten sich von der Bewegung hinter Wallace und sammelten sich unter der Fahne der Americans for Democratic Action (ADA). Diese Organisation sollte die Dogmen der liberalen Ideologie, die der Historiker Robert Dallek als »Nationalliberalismus« umschrieben hat, in der Nachkriegszeit formulieren. In Wirtschaftsfragen befürwortete sie das liberale Programm, das aus der Zeit des Zweiten Weltkriegs hervorgegangen war: sich auf Vollbeschäftigung und vermehrte Regierungsausgaben für öffentliche Arbeitsbeschaffungsmaßnahmen zu konzentrieren, um der Wirtschaft zu einem »Blitzstart« zu verhelfen. Doch die ADA bestand auch darauf, daß die Liberalen ihre ideologischen Grundsätze über den primär wirtschaftlichen Schwerpunkt hinaus, der einen Großteil des »New Deal« charakterisiert hatte, weiterentwickeln müßten. Außenpolitisch stellte sich die ADA hinter den Antikommunismus der Regierung Truman, innenpolitisch intensivierte sie die zunehmende liberale Auseinandersetzung mit Bürgerrechtsfragen, indem sie die Demokraten bedrängte, in dieser Hinsicht mehr zu unternehmen, sei es auch um den Preis eines Bruchs mit der Parteibasis im Süden.[26]

Wallace zwang seine Gegner unter den Liberalen, eine ideologische Richtschnur für ihr Handeln zu entwickeln. Dadurch profilierte er die programmatische Plattform, auf der Truman sich 1948 zur Wiederwahl stellte. Noch aber blieb Trumans politische Stellung weiterhin so geschwächt, daß der von den Republikanern aufgestellte Kandidat mit Sicherheit der nächste Präsident zu werden versprach. Trumans Position verschlechterte sich im Sommer 1948 noch weiter, weil ADA und liberale Delegierte des demokratischen Nationalkonvents einen Programmpunkt verabschiedeten, der ein Verbot der Kopfsteuer, schärfere Gesetze gegen die Lynchjustiz, eine permanente

FEPC und ein Ende der Diskriminierungen in den Streitkräften forderte. Dieser Programmpunkt machte Truman für schwarze Wähler möglicherweise attraktiver, doch seine Verabschiedung verärgerte Delegierte aus dem tiefen Süden, die den Konvent verließen und schließlich mit einem eigenen Kandidaten antraten: Gouverneur Strom Thurmond aus South Carolina, der unter der Flagge der States' Rights Democratic Party Wahlkampf machte. Den Republikanern jedoch offenbarte der Schlagabtausch – im Gegensatz zu ihrem gegen Truman und die Regierung gerichteten Antikommunismus von 1946 –, daß die Anhänger der Partei im Nordosten und im Mittelwesten gespalten waren, daß die Internationalisten und jene, die ein eher unilaterales Auftreten in der internationalen politischen Arena bevorzugten, unterschiedliche außenpolitische Ansichten hatten, und daß keine Einigkeit in der Frage bestand, wie stark man den »New Deal«-Wohlfahrtsstaat demontieren sollte. Die Partei stellte schließlich erneut den Kandidaten von 1944 auf, Gouverneur Thomas Dewey aus New York, der sich gegen Roosevelt respektabel geschlagen hatte und dessen Anhänger argumentierten, er würde die Partei auf breiterer Basis wählbar machen.[27]

Statt dessen aber schaffte Truman die verblüffendste Trendwende in der Geschichte der amerikanischen Präsidentschaftswahlen. Der Präsident ignorierte Thurmond, weil er den Gouverneur von South Carolina zu Hause nicht besiegen, aber darauf vertrauen konnte, daß der Rest des Südens der Demokratischen Partei treu bleiben würde. Gleichzeitig brachte Truman erfolgreich Dewey mit den umstrittensten Programmen des 80. Kongresses in Verbindung, obwohl es zwischen dem Gouverneur von New York und den meisten Kongreßführern ideologische Differenzen gab. Schließlich zettelten die Demokraten noch eine bösartige »Kommunistenfresser«-Kampagne gegen Wallace an. Selbst von seinen Gegnern bekam Truman mehr Unterstützung als erwartet. Thurmond strengte sich außerhalb der vier Staaten, in denen er als offizieller demokratischer Präsidentschaftskandidat angetreten war, nicht sonderlich an. Wallace vertrat im Verlauf des Wahlkampfs mehr und mehr extreme Standpunkte, während das immer provozierendere Verhalten

der UdSSR – vom kommunistischen Umsturz in der Tschecho-
slowakei bis zur Blockade Westberlins – sein Vertrauen in eine
mögliche politische Kooperation mit Moskau in Frage stellte.
Dewey schließlich verließ sich zu sehr auf seine guten Aussichten und führte einen eher passiven Wahlkampf, der darauf abzielte, so wenige potentielle Wähler wie möglich zu verschrecken.
Diese Strategie akzentuierte den persönlichen Gegensatz zwischen der aggressiven, volkstümlichen Art des Präsidenten und
dem kühlen, reservierten Stil des Herausforderers; Truman sollte davon profitieren. Weil eigentlich keiner der Kandidaten ein
bestimmtes Programm vertrat, bevorzugten die Wähler den
persönlich überzeugenderen Kandidaten. In der Wahlnacht
deuteten die ersten Ergebnisse auf einen Triumph Deweys hin –
die Morgenausgabe der ›Chicago Tribune‹ druckte die fette
Schlagzeile »Dewey besiegt Truman« –, doch rasch wurde klar,
daß Truman haushoch gesiegt hatte. Der Präsident sicherte
nicht nur seine eigene Wiederwahl. Im Gefolge seines Siegs
erhielten auch die Demokraten auf allen Ebenen überwältigende Unterstützung: Die Partei gewann in beiden Häusern die
Mehrheit zurück.[28]

Obwohl es damals noch nicht zu erkennen war, prägte Trumans Sieg auf vielerlei Weise die nationale Politik der Nachkriegsära. Erstens nahm der Präsident wegen des Abblockens
der Südstaatler auf dem Konvent die Wohngebiete der Schwarzen im Norden ins Visier. So machte er als erster Präsident etwa
im Schwarzenghetto Harlem Wahlkampf. Damit läutete er eine
Entwicklung ein, in deren Verlauf immer mehr schwarze
Wähler zur Demokratischen Partei überliefen und die Bürger-
rechtsfrage für den Nationalliberalismus jener Zeit immer wichtiger wurde. In seiner volkstümlichen Art machte sich Truman
nie viel Sorgen, daß dies die Demokraten ihrer Basis ethnisch
orientierter, weißer Wähler aus der Mittelschicht entfremden
könnte, deren Hauptprobleme weiterhin wirtschaftlicher Natur
waren. Erst für seine Nachfolger sollte es erheblich schwieriger
werden, die Kluft zwischen einem an Bürgerrechten orientierten Liberalismus und Wirtschaftsfragen zu überbrücken. Zweitens pflegte Truman einen effizienten Wahlkampfstil, der auf
diskriminierende Angriffe und persönliche Attraktivität setzte.

Diese Strategie war dem Wahlsieg förderlich, brachte Truman aber auch Probleme. Er hatte Schwierigkeiten, das Mandat genau zu definieren, das ihm sein Triumph eingebracht hatte. Schließlich zeigte der Präsident – wie die Republikaner zwei Jahre zuvor –, welches Potential im Antikommunismus lag, denn er schaffte es, Wallace' Attraktivität für die amerikanische Linke zu minimieren. Auch dieser Ansatz verhalf den Demokraten zu kurzfristigen Zugewinnen. Aber Trumans Reden förderten auch ein politisches Klima, in dem schon die leiseste Andeutung kommunistischer Neigungen jemanden zum Freiwild reformfeindlicher Kräfte machte. Wie der Präsident selbst erfahren sollte, konnte sich der Antikommunismus auch gegen die Demokraten selbst wenden.

Die Grenzen von Trumans Mandat wurden sichtbar, sobald er dem Kongreß sein Wirtschaftspaket vorlegte. In seiner Rede zur Lage der Nation forderte der Präsident die Aufhebung des Taft-Hartley Act, eine Anhebung des Mindestlohns, die Stützung der Agrarpreise, die Ausweitung von »New Deal«-Programmen wie etwa Sozialversicherung und Elektrifizierung ländlicher Gegenden, ein neues Wohnungsbauprogramm, leichteren Zugang zum Gesundheitswesen und eine straffere Anti-Trust-Gesetzgebung. Mit Ausnahme des letzten Punktes spiegelten alle diese Vorschläge das eingeschränkte liberale Wirtschaftsprogramm der Nachkriegszeit wider. Hinsichtlich der Bürgerrechte schlug der Präsident Gesetze vor, die die Kopfsteuer abschaffen, Lynchjustiz zu einem Bundesverbrechen erklären, Diskriminierungen im föderalen und zwischenstaatlichen Handel unterbinden, eine permanente FEPC mit mehr Machtbefugnissen etablieren und das Wahlrecht ohne Ansehen der Rasse schützen sollten. Doch sowohl Truman als auch Organisationen wie die ADA überschätzten die Macht der Liberalen im Kongreß. Da die meisten älteren Mitglieder der Demokratischen Partei aus dem Süden stammten, hatte die Wiedererlangung der Kontrolle über den Kongreß zur Folge, daß die Sitze in den Ausschüssen nicht mit Unterstützern des »Fair Deal« besetzt wurden, sondern mit Konservativen, die sowohl Wirtschafts- wie Bürgerrechtsreformen ablehnten. Darüber hinaus konnten Senatoren aus dem Süden zusammen mit einer

Handvoll konservativer Republikaner Traditionen des Oberhauses wie beispielsweise das Tolerieren von Verzögerungstaktiken und Dauerreden dafür nutzen, die Erörterung sämtlicher Bürgerrechtsmaßnahmen abzublocken, die Erfolgsaussichten zu haben schienen. In drastischem Gegensatz zur Zwischenkriegszeit ging der Senat aus dieser Entwicklung als konservativstes Organ der Bundesregierung hervor.[29]

Auch der allgemeine Tenor der Zeit ermutigte nicht zu einer größeren Reformwelle. Da die Wirtschaft sich von ihrer Flaute unmittelbar nach dem Krieg erholte, nahm die Unterstützung für regierungsfinanzierte soziale Veränderungen ab. Vielmehr konnte Ende der vierziger Jahre kaum jemand in diesem Sinn argumentieren. Mit nur 7 Prozent der Weltbevölkerung produzierten die Vereinigten Staaten weltweit 42 Prozent des Einkommens, 43 Prozent der Elektrizität, 57 Prozent des Stahls, 62 Prozent des Öls und 80 Prozent aller Automobile. Das Pro-Kopf-Einkommen lag mehr als 50 Prozent über dem des nächstfolgenden Landes, die Arbeitslosigkeit belief sich auf unter 4 Prozent. Der Wohlstand bewirkte einen regelrechten Konsumrausch. Die Amerikaner gaben das während des Kriegs angesparte Geld für eine Fülle neuer Produkte aus – etwa elektrische Wäschetrockner, Langspielplatten und Polaroid-Kameras. Rasch wurde die Konsumgüterindustrie zum Wirtschaftsmotor des Landes, wie jene Liberalen vorausgesagt hatten, die sich vom Reformprogramm des »New Deal« distanziert hatten. Zwar ließen die Statistiken nicht erkennen, daß die Einkommen höchst ungleich verteilt waren; trotzdem dachte vor allem die Jugend über soziale Veränderungen nach und schmiedete Pläne für Einkommensumverteilungen, wie sie während des »New Deal« weit verbreitet gewesen waren.[30]

Truman mußte während all seiner Jahre im Weißen Haus darum kämpfen, das Augenmerk der Nation auf die innenpolitischen Belange zu lenken, denen er oberste Priorität einräumte. Eine Reihe von Ereignissen Ende 1949 und 1950 machten diese Aufgabe jedoch ganz und gar unmöglich. Die Sowjets hatten eine Atombombe zur Explosion gebracht, und in China hatten endgültig die Kommunisten triumphiert. Das trieb die Regierung dazu, die NATO (North Atlantic Treaty Organization) zusammenzuschmieden, womit sie de facto die Beziehungen zu Westeuropa militarisierte und die dauerhafte Teilung des Kontinents zwischen kommunistischen und nichtkommunistischen Kräften zementierte. In einer Umkehrung der traditionellen amerikanischen Politik stimmte der Senat nach einer Reihe von dramatischen Debatten dem ersten friedenszeitlichen Militärbündnis in der Geschichte der USA zu und gewährte Truman das Recht, amerikanische Truppen in Europa zu stationieren. Bis Anfang 1950 hatte die Regierung den Schwerpunkt ihrer Auslandshilfe von der wirtschaftlichen auf die militärische Unterstützung verlagert. Der Präsident wischte die Einwände von Wissenschaftlern hinweg (die meinten, daß die Waffe militärisch keinen Sinn mache) und ordnete den Bau der Wasserstoffbombe an. Jetzt waltete das Prinzip der Eindämmung der sowjetischen, also der kommunistischen Expansion in der gesamten Außenpolitik. Die USA änderten ihren Kurs gegenüber jenen Weltgegenden, die die Politiker bislang nicht allein durch die Brille des Kalten Krieges betrachtet hatten, etwa Mittel- und Südamerika sowie Südostasien. Gleichzeitig festigten sie in der Politik gegenüber Europa und Nordostasien die antikommunistische Geisteshaltung.[31]

Eine Kombination von außen- und innenpolitischem Druck erklärt das immer rigidere amerikanische Vorgehen in internationalen Belangen und die daraus resultierende Übertragung der Denkschablonen des Kalten Kriegs auf so gut wie alle Aspekte der Außenpolitik. Zwei innenpolitische Faktoren spielten jedoch eine besonders wichtige Rolle dabei, wie sich die Außenpolitik der Nachkriegszeit auf die nationale Politik und die Struktur des amerikanischen Staates auswirkte. Erstens bildete sich eine Schicht von Beamten heraus, die die USA gern in jener Position gesehen hätten, die einst von England als dem Garanten des internationalen Status quo eingenommen worden war. Sie stammten meist aus etablierten Familien, hatten eine Ausbildung an Eliteschulen und den Prestige-Universitäten des Nordostens genossen, waren finanziell abgesichert, als sie in den öffentlichen Dienst eintraten, und standen Demokratie und Politikern gleichermaßen mißtrauisch gegenüber. Weil sie das britische Modell nachahmen wollten, befürworteten sie eine

permanente nationale Verteidigungsbürokratie, um die Rolle ab-
zuschwächen, die die Innenpolitik in der amerikanischen Außenpolitik spielte. Dieser Punkt erwies sich nach der Wahl von
1948 als besonders wichtig: Viele von Trumans außenpolitischen Beratern fürchteten, der Präsident könnte die Wahlergebnisse als Mandat für neuerliche innenpolitische Aktivitäten
interpretieren und infolgedessen die drängenderen internationalen Angelegenheiten vernachlässigen. Dean Acheson, Averell
Harriman, John McCloy und Robert Lovett waren typische
Vertreter dieser neuen Beamtenschicht, die sich in den ersten
Monaten von Trumans zweiter Amtszeit mit Nachdruck bemerkbar machte. Paul Nitze, Leiter des politischen Planungs-
stabs im Außenministerium, schwor mit politisch-bürokra-
tischem Geschick die Regierung auf eine neue nationale
Sicherheitsdoktrin ein, die in einem Positionspapier namens
NSC 68 umrissen war. Das Dokument definierte den Kommunismus, egal wo auf der Welt, als Bedrohung nationaler amerikanischer Interessen und empfahl eine drastische Steigerung der
Verteidigungsausgaben. Die Annahme von NSC 68 Anfang
1950 machte den Weg frei für die Militarisierung des Kalten
Kriegs, die Trumans letzte beiden Jahre im Amt charakterisie-
ren sollte.[32]

Ein innenpolitischer Druck ganz anderer Art – auch wenn er
ebenfalls mit dem überraschenden Wahlausgang von 1948 zusammenhing – trieb die Vereinigten Staaten noch tiefer in den
Kalten Krieg. Die meisten Republikaner aus dem Osten befürworteten im Prinzip den Internationalismus der Nachkriegsjahre, und einflußreiche Führer der Republikaner wie Arthur Van-
denberg unterstützten die Regierung mit von beiden Parteien
getragenen Kongreßmaßnahmen. Der Großteil der republikanischen Kongreßführer verfolgte aber in der Außenpolitik einen
viel nationalistischeren Kurs als Truman. Innerparteiliche Zerwürfnisse waren bei den Vorbereitungen auf die Wahl von 1948
notdürftig gekittet worden, weil Republikaner aller ideologischen Ausrichtungen den Sieg erwarteten. Doch nach der Wahl
kritisierten konservative Republikaner, Dewey hätte nicht
genug unternommen, um die Demokraten mit dem Kommunismus in Verbindung zu bringen, und er hätte es nicht geschafft,

aus Trumans außenpolitischen Schwierigkeiten für die Partei einen Vorteil zu ziehen. 1949 merkten Konservative im Kongreß, daß die Regierung politisch eher bei außen- als bei innenpolitischen Themen verwundbar war. Sie gaben dem Präsidenten und den Demokraten insgesamt die Schuld dafür, daß sich der Kommunismus in Osteuropa konsolidieren konnte und sich in China die Kommunistische Partei durchgesetzt hatte. Wie sich schon nach dem Ersten Weltkrieg gezeigt hatte, waren die Amerikaner in turbulenten Zeiten immer für die »Angst vor den Roten« empfänglich; aber der antikommunistische Verfolgungswahn der Ära nach dem Zweiten Weltkrieg übertraf bei weitem denjenigen von Mitchell Palmer 25 Jahre zuvor. Im Gegensatz zu den Aktivitäten von Beamten wie etwa Nitze, Lovett oder Acheson wirkte sich der heftige Antikommunismus der Republikaner nicht direkt auf die amerikanische Außenpolitik aus. Doch die öffentliche Unterstützung, die die Attacken der Republikaner bekamen, schränkte den außenpolitischen Spielraum der Regierung deutlich ein. Darüber hinaus versuchten die Republikaner bewußt – in deutlichem Gegensatz zur Beamtenschicht –, ihren außenpolitischen Standpunkt auch auf die Innenpolitik zu übertragen. Wie schon bei der Entscheidung der Republikanischen Partei, der Frage des Kommunismus Priorität einzuräumen, gab es dafür Präzedenzfälle genug: Männer wie der Abgeordnete Richard Nixon (Republikaner, Kalifornien) machten sich mit HCUA-Anhörungen während der zweijährigen republikanischen Kongreß-Dominanz landesweit einen Namen. Das öffentliche Interesse an den Anhörungen ließ erkennen, wie sehr das Thema Kommunismus den Charakter der Kongreßuntersuchungen verändert hatte. Die Legislative wollte sie zunehmend statt auf spezifische Gesetzesvorlagen auf die Öffentlichkeit ausrichten. Besonders eindrucksvoll punktete Nixon, als er Alger Hiss einen Meineid nachweisen konnte; Hiss war Beamter im Außenministerium, hatte makellose Verbindungen zum Establishment und war mit Dean Acheson befreundet. Seine Überführung war Beweis genug, um den pauschalen Vorwurf der Republikaner zu erhärten, die kommunistische Unterwanderung hoher Regierungskreise erklärte die Kehrtwendungen in der Außenpolitik der

Nachkriegsära. Der scharfe Antikommunismus diente außen-
wie innenpolitischen Zielen von rechten Republikanern, weil sie
dank der immer umfassenderen Definitionen von Kommunismus auch auf die innenpolitischen Reformer einschlagen konnten. Ihren Höhepunkt erreichten die Attacken mit Joseph
McCarthy. Der relativ unbekannte republikanische Senator aus
Wisconsin kombinierte seine Fähigkeit, den Senat zu manipulieren, mit der Potenz des antikommunistischen Themas und
erlangte so landesweite Prominenz. Er konzentrierte seine
Attacken vor allem auf Achesons Außenministerium. Dabei ermutigten ihn Republikaner im Senat, die aus den Anstrengungen des Kollegen Vorteile für die Partei ziehen wollten, auch
wenn ihnen bewußt war, wie infam sowohl seine Vorwürfe als
auch seine Vorgehensweise waren. Demokratische Senatoren
versuchten ihre Kollegen zurückzuhalten, deren Ziele sich sogar
bei demokratischen Wählern breiter Unterstützung erfreuten.
Pat McCarran etwa war typisch für konservative Demokraten
im Oberhaus, die McCarthys Aktionen befürworteten. Der
Senator aus Nevada setzte sich persönlich für den Internal Security Act von 1950 ein, nach dem sich – unter anderem – Kommunisten und Mitglieder anderer »subversiver« Gruppen beim
Justizminister registrieren lassen mußten.[33]

Eine Welle nationalistischer, fremdenfeindlicher und antikommunistischer Gefühle schlug empor, als am 24. Juni 1950
nordkoreanische Truppen den 38. Breitengrad überquerten und
versuchten, die Halbinsel unter einem kommunistischen Regime wieder zu vereinen. Drei Tage danach befahl Truman eine
begrenzte militärische Unterstützung der nichtkommunistischen südkoreanischen Regierung unter Syngman Rhee. Später
erhielt er das Mandat der Vereinten Nation (deren Sitzungen die
UdSSR boykottierte, um gegen die Nichtanerkennung der VR
China zu protestieren), eine internationale Eingreiftruppe nach
Südkorea zu schicken. Aufgrund einer zweifelhaften Interpretation der Verfassung entsandte Truman US-Truppen unter der
Führung von General Douglas MacArthur, ohne daß der Kongreß einer Kriegserklärung zugestimmt hatte. Nur wenige
Republikaner protestierten jedoch; nach anfänglichen Rück-
schlägen gelang es MacArthurs und anderen UN-Streitkräften,

die kommunistischen Truppen zu schlagen und tief ins eigene Land zurückzutreiben. Sie ignorierten Warnungen der VR China, sie würde intervenieren, wenn amerikanische Truppen der chinesischen Grenze zu nahe kämen. Im November machten die Chinesen ihre Drohung war, und es entstand eine Pattsituation. Truman war entschlossen, den offenen Konflikt mit China zu vermeiden, weil er überzeugt war, daß dann Gebiete, die für die nationale Sicherheit Amerikas wichtiger waren – vor allem Westeuropa –, durch einen sowjetischen Angriff verwundbar wären. MacArthur stimmte jedoch nicht zu; diese Ansicht übermittelte er Anfang 1951 in einem Brief dem Minderheitsführer des Repräsentantenhauses, Joseph Martin. Martin veröffentlichte die Korrespondenz, und Truman entließ den General wegen Ungehorsams. Bei seiner Heimkehr wurde MacArthur wie ein Held empfangen. Zwar legte sich die öffentliche Aufregung um seine Entlassung ein wenig, nachdem die militärischen Führer der Nation bei Kongreßanhörungen die Entscheidung eindeutig befürwortet hatten. Vom Präsidenten aber forderte der Vorgang in vielerlei Hinsicht seinen Preis. Die Krise galt für den Rest des Kalten Kriegs als Präzedenzfall und erlaubte es dem neu eingerichteten Joint Chiefs of Staff (Generalstab aus den Stabschefs von Heer, Marine, Luftwaffe und Marine-Korps unter dem Vorsitz eines der Genannten), sich eine unabhängige politische Basis zu verschaffen. Ohne dessen eindeutige Unterstützung riskierte Truman eine Anklage. Zudem verlor der Präsident die Schlacht um die öffentliche Meinung: MacArthurs Aufruf, es gäbe »keinen Ersatz für den Sieg«, erfreute sich größerer öffentlicher Zustimmung als die Strategie des Präsidenten, nur einen begrenzten Krieg zu führen. MacArthur stellte den Krieg als Kampf auf Leben und Tod dar und heizte so den Wunsch der Öffentlichkeit nach einem vollständigen Triumph über den Feind an. Der Präsident hatte schon einmal – bei der Verkündung der Truman-Doktrin – erlebt, wie gefährlich es war, ein nur begrenztes Engagement mit grandiosen Worten zu verkaufen. Im Koreakonflikt sollte er diese Lektion erneut lernen. Der Krieg erwies sich als ein Wendepunkt in der amerikanischen Politik, Kultur und Diplomatie der Nachkriegszeit. Der Koreakrieg machte den Weg für die Umsetzung von NSC 68 frei und ließ die amerikanischen Verteidigungsausgaben von 13,3 Milliarden Dollar 1950 auf 60,4 Milliarden Dollar im folgenden Jahr emporschnellen. 1952 pendelten sie sich bei 44 Milliarden Dollar ein, was etwa dem Niveau der gesamten fünfziger Jahre entsprach. Das Heer wurde in derselben Zeit von 591 000 Mann auf über 1,5 Millionen verstärkt; einen vergleichbaren, wenn auch nicht ganz so spektakulären Zuwachs verzeichneten Marine und Luftwaffe. Die stark gestiegenen Verteidigungsausgaben ließen im Süden und Westen, etwa in Kalifornien, Texas und Washington, die Hochtechnologie-Industrie boomen. Vertreter aus Politik und Wirtschaft dieser Staaten, die direkt von der militärischen Expansion profitierten, befürworteten folglich sowohl aus wirtschaftlichen Gründen wie aus solchen der nationalen Sicherheit große Verteidigungshaushalte.[34]

Die Bundesmittel zeigten im Süden besonders durchschlagende Wirkung. Gegen Ende des »New Deal« hatte die Regierung Roosevelt der konservativen Koalition Zugeständnisse machen müssen und die Hauptverantwortung für die Umsetzung von Bundesprogrammen staatlichen und lokalen Beamten übertragen. Diese ignorierten oder modifizierten die damit verknüpften föderalen Bedingungen, weil sie sie als sozial gefährlich einschätzten. In der Nachkriegsära bildete dann der Ausbau der Verteidigung den Katalysator für das Wirtschaftswachstum im Süden, wobei die Besetzung von Ausschüssen mit Südstaatlern sicherstellte, daß die Region unverhältnismäßig viel von der Freigebigkeit des Bundes profitierte. Weit besser aus der Sicht lokaler politischer und wirtschaftlicher Eliten war, daß an Verteidigungsgelder kaum Bedingungen geknüpft waren. Das ermöglichte es den Südstaatlern, den immer konservativeren wirtschaftspolitischen Trend ihrer Region noch zu verstärken, viele Ausgaben für Infrastruktur, Bildung sowie soziale Dienste und damit die dafür benötigten Steuern einzusparen. Die Bundesgelder ermutigten die Elite der Region sogar, Rassenfragen herunterzuspielen. Sie behaupteten, die Verbesserung der wirtschaftlichen Lage im Süden käme schließlich sowohl Schwarzen wie Weißen zugute.[35]

Die zunehmenden Attacken der Republikaner auf die begrenzte Kriegsstrategie der Regierung und auf die angebliche

Laxheit gegenüber einheimischen Kommunisten zerschlugen Trumans Aussichten auf eine Wiederwahl. Die Demokraten nominierten daher Adlai Stevenson, der sich in seiner vierjährigen Amtszeit als Gouverneur von Illinois weniger auf Wirtschaftsfragen als vielmehr auf die bürgerlichen Freiheiten und die Redlichkeit der Amtsführung konzentriert hatte. Zusammen mit dem Ruf eines in der Außenpolitik erfahrenen Intellektuellen machte ihn das zum idealen Kandidaten für die Demokraten, die immer deutlicher ihr traditionelles Interesse an Wirtschaftsreformen durch eine Betonung der bürgerrechtlichen und internationalen Belange ersetzten. Obwohl er politisch stärker war als Truman, eröffnete Stevenson den Wahlkampf als ausgewiesener Underdog. Zum Teil war das darauf zurückzuführen, daß die Republikaner den denkbar stärksten Kandidaten aufgestellt hatten: Dwight Eisenhower, den Helden des Zweiten Weltkriegs. Ursprünglich schienen die Republikaner sich in einen polarisierenden Nominierungsprozeß zu stürzen, weil es eine Kontroverse über die konservative wirtschaftspolitische Haltung und über die nationalistischen außenpolitischen Ansichten des Spitzenkandidaten Robert Taft gab. Seine Skepsis wegen der Entsendung von amerikanischen Truppen nach Europa, seine Kritik an Trumans Haltung im Koreakrieg und sein Flirt mit den »Asien zuerst«-Elementen innerhalb der Republikanischen Partei ließen auf Zweifel an den grundlegenden Prinzipien der Außenpolitik des Kalten Krieges schließen. Die Sorge um die außenpolitischen Intentionen Tafts – nicht sein Erbe, sich den innenpolitischen Programmen des »New Deal« widersetzt zu haben – bewogen Eisenhower, der Bitte moderater Parteimitglieder nachzukommen und ins Rennen zu gehen. Letzten Endes waren es die kontroversen außenpolitischen Positionen, die den konservativen Flügel der Partei schwächten und Eisenhowers Nominierung sicherten, weil er über persönliches Charisma verfügte und insgesamt für die Wählerschaft akzeptabler war als Taft. Um die Taft-Anhänger zu beschwichtigen, ernannte Eisenhower Senator Richard Nixon aus Kalifornien zu seinem Mitstreiter. Eisenhowers Triumph bildete den Auftakt zu einer Reihe von Entwicklungen, die die Republikaner dazu brachten, sowohl ihre Ideologie als auch ihre politische Strategie zu überdenken. Letzten Endes mußten sie erkennen, daß Taft weniger wegen seines wirtschaftspolitischen Standpunkts versagt hatte; vielmehr hatte der Senator aus Ohio nicht die konservativen innenpolitischen Positionen mit der Infragestellung des Kalten Kriegs versöhnen können, die wesentlicher Bestandteil seines Neoisolationismus war. Nach und nach brachten die Konservativen ihre Außenpolitik immer mehr mit ihrer innenpolitischen Ideologie in Einklang. So konnten sie schließlich in der Republikanischen Partei wieder die Oberhand gewinnen. Nachdem Nixon erfolgreich Korruptionsvorwürfe wegen eines privaten, von wohlhabenden Kaliforniern finanzierten Schmiergeldfonds zurückgewiesen hatte, sorgten im Wahlkampf Eisenhowers attraktives Image und die heftigen republikanischen Attacken auf die Regierung wegen deren Laxheit im Vorgehen gegen den Kommunismus und die Korruption für einen vollen Erfolg der Republikaner. Sie siegten, weil die Partei ihr Ergebnis bei den wankelmütigsten Elementen der »New Deal«-Wählerkoalition verbessern konnte: Arbeiter, denen die zunehmende Konzentration der Demokraten auf die Bürgerrechte statt auf die Wirtschaft dubios vorkam, sowie irische und deutsche Katholiken, die sich vom Antikommunismus des republikanischen Wahlkampfs angezogen fühlten.[36]

Eisenhowers Präsidentschaft läutete den »modernen Republikanismus« ein. Die Partei verabschiedete sich von ihrer starren antidirigistischen Haltung in Wirtschaftsfragen und von ihrer einseitigen Außenpolitik der dreißiger und vierziger Jahre. In dieser ideologisch moderateren Form versuchte Eisenhower die Errungenschaften des »New Deal« nicht zu demontieren, sondern mit ihnen zu kooperieren. Er stimmte mäßigen Erhöhungen der Sozialversicherung, des Arbeitslosengeldes und des Mindestlohns zu. Darüber hinaus empfahl er eine Ausweitung der Bundespräsenz in der Wirtschaft, wenn dies nationalen Sicherheitsinteressen diente. Seine wichtigste Maßnahme dieser Art war der Interstate Highway Act von 1956, die größte Mittelbewilligung der amerikanischen Geschichte: 32 Milliarden Dollar für den Bau von 41 000 Meilen Autobahn. Das veranlaßte einige junge konservative Republikaner – zum Beispiel Barry Goldwater –, Eisenhowers Philosophie als bloßen »Dime Store

New Deal« zu denunzieren [sinngemäß: »Tante-Emma-New-Deal«]. Dieser Kommentar besagte mehr über die starre ideologische Haltung des frischgewählten Senators von Arizona als über die Realien von Eisenhowers Politik. Der Präsident war nicht geneigt, den Wohlfahrtsstaat auszubauen, und berief Persönlichkeiten, die eine aktivere Rolle der Bundesregierung ablehnten (das wichtigste Erbe des Antimonopolismus sowohl der progressiven Ära wie der dreißiger Jahre). Er konzentrierte sich auf einen ausgewogenen Bundeshaushalt sowie auf die Beschränkung der Regierungsrolle in der Wirtschaft. Sein erstes Kabinett – von Kritikern als »acht Millionäre und ein Klempner« lächerlich gemacht – bestand aus prominenten Wirtschaftsführern: beispielsweise George Humphrey, ein ehemaliger Geschäftsbankier, der als Finanzminister für eine Begrenzung der Bundesausgaben eintrat, und Charles Wilson, ein früherer Geschäftsführer von General Motors, der vor dem Kongreß einmal sagte: »Was für unser Land gut war, war auch für General Motors gut – und umgekehrt.« Diese Einstellung festigte die Allianz zwischen den Republikanern und den Interessenvertretern der Wirtschaft; die immer laxere Haltung der Bundesregierung gegenüber Wirtschaftskonglomeraten förderte ein Klima, in dem es zu über 4000 Unternehmensfusionen kam und eine kleinere Anzahl von Firmen einen größeren prozentualen Anteil der Wirtschaft beherrschte als je zuvor.[37]

Die wirtschaftsfreundliche Orientierung der Ära wurde dadurch verstärkt, daß Demokraten ökonomische Fragen meist nur sehr vorsichtig angingen. Der nominelle Parteiführer, Adlai Stevenson, war zwar eher für Bundesausgaben als Eisenhower, doch klang er genau wie jener, als er 1955 erklärte: »Der Zeitgeist verlangt nach Mäßigung.« Die Partei hatte 1954 die Kontrolle über den Kongreß knapp wiedererlangt, ihre Führer zeigten aber genausowenig Neigung, ihn zur Durchsetzung eines Reformprogramms einzusetzen. Unter der Dominanz von Südstaatlern wie Senator Lyndon Johnson aus Texas, Senator Richard Russell aus Georgia und dem Abgeordneten Sam Rayburn aus Texas optierten die meisten Demokraten im Kongreß dafür, nicht auf Konfrontationskurs zur Regierung zu gehen. Sie bemühten sich, den Wirtschaftsvertretern bei der Formulierung der ökonomischen Politik der Demokraten eine größere Rolle zukommen zu lassen. Joseph Rauh, ein Mitbegründer der ADA, meinte 1956: »Die Demokraten im Kongreß sind von der Partei, zu der sie angeblich in Opposition stehen, praktisch nicht mehr zu unterscheiden.« Tatsächlich wies die Partei Estes Kefauver in die Schranken, ihren einzigen Prominenten, der sich für Wirtschaftsreformen einsetzte. Der Senator aus Tennessee hatte eine Reihe von Anhörungen gestartet, die die wirtschaftlich schädlichen Auswirkungen von monopolistischen Praktiken in der Stahl-, Kohle- und Brotindustrie ans Licht bringen sollten. Den meisten Parteiführern aber galt er sowohl 1952 als auch 1956 als zu umstritten, obwohl er bei offenen Testwahlen im Jahr 1956 die Zustimmung der Demokraten als Kandidat für die Vizepräsidentschaft erhielt.[38]

Obwohl sie sich von Tafts nationalistischer Vision distanzierten, hatten Eisenhower und andere prominente außenpolitische Experten der Republikanischen Partei – vor allem John Foster Dulles – im Wahlkampf nicht mit Kritik an Trumans Handhabung der internationalen Beziehungen gespart. In Wirklichkeit waren es jedoch Differenzen in der Innenpolitik und nicht so sehr die Versprechen der bombastischen Wahlkampfrhetorik, die für den höchst bemerkenswerten Wandel der Außenpolitik von der Regierung Truman zu der Eisenhowers verantwortlich waren. Einmal mehr hatte der Kalte Krieg innen- und außenpolitische Belange miteinander verschmolzen. Truman hatte gemäß seinem Festhalten am Nationalliberalismus geglaubt, die USA könnten sich eine aggressive Außenpolitik leisten. Eisenhower war sich da nicht so sicher. Mit seinem Einsatz für einen ausgewogenen Bundeshaushalt und für eine Begrenzung der Regierungsausgaben erwies er sich als traditioneller Konservativer. Der neue Präsident befürchtete, daß die durch NSC 68 autorisierten Verteidigungsausgaben letzten Endes die Wirtschaft in den Ruin treiben würden. Die neue Administration verkündete bald ihre eigenen Prinzipien der nationalen Sicherheit in Form von NSC 162/2. Sie bot die Grundlage für Eisenhowers Doktrin des »New Look«, verwarf Trumans wirtschaftliche Dogmen und empfahl eine Außenpolitik, die »more bang for the buck« [»Mehr Schlagkraft pro

Dollar«] produzieren würde. Kern des Programms war, sich verstärkt auf Nuklearwaffen zu stützen, um eine kommunistische Aggression abzuschrecken – eine Theorie, die von Dulles als »asymmetrische Eindämmung« umschrieben wurde. Die Doktrin stützte sich auf mehrere fragwürdige Annahmen – vor allem, daß eine Angriffsdrohung Sowjets wie Chinesen abschrecken würde und die kommunistischen Machtzentren die linken Bewegungen an ihren Peripherien unter Kontrolle halten könnten. Sie genügte jedoch den ökonomischen Prinzipien der Regierung, indem sie eine Reduktion der vergleichsweise teuren konventionellen Streitkräfte rechtfertigte. Das Regierungsprogramm zur Beschränkung von Bundesausgaben war die treibende Kraft hinter den anderen Elementen ihrer Außenpolitik, beispielsweise vermehrten Geheimdienstoperationen und mehr formellen Militärbündnissen.[39]

Relativ leicht erhielt Eisenhower die Zustimmung des Kongresses zum größten Teil seines außenpolitischen Programms, was bezeugt, daß die Demokraten nur einen »limitierten Dissens« gegenüber dem »New Look« hegten, wie es ein prominenter Senator nannte. Ironischerweise bereiteten dem Präsident seine Beziehungen zu den Republikanern im Kongreß mehr Schwierigkeiten. Weil die Republikaner wieder den Senat dominierten, konnte McCarthy den Vorsitz im Permanent Investigations Subcommittee übernehmen, was er dazu nutzte, seine antikommunistischen Nachforschungen noch auszuweiten. Politische Unterstützung dafür fand er wie eh und je: 185 von den 221 im Jahr 1952 gewählten republikanischen Abgeordneten baten die republikanische Führung des Hauses, sie dem HCUA zuzuteilen. Der Präsident hatte während des Wahlkampfs die Konfrontation mit McCarthy vermieden, jetzt versuchte er heimlich dessen Einfluß zu unterminieren. Mittlerweile hatte im März und April 1954 der CBS-Reporter Edward R. Murrow in seiner Sendung ›See It Now‹ 25 Millionen Zuschauern Beweise aus erster Hand für McCarthys flegelhafte, tyrannische Taktik vorgelegt. Da seine Popularität bereits schwand, wandte sich McCarthy daraufhin einer bizarren Kampagne zu, subversive Regierungspraktiken in der Armee zu unterbinden. Der Senat ernannte daraufhin ein spezielles Untersuchungskomitee, in dessen landesweit im Fernsehen übertragenen Anhörungen McCarthys Vorwürfe zurückgewiesen wurden. Das machte den Weg frei für eine Resolution, die den Senator aus Wisconsin des für ein Senatsmitglied unwürdigen Verhaltens rügte. Genauso schnell, wie er prominent geworden war, verschwand McCarthy aus dem Rampenlicht. Noch immer im Senat, aber ohne tatsächlichen Einfluß, starb er 1957 an einer Leberkrankheit, die sein Alkoholismus verschlimmert hatte. Doch das politische Klima, das er mitgeschaffen hatte, verschob die nationale Debatte erheblich nach rechts.[40]

Was die amerikanische Reformfreudigkeit anging, zeichnete sich die Ära also durch ein Vakuum aus. Ein breiter Konsens unter Republikanern wie Demokraten in der Außenpolitik und bei den meisten innenpolitischen Fragen sowie die Kommunistenhatz eines McCarthy schränkten die Bandbreite der politischen Diskussion erheblich ein. Dieses Arrangement erlaubte es Kräften außerhalb der normalen politischen Arena, sich der Reformfragen anzunehmen. Im Verlauf dieser Entwicklung erstarkte der Bürgerrechts-Liberalismus, der gleich zu Anfang bedeutende Fortschritte machte. Das Thema profitierte eindeutig vom Gleichklang in der Innen- und Außenpolitik. Daß es noch immer Rassentrennung gab, stand im scharfen Widerspruch dazu, daß Amerikaner aller politischen Richtungen ihr Land als Bastion der Freiheit im Kalten Krieg gegen die UdSSR feierten. Rassistische Gesetze waren ein gefundenes Fressen für die sowjetische Propaganda – vor allem in den afrikanischen und asiatischen Nationen, die vor der Unabhängigkeit standen. Gleichzeitig erinnerte die wirtschaftliche Prosperität der Dekade die Schwarzen an ihre untergeordnete gesellschaftliche Stellung und überzeugte viele Weiße, daß das Land es sich leisten könne, diese Probleme zu lösen. Kulturelle Entwicklungen, vor allem die Ausbreitung des Fernsehens, zeitigten einen vergleichbaren Doppeleffekt: Zu sehen, wie die idealisierte amerikanische Mittelschicht-Familie lebte, bestätigte vielen Schwarzen, wie groß die legalen Hindernisse waren, die sie davon abhielten, jenem Ideal Genüge zu tun. Die wirtschaftlichen Verhältnisse des Zweiten Weltkriegs hatten demographische Veränderungen hervorgerufen. Sie lösten eine Wanderungsbewegung der Schwarzen aus den ländlichen Gebieten in die Städte aus und bildeten einen weiteren Kristallisationspunkt für politischen Protest. Die Ausbildung einer schwarzen städtischen Mittelschicht schließlich sorgte dafür, daß eine potentielle nationale Bürgerrechtsbewegung auf wesentlich fähigere Führer bauen konnte.

Eine ungewöhnliche Koalition von NAACP, Oberstem Gerichtshof und Bürgerrechtsaktivisten von der Basis nutzte diese Umstände zu ihrem Vorteil. Die NAACP hatte sich seit langem auf das Rechtssystem gestützt, um die Rassentrennung im amerikanischen Alltagsleben zu überwinden. Anfangs forderte die Organisation, die Gerichte sollten durchsetzen, daß die durch den Fall Plessy autorisierten Rassentrennungseinrichtungen genauso mit dem Gleichheitsmandat des Urteils in Einklang stehen müßten. Der Legal Defense Fund der NAACP unternahm bald entsprechende Anstrengungen. Er wurde zunächst von Charles Houston und dann von Thurgood Marshall geleitet und bestand aus einem Kader von fähigen Rechtsanwälten, die an der führenden Rechtsakademie für Schwarze, der Howard University, ausgebildet worden waren. Daß der Kongreß fest in der Hand der konservativen Koalition war – vor allem Demokraten aus den Südstaaten –, bekräftigte die NAACP in ihrer Strategie, mit Hilfe der Gerichte Fortschritte zu erzielen. Doch Anfang der fünfziger Jahre beschloß die Organisation, die Fundamente der Rassentrennung direkt anzugehen. Diese neue Taktik zeigte sich erstmals im 1951 entschiedenen Fall Brown gegen Board of Education. Die entscheidende Rolle spielte dabei der neue Oberste Richter, Earl Warren, der bei Antritt seines Amts den Obersten Gerichtshof tief zerstritten über diesen Fall vorfand. Eine knappe Mehrheit von fünf zu vier Richtern sprach sich dafür aus, das Plessy-Urteil zu kippen und den Grundsatz »getrennt, aber gleich« für verfassungswidrig zu erklären, wobei sie sich auf eine Kombination von soziologischen, historischen und juristischen Argumenten stützte. Als ehemaliger Gouverneur und Kandidat für das Amt des Vizepräsidenten kannte Warren die politischen Implikationen der Aufhebung der Rassentrennung, und er wußte, daß die Verfechter des Status quo jeden Dissens innerhalb des Supreme Court dazu nutzen würden, ihre Position zu stärken. Folglich versuchte er in den ersten Monaten als Oberster Richter, Einstimmigkeit für die Entscheidung zu erzielen. Das zwang ihn, einen wichtigen Kompromiß einzugehen: Statt einen präzisen Zeitplan zur Aufhebung der Rassentrennung vorzugeben, wurde nur verlangt, die Südstaaten sollten die Entscheidung mit »wohlüberlegtem Tempo« umsetzen.[41]

Weit über die Besonderheiten des Falls Brown hinaus hatte sich der Oberste Gerichtshof in eine Bastion des Bürgerrechts-Liberalismus verwandelt. Die beiden Schlüsselfiguren waren William Douglas und Hugo Black, zwei der jüngeren von Franklin Roosevelt berufenen Richter. Black als Senator von Alabama und Douglas als einer der entschiedensten Antimonopolisten der »New Deal«-Bürokratie standen in deutlicher Opposition zu den Anti-New-Deal-Urteilen der Anfangszeit von FDRs Präsidentschaft. Folglich waren sie politisch der Überzeugung (was durch ihre Interpretation des Gesetzes bestätigt wird und auch auf von Roosevelt berufene Konservative wie Felix Frankfurter zutrifft), daß die Rechtsprechung zu Anfang des zwanzigsten Jahrhunderts das Primat der Eigentumsrechte zuungunsten von Regulierungsmaßnahmen überbetont hatte. In diesem Sinn wollten sie die Rolle des Obersten Gerichts eingeschränkt sehen, aber Black wie Douglas hegten weitergehende Vorstellungen, wie man die Macht des Obersten Gerichts für Bürgerrechtsbelange einsetzen könnte. Dabei übernahmen sie die Theorie einer Verfassungsrevision, welche die juristische Überprüfung aller Fälle erlaubte, die den ersten Verfassungszusatz betrafen. In den fünfziger Jahren schlossen sich zwei von Eisenhower berufene Richter, Warren und William Brennan, Douglas und Black an und setzten sich dafür ein, daß der Oberste Gerichtshof die individuellen Rechte aktiver schützen müsse. Zusätzlich zu dieser starken Leistungsbilanz in Sachen Bürgerrechte zeichnete sich der Supreme Court unter Warren durch ein weiteres Thema aus, das beim Bürgerrechts-Liberalismus schnell die Oberhand gewann: die bürgerlichen Freiheiten, denen vor allem die Richter Black und Douglas ihre Aufmerksamkeit widmeten. Im Fall Yates gegen United States von 1957 schränkte das Gericht die Bestimmungen des Smith

Act ein, die vorsahen, daß Mitglieder der Kommunistischen Partei automatisch gerichtlich verfolgt wurden. Andere Fälle bestätigten das mit dem fünften Zusatz zugestandene Recht von Angeklagten, sich nicht selbst beschuldigen zu müssen. Der Fall Kent gegen Dulles von 1958 schließlich hob den Beschluß des Außenministeriums auf, Kommunisten Pässe zu verweigern.[42]

Solche Urteile waren sogar innerhalb des Obersten Gerichtshofs höchst umstritten; seine konservativsten Mitglieder, Felix Frankfurter und John Marshall Harlan, warfen ihren Kollegen vor, Politik zu machen statt Rechtsentscheidungen zu fällen. Trotz der Hoffnungen der NAACP und anderer Bürgerrechtsgruppen, der Supreme Court würde eine Bastion gegen den politischen Druck der stark antikommunistischen Ära bilden, wurde die Institution aufgrund ihrer Entscheidungen selbst zu einem Politikum, wie es das seit den Anfängen des »New Deal« nicht mehr gegeben hatte. Im Gegensatz zu den dreißiger Jahren wollten jetzt Konservative die Rechtsprechung des Gerichts einschränken. Solche Versuche nahmen im Verlauf des folgenden Vierteljahrhunderts immer mehr zu. Feindseligkeiten gegenüber dem Gericht und speziell gegenüber Warren bildeten das zentrale Element einer Reihe von rechten Basisorganisationen wie beispielsweise der John Birch Society, die 1958 in dem Glauben gegründet worden war, Kommunisten würden wichtige innenpolitische Institutionen infiltrieren. Die große Mehrheit der amerikanischen Öffentlichkeit verwarf die Philosophie dieser Gruppe als gefährlich extrem, doch viele ihrer Einzelpositionen wurden von der politischen Mitte akzeptiert. Ende der fünfziger Jahre zum Beispiel versuchten Konservative im Kongreß mehrmals, die Autorität des Gerichts zu beschneiden. Senator James Eastland (Demokrat, Mississippi) meinte, das Eintreten des Gerichts für die Bürgerrechte beweise, daß es »von einer geheimen, aber sehr mächtigen kommunistischen oder prokommunistischen Macht beeinflußt« sei. Letzten Endes vertraten also Gruppen wie die John Birch Society eine Position, die der von linken Populisten wie Huey Long oder von politischen Bewegungen wie der Arbeiter-und-Bauern-Partei in den Dreißigern vergleichbar war, die zu stark die innenpolitischen Grundeinstellungen der Basis betonten.[43]

Warrens Kompromiß, keinen Zeitplan für die Aufhebung der Rassentrennung vorzuschreiben, schob die Aufgabe mit fatalen Folgen der nationalen politischen Führung zu. Eisenhower scheute eine zu aktive Rolle in der Innenpolitik; seine Bindungen an die Südstaaten (er machte regelmäßig in Georgia Ferien) bestärkten seine Zweifel, daß Regierungsmaßnahmen seit langem akzeptierte soziale Gebräuche verändern könnten. Ideologische und persönliche Präferenzen bestimmten also Eisenhowers Entscheidung, das noch von Theodore Roosevelt herrührende Verständnis der Präsidentschaft aufzugeben, nach dem das Weiße Haus als Kanzel für Strafpredigten an das Gewissen der Nation zu benutzen sei. Da das Südstaatenkontingent im Kongreß noch immer die Macht besaß, setzte sich auch die Legislative nicht für diese Angelegenheit ein. Weil weder die Exekutive noch der Kongreß sonderlich auf die Umsetzung der Entscheidung im Fall Brown drängten, gingen die Staatsregierungen im Süden dazu über, der Aufhebung der Rassentrennung Widerstand entgegenzusetzen. Einen Höhepunkt erreichte diese Entwicklung 1957, als der Gouverneur von Arkansas, Orval Faubus, sich weigerte, die öffentlichen Schulen von Little Rock zu integrieren. Eisenhower war gezwungen, die Nationalgarde von Arkansas dem Bund zu unterstellen. Weiter ging er jedoch nicht. Eine straffe Bürgerrechtsgesetzgebung, wie sie von Liberalen im Norden wie Senator Paul Douglas (Demokrat, Illinois) gefordert wurde, fand bei der Regierung keine Unterstützung und wurde im Kongreß Opfer der mächtigen Südstaatler. Diese exekutiven und legislativen Defizite verstärkten die Bedeutung des Supreme Court bei der Umsetzung des liberalen Bürgerrechtsprogramms und damit seiner politischen Rolle insgesamt.[44]

Das Aufkommen eines auf Rechtsfragen bezogenen Liberalismus machte das intellektuelle Klima für Bürgerrechtsbelange aufgeschlossener, doch Erfolge in dieser Hinsicht wären ohne die mächtige Basisbewegung der wachsenden schwarzen Mittelschicht nicht möglich gewesen. 1955 wurde in Montgomery, Alabama, eine schwarze Näherin namens Rosa Parks verhaftet, weil sie sich weigerte, der Aufforderung eines weißen Busfahrers nachzukommen, das lokale Gesetz zu beachten und im Bus nach hinten zu gehen, um einen Sitz für einen weißen Passagier freizumachen. Das führte zu einem stadtweiten Boykott des städtischen Busunternehmens, den die örtliche Niederlassung der NAACP organisierte. Er dauerte 381 Tage und wurde von über 90 Prozent der Schwarzen von Montgomery mitgetragen. Die Aktivisten begannen ihren Kreuzzug mit ziemlich moderaten Forderungen. Eine Änderung der städtischen Personalpolitik sollte bewirken, daß überwiegend schwarze Busfahrer die Routen durch die Wohnviertel der Schwarzen befuhren und eben diese Routen ausgeweitet würden. Gegen Ende des Boykotts jedoch drängten die Bürgerrechtler auf eine völlige Aufhebung der Rassentrennung im städtischen Busverkehr. Diese radikalere Position bildete sich zum einen aus der Eigendynamik des Boykotts heraus, zum anderen dank des Auftretens eines mächtigen lokalen Anführers, Reverend Martin Luther King jr. Der Anhänger Mahatma Gandhis forderte seine Mitstreiter auf, sie sollten »mit Würde und auch mit christlicher Liebe protestieren«. Führende Bürgerrechtler konnten 1956 einen größeren Sieg für sich verbuchen, als der Supreme Court ihre Aktion rechtfertigte und die Rassentrennung in öffentlichen Transportmitteln für verfassungswidrig erklärte. Kings taktisches Vorgehen – wobei er wie Gandhi Gewaltlosigkeit propagierte – schien perfekt zum integrationistischen Ansatz zu passen. Dieser suchte die Verbindung zu weißen Liberalen des Nordens, indem er das Potential der Bürgerrechtsproteste maximierte und außerhalb des Südens breite öffentliche Unterstützung gewann. In die gleiche Richtung arbeiteten Anführer der Bürgerrechtsbewegung, die darauf drängten, juristische Barrieren gegen gleiche Rechte für Schwarze abzubauen. Gleichzeitig ließ der Boykott jedoch die Grenzen dieses moderaten Ansatzes erkennen: Die passive Taktik schien wenig gegen die Diskriminierung von Schwarzen in Hotels oder Restaurants auszurichten, die sie ohnehin nicht betreten durften. Gegen diese Probleme mußte man eindeutig stärker auf Konfrontationskurs gehen. Daher verlangten 1960 vier schwarze Studienanfänger des North Carolina A&T College in Greensboro, in einem Weißen vorbehaltenen Restaurant bedient zu werden. Das Sit-in von Greensboro diente als Katalysator für ähnliche

Aktionen andernorts; innerhalb von zwei Monaten war es in neun Südstaaten zu 54 vergleichbaren Protestaktionen gekommen. Dennoch entsprachen auch noch die Sit-ins dem breiteren Konsens der Bürgerrechtsbewegung, daß die Probleme der Schwarzen mit Geduld und in kleinen Schritten gelöst werden könnten und die Weißen das Programm der Bewegung als gerechtfertigt anerkennen würden, wenn man sie mit eindeutigen Beispielen für die Diskriminierung konfrontierte und ihnen klarmachte, wie moderat die Forderungen der Schwarzen waren.[45]

Die Bürgerrechtsbewegung war das prominenteste Beispiel für eine komplexe Mixtur von sozialen Bewegungen, kulturellen Veränderungen und Reformbestrebungen in den fünfziger Jahren. Kurzfristig verstärkten die meisten kulturellen Entwicklungen die konservativen Trends der Dekade. Langfristig jedoch bereiteten die sozialen Verhältnisse der fünfziger Jahre die breiten Reformbewegungen des folgenden Jahrzehnts vor. So zeichneten sich die Nachkriegsjahre durch eine Reihe von drastischen Veränderungen im Privat- und Familienleben aus. Typisch dafür waren etwa das Aufkommen der Kleinfamilie (Ehepaar plus Kinder statt der früher üblichen Großfamilie) sowie eine Zunahme der Eheschließungen und der Geburtenrate. Da die fünfziger Jahre von dem Wunsch geprägt waren, nach den Tumulten des Zweiten Weltkriegs zur Normalität zurückzukehren und, wenn möglich, angesichts einer von nuklearer Vernichtung bedrohten Welt das Gefühl psychischer Geborgenheit zu erlangen, stieg die Zahl der Heiraten stark an. Während der gesamten Dekade lag das Durchschnittsalter der Eheschließenden bei 22 (Männer) beziehungsweise 20,3 Jahren (Frauen). Beide Zahlen waren die niedrigsten seit Ende des 19. Jahrhunderts, als die Regierung solche Statistiken zu führen begonnen hatte. Diese Heiratswelle löste aus, was später als Baby-Boom in die Geschichte eingehen sollte: Zwischen 1954 und 1964 wurden alljährlich über 4 Millionen Kinder geboren, was die Gesamtbevölkerung trotz einer rekordverdächtig niedrigen Einwanderungsrate um 40 Prozent zunehmen ließ.[46]

Diese und andere wissenschaftliche, technologische, wirtschaftliche und soziale Trends veränderten sowohl die Lebensqualität als auch die Lebensweise des Durchschnittsamerikaners drastisch. Die entscheidendste Veränderung dieses Jahrzehnts bedeutete der Wegzug eines Großteils der Bevölkerung aus den Innenstädten in die Vororte, weil die Arbeiterklasse und die Mittelschicht nach billigeren Häusern, mehr Freiraum, mehr Privatsphäre und einem neuen Gemeinschaftsgefühl suchte. Zwischen 1950 und 1960 wuchs die Bevölkerung der Vorstädte um insgesamt 18 Millionen Menschen – eine Zunahme von 47 Prozent. Gegen Ende des Jahrzehnts lebte ein Drittel aller Amerikaner dort. Deren Anwachsen steigerte die wirtschaftliche Prosperität der Nachkriegsära, weil riesige neue Märkte für eine ganze Reihe von Geschäftszweigen entstanden, von der Bauwirtschaft über die Automobilbranche bis hin zur Konsumgüterindustrie. In den fünfziger Jahren nahmen die Ausgaben für Konsumgüter drastisch zu, zwischen 1950 und 1958 belief sich die jährliche Steigerung auf 4,7 Prozent. Zunehmend vertrauten die Amerikaner darauf, daß sie sich solche Ausgaben leisten konnten. Von 1947 bis 1960 stieg das durchschnittliche Realeinkommen der Arbeiter um genauso viel wie im halben Jahrhundert davor. Das Bruttosozialprodukt wuchs, auf den Dollarkurs von 1958 umgerechnet, von 355,3 Milliarden Dollar 1950 auf 487,7 ein Jahrzehnt später. Der Wohlstand beschleunigte den Nachkriegstrend zuungunsten von sozialen und ökonomischen Reformen und erklärte zum Teil die enorme persönliche Popularität, derer sich Eisenhower während seiner gesamten Präsidentschaft erfreute.[47]

Der Umzug in die Vorstädte erleichterte auch die rapide Ausbreitung der Massenkultur. Da urbane Vergnügungsmöglichkeiten fehlten, entwickelte sich hier eine völlig andere Art von Freizeitgestaltung. Vor allem das Fernsehen füllte das Vakuum. Die Zahl der von der Federal Communications Commission lizenzierten Fernsehsender schoß von sechs 1946 auf 442 ein Jahrzehnt später. Leicht zu bekommende Verbraucherkredite halfen allein im Jahr 1957 7 Millionen Fernsehgeräte zu verkaufen; 1947 waren es lediglich 7000 gewesen. Ende der fünfziger Jahre besaßen 90 Prozent der amerikanischen Haushalte einen Fernseher; einer Umfrage zufolge verbrachten die Amerikaner in den fünfziger Jahren mehr Zeit vor dem Fernseher als bei der Arbeit. Es überrascht nicht, daß der Fernsehanteil an der Rundfunkwerbung ebenfalls steil nach oben schoß. Er steigerte sich von 3 Prozent im Jahr 1948 auf 70 Prozent im Jahr 1952, und dieser Trend hielt, wenn auch mit geringeren Zuwachsraten, bis zum Ende des Jahrzehnts an. Bis 1951 hatten alle Fernsehnetze Verluste zu beklagen. 1960 waren die drei dominanten Netze nicht nur profitabel, sondern hatten auch die totale Kontrolle über die Programme erlangt. Dies veränderte auch deren Qualität. Anfang der fünfziger Jahre waren künstlerische Freiheit und anspruchsvolle Programme noch sehr weit verbreitet. Edward R. Murrows ›See It Now‹, die Ausstrahlung der McCarthy-Anhörungen von Armeeangehörigen, und sogenannte Anthologie-Dramen wie ›Playhouse 90‹ auf CBS beispielsweise bildeten die Basis dessen, was einige Fernsehkritiker als das »Goldene Zeitalter« des Mediums bezeichneten. Von 1957 an konzentrierten sich die Fernsehnetze jedoch mehr auf standardisierte Western und Krimis. Sie räumten den Sponsoren zunehmend Kontrolle über Programminhalte ein, was zu Sendungen führte, die die vorherrschenden ethnischen, intellektuellen und kulturellen Stereotypen kaum in Frage stellten. Genauso verstärkte die Hollywood-Kultur die dominanten Klischees, obwohl es ein paar Ausnahmen gab: ›Rebel without a Cause‹ von 1955 (›... denn sie wissen nicht, was sie tun‹) fing das Getriebensein der Jugend dieses Jahrzehnts ein; Stanley Kubricks ›On the Beach‹ von 1959 (›Das letzte Ufer‹) malte, wenn auch stark vereinfacht, die Schrecken eines Nuklearkriegs aus.[48]

Diese sozialen Entwicklungen spalteten immer mehr die prominenten Intellektuellen des Jahrzehnts. Einerseits bildete sich in den fünfziger Jahren die sogenannte »Konsens-Geschichte« heraus, die die Rolle von Rassen- und Klassenzugehörigkeit in der amerikanischen Geschichte herunterspielte und statt dessen die Ansicht vertrat, die USA zeichneten sich gerade durch das Streben nach einem liberalen politischen und wirtschaftlichen Umfeld aus. Richard Hofstadter faßte die Argumente dieser Gruppe zusammen und schrieb, trotz gelegentlich scharfer ideologischer Zerwürfnisse seien sich die Amerikaner »einig in ihrem Glauben an das Recht auf Eigentum, an die Philosophie des ökonomischen Individualismus, an den Wert des Wettbewerbs«. Wie so viele andere Aspekte der Nachkriegspolitik und -kultur hatte auch dieser Standpunkt sein außenpolitisches Gegenstück. Viele Konsens-Historiker befürworteten zugleich die orthodoxe Interpretation des Kalten Kriegs, die den sowjetischen Expansionismus für die Nachkriegsspannungen zwischen den Vereinigten Staaten und der UdSSR verantwortlich machte. Doch der Tod Stalins, die zunehmende internationale Beachtung der Dritten Welt und die verstärkte Konzentration auf die Ungerechtigkeiten in der amerikanischen Gesellschaft ließen viele Intellektuelle den KaltenKriegs-Konsens in Frage stellen. Nur wenige gingen allerdings so weit wie die intellektuellen Dissidenten, die unter dem Namen »Beats« oder »Beatniks« bekannt wurden. Allen Ginsberg und Jack Kerouac beispielsweise feierten die Rebellion gegen die Konventionen der Dekade. Doch Zeitschriften wie ›Dissent‹ (1954 gegründet) und ›Commentary‹ (erstmals 1959 herausgegeben) zeichneten sich durch eine neue Stimmung aus. Beide boten eine skeptische Sicht der amerikanischen Gesellschaft und veröffentlichten Artikel wie Michael Walzers Essays, die die Bürgerrechtsbewegung priesen (und konservative Versuche, die Bewegung mit kommunistischen Einflüssen in Verbindung zu bringen, lächerlich machten), oder die frühen Arbeiten von Michael Harrington, der sich auf die weitverbreitete Armut inmitten des relativen Wohlstands der fünfziger Jahre konzentrierte. Die kulturelle und soziale Kritik solcher Autoren legte die Grundlagen für einen noch viel weiter gehenden Nonkonformismus, der die intellektuellen Bewegungen der sechziger Jahre prägen sollte.[49]

Die zwanzig Jahre von 1936 bis 1956 begannen mit einem für politische und ökonomische Reformen günstigen Klima und endeten mit der wesentlich konservativeren Ära der fünfziger Jahre. Sie waren Zeuge tiefgreifender Veränderungen auf internationalem, ökonomischem und sozialem Gebiet. Außenpolitisch war der Wandel am drastischsten, denn die USA gingen daraus als die führende Weltmacht hervor. Hochgerüstet mit einem Arsenal an Nuklearwaffen, setzten sie entschlossen ihre Eindämmungspolitik durch, die das Vordringen des Kommunismus verhindern sollte, wo auch immer er auftauchte. Ökonomisch war der Pessimismus der dreißiger Jahre dem Optimismus der fünfziger gewichen, ein kontinuierliches, stabiles Wirtschaftswachstum schien zumindest für die absehbare Zukunft garantiert. Kulturell hatten sich einige Trends der ersten Jahrhunderthälfte fortgesetzt. Das Aufkommen der Massenkultur etwa wurde in der Nachkriegsära durch das Fernsehen noch beschleunigt. Doch in diesen Jahren entstanden auch neue soziale Strukturen, etwa durch den Aufstieg der Bürgerrechtsbewegung und das Wuchern der Vorstädte, die im Widerspruch zu früheren standen und die Gesellschaft insgesamt verändern sollten.

Es überrascht nicht, daß all diese Entwicklungen sich drastisch auf das politische Klima des Landes auswirkten. Das Einsetzen des Kalten Kriegs bestätigte eine Entwicklung, die seit der Präsidentschaft Wilsons absehbar war – die Verschmelzung von Innen- und Außenpolitik. Unter anderem etablierten die Ausweitung des Verteidigungshaushalts infolge des Koreakriegs und die politische Umsetzung von NSC 68 auf Dauer die wirtschaftspolitische Rolle der Bundesregierung. Innenpolitisch stimulierte der Antikommunismus als Basis für das internationale Programm der USA rechte Bewegungen, die von den Kulturkreuzzügen des HCUA bis zum McCarthyismus reichten. Obwohl sich die ADA in dieser Hinsicht bemühte, war die Öffentlichkeit immer weniger bereit, zwischen dem Liberalismus und radikaleren Ideologien zu differenzieren; infolgedessen litt die Reformbewegung als Ganze. Obwohl der Zusammenhang weniger klar war, dämpfte auch das Wirtschaftswachstum der Nachkriegsära die Reformfreudigkeit. Da eine neue Wirtschaftskrise unwahrscheinlich war (größtenteils wegen der Verteidigungsausgaben im Zweiten Weltkrieg und im Kalten Krieg), tauchte die traditionelle amerikanische Angst vor einer übermächtigen Bundesregierung wieder auf. Truman bekam sie zu spüren, als sein »Fair Deal«-Programm am Kongreß scheiterte. Hingegen entsprach ein allgemeines Gefühl der Zufriedenheit Eisenhowers Laisser-faire-Prinzipien. Keine andere Gruppe verspürte diese Veränderungen deutlicher als die Arbeiterbewegung. Sie gab das ehrgeizige politische Programm Sidney Hillmans und die Wirtschaftsphilosophie Walter Reuthers auf und übernahm statt dessen das Programm von George Meanys AFL, den wirtschaftlichen Status quo zu akzeptieren und in seinem Rahmen den persönlichen Erfolg zu suchen. In diesem veränderten politischen und ökonomischen Klima erstarkten eher die rechten als die linken Kräfte, wofür militante regierungsfeindliche Organisationen wie die John Birch Society wohl nur die extremsten Beispiele waren.

Der Zusammenhang zwischen politischen und sozialen Entwicklungen der Ära ist nicht so deutlich. Kurzfristig verstärkten soziale und kulturelle Veränderungen die im Grunde konservativen Strukturen der Nachkriegszeit. Das Wachstum der Vorstädte und der Massenkultur spiegelte sich in den Filmen und Fernsehsendungen der fünfziger Jahre wider und vermittelte das Bild einer zunehmend homogenen und zufriedenen Gesellschaft. Doch unter der Oberfläche sah es anders aus. Viele der kulturellen Bedingungen, die die Selbstzufriedenheit förderten, trugen letzten Endes zu einer kritischen Masse bei, die Reformen auf breiter Front unterstützte. Das Anwachsen der Bürgerrechts- und der feministischen Bewegung sollte dies demonstrieren, wenn auch auf unterschiedliche Weise. Vor allem die Bürgerrechtsaktivisten profitierten von einem Obersten Gerichtshof, der sich jetzt der Verteidigung und Ausweitung individueller Freiheiten widmete. In der Tat war die Verwandlung des Supreme Court zwischen 1936 und 1956 verblüffend: von einer Bastion des Konservatismus zu Beginn von Roosevelts zweiter Amtszeit zu dem Organ der Bundesregierung, das sich Ende der fünfziger Jahre am entschiedensten für Reformen einsetzte. Diese Entwicklung förderte die ideologische Verschiebung im Liberalismus der Nachkriegszeit, der seine erhöhte Aufmerksamkeit jetzt Bürgerrechtsbelangen widmete und weniger an Wirtschaftsreformen dachte. Zusätzlich verschärfte die Beschäftigung des Obersten Gerichtshofs mit strittigen sozialen Fragen den Wettstreit der verschiedenen Regierungsorgane um die politische Macht. Die internationalen Ereignisse während dieser beiden Dekaden arbeiteten zugunsten des Präsidenten. Der Zweite Weltkrieg, der Kalte Krieg und die Entwicklung der Nuklearwaffen erleichterten eine immer elastischere Definition der Rolle des Oberkommandierenden, was dem Präsidenten außenpolitisch eine bis dahin unbekannte Handlungsfreiheit gab. Doch die Ausübung der exekutiven Macht wurde kaum kontrolliert. Der McCarthyismus zeigte, daß der Kongreß noch immer die Parameter der nationalen Debatte definieren konnte. Der Oberste Gerichtshof hingegen bewies seine Fähigkeit, Themen auf die Tagesordnung zu setzen, die die anderen beiden Organe vermeiden wollten. Der Kampf um die Meinungsführerschaft bereitete den sechziger Jahren den Boden. Das Jahrzehnt war von einer Aktivitätswelle zugunsten sozialer und außenpolitischer Reformen geprägt. Letzten Endes bestand sein wichtigstes Vermächtnis aber vielleicht in dem Rückschlag, den diese Entwicklungen auslösten, der seinerseits eine Krise des Liberalismus heraufbeschwor und den Weg für die Zerschlagung von FDRs »New Deal«-Koalition freimachte.

Kapitel 4

Der Zusammenbruch des liberalen Konsenses

Die Wahlen von 1956 zeigten, wie sehr die Politik der fünfziger Jahre von allgemeiner Zufriedenheit geprägt war: Eisenhower gewann sie mit komfortablem Vorsprung. Allerdings gelang es den Republikanern im Gegensatz zu 1952 nicht, im Kongreß die Mehrheit zu stellen. Dann traf, kurz nach Beginn der zweiten Amtszeit Eisenhowers, die Wirtschaft eine kurze, aber heftige Rezession. Weil der Präsident befürchtete, leichtfertige Ausgaben könnten die Ausgeglichenheit des Haushalts gefährden, setzte er sich über Kritik der Demokraten hinweg und ließ der Rezession ihren Lauf, obwohl die Arbeitslosigkeit von 5 auf 7 Prozent stieg. Der wirtschaftliche Abschwung lenkte die Aufmerksamkeit auf eine Fülle von Statistiken, die auf die ungleiche Verteilung des nach dem Krieg erworbenen Reichtums hinwiesen. Die Armut war zwar seit 1945 zurückgegangen, aber noch immer erheblich: 20 bis 25 Prozent der amerikanischen Familien blieben mit ihren Einkommen unterhalb der Armutsgrenze. Die Reichen aber waren seit Kriegsende und vor allem während der sechs Jahre der Eisenhowerschen Laisser-faire-Wirtschaftspolitik noch reicher geworden: Ende der fünfziger Jahre besaß ein Prozent der Bevölkerung 33 Prozent des nationalen Reichtums, und wer ein Jahreseinkommen von mehr als 10 000 Dollar hatte, zahlte prozentual weniger Steuern als derjenige, der unter 2000 Dollar jährlich verdiente. Selbst die Mittelschicht konnte sich nicht sicher fühlen, weil ein Großteil ihres neuen Wohlstands auf Verbraucherkredite zurückzuführen war, die zwischen 1952 und 1956 drastisch – um 55 Prozent – zugenommen hatten. Für jemanden, der nur eine Generation nach dem Zusammenbruch der Kreditmärkte in der großen Wirtschaftskrise lebte, mußten die langfristigen Gefahren einer solchen finanziellen Abhängigkeit besorgniserregend sein.[1]

Weil sie ihre politische Chance witterten, starteten die Demokraten einen aggressiven Wahlkampf. Sie wollten die Zwischenwahlen von 1958 in ein Referendum über Eisenhowers sechsjährige Amtszeit verwandeln. Zusammen mit den normalen Schwierigkeiten, die Regierungsparteien bei Zwischenwahlen immer haben, ließ die Rezession für die Republikaner im Jahr 1958 nichts Gutes ahnen. Dennoch war es überraschend, wie groß der Sieg der Demokraten tatsächlich ausfiel. In Washington zogen Kongreßmitglieder ein, die reformfreudiger waren als alle seit jenen von 1934, die den zweiten »New Deal« durchgesetzt hatten. Am deutlichsten wirkten sich die Wahlen im Senat aus, wo die demokratische Mehrheit von zwei Sitzen 1958 auf einen Vorsprung von 64 zu 34 ausgebaut wurde. In der zweiten und dritten Dekade des Jahrhunderts hatte der Senat von allen Regierungsorganen am meisten gegen Reformen opponiert; Dissidenten nutzten seine schwache Führungsstruktur und die traditionelle Toleranz gegenüber alternativen Standpunkten, um für ihre Sache zu werben. Allmählich hatte sich – Ausgangspunkt war der Kampf um den Obersten Gerichtshof – der Ton im Oberhaus gewandelt. Republikaner hatten sich mit Demokraten aus dem Süden zusammengetan und eine solide konservative Koalition gebildet, die sich zunehmend der im Senat möglichen Verzögerungstaktiken bediente, um Reformanstrengungen immer mehr zu blockieren – vor allem als die Bürgerrechtsfragen immer drängender wurden. Doch jetzt sorgten die Wähler dafür, daß zum ersten Mal seit den zwanziger Jahren die Reformer eine Chance hatten, die Mehrheit im Senat zu stellen. Eine Fülle von Personen, die politisch links von der Mitte standen, kam ins Oberhaus – Männer wie Ernest Gruening aus Alaska, Clair Engle aus Kalifornien, Frank Moss aus Utah, Quentin Burdick aus North Dakota, Eugene McCarthy aus Minnesota, Phil Hart aus Michigan und Edmund Muskie aus Maine.[2]

Trotz ihres deutlichen Wählermandats hatten die Demokraten jedoch Schwierigkeiten, ein vernünftiges Programm zu entwickeln. Innenpolitisch bildeten sich drei umfassende Alternativen aus. Einige Demokraten im Senat nahmen den Sieg der Partei zum Anlaß, sich wieder verstärkt der Wirtschaft zuzuwenden. Sie versuchten, das nicht zu Ende gebrachte antimonopolistische Programm des zweiten »New Deal« wiederzubeleben. Unter Führung von Estes Kefauver und Paul Douglas empfahl diese Gruppe etwa mehr Regierungsausgaben für öffentliche Arbeitsbeschaffungsmaßnahmen und verstärkte antimonopolistische Initiativen. Dieses Programm unterstützte zwar rund ein Viertel der Demokraten im Kongreß, es entsprach jedoch nicht der demokratischen Mehrheit oder der liberalen Bewegung insgesamt. ADA-Theoretiker wie die Harvardprofessoren Arthur Schlesinger jr. und John Kenneth Galbraith stellten ganz entschieden das antimonopolistische Argument in Frage, daß die Demokraten sich auf Wirtschaftsreformen konzentrieren sollten. Vielmehr drängten sie wieder einmal darauf, das liberale Programm auf Bürgerrechte, Umweltschutz und Verbraucherschutz auszuweiten. Diesen Standpunkt vertraten auch die meisten prominenten Demokraten im Kongreß, darunter bekannte Liberale wie John Kennedy, Henry Jackson (Demokrat, Washington) und Hubert Humphrey (Demokrat, Minnesota). Die kritische Komponente der nationalen liberalen Plattform stieß jedoch noch immer auf den vehementen Widerstand des mächtigsten demokratischen Flügels im Kongreß. Die Südstaatler unter den Demokraten waren noch immer die unversöhnlichen Feinde der Bürgerrechtsgesetzgebung. Mit Ausnahme von Lyndon B. Johnson und den beiden Senatoren aus Tennessee, Kefauver und Albert Gore, unterzeichneten sämtliche Senatoren aus den Staaten der ehemaligen Konföderation 1956 das »Südstaaten-Manifest«, das Widerstand gegen jeden Versuch der Bundesregierung ankündigte, die Rassenintegration zu erzwingen. Nur wenige Demokraten außerhalb des Südens teilten diesen Standpunkt, doch das Senioritätsprinzip verlieh dem demokratischen Südstaaten-Flügel im Kongreß unter Führung von Richard Russel (Georgia), James Eastland (Mississippi) und Sam Ervin (North Carolina) genügend Macht, um all jene Bürgerrechtsmaßnahmen zu blockieren, die sie auch nur im geringsten als bedrohlich einschätzten.[3]

Außenpolitisch kam es bei den Demokraten zu einer ähnlichen Spaltung. Die überzeugendste demokratische Alternative zum »New Look« legten Senatoren vor, die an den Prinzipien des Kalte-Kriegs-Liberalismus festhielten, die für Trumans Außenpolitik charakteristisch gewesen waren. Sie kritisierten die Regierung, den Kalten Krieg nicht tatkräftig genug anzugehen. Unter der Führung von John Kennedy, der gerade seine erste Amtszeit im Senat zu Ende brachte, warfen sie Eisenhower vor, sich nicht umfassender für die traditionelle amerikanische Befürwortung der Selbstbestimmung eingesetzt zu haben. Dank einer stark vereinfachenden Interpretation des Nationalismus in den unterentwickelten Ländern kam der Senator aus Massachusetts zu dem Schluß, solch eine Politik würde die UdSSR davon abhalten, die Vereinigten Staaten als imperiale Macht zu brandmarken, und die Wahrscheinlichkeit erhöhen, daß die in die Unabhängigkeit entlassenen Staaten Afrikas und Asiens sich im Kalten Krieg auf die Seite des Westens stellen würden. Die Kalte-Kriegs-Liberalen warfen Eisenhower auch vor, wegen seiner Doktrin der massiven Vergeltung zuwenig in die konventionellen Streitkräfte investiert zu haben. Diese Attacke gefiel den Wählern, die von den gewaltigen Verteidigungsausgaben aufgrund von NSC 68 profitiert hatten. Wieder einmal wurden außen- und innenpolitische Ziele miteinander verknüpft, wie es für den Kalten Krieg insgesamt charakteristisch war. Noch anders manifestierte sich dieses Phänomen im Anschluß an die Wahlen von 1958. Sie hatten eine neue Gruppe von Dissidenten gestärkt, die als erste Demokraten nachhaltig den Liberalismus des Kalten Kriegs kritisierten. Ernest Gruening, Frank Church aus Idaho, Wayne Morse aus Oregon und Joseph Clark aus Pennsylvania beispielsweise attackierten die Tendenz der Regierung, die Unterstützung rechter Diktaturen in Lateinamerika und Asien mit Antikommunismus zu rechtfertigen. Sie befürchteten auch, daß die USA zuviel für die Verteidigung ausgaben. Diese Haltung wurde Ende der fünfziger Jahre durch das Wiederaufleben der Friedensbewegung gestärkt, die in den Nachkriegsjahren in Agonie gelegen hatte.[4]

Teils wegen dieser Spaltung (und dem häufigen Gebrauch, den Eisenhower von seinem Vetorecht machte) schafften es die Demokraten nicht, ihre gestärkte Position im Kongreß angesichts des näherrückenden Wahlkampfes von 1960 in ein stringentes Programm umzusetzen. Statt dessen kam es in den ersten achtzehn Monaten nach der Wahl zu einer Reihe von internationalen Ereignissen, die die Innenpolitik aus der zentralen Position von 1958 verdrängten und die Außenpolitik sowie nationale Sicherheitsbelange wieder ins Zentrum der Aufmerksamkeit rückten – Themen, bei denen sich die Republikaner auf sichererem Boden bewegten. 1959 und 1960 verschlechterten sich die Beziehungen zwischen den USA und der Sowjetunion rapide. Als erstes drohte der sowjetische Ministerpräsident Nikita Chruschtschow, einen separaten Friedensvertrag mit Ostdeutschland auszuhandeln, damit die Vereinbarungen von Potsdam für null und nichtig zu erklären und das legale Recht der Westmächte, sich in Ostberlin aufzuhalten, in Frage zu stellen. Dann wurde eine Gipfelkonferenz zwischen Eisenhower und dem sowjetischen Ministerpräsidenten abgesagt, nachdem die UdSSR über ihrem Territorium ein amerikanisches U-2-Aufklärungsflugzeug abgeschossen hatten und Eisenhower öffentlich falsche Angaben zu dessen Auftrag gemacht hatte. Näher an der Heimat, auf Kuba, hatte die Guerilla unter Führung von Fidel Castro Anfang 1959 die Diktatur von Fulgencio Batista gestürzt. Castros Regierung stieß anfänglich bei vielen amerikanischen Liberalen auf Beifall, doch Anfang 1960 war allen klar, daß sich das Regime zunehmend kommunistisch orientierte. Plötzlich war eine potentielle Bedrohung der amerikanischen Sicherheit nur noch 90 Meilen von der Küste entfernt.[5]

Doch auch die außenpolitische Krise reichte den Republikanern letzten Endes nicht aus, um bei den Wahlen von 1960 das Weiße Haus zu halten. Nixon schaffte es nicht, mit Kennedys überlegener Wahlkampforganisation und größeren persönlichen Attraktivität sowie mit seinen eigenen taktischen Fehlern fertigzuwerden. Doch der Sieger hatte angesichts des äußerst knappen Wahlausgangs (und der Verluste der Demokraten bei den Kongreßwahlen) nur ein begrenztes Mandat. Das schränkte die Möglichkeiten des neuen Präsidenten ein, in den ersten Monaten seiner Amtszeit innenpolitische Belange anzugehen. ›Newsweek‹ stellte dem Präsidenten zwar »lange und fruchtbare Flitterwochen« mit dem demokratischen Kongreß in Aussicht, doch Kennedy erkannte, wie schwierig es werden würde, ein ehrgeiziges innenpolitisches Programm durchzudrücken.

Ohnehin neigte er nicht dazu, ideologisch saubere, aber realpolitisch unmögliche Standpunkte zu vertreten. Solch eine Strategie, befürchtete er, würde nur das Präsidentenamt schwächen und seine Chancen bedrohen, international die Führungsrolle zu übernehmen. Im privaten Gespräch verbarg er seine Prioritäten nicht; so beauftragte er seinen obersten Redenschreiber, Theodore Sorenson, aus seiner Antrittsrede »das innenpolitische Zeug samt und sonders wegzulassen«. Bei anderer Gelegenheit bemerkte er einmal Nixon gegenüber: »Außenpolitik ist für einen Präsidenten das einzig wichtige Thema, nicht wahr? [...] Ich meine, wen kümmert es denn einen Scheiß, ob der Mindestlohn bei 1,15 Dollar oder bei 1,25 Dollar liegt, im Vergleich zu so etwas wie Kuba?«[6]

Kennedys Ausrichtung auf internationale Schlüsselpositionen spiegelte seine Prioritäten wider. Eine Regierung, die die »Besten und Klügsten« anziehen sollte, plazierte ihre talentiertesten Beamten in außenpolitischen Positionen. Der Präsident erwartete, daß sie die Grundpositionen des Kalte-Kriegs-Liberalismus umsetzten, für den er sich im Senat stark gemacht hatte. Robert McNamara, der ehemalige Präsident von Ford Motors, versprach als Verteidigungsminister effizientere Managementtechniken einzuführen und so Mittel für die Ausweitung des Rüstungshaushalts freizusetzen. Kennedys persönlicher militärischer Berater, der pensionierte General Maxwell Taylor, riet ebenfalls dazu, die Ausgaben für die konventionelle Rüstung deutlich zu erhöhen. Der neue nationale Sicherheitsberater, McGeorge Bundy, hegte wie McNamara gewisse Neigungen in Richtung Republikaner und genoß beim Establishment einen makellosen Ruf als ehemaliger Dekan von Harvard. Zum Außenminister berief Kennedy Dean Rusk, einen weiteren Mann mit starken Bindungen ans Establishment. Die neue Regierung beendete Eisenhowers Politik, bei den Verteidigungsausgaben stets an den Haushalt zu denken. Der Präsident umschrieb seine neue strategische Doktrin als »flexible Reaktion« und argumentierte, ein Ausbau der konventionellen Streitkräfte würde es den Vereinigten Staaten erlauben, der kommunistischen Bedrohung auf angemessenere Weise entgegenzutreten. Auf dieser Grundlage befürwortete er mehr Gelder für Spezialeinheiten wie die Green Berets, die sich auf konterrevolutionäre Anstrengungen gegen Kommunisten in der Dritten Welt konzentrieren sollten. Des weiteren spiegelte sich die Kritik des Kalte-Kriegs-Liberalismus an Eisenhower darin, daß Kennedy die politisch-strategische Rolle des NSC beschnitt und sich auf einen erweiterten Beraterstab im Weißen Haus stützte, der sich unter Führung von Bundy nationaler Sicherheitsfragen annahm. Die Sicherheitspolitik der Regierung ließ also darauf schließen, daß sie gegenüber der UdSSR einen harten Kurs einschlagen würde, wie es sich denn auch in der amerikanischen Europa-Politik zu Anfang von Kennedys Präsidentschaft abzeichnete. Andererseits hatte Kennedy noch im Senat eine zweite Front gegenüber Eisenhower aufgebaut und kritisiert, konservative Republikaner hätten nicht erkannt, daß eine Außenpolitik, die die amerikanischen Ideale der Freiheit und Selbstbestimmung respektiere, auch die Position der USA im Kalten Krieg stärken würde. Diese Stimmung leitete anfänglich das Verhalten der Regierung gegenüber Lateinamerika, dem Kennedy eine »Allianz für den Fortschritt« versprach: generöse Wirtschaftshilfen der USA (20 Milliarden Dollar wurden für einen Zeitraum von zehn Jahren zugesagt), um in der Region soziale, politische und ökonomische Reformen zu fördern. Der Präsident hoffte, die Allianz würde einen friedlichen Umbau Lateinamerikas beflügeln und so die Attraktivität des radikaleren Wegs unterminieren, den das kommunistische Regime von Fidel Castro repräsentierte.[7]

In der Tat war es die Kubapolitik, in der die beiden Aspekte des liberalen Kalte-Kriegs-Programms am deutlichsten in Konflikt gerieten – amerikanische Ideale zu vertreten und zugleich in Fragen der nationalen Sicherheit hart zu bleiben. Ihren ersten internationalen Auftritt hatte die Regierung, als sie eine bereits geplante Geheimdienstoperation zum Sturz von Castros Regime in die Tat umzusetzen beschloß – ein schlecht konzipiertes Vorhaben, das bei Eisenhowers Amtsende kaum Erfolgsaussichten gehabt hatte. Kennedy jedoch hatte das Thema Kuba in seinem Wahlkampf groß herausgestrichen, um die Ineffektivität des »New Look« vorzuführen. So konnte er es sich kaum leisten, einen Plan zum Sturz von Castro über Bord zu werfen.

Trotz Bedenken gestattete er, das Projekt voranzutreiben; allerdings weigerte er sich entgegen den Erwartungen von Exilkubanern und CIA-Mitarbeitern, einem Luftangriff der USA zuzustimmen, sollte die Invasion sich festfahren. Die Operation endete in einem Desaster: Castros Armee schlug die weit unterlegenen Exilstreitkräfte in die Flucht. Der Präsident betrachtete dies als persönliche Beleidigung (das erklärt vielleicht, warum der Führer Kubas für den Rest seiner Amtszeit fast zu einer fixen Idee Kennedys wurde). Die Bande zwischen Havanna und Moskau festigten sich, und die Allianz für den Fortschritt stand von nun an unter äußerst ungünstigen Vorzeichen. Interessanterweise schwächte jedoch die Aktion nicht die Position des Präsidenten. Nachdem Kennedy im Fernsehen die persönliche Verantwortung für das Desaster übernommen hatte, verbesserte sich seine Stellung bei Meinungsumfragen sogar noch. Das Ergebnis bewies einmal mehr, wie gut der Demokrat das neue Medium als politisches Instrument nutzte. Von diesem Talent machte er auch bei anderen Gelegenheiten Gebrauch. Persönlich unterschied sich Kennedy von allen seinen Vorgängern dadurch, daß ihm der Stil wichtiger war als die Substanz. Eisenhower hatte sich auf hierarchisch strukturierte Entscheidungsprozesse verlassen, die denen des Militärs ähnelten. Kennedy entwickelte einen freieren Regierungsstil, der sich eher auf die informelle Meinung seines persönlichen Beraterstabs stützte. Tatkraft war der eine Aspekt von Kenndys Stil, Glamour und Intellekt waren die anderen. Prominente Intellektuelle, Musiker und Künstler wurden ins Weiße Haus eingeladen, wo sie unter den wachsamen Augen des Präsidenten und seiner aristokratischen Gattin Jacqueline agieren durften. Diesem Regierungsstil mangelte es jedoch ein wenig an Substanz, zumindest innenpolitisch. Im Grunde war sein Aktivismus Selbstzweck. Sein primäres Ziel, die anhaltende Krisenstimmung zu überwinden, ersetzte eine überzeugende politische Vision.[8]

Der Präsident wollte sich nicht auf riskante innenpolitische Abenteuer einlassen, die die Einheit der Partei beeinträchtigen und damit seine außenpolitische Handlungsfreiheit gefährden konnten. Das erklärt – neben der Betonung des persönlichen Stils –, warum Kennedys Regierung in den beiden ersten Amtsjahren nur eine schwache Leistungsbilanz bei den wichtigsten innenpolitischen Problemen vorzuweisen hatte: der Wirtschaftspolitik und den Bürgerrechten. Nachdem er sich im Wahlkampf für einen ausgewogenen Bundeshaushalt eingesetzt hatte, griff er nach und nach die Keynesschen Ideen seiner ökonomischen Chefberater auf. Vor allem Walter Heller, der dem Council of Economic Advisors vorstand, teilte das wachsende Zutrauen der Liberalen – besonders der Sozialwissenschaftler unter ihnen –, daß entsprechend ausgebildete »Experten« mit den Hebeln der Regierung die Wirtschaft managen könnten. Besonders deutlich wurde das 1962, als der Präsident ein Steuergesetz vorschlug, das Einkommensteuerfreibeträge und großzügige Abschreibungsregelungen für die Wirtschaft vorsah. Kennedy argumentierte, effizientere Regierungsmethoden zur Eindämmung der Inflation könnten in Kombination mit einer Steuerpolitik zur Ankurbelung von Investitionen sowohl Vollbeschäftigung als auch ununterbrochenes Wirtschaftswachstum sicherstellen. In zweierlei Hinsicht stellte der Plan eine wichtige Weiterentwicklung dar: Ideologisch brachte Kennedys Bereitschaft zu Steuersenkungen die Keynesschen Prinzipien, die seit Ende der dreißiger Jahre immer mehr Einfluß gewonnen hatten, in das wirtschaftspolitische Gedankengebäude der demokratischen Mitte ein. Politisch manövrierte der Vorschlag die Republikaner in die mißliche Lage, sich zwischen zwei ihrer wirtschaftspolitischen Grundpositionen entscheiden zu müssen: einem ausgewogenen Haushalt oder Steuersenkungen für die Großunternehmen. Die Maßnahme war also zumindest ein brillanter politischer Schachzug.[9]

In der Tat trug Kennedys Wirtschaftspolitik ihm genausoviel Kritik von konservativen Republikanern ein wie vom linken Flügel seiner eigenen Partei – Anhängern der antimonopolistischen Tradition des »New Deal«. Wer bei den Demokraten eher der liberalen »New Deal«-Kombination von erweiterten Regulierungsmaßnahmen und höheren Regierungsausgaben anhing, fand die Anti-Trust- oder die regulatorische Politik der Regierung kaum ausreichend. Vielmehr engte Kennedys Wirtschaftspolitik die Perspektiven der Reformer noch weiter ein, so daß die Liberalen Anfang der sechziger Jahre sich fast ausschließlich auf die Frage konzentrierten, wie man mit Regierungsmaßnahmen das Wirtschaftswachstum ankurbeln könnte. Zwar setzte der Präsident noch ein weiteres Grundprinzip des Nationalliberalismus um – ein tatkräftigeres Handeln im Kalten Krieg –, hinsichtlich des dritten Aspekts, der Bürgerrechte, hinterließ er jedoch ein eher ambivalentes Erbe. Während seiner Zeit im Senat hatte sich Kennedy zumindest in seinen Reden der Bürgerrechte angenommen. Sein Protest gegen die Inhaftierung von Martin Luther King jr. hatte entscheidend dazu beigetragen, daß er im Wahlkampf von 1960 schwarze Wählerstimmen sammeln konnte. Das gleiche galt für seine Zusage, der Diskriminierung im bundesstaatlichen Wohnungsbau ein Ende zu bereiten. Er versprach, das »mit einem Federstrich« – mit einer Exekutivverordnung – zu erledigen, wenn er erst einmal im Amt wäre. Doch als Kennedy auf Widerstand von den Demokraten aus den Südstaaten stieß, hielt er sich zurück. Wütende Bürgerrechtsaktivisten überschwemmten das Weiße Haus mit Kugelschreibern und hofften, so den Präsidenten zum Handeln zu zwingen. Erst 1962 gab er den Erlaß heraus. Im Gegensatz zu Eisenhower schien Kennedy wirklich an Bürgerrechtsfragen interessiert, doch genau wie sein Vorgänger war er nicht bereit, sein politisches Kapital für dieses Ziel einzusetzen. Erst als 1962 der Gouverneur von Mississippi einem Schwarzen, James Meredith, den Zugang zur University of Mississippi verweigern wollte, sah die Bundesregierung ihre Autorität unmittelbar in Frage gestellt und schritt zur Tat.[10]

Wie angespannt die Beziehungen zwischen Kennedy und den Bürgerrechtsaktivisten waren, zeigte die Aktion der Freedom Riders – Weißen und Schwarzen, die überall im Süden gemeinsam Bus fuhren und damit die Rassentrennung an den Bushaltestellen aufzuheben versuchten. Als Weiterentwicklung der Sit-in-Taktik von Greensboro ein Jahr zuvor verdankte sich die Kampagne hauptsächlich dem Student Nonviolent Coordinating Committee (SNCC), das sich von Kings Southern Christian Leadership Conference (SCLC) durch die Jugendlichkeit ihrer Mitglieder, eine dezentralere Führungsstruktur und ein weniger maßvolles Vorgehen unterschied. In den nördlicheren Südstaaten trafen die Aktivisten kaum auf Widerstand;

doch als sie im tiefen Süden durch Staaten wie Alabama und Mississippi fuhren, begegnete ihnen nackte Gewalt. Freiwillige des SNCC und des CORE organisierten daraufhin unter der Führung von Robert Moses in Mississippi eine Wählerregistrierungs-Kampagne, bei der sie erneut auf wütenden lokalen Widerstand stießen. Die Aktion des SNCC rüttelte das Gewissen der Nation wach, forderte aber einen persönlichen Preis: Sie verschärfte die Spannungen zwischen den Basisaktivisten von SNCC und CORE und den Anhängern von King, der sich an die politische Elite der Nation wandte und folglich auf gute Beziehungen zur Regierung angewiesen war. Die SNCC- und CORE-Freiwilligen ärgerten sich zunehmend über Personen wie Robert Kennedy, der im Kabinett der aggressivste Verfechter der Bürgerrechte war. Daß der Justizminister die Bürgerrechtsaktivisten zur Mäßigung aufrief, gefiel den Freedom Riders kaum. Zugleich litt er auch unter seiner Position als nomineller Vorgesetzter des FBI-Chefs J. Edgar Hoover, der tiefe Antipathien gegenüber einer Bürgerrechtsbewegung hegte, die er für kommunistisch unterwandert hielt. Hoover fand in der Öffentlichkeit wie im Kongreß viel Zustimmung (letzteres war darauf zurückzuführen, daß er gute Beziehungen zu Konservativen in der Legislative unterhielt und peinliche Dossiers über viele politische Schlüsselfiguren besaß); das hielt die Regierung ab, jemanden auf den Posten zu berufen, der den Bürgerrechtlern mehr Verständnis entgegengebracht hätte, auch wenn der Präsident privat hatte durchblicken lassen, daß er im Fall einer zweiten Amtszeit Hoover entlassen wolle.[11]

Kennedys angespannte Beziehungen zur Bürgerrechtsbewegung waren nicht das einzige Problem seines zweiten Amtsjahrs. Im Herbst fanden US-Aufklärungsflugzeuge heraus, daß auf Kuba Raketen mit Atomsprengköpfen installiert wurden. Im Weißen Haus gab es nur noch das Thema, wie die Vereinigten Staaten darauf reagieren sollten. Kennedy informierte die Öffentlichkeit und ordnete eine See- und Luftblockade Kubas an, gab aber nicht dem Druck auf einen offenen militärischen Schlag zur Vernichtung der Raketenstellungen nach. Auch bei seinen Geheimverhandlungen mit Chruschtschow zeigte er sich flexibel und stimmte dem privat geäußerten Ersuchen zu, die eigenen Raketen aus der Türkei abzuziehen. Öffentlich erklärte er, man würde auf eine Invasion Kubas verzichten, wenn die Sowjets die Raketenstellungen abbauten. Die Bewältigung der Kubakrise stellte in vieler Hinsicht den Höhepunkt von Kennedys Außenpolitik dar. Die Kombination von diplomatischer Flexibilität und energischer Führungskraft hatte einen potentiell verheerenden Rückschlag in einen Sieg der USA umgewandelt. Kennedy hatte auch eine gute Portion Glück, denn er mußte sich zu keinem Zeitpunkt zwischen der öffentlich vertretenen harten Linie und dem persönlichen Wunsch nach einer diplomatischen Bewältigung des Konflikts entscheiden. Politisch profitierten die Demokraten nicht nur von der erfolgreichen Bewältigung der Kubakrise, sondern auch von dem generellen Eindruck, daß Kennedy in seinem Amt gereift war. Die Partei schnitt 1962 besser ab als 1960 und gewann sowohl im Repräsentantenhaus wie im Senat Sitze hinzu, obwohl traditionellerweise die Partei an der Macht bei den Zwischenwahlen immer Verluste hinnehmen mußte.[12]

Der politisch gestärkte Kennedy behielt den Schwung aus der Bewältigung der Kubakrise bei. Daß die beiden Supermächte einem Atomkrieg derart nahe gekommen waren, bestärkte ihn darin, über die Grundsätze des Kalte-Kriegs-Liberalismus hinauszugehen, die seine Außenpolitik vor 1963 geleitet hatten. Im Juni hielt er an der American University eine Rede, in der er von der langfristigen Politik einer friedlichen Koexistenz mit der UdSSR sprach und sich dafür einsetzte, die Spannungen zwischen den beiden Nuklearmächten abzubauen. Um diese neue Leitlinie in praktische Politik umzusetzen, legte Kennedy dem Senat ein Abkommen mit der UdSSR über die Limitierung von Atombombentests vor, das trotz des starken Widerstands von Militärs und konservativen Republikanern im Senat unter Führung von Barry Goldwater in der Öffentlichkeit viel Unterstützung und damit auch die erforderliche Zweidrittelmehrheit im Oberhaus fand. Das Abkommen war zwar unzureichend konzipiert und führte nicht zum vollen Erfolg, doch es stellte einen verblüffenden Wechsel der Marschrichtung dar. Zu Beginn seiner Amtszeit hatte der Präsident noch für mehr Verteidigungsausgaben und eine harte Haltung bei Verhandlungen mit den Sowjets plädiert. Ob dieser Sinneswandel die Grundlage für die Außenpolitik von Kennedys zweiter Amtszeit geworden wäre, kann natürlich nur spekuliert werden.[13]

Das wichtigste außenpolitische Vermächtnis der Regierung Kennedy resultierte aber aus der Politik gegenüber einer Weltregion, der die meisten Amerikaner vor Anfang der sechziger Jahre kaum Beachtung geschenkt hatten – Südostasien. Nach der Niederlage Frankreichs im Indochinakrieg von 1954 wurde auf einer internationalen Konferenz in Genf ausgehandelt, Vietnam entlang des 17. Breitengrades in zwei Zonen aufzuteilen, die nach allgemeinen Wahlen im Jahr 1956 wiedervereint werden sollten. Statt dessen ermutigte die Regierung Eisenhower Ngo Dinh Diem, in Südvietnam ein separates nichtkommunistisches Regime zu errichten. Sie handelte eine ihrer ambitioniertesten Allianzen aus, den Southeast Asia Collective Defense Treaty, demzufolge jeder Unterzeichnerstaat einen bewaffneten Angriff »in der Vertragsregion« als Gefährdung »seines eigenen Friedens und seiner eigenen Sicherheit« betrachten mußte. Südvietnam stand aufgrund eines protokollarischen Zusatzes unter dem Schutz des südostasiatischen Sicherheitsvertrags und erhielt von den USA auch großzügige finanzielle wie militärische Unterstützung. Nachdem er anfänglich sein Regime stabilisieren konnte, gelang es Diem nicht, seine politische Basis zu erweitern. Er unterließ auch die politischen und sozialen Reformen, die die USA wohl an ihre Hilfe geknüpft hatten. Statt dessen entwickelte sich sein Regime immer mehr zu einer Diktatur, deren Macht ganz in den Händen der Familie Ngo lag. Das führte zu einem Wiederaufleben des bewaffneten Widerstands und schließlich zur Gründung der Nationalen Befreiungsfront im Jahr 1960.[14]

Der Regierung Kennedy galt Südostasien als Testfall für die neue Doktrin der flexiblen Reaktion. Anfänglich bediente sich der Präsident diplomatischer Maßnahmen und autorisierte Verhandlungen, die zu einer international vereinbarten Neutralisierung von Laos führten. Ironischerweise verstärkte jedoch das Abkommen über Laos nur den Druck auf die Regierung, anderenorts ihre antikommunistische Glaubwürdigkeit unter Beweis zu stellen. Um sich einen Überblick zu verschaffen, schickte Kennedy seine Berater Walt Rostow und Maxwell Taylor im Herbst 1961 nach Südvietnam. Die beiden empfahlen, die US-Hilfe erheblich auszuweiten und auch eine »logistische Eingreiftruppe« von 8 000 Mann zu entsenden, die der südvietnamesischen Armee zu Seite stehen sollte. Der Präsident lehnte es ab, amerikanische Kampftruppen in der Region zu stationieren, folgte aber den meisten anderen Empfehlungen des Taylor-Rostow-Berichts und erhöhte die US-Hilfe für das Regime in Saigon auf 42 Millionen Dollar. Im folgenden Jahr begannen die USA und Südvietnam mit der zweigleisigen Politik, zum einen militärisch aggressiv vorzugehen und zum anderen mit dem strategischen Hamlet-Programm die Unterstützung der Nationalen Befreiungsfront durch die Landbevölkerung zu unterbinden. Beides konnte den Unruhen jedoch nicht Einhalt gebieten. Ende 1962 stationierten die Vereinigten Staaten 9 000 »Berater« in Vietnam, die größtenteils für die Ausbildung der südvietnamesischen Streitkräfte verantwortlich waren. Da sich die politische und militärische Lage ständig verschlechterte, war es so gut wie ausgeschlossen, daß diese zusätzliche US-Hilfe die Situation stabilisieren könnte. Am 1. November 1963 landeten dissidente Offiziere mit Einwilligung der Vereinigten Staaten einen wohlüberlegten Coup, der Diems Regime durch eine von General Duong Van Minh geführte Regierung ersetzte. Am folgenden Tag wurden Diem und sein Bruder Ngo Dinh Nhu ermordet. Obwohl die politischen Entscheidungsträger dies nicht beabsichtigt hatten, zog ihre Komplizenschaft bei diesem Coup die USA nur noch tiefer in den Vietnamkonflikt.[15]

Trotz der langfristigen Bedeutung der Vorgänge in Vietnam standen die Verhältnisse in Südostasien und auch der Atomteststop-Vertrag im Sommer und Herbst 1963 nicht im Zentrum der nationalen Aufmerksamkeit. Diese Ehre fiel der Bürgerrechtsbewegung zu; sie wollte eine Konfrontation mit den führenden Vertretern in der Frage der Rassentrennung provozieren, weil sie hoffte, Veränderungen im Süden von außen erzwingen zu können. Wie beabsichtigt, trieb diese neue Strategie Kennedy dazu, sich stärker in dieser Angelegenheit zu profilieren, wenn er nicht riskieren wollte, daß die Ereignisse völlig seinen Händen entglitten. Im April startete Martin Luther King jr. die neue Taktik mit einer Reihe von gewaltlosen Protesten in Birmingham, Alabama. Den Schauplatz hatte er bewußt gewählt, weil er darauf vertraute, daß hier Bürgerrechtsproteste auf den heftigsten lokalen Widerstand des politischen Establishments und der Strafverfolgungsbehörden treffen würden. Wegen seiner Beteiligung an der Protestaktion wurde King von der örtlichen Polizei verhaftet. Daraufhin schrieb er seinen ›Letter from the Birmingham Jail‹, in dem er eloquent seine Taktik der gewaltfreien Demonstrationen und des zivilen Ungehorsams verteidigte. Der Polizeichef der Stadt – er hieß passenderweise Bull Connor – reagierte genau so, wie King gehofft hatte: Er befahl, die Demonstranten mit Feuerwehrschläuchen auseinanderzutreiben, und ließ auch Polizeihunde auf Frauen und Kinder los. In den vierziger oder noch in den fünfziger Jahren hätte das vielleicht ausgereicht, den Protest zu ersticken. 1963 aber schlug es auf die Befürworter der Rassentrennung zurück, ganz wie King erwartet hatte. Fotos der Vorgänge erschienen im ganzen Land auf den Titelseiten und wurden an prominenter Stelle in den Fernsehnachrichten gesendet, wo sie sich einer besonders breiten Berichterstattung erfreuten, weil die abendlichen Nachrichtensendungen kurz vorher von 15 auf 30 Minuten erweitert worden waren. Über den konkreten Protest hinaus begannen die Fernsehsender sich eingehender mit dem Thema zu befassen. Wieder einmal hatten umfassendere kulturelle Veränderungen sich zugunsten der Bürgerrechtsbewegung ausgewirkt. Wie die Zukunft zeigen sollte, besaß das Fernsehen aber auch die Macht, der Bewegung schweren Schaden zuzufügen, vor allem bei moderaten Weißen.[16]

Die Proteste ermutigten die Aktivisten im ganzen Land. Einer Schätzung zufolge beteiligten sich allein im Mai 75 000 Menschen an Bürgerrechtsdemonstrationen. Im folgenden Monat verschärfte Gouverneur George Wallace die Krise. Er versuchte, unter Mißachtung eines Gerichtsbeschlusses zwei schwarze Studenten von der University of Alabama auszusperren. Nachdem Robert Kennedy Bundesmarschälle zur Durchsetzung der Rassenintegration geschickt hatte, mußte Wallace einen Rückzieher machen, doch sein Handeln schien erneut zu beweisen, daß eine entschlossene nationale Führung nottat.

John Kennedy hielt im Fernsehen eine der leidenschaftlichsten öffentlichen Ansprachen seiner Präsidentschaft. Die Rede fand in den Medien und der Öffentlichkeit großen Beifall. Einmal mehr stellte dies unter Beweis, wie wichtig das Fernsehen für die öffentliche Unterstützung war, die die Bürgerrechtsanstrengungen brauchten. Kurz darauf unterbreitete Kennedy eine Reihe von Gesetzesvorlagen, die die Rassentrennung in Geschäften, Theatern, Restaurants und Hotels verboten, Diskriminierungen im Berufsleben einen Riegel vorschoben und die bereits bestehende Bürgerrechtsgesetzgebung verschärften. Zur Unterstützung nahmen 200 000 Protestierende unter der Führung von King im August an einem Marsch auf Washington teil. Das war der Höhepunkt sowohl der gewaltfreien, gemischtrassischen Phase der Bürgerrechtsbewegung als auch des zunehmenden Gewichts, das Liberale landesweit der Rassenfrage beimaßen. King setzte dem Ganzen noch mit einer brillanten Rede die Krone auf, in der er seinen Traum von einem Amerika schilderte, das nicht länger unter der Bürde der Rassendiskriminierung leidet.[17]

Trotz dieses Erfolgs lauerten unter der Oberfläche Probleme. Die Aktivisten waren tief zerstritten über der Frage, welche Botschaft dieser Marsch vermitteln sollte. SNCC-Führer wie John Lewis sprachen sich dafür aus, am Kapitol ein Sit-in zu organisieren und damit den Kongreß zu zwingen, eine straffe Bürgerrechtsgesetzgebung zu verabschieden. Darüber hinaus plante Lewis eine Rede, mit der er die mäßige Leistungsbilanz der Regierung in Sachen Bürgerrechte heftig kritisieren wollte. Die Organisation als solche befürwortete, daß allein Schwarze die prominenten Rollen bei dem Marsch übernehmen sollten. King und die Gemäßigten von der SCLC beschränkten den Marsch schließlich auf ein eintägiges Ereignis, bei dem Konfrontationen vermieden wurden und auch liberale Weiße eine herausragende Stellung einnahmen. Doch trotz des kurzfristigen Erfolgs arbeiteten die Ereignisse gegen die moderate Position. Einerseits begann sogar die NAACP – bis dahin eine moderate Organisation – auf eine Ausweitung der Kampagne über die von King favorisierten Rechtsfragen hinaus zu drängen. Im Sommer 1963 verabschiedete sie eine Resolution, mit der eine sofortige Beendigung der faktischen Rassentrennung im sozialen und im Wirtschaftsleben gefordert wurde. Gleichzeitig wurde Kings Integrationsansatz von Norden aus in Frage gestellt, wo das Problem der Diskriminierung weniger scharf umrissen war. Malcolm X trat dafür ein, daß die Schwarzen sich mehr sozialen und wirtschaftlichen Einfluß in der gesamten Gesellschaft verschaffen sollten. Im anderen Extrem widersetzten sich die Konservativen des Südens wie eh und je jeder Veränderung des Status quo. Private Umfragen besagten, daß Kennedy für sein Vorgehen Beifall fand – was Vorhersagen widersprach, ein Gegenschlag der Weißen würde die Demokraten die Südstaaten kosten und möglicherweise die Wiederwahl des Präsidenten im Jahr 1964 gefährden. Öffentliche Umfragen bestätigten, daß 63 Prozent der Bevölkerung die Gesetzesvorlagen der Regierung befürworteten. Es sah ganz danach aus, als hätte die Bürgerrechtsbewegung gewonnen.[18]

Die Bürgerrechte waren nur eins der vielen Themen, bei denen dank symbolischer Handlungen wie der landesweiten Fernsehansprachen der Präsident als ein Mann der Reformen stand. Wie die beiden Roosevelts machte Kennedy seine Persönlichkeit zu einem integralen Bestandteil seiner Amtsführung. Mehr als seine konkreten legislativen Leistungen steigerte diese Fähigkeit seine Attraktivität weit über sein spezifisches Programm hinaus. Wie schon Theodore Roosevelt sechs Jahrzehnte zuvor wurde der Präsident mit seinem Charisma, seinem Charme und seinem telegenen Auftreten zu einem Symbol der Epoche. Dieser Aspekt seiner Präsidentschaft war genauso wichtig wie seine spezifischen politischen Initiativen. Daher erschütterten die Ereignisse des 22. November 1963 die Seele des amerikanischen Volks weit mehr, als es ansonsten der Fall gewesen wäre. Der Präsident besuchte Dallas, eine Hochburg der Aktivisten von Rechtsaußen, um die Spannungen mit der staatlichen Demokratischen Partei abzubauen; als er ungeschützt im offenen Auto durch die Straßen fuhr, wurde er erschossen. Lee Harvey Oswald, ein ehemaliger Marxist, wurde wegen des Attentats verhaftet. Die Fernsehbilder der viertägigen Ereignisse um die Beerdigung des Präsidenten haben sich dem Gedächtnis der Nation eingebrannt. Sie wurden zum endgültigen Symbol dessen, was Jacqueline Kennedy als das »Zeitalter von Camelot« umschrieb. Die anschließenden turbulenten Jahre verstärkten nur noch die nostalgischen Erinnerungen an den relativen Frieden, den Wohlstand und den Optimismus der Ära Kennedy. Im Gedächtnis der Öffentlichkeit genoß John Kennedy ein weit größeres Ansehen, als seine Leistungen als Präsident rechtfertigten. Und es wurde immer größer: Meinungsumfragen im Verlauf der nächsten drei Jahrzehnte bestätigten, daß die Öffentlichkeit ihn als den wichtigsten Präsidenten der amerikanischen Geschichte betrachtete, der sogar noch Franklin Delano Roosevelt, Abraham Lincoln und George Washington übertraf.

Niemand hätte einen größeren Kontrast zu seinem Vorgänger abgeben können als Lyndon Johnson, der neue Präsident. Er war zwar nicht frei von persönlichen Fehlern, aber Johnson hatte in den fünfziger Jahren als Führer der Senatsmehrheit beeindruckende Fähigkeiten gezeigt und sich als der bedeutendste Führer des Oberhauses im 20. Jahrhundert erwiesen. Als Präsident stellte er in den Monaten nach Kennedys Ermordung sein Können erneut unter Beweis. Mit dem erklärten Ziel, das Land zusammenzuschmieden, griff er das Problem auf, dessen Lösung am ehesten die nationale Aussöhnung signalisieren würde: die Bürgerrechte. In seiner ersten Rede vor dem Kongreß bat der Präsident um Unterstützung für Kennedys Gesetzesvorlagen. Weil er den Kongreß genau kannte, konnte er den Führer der Senatsminderheit, Everett Dirksen (Republikaner, Illinois), auf seine Seite ziehen. Er wußte, daß die republikanischen Stimmen, die Dirksen kontrollierte, von entscheidender Bedeutung sein würden, um die unvermeidlichen Verzögerungsversuche durch Südstaatler zu unterbinden. Diese brillante Strategie führte zum Erfolg. Im Frühjahr und Sommer 1964 versuchten Senatoren aus dem Süden acht Wochen lang, die Gesetzesvorlagen scheitern zu lassen, doch die geschlossene Opposition einer Koalition von Republikanern und Demokraten aus dem Norden und dem Westen sicherte die Verabschiedung der umfassendsten Bürgerrechtsgesetzgebung in der amerikanischen Geschichte. Senator Richard Russell aus Georgia, der hinter den Kulissen die Fäden der Verzögerungstaktik zog, mußte zugeben, daß die wachsende Stärke der Liberalen im Oberhaus »uns langsam aushöhlt«. Der Civil Rights Act von 1964, welcher der legalen Rassentrennung im Süden ein Ende setzte, erfüllte das Hauptziel von Kings gemischtrassischer Bürgerrechtskoalition und stellte den bedeutendsten liberalen Sieg der sechziger Jahre dar. Im nachhinein betrachtet war seine wichtigste Maßnahme die Einrichtung der Equal Employment Opportunity Commission (EEOC), einer Nachfolgeorganisation der FEPC; sie verfügte endlich über die Möglichkeit, rechtliche Schritte einzuleiten. Ironischerweise wurden die gesetzlichen Maßnahmen noch vom House Rules Committee erheblich ausgeweitet. Sein Vorsitzender, Howard Smith, fügte die Bestimmung hinzu (Title VII), daß am Arbeitsplatz Diskriminierungen aufgrund der Geschlechtszugehörigkeit verboten seien. Smith hatte spekuliert, daß die Erweiterung um eine Frauenrechtsklausel die Gesetzesvorlage als Ganze zu Fall bringen würde. Statt dessen erhielt die neue Behörde nun das Recht, sowohl gegen Rassenwie gegen Geschlechtsdiskriminierung vorzugehen. Die EEOC stand auch für den zunehmenden Trend rechtspolitischer Liberaler, sich auf die Bürokratie statt auf den politischen Prozeß zu verlassen. Dieses Muster sollte sich in den siebziger Jahren deutlicher ausbilden und es ermöglichen, das Bürgerrechtsprogramm noch fortzuführen, als es bei der Mehrheit der Bevölkerung keine Unterstützung mehr fand.[19]

Der Sieg der Bürgerrechte war nur einer von Johnsons vielen Triumphen in den ersten Monaten. Außenpolitisch waren seine Leistungen jedoch weniger beeindruckend. Im Gegensatz zu Kennedy trat Johnson sein Amt mit einem Erfahrungsschatz an, der die Grundlagen der Doktrin keinesfalls in Frage stellte. Mit den meisten Mitgliedern der Regierung Kennedy war er sich einig, daß die Analogie zu München zutraf: daß Verhandlungen mit aggressiven, totalitären Staaten nur zu weiterer Aggression einladen würden. Wie es sich jedoch für einen Mann mit mehr innen- als außenpolitischen Interessen gehörte, befürchtete er auch politische Konsequenzen, wenn er sich dem Kommunismus gegenüber zu weich zeigen würde. Johnson war 1949 in den Senat eingezogen, als infolge des Umsturzes in China die Partei Einfluß auf die Regierung zu nehmen begann und der aufkommende McCarthyismus Truman in der Endphase lähmte. Während seiner gesamten Amtszeit blieb Johnson überzeugt, daß ein Triumph der Kommunisten in Südvietnam zu einer ähnlichen rechtslastigen Welle im ganzen Land führen würde, die sein innenpolitisches Programm zunichte machen könnte. Innen- und Außenpolitik waren noch immer miteinander verknüpft, obwohl die Art der Verknüpfung sich von der unter der Regierung Kennedy unterschied.[20]

Also bestanden kaum Aussichten, daß der Wechsel an der Regierungsspitze etwas am Engagement in Südvietnam ändern würde, wo sich die Lage Anfang 1964 bedrohlich verschlechterte. Deshalb verstärkten die USA sowohl ihre Militärhilfe wie die im Land stationierten Kräfte. Sie begannen auch, den Krieg in den Nordteil des Landes zu tragen, indem sie heimliche Kaperfahrten südvietnamesischer Schiffe entlang der nordvietnamesischen Küste unterstützten. Bei einer dieser Operationen kam es zu einem konfusen Scharmützel, bei dem im Golf von Tonkin nordvietnamesische Patrouillenboote den amerikanischen Zerstörer »U.S.S. Maddox« beschossen. Die Regierung sah sich zum Handeln gezwungen. Einige politische Entscheidungsträger hatten den Präsidenten bedrängt, sich die Zustimmung des Kongresses zu einem Einsatz der Streitkräfte in Südostasien zu sichern, und dabei auf die Erfahrungen von Harry Truman verwiesen. Dessen Entscheidung, sich sein Eingreifen in Korea nicht vom Kongreß absegnen zu lassen, hatte sich als politisch fatal erwiesen. Doch inmitten der Kongreßdebatte über seine wirtschaftlichen und bürgerrechtlichen Vorlagen lehnte Johnson es ab, solche Maßnahmen zu ergreifen. Er befürchtete, das würde ihm Kritik an seiner Politik einbringen, und zwar sowohl von Konservativen, die ein aggressiveres Handeln im Vietnamkonflikt erwarteten, als auch von Liberalen, die sich wegen den langfristigen Implikationen eines Eingreifens der USA Sorgen machten. Da nun aber die Nordvietnamesen selbst die Feindseligkeiten eröffnet hatten, stand dem nichts mehr im Wege. Er beauftragte den National Security Council, die Ziele für Vergeltungsschläge gegen Nordvietnam auszuarbeiten. Am nächsten Tag schickte er dem Kongreß eine Resolution, die ihn autorisieren sollte, »alle notwendigen Maßnahmen zu ergreifen, um jeden bewaffneten Angriff auf die Streitkräfte der Vereinigten Staaten zurückzuwerfen und weitere Aggression zu verhindern«. Einstimmig verabschiedete das Repräsentantenhaus die Resolution, es gab so gut wie keine Debatte. Im Senat äußerten Ernest Gruening und Wayne Morse heftige Kritik, weil sie dem amerikanischen Engagement in Vietnam ausgesprochen skeptisch gegenüberstanden. Doch bei der Abstimmung waren schließlich nur die Senatoren von Alaska und Oregon dagegen. Die liberalen Kollegen wurden privat von Regierungsanhängern mit zwei Argumenten überzeugt: Eine überwältigende Mehrheit unterstriche die Entschlossenheit der USA angesichts der kommunistischen Bedrohung, und die Resolution könnte dem Präsidenten im Wahlkampf im Herbst helfen, weil sie die republikanischen Vorwürfe neutralisierte, die Demokraten wären dem Kommunismus gegenüber zu weich.[21]

In der Tat dachten sowohl Johnson als auch seine führenden Berater 1964 ständig an die bevorstehende Wahl. Als erstes aber waren die Republikaner an der Reihe. Nixons Niederlage und die Verluste der Partei bei den Zwischenwahlen von 1962 hatten die Republikaner radikalisiert. Obwohl es so aussah, als hätte der Sieg Eisenhowers über Taft 1952 die rechten Republikaner endgültig bezwungen, wurden sie an der Basis wieder stärker. Vor allem konnten konservative Republikaner ihren außenpolitischen Standpunkt klarer in ihr Gesamtprogramm integrieren. Indem sie ihren Widerstand gegenüber einem zu mächtigen Staat und einem starken Präsidenten aufgaben (wenigstens außenpolitisch), versöhnten sie ein außenpolitisches Falkenprogramm mit den traditionellen Prinzipien ihrer Innenpolitik. Dank dieser konsistenteren Ideologie und des größeren Basisaktivismus konnten sie die gemäßigteren Parteimitglieder aus dem Osten übertrumpfen, die den Kern von Eisenhowers Anhängern gebildet hatten und sich 1964 für eine Kandidatur des New Yorker Gouverneurs Nelson Rockefeller stark machten. Der Favorit der Konservativen, Barry Goldwater, forderte eine nur minimale Rolle der Bundesregierung bei der Durchsetzung der Bürgerrechtsgesetze und in wirtschaftlichen Angelegenheiten und vertrat hinsichtlich des Kalten Kriegs einen militanten Standpunkt. In diesem Wahlprogramm spiegelte sich das Wesen des Republikanismus im rechten Flügel, der schon bald einen Großteil des rasch wachsenden Südens beherrschte. Goldwater versuchte nicht, seinen Gegnern in der Partei die Hand zu reichen. Er sagte in einer berühmten Rede, mit der er die Kandidatur annahm: »Extremismus zur Verteidigung der Freiheit ist kein Fehler und [...] Mäßigung bei der Durchsetzung von Gerechtigkeit ist keine Tugend.«[22]

Mit Goldwater als Gegenkandidaten schien Johnsons Wiederwahl keineswegs sicher. Denn der Präsident hatte Probleme, auch wenn sie eher langfristiger Natur waren. Zunächst mußte er sich mit einem beschämenden Gerangel um die Vizepräsidentschaftskandidatur herumschlagen. Eine überwältigende Mehrheit war für Robert Kennedy. Wegen der persönlichen Entfremdung zwischen den beiden Männern kam dies für den Präsidenten aber nicht in Frage; außerdem wollte er unbedingt aus dem Schatten seines Vorgängers heraustreten. Johnsons Ankündigung, er würde kein Kabinettsmitglied als Vize berufen, beendete den Streit in unwürdiger Weise. Kennedy trat schließlich als Justizminister zurück und bewarb sich als Senator von New York. Doch schon vor der Auseinandersetzung mit Kennedy hatte es Anzeichen gegeben, daß die Partei in der explosiven Frage der Bürgerrechte gespalten war. Bei den Vorwahlen wurde Johnson nominell von George Wallace herausgefordert, dem Gouverneur von Alabama. Mit seinem Versuch, der Rassenintegration an der Universität seines Staats Widerstand zu leisten, hatte er landesweite Berühmtheit erlangt. Nur wenige zweifelten daran, daß Wallace die Unterstützung von Weißen aus dem Süden bekommen würde, die wegen des Eintretens des Präsidenten für die Bürgerrechte befremdet waren. Doch auch Wallace' Vorwahlergebnisse in den Nordstaaten – in Wisconsin, Indiana und Maryland schaffte er über 30 Prozent – ließen den Schluß zu, daß seine Attacke auf das gesellschaftspolitische Programm der Liberalen über den Süden hinaus Widerhall fand.[23]

Wallace' Kandidatur zeigte, daß die demokratische Koalition langfristig Schwierigkeiten mit den weißen Wählern der Unterschicht hatte. Gleichzeitig ließ der linke Parteiflügel Abnutzungserscheinungen erkennen. Städtische Unruhen im Sommer

1964 thematisierten die wirtschaftlichen Ungleichheiten, unter denen die Schwarzen litten. Sie bedrohten Kings auf Integration, maßvolle Schritte und legale Maßnahmen setzende Vorgehensweise. Innerhalb der Bürgerrechtsbewegung starteten das SNCC und der CORE den »Freedom Summer«: Sechshundertfünfzig Freiwillige (meistens Weiße aus der Mittelschicht des Nordens) halfen Schwarzen, sich in Wählerlisten eintragen zu lassen, ihnen die politische Teilnahme zu ermöglichen und ihre wirtschaftliche Lage zu verbessern. Die Dinge nahmen jedoch nicht den geplanten Verlauf. Die Arbeit vor Ort radikalisierte die Schwarzen, und da das SNCC sich auf die Armen auf dem Land konzentriert hatte, wurde aus seinem Einsatz für eine gemischtrassische Koalition zur legalen Überwindung der Rassentrennung bald der Keim der Black-Power-Bewegung. Die weißen Freiwilligen wurden im allgemeinen freundlich empfangen, doch ihre Haltung gegenüber dem neuen Programm der Bewegung war vor allem wegen ihrer Unkenntnis der lokalen Besonderheiten zwiespältig. Viele Weiße verließen Mississippi völlig desillusioniert und wandten sich anderen radikalen Gruppen zu, beispielsweise der Anti-Kriegs-Bewegung. Die schwarzen Führer der Kampagne, etwa Robert Moses vom CORE, bewegten sich in die entgegengesetzte Richtung und befürworteten ein schwarzes separatistisches Programm. Darüber hinaus rief die Kampagne wüste Gegenreaktionen der Weißen von Mississippi hervor. Sie manifestierten sich auf tragische Weise, als drei ihrer Mitarbeiter von der örtlichen Polizei ermordet wurden: zwei Weiße, Andrew Goodman und Michael Schwerner, und ein Schwarzer, James Chaney. Entwicklungen auf der nationalen politischen Bühne verstärkten das desillusionierende Gefühl, bei den Problemen in Mississippi versagt zu haben. Unter der Führung von Farmer und Fannie Lou Hamer, einer lokalen SNCC-Aktivistin, gründeten Mitarbeiter des »Freedom Summer« die Mississippi Freedom Democratic Party (MFDP), die eine integrierte Alternative zur Delegiertenliste der Staatspartei bot. Bei der Vorstellung ihres Programms in Atlantic City bezweifelten MFDP-Aktivisten den Anspruch der Demokratischen Partei auf ihre Abgeordnetensitze: Bei der Auswahl der Delegierten sei den Schwarzen das Wahlrecht verweigert worden. Der Fall fand landesweit die Unterstützung von Liberalen, aber Johnson, der zu einer Konsenspolitik neigte, wollte seine Kandidatur nicht von einer Rassenauseinandersetzung überschattet sehen. Er bestimmte Hubert Humphrey zum Vizepräsidentschaftskandidaten, weil der Senator aus Minnesota liberale Mitstreiter um sich scharen und die Herausforderung der MFDP zugunsten einer Lösung zurückweisen konnte, bei der die MFDP zwei Sitze bekommen und das Versprechen erhalten würde, daß zukünftige Südstaaten-Delegationen auf Grundlage der Rassenintegration gewählt würden.[24]

Im Herbst gab Goldwater den Ton des Wahlkampfs vor. Immer wieder ritt er auf seinem Lieblingsthema herum, massiv die Steuern senken zu wollen, um die Präsenz der Bundesregierung im amerikanischen Leben zurückzudrängen. In noch provokanterer Weise hofierte er die weißen Südstaatler. Er versprach, ihnen ein Präsident zu sein, der die staatlichen Rechte respektieren würde. Die Demokraten antworteten mit einer gnadenlos negativen Kampagne, die in einer umstrittenen Fernsehwerbung gipfelte, die nahelegte, daß Goldwater – sollte er gewählt werden – einen Atomkrieg anzetteln würde. Erfolgreich lenkten sie die Aufmerksamkeit der Wähler auf Wirtschaftsdinge und weg von den kontroverseren Fragen der Rassenbeziehungen. Diese beiden Taktiken, Goldwaters Ungeschicklichkeit, ein allgemeines Vertrauen in den wirtschaftlichen Wohlstand der Nation und Johnsons erfolgreiche Vereinnahmung des Kennedyschen Erbes führten zu einem demokratischen Triumph von überwältigendem Ausmaß. Johnson brachte 44 Staaten und 61 Prozent der Wähler hinter sich. Seine Fähigkeit, auch in republikanischen Gewässern fischen zu können, spülte bei den Wahlen zum Senat und zum Repräsentantenhaus eine Welle von Demokraten ins Amt. Die 47 erstmals gewählten demokratischen Abgeordneten aus Staaten außerhalb des Südens bildeten für das liberale Sozial- und Wirtschaftsprogramm des Präsidenten eine solide Basis. Die Zahl der an Rassenproblemen interessierten liberalen Demokraten im Senat stieg von 21 sechs Jahre zuvor auf 45. Andererseits hatte sich das ideologische Machtgleichgewicht bei den Republikanern erheb-

lich nach rechts verlagert; im selben Zeitraum hatten 32 der 42
Rassenfragen liberal gegenüberstehenden Republikaner den
Senat verlassen. Auch Anzeichen für zukünftige Probleme gab
es: Die Bürgerrechtler hatten einen Rückschlag erlitten, weil
Goldwater fünf Staaten des tiefen Südens hinter sich bringen
konnte und die Republikaner zum ersten Mal seit dem 19. Jahrhundert Wahlbezirke in Georgia, Alabama und Mississippi
eroberten. (Allerdings stärkte dies kurzfristig insgesamt die
Liberalen, weil viele erzkonservative Demokraten aus den Südstaaten ihre Ausschußsitze verloren.) Darüber hinaus hatte der
Wahlkampf eines deutlich gemacht: Der harte, gegen die Regierung gerichtete Tenor, der einst auf extremistische Gruppen wie
die John Birch Society beschränkt gewesen war, fand jetzt mehr
Anhänger, und zwar vor allem im Westen. Also stieß auch in
jener Region ein Zurückdrängen der föderalen Einflußmöglichkeiten auf Interesse. Unmittelbar nach dem Erdrutschsieg sahen
Johnson und seine Anhänger diese Probleme nicht. Vielmehr
folgerten Kommentatoren, die Wahlen hätten das Todesurteil
über die Republikanische Partei gesprochen.[25]

Mit einem überwältigenden Wählermandat und einem Kongreß, der Wirtschaftsreformen aufgeschlossener gegenüber-
stand als irgendein anderer seit den Anfängen des »New Deal«,
startete Johnson sein innenpolitisches Programm. Sein funda-
mentaler Gegensatz zu Kennedy bestand ja darin, daß er lieber
innen- als außenpolitische Probleme anging. Also verschrieb er
seine Regierung einem »Krieg gegen die Armut«; er wollte die
von Kennedys Keynesscher Politik stimulierte Wirtschaftsentwicklung beibehalten und gleichzeitig das bundesstaatliche
Sicherheitsnetz des »New Deal« für jene ausbauen, die vom
Wirtschaftsboom der Nachkriegsära nicht hatten profitieren
können. Das Thema der anhaltenden Armut war Anfang der
sechziger Jahre mit aller Macht wieder aufgekommen; das prominenteste Beispiel war die Veröffentlichung von Michael Harringtons ›The Other America‹ 1962. Der Autor argumentierte,
im Gegensatz zu einem weitverbreiteten Glauben der Nach-
kriegsamerikaner, daß wirtschaftliche Not etwas Vorüberge-
hendes sei, lebe ein erheblicher Anteil der Armen in ständiger
struktureller wirtschaftlicher Not. Die von Harrington skiz-

zierten Verhältnisse waren Anfang der sechziger Jahre nichts Neues, die dadurch hervorgerufenen Reaktionen allerdings schon. Teils profitierte das Buch von einer zunehmenden Angst der Mittelschicht vor einer auf Dauer verarmten Unterschicht, der oft auch ein verdecktes oder gelegentlich offenes rassistisches Element zu eigen war. Die meisten Liberalen interpretierten Harringtons Studie aber als Aufforderung an die Regierung, mehr zu tun. Liberale Sozialwissenschaftler betrachteten das Thema Armut als optimalen Testfall zur Umsetzung ihrer Theorien, wie zielgerichtete Aktionen der Regierung den dringlichsten Bedürfnissen der Gesellschaft nachkommen könnten. Darüber hinaus hatte die Bürgerrechtsbewegung zunehmend die ökonomische Gerechtigkeit in ihr Programm aufgenommen und den Zusammenhang zwischen Diskriminierung und Armut betont.[26]

Als »New Deal«-Demokrat und mit seinem persönlichen Einsatz für den Wohlfahrtsstaat zeigte Lyndon Johnson bei der Durchführung seines Programms mehr Entschlossenheit als Kennedy. Er profitierte auch erheblich davon, daß der 1964 gewählte Kongreß eindeutig liberaler war. In einem verblüffenden Ausbruch präsidialer Energie brachte die Administration 1965 eine Überfülle von innenpolitischen Gesetzesinitiativen durch. Nach anfänglichen Maßnahmen wie Ausbildungsbeihilfen seitens des Bundes oder Medicare legte der Präsident nach und warb erfolgreich für eine Verbesserung der höheren Schulbildung und der städtischen Massenverkehrsmittel, für Programme, die von der Operation Head Start für unterprivilegierte Vorschulkinder über berufliche Bildungsmaßnahmen bis zur Weiterbildung der Lehrer reichten, und für vermehrte Möglichkeiten der Bundesregierung, die Verbraucher durch eine Ausweitung der Umweltschutz- und anderer verbraucherfreundlicher Gesetze zu schützen. Das Anti-Armuts-Programm sah eine erweiterte Präsenz der Bundesregierung vor, doch der Präsident paßte auf, daß er nicht zu weit ging. Passend umschrieb Johnson den Krieg gegen die Armut als »Einhalt gebieten, nicht Almosen verteilen«. Damit spielte er nicht nur mit traditionellen amerikanischen Ängsten vor Wohlfahrtsprogrammen, die eine ständige Abhängigkeit von Regierungsgeldern förderten,

sondern auch mit dem eher modernen liberalen Zögern, um-
fängliche Regierungsmaßnahmen zur Umverteilung des Einkommens zu sanktionieren. Johnsons Programm baute auf
Interventionen seitens des Bundes, um institutionelle und soziale Barrieren abzubauen, die die Armen davon abhielten, aus
eigener Kraft wirtschaftlichen Erfolg zu haben – etwa schlechte
Schul- und Berufsausbildung oder unzureichende Gesundheits-
vorsorge. Auch bei den Bürgerrechten konnte Johnson seinen
Schwung beibehalten. 1965 verabschiedete der Kongreß den
Voting Rights Act, der der Bundesregierung ein breites Spektrum von Möglichkeiten an die Hand gab, nicht nur das Wahlrecht der Schwarzen in den Südstaaten zu garantieren, sondern
auch sicherzustellen, daß die von Weißen dominierten staatlichen Legislativen nicht die Schwarzen jeder realen politischen
Macht beraubten. Alles in allem umschrieb der Präsident sein
Reformpaket als »Great Society«.[27]

Langfristig betrachtet waren die wichtigsten dieser Gesetzes-
maßnahmen das Medicare-Programm und der Voting Rights
Act. Medicare gewährte älteren Mitbürgern medizinische Hilfe
und diente als Kranken- in Ergänzung zur Sozialversicherung.
Seine Segnungen kamen allen älteren Amerikanern zugute, und
so handelte es sich technisch gesehen gar nicht um eine Wohl-
fahrtsmaßnahme. Wie die Sozialversicherung zielte die Maßnahme jedoch auf Bevölkerungsteile ab, in denen die Armen
überproportional vertreten waren. Trotz Johnsons Entscheidung, Medicare so zu fassen, daß jeder einen Anspruch darauf
hatte, stieß das Programm auf leidenschaftlichen, wenn auch
erfolglosen Widerstand konservativer Republikaner und der
politisch einflußreichen American Medical Association. Sie
ließen den Vorwurf einer »sozialisierten Medizin« wieder auffle-
ben, den sich zum letzten Mal Harry Truman 1949 eingefangen
hatte, als er versuchte, die Struktur der nationalen Krankenversicherung zu verbessern. Der Voting Rights Act hingegen war
die Hochwassermarke des liberalen Bürgerrechtsprogramms.
Das Gesetz autorisierte die Bundesregierung, Analphabeten-
Tests und andere Restriktionen des Wahlrechts in den Südstaaten zu suspendieren, und ermächtigte den Justizminister, Wahl-
rechtsänderungen im Süden (wie etwa die Umverteilung von

Wahlbezirken) zu untersagen, wenn diese seinem Urteil nach diskriminierende Auswirkungen hätten.[28]

Während der Präsident sich lieber um Innenpolitik kümmerte, erschwerten Anfang 1965 internationale Fragen seine politische Lage. Das Hauptproblem hieß nach wie vor Südvietnam. Die führenden Berater argumentierten, die Kriegsanstrengungen würden ohne das Eingreifen von amerikanischen Kampftruppen im Sand verlaufen. Johnson ließ mittlerweile erkennen, daß er diese harte Linie akzeptierte. Er autorisierte die Operation Rolling Thunder, die bis Ende April zu 3600 US-Bombereinsätzen über Nordvietnam führte. Meinungsumfragen bestätigten diesen Kurs: 83 Prozent der Befragten befürworteten im Kielwasser von Pleiku Luftangriffe. 69 Prozent stimmten zu, den Norden zu bombardieren, um den politischen Zusammenbruch des Südens zu verhindern. Doch die günstigen Umfrageergebnisse täuschten über längerfristige Probleme hinweg. Anfang 1965 weitete sich der Widerstand gegenüber Johnsons Vietnampolitik aus. Zu den beiden Opponenten der Tonkin Gulf Resolution – Ernest Gruening und Wayne Morse – stieß ein politisch einflußreicheres Trio, das aus Frank Church (Demokrat, Idaho), George McGovern (Demokrat, South Dakota) und Gaylord Nelson (Demokrat, Wisconsin) bestand. Darüber hinaus kam es im Frühjahr zu scharfen öffentlichen Protesten gegen die Verwicklung der USA in den Krieg. Am bemerkenswertesten war eine Demonstration der Students for a Democratic Society (SDS), einer Studentenorganisation, die sich Anfang der sechziger Jahre fast nur um innenpolitische Angelegenheiten gekümmert hatte. Die Position dieser Organisation schien – obwohl sie die Doktrin der Neuen Linken proklamierte – dieselben ideologischen Grundlagen zu haben wie der Liberalismus im Ganzen. Tatsächlich finanzierten sich die SDS zu einem Großteil aus der Gewerkschaftsbewegung; ihre Aktivisten konzentrierten sich besonders auf Bürgerrechtskampagnen. Der Krieg begann also die Liberalen zu radikalisieren und wies damit auf Probleme hin, mit denen der Präsident sich gegen Ende des Jahrzehnts konfrontiert sehen sollte.[29]

Johnson reagierte auf solche Attacken sensibel – vor allem, wenn sie von liberalen Intellektuellen und Senatoren ausgingen, die für seine Stammwählerschaft wichtig waren. Am 7. April versuchte er geschickt, die zunehmende Kritik mit einer großen Ansprache an der Johns Hopkins University zu beschwichtigen. Er verkündete, bedingungslos Friedensverhandlungen aufnehmen und einen Entwicklungsfond von einer Milliarde Dollar für das Mekong-Delta anbieten zu wollen, wenn die Nordvietnamesen den Krieg beendeten. Anfang Mai unternahm der Präsident einen ersten Schritt und stellte die Bombardierung Nordvietnams für fünf Tage ein. Diese Politik trug ihm heftige öffentliche Kritik von Demokraten im Senat ein, was kein Zufall war. Trotz solcher Zugeständnisse wurde der Konflikt im Frühjahr und Sommer 1965 immer mehr zu einem amerikanischen. Unwiderruflich verschrieb sich der Präsident im Juli dem Krieg, als er autorisierte, die Zahl der US-Streitkräfte in Vietnam bis zum Jahresende von 75 000 auf 175 000 zu erhöhen und möglicherweise 1966 weitere 100 000 Soldaten abzustellen. Gleichzeitig spielte er öffentlich seinen politischen Kurswechsel bewußt herunter. Er befürchtete, konservative Kongreßabgeordnete könnten den Krieg als Vorwand benutzen, um seine Innenpolitik finanziell abzublocken. Aus demselben Grund sah Johnson davon ab, zur Finanzierung der vermehrten Militäraktionen die Einkommensteuer zu erhöhen, Reservisten einzuberufen oder die Nationalgarde für den Kriegsdienst heranzuziehen. Kurzfristig machte diese Strategie für Johnson Sinn, langfristig aber löste sie Zweifel an seiner Glaubwürdigkeit aus, weil zwischen Worten und Taten eine Lücke klaffte. Das rief Zyniker auf den Plan, die die Vertrauenswürdigkeit der Regierung insgesamt in Frage stellten.[30]

Die ersten zwei Amtsjahre Johnsons galten als Höhepunkt des Nationalliberalismus. In der Außenpolitik vertrat die Regierung einen harten Antikommunismus, was nicht nur durch die Eskalation in Vietnam klar wurde. Im Mai 1965 schickte der Präsident 22 000 Marines in die Dominikanische Republik, um dort linke Kräfte unter Kontrolle zu halten, von denen die Regierung annahm, daß sie von lokalen Kommunisten unterwandert wären. In den Rechtsfragen hatte Johnson erfolgreich eine Fülle von Bürgerrechtsmaßnahmen durch den Kongreß gebracht. Sie gipfelten im Voting Rights Act, der die letzten

Reste von Rassentrennung in den USA beseitigte. Die Regierung definierte die Bürgerrechtsangelegenheiten auch auf breiterer Basis und stellte sich vor allem mit Title VII der EEOC hinter die Frauenbewegung. Wirtschaftspolitisch wollte Johnson mit seinem Krieg gegen die Armut sicherstellen, daß alle Teile der amerikanischen Gesellschaft an dem Boom teilhatten, der nach Ansicht der Liberalen endlos weitergehen würde. Der Präsident widmete sich dem Aufbau eines föderalen Sicherheitsnetzes leidenschaftlicher als viele andere Nationalliberale. Sein Programm stellte aber nicht die ökonomischen Theorien der Gruppe in Frage und sollte auch nicht die umfassenderen Wirtschaftsreformen des »New Deal« und der progressiven Ära wiederbeleben.

Ausgehend von diesem Höhepunkt kam es in den nächsten Jahren jedoch zum politischen Einbruch dieser Ideologie. Außenpolitisch spaltete der Vietnamkrieg die Reformer sowohl in Washington wie im ganzen Land. Das ermöglichte es den Konservativen, mit einer Rückbesinnung auf Nationalismus und Patriotismus um mehr Unterstützung zu werben. Bei den Bürgerrechtsfragen führte eine zunehmende Selbstsicherheit ehemals marginalisierter Gruppen zusammen mit einer kontinuierlichen Ausweitung des Rechtsbegriffs zu einem Rückschlag, der eine konservative Wiederbelebung der amerikanischen Gesellschaft und Politik auslöste. Das zunehmende Defizit im Bundeshaushalt, das Versagen vieler Programme des Kriegs gegen die Armut (in Relation zu Johnsons übertriebenen Erwartungen) und die Verlangsamung des Wirtschaftswachstums nährten immer mehr Skepsis, ob es richtig war, den Wohlfahrtsstaat weiter auszubauen. Daraus konnten die Konservativen wieder einmal politisch und intellektuell Vorteil ziehen.

Ereignisse sowohl in Washington als auch in Südostasien machten es zunehmend schwierig, die Fiktion aufrechtzuerhalten, Johnson hätte die von seinen Vorgängern geerbten Verpflichtungen nicht erheblich ausgeweitet. Anfang 1966 wurde die Regierung von überraschender Seite angegriffen – dem Senate Foreign Relations Committee unter Vorsitz des Senators J. William Fulbright (Demokrat, Arkansas), einem langjährigen Freund des Präsidenten. In einer Reihe von landesweit im Fernsehen übertragenen Anhörungen erkundete der Ausschuß die Logik hinter der Politik der Regierung und half damit pauschalen Widerspruch zu legitimieren. Noch wichtiger war die zunehmend aggressive Anti-Kriegs-Bewegung, die vor allem von Studentenorganisationen getragen wurde. An ihr wurde deutlich, wie sehr der Vietnamkrieg die Intellektuellen radikalisiert hatte, die zu Beginn des Jahrzehnts Kennedys begrenzteres liberales Programm befürwortet hatten. Die neue Studentenbewegung war die wichtigste Entwicklung in der Sozialgeschichte der sechziger Jahre. Die Generation des Baby-Booms wurde erwachsen (die Anzahl der Amerikaner zwischen 18 und 24 Jahren stieg von 16,5 Millionen 1960 auf 24,7 Millionen ein Jahrzehnt später), immer mehr Studenten waren an Colleges und Universitäten eingeschrieben. Die Ausweitung des Vietnamkriegs radikalisierte die studentischen Aktivisten, die sich zunehmend der Außenpolitik zuwandten. Keine andere Gruppe von Amerikanern verteufelte so lauthals den Krieg, der als unmoralisches, imperialistisches Abenteuer einer korrupten Gesellschaft dargestellt wurde. Diese Sichtweise beeinflußte wiederum die innenpolitischen Ansichten der Studenten. Sie schlugen einen stramm marxistischen Kurs ein und rebellierten gegen das »liberale Establishment« als solches (eine Argumentation, die der ideologischen Perspektive vieler Konservativer in den siebziger Jahren entsprach). Johnsons Außenpolitik trieb also einen Keil zwischen ihn selbst und einen Großteil seiner Anhänger von der Basis. Ähnliche Erfahrungen hatte Woodrow Wilson fast fünf Jahrzehnte zuvor wegen der Teilnahme der USA am Ersten Weltkrieg machen müssen.[31]

Johnson hätte vielleicht den Zerfall seines außenpolitischen Konsenses überleben können, wenn nicht zugleich seine innenpolitische Basis weggebrochen wäre. Daß der Präsident versuchte, mittels Konsens zu regieren, wurde durch Probleme zunichte gemacht, bei denen ein Konsens ausgeschlossen war. Erste Anzeichen gab es 1964 beim Kampf um die Sitzverteilung der Delegierten der Mississippi Freedom Democratic Party. Johnson verstand nicht, daß es keiner der Seiten nützen würde, wenn man sich auf halbem Weg einigte. Im Lauf der nächsten Jahre klagten die Schwarzen und andere Minderheiten immer selbstbewußter die Rechte ein, die ihnen ihrer Ansicht nach von einer rassistischen Gesellschaft verweigert wurden. Derweil erweiterte eine Reihe von Entscheidungen des Obersten Gerichtshofs substantiell das Verständnis dafür, auf welche Rechte die Amerikaner einen Anspruch erheben konnten. Als Johnson auf Schwierigkeiten stieß, in Rechtsfragen einen Konsens zu finden, argumentierten Konservative, in der Nachkriegsära hätte die Betonung der Minderheitenrechte politische Rahmenbedingungen geschaffen, die die Rechte der Mehrheit bedrohten. In vielerlei Hinsicht war diese Entwicklung unvermeidlich. Nationalliberale waren davon ausgegangen, daß Regierungsaktivitäten zur Sicherung der Chancengleichheit jenen nützen würden, die zuvor diskriminiert worden waren, ohne die Mehrheit zu entfremden. Anfang der sechziger Jahre war es weitgehend möglich gewesen, diese Balance aufrechtzuerhalten. Größtenteils lag das an dem gemischtrassischen Charakter der Bürgerrechtsbewegung und ihrem Schwerpunkt, gesetzliche Restriktionen aufzuheben, die den Schwarzen die Teilnahme am politischen und ökonomischen Leben verwehrten. Als jedoch Schwarze und andere Minderheiten das Recht auf soziale Gleichstellung oder sogar besonderen Schutz als Gruppe einzufordern begannen – im Sinn einer aktiven Antidiskriminierung –, mußten Johnson und die auf Konsens bedachten Nationalliberalen um die Unterstützung der weißen Demokraten kämpfen, die noch immer die Mehrheit ihrer politischen Basis bildeten. Der Historiker Hugh Davis Graham merkte dazu an: »Das neue Konzept des institutionellen Rassismus implizierte den Übergang von beabsichtigten Nachteilen zu ungleichen Ergebnissen.« Es implizierte jedoch auch den Rückschlag, den diese intellektuelle Entwicklung hervorbringen sollte.[32]

Die Abnutzungserscheinungen der Bürgerrechtsbewegung ließen deutlich das politische Dilemma der Regierung bei der Bürgerrechtsproblematik erkennen. Mit Sicherheit verzeichnete die Kampagne zur Verbesserung der gesellschaftlichen Stellung der Schwarzen in den sechziger Jahren ebensoviele Erfolge wie in den vorangegangenen fünf Jahrzehnten zusammen. Nach wie vor bekämpfte der Oberste Gerichtshof die Rassentrennung, und zwar mit konkreten Erfolgen: Bis 1970 schaffte gut ein

Drittel der Schulen im Süden die völlige Integration, und die anderen waren auf dem Weg dahin. Im Fall Green gegen County School Board stoppte der Oberste Gerichtshof mit einem Grundsatzurteil 1968 den letzten Versuch des Südens, sich dem Trend zu widersetzen. Er entschied, daß lediglich nominelle Anstrengungen zur Rassenintegration nicht ausreichten. Zur Mehrheit, die das Urteil fällte, zählte auch das erste schwarze Mitglied des Supreme Court: Thurgood Marshall war 1967 zum beigeordneten Richter berufen worden. Auch in politischen Kreisen waren Schwarze zunehmend präsent. 1966 wählten die Bürger von Massachusetts Edward Brooke als ersten Schwarzen seit der Rekonstruktion in den US-Senat; im folgenden Jahr wurde Carl Stokes in Cleveland zum ersten schwarzen Bürgermeister einer Großstadt in der amerikanischen Geschichte gewählt; Robert Weaver, von Johnson ins Ministerium für Wohnungsbau und Stadtentwicklung berufen, wurde zum ersten schwarzen Kabinettsmitglied. Derweil schafften auch immer mehr Schwarze den Aufstieg in die Mittelschicht. Zum Teil war das auf den allgemeinen wirtschaftlichen Wohlstand des Jahrzehnts zurückzuführen, zum Teil aber auch auf die tolerantere Einstellung gegenüber Schwarzen, die die Bürgerrechtsbewegung gefördert hatte. Diese Erfolge führten jedoch zugleich zu einer gesteigerten Erwartungshaltung – vor allem unter der schwarzen Jugend; Forderungen wurden laut, die Bundesregierung müsse mehr tun, um die Folgen der Rassendiskriminierung wiedergutzumachen. Im Verlauf dieser Entwicklung gingen die Bürgerrechtsaktivisten über ihren früheren Ansatz hinaus, nur gesetzliche Barrieren der Rassenintegration aufzuheben. Sie begannen jetzt, Fälle von Rassentrennung auf wirtschaftlichem und sozialem Gebiet anzugehen. Weil es sie im Norden wie im Süden gab, wurde das Problem auch erstmals in den nördlichen Staaten thematisiert, wo es die Allianz zwischen Liberalen und Schwarzen bedrohte, die der Schlüssel zu den Erfolgen der Bewegung Anfang der sechziger Jahre gewesen war. Einige Schwarze stellten sogar Kings Taktik, mit Weißen zusammenzuarbeiten, in Frage und verneinten, daß soziale und wirtschaftliche Probleme mit einer Allianz beider Rassen angegangen werden könnten. Der SNCC-Führer Stokely Carmichael etwa befürwortete das Programm der »Black Power«, nach dem Schwarze den Tenor wie das Tempo der Bürgerrechtskampagnen vorgeben sollten. Er argumentierte, Macht und nicht etwa idealistische Prinzipien wie Gewaltlosigkeit oder die Menschenrechte regiere die gesellschaftlichen Verhältnisse. Die Schwarzen könne man nur dann voranbringen, wenn sie selbst – und nicht etwa Weiße, noch nicht einmal weiße Liberale – ihre Institutionen, Programme und Pläne bestimmten. Ende 1966 hatten wesentliche Teile der Bürgerrechtsbewegung Kings integrationistischer Vision den Rücken gekehrt. Das SNCC votierte dafür, die letzten fünf Weißen im Vorstand hinauszuwerfen, und berief Carmichael anstelle von John Lewis zum Vorsitzenden. Der CORE strich das Wort »multirassisch« aus den Mitgliederstatuten seiner Satzung.[33]

Auf beiden Seiten kam es zu einer Polarisierung. Die sich an der politischen Mitte orientierenden nationalen Fernsehanstalten und die Presse hatten Anfang der sechziger Jahre im großen und ganzen die Bürgerrechtsbewegungen unterstützt. Jetzt kritisierten sie immer mehr die radikalen Tendenzen des SNCC. Einige Weiße verdoppelten wegen dieser neuen ideologischen Entwicklung ihre Anstrengungen, mit gemäßigten Schwarzen zusammenzuarbeiten, um den gemischtrassischen Charakter der Bürgerrechtsbewegung zu erhalten. Die meisten folgten aber entweder Konservativen wie George Wallace, der eine Kampagne für »Recht und Ordnung« forderte, die Gewalttätigkeiten von Schwarzen unterbinden sollte, oder Gemäßigten wie Johnson, der sich von der Bürgerrechtsbewegung distanzierte, als diese kontroversere und weniger auf Konsens bedachte Wege zu beschreiten begann. Diese beiden letzten Ansätze stellten den sichersten politischen Kurs dar, weil es 1965 zu einer Serie von Unruhen gekommen war – am heftigsten in Watts, einem Viertel von Los Angeles. Mitte 1966 ergab eine Umfrage, daß 75 Prozent der Weißen meinten, die Schwarzen würden zu radikal vorgehen; 1964 waren es lediglich 50 Prozent gewesen.[34]

Weil King die Führung der sich immer mehr aufreibenden Bewegung in der Hand behalten wollte, ging er stärker auf Konfrontationskurs und startete einen, wie er selbst sagte, »bemerkenswerten Neuanfang« in der Kampagne gegen die Diskriminierung, indem er die Wohnverhältnisse in den Städten des Nordens ins Visier nahm. Er konzentrierte seine Anstrengungen auf Chicago, fand aber kaum weiße Unterstützung für seinen Versuch, die oft subtilen Auswirkungen der Rassentrennung zu überwinden, die auf wirtschaftlichen und sozialen Faktoren beruhten und denen mit Rechtsmitteln kaum beizukommen war. Denn sein Programm griff ein vitales Element der demokratischen Koalition an: städtische, weiße, ethnisch orientierte Wähler aus der Arbeiterklasse. Um seine Schlagkraft wiederzugewinnen, verengte King die Stoßrichtung seiner Kampagne auf die Forderung, durch Beendigung diskriminierender Praktiken auf dem Immobiliensektor das Recht auf freie Wohnungswahl durchzusetzen. Doch obwohl es eindeutige Beweise für solche Diskriminierungen gab, scheiterte auch Kings Wohnungskampagne. Letzten Endes half sie kaum, die Lage der Schwarzen von Chicago zu verbessern. Sie brachte aber weiße, ethnisch orientierte Wähler dazu, ihre Treue zur Demokratischen Partei und dem von ihr vertretenen Liberalismus zu überdenken. Die Wohnungskampagne verschärfte die Rassenfrage in der Chicagoer Politik und trug auch zum Niedergang des Daley-Apparats bei, der sich bis dahin der starken Unterstützung durch weiße wie schwarze Bürger der Stadt erfreut hatte, weil er sich auf soziale Hilfestellungen und städtische Dienstleistungen konzentrierte und nicht auf Fragen sozialer und rassischer Gerechtigkeit. Andere städtische Apparate erlitten vergleichbare Schicksale, weil sich ihre Basis in der Rassenfrage polarisierte, wodurch eine weitere Bastion traditioneller demokratischer Stärke zerfiel. Die Lektion von Chicago war für die SCLC doppelt entmutigend: Die Bürgerrechtsaktivisten konnten nicht mit gemischtrassischer Unterstützung rechnen, wenn sie sich den wirtschaftlichen und sozialen Folgen der Diskriminierung zuwandten. Die Frage aufzuwerfen bedrohte zugleich das Wohlergehen der Demokratischen Partei, mit der sie ihr politisches Schicksal verknüpft hatten. Die gesamte Kampagne ließ ein weiteres Mal erkennen, daß der Bürgerrechts-Liberalismus die Einheit von FDRs »New Deal«-Koalition bedrohte.[35]

Während sich die Bürgerrechtsbewegung in Nationalisten und Integrationisten aufspaltete, gewannen andere soziale Bewegungen an Stärke, weil sie vom toleranteren Klima der sechziger Jahre profitierten. Vor allem zwei profilierten sich im Verlauf dieses Jahrzehnts. Die erste war die feministische Bewegung, die nach der Veröffentlichung von Betty Friedans ›Feminine Mystique‹ [deutsch: ›Der Weiblichkeitswahn‹] im Jahr 1963 Fahrt aufnahm. Das Buch beschrieb, wie der »Mythos der weiblichen Erfüllung« – vor allem die in den Vorstädten gehegte Rollenerwartung als Gattin, Mutter und Hüterin des Hauses – die Frauen unerfüllt ließ, und zwar vor allem jene mit einer College-Ausbildung. Kennedys Politik hatte dieser Bewegung zugearbeitet. Esther Peterson, Kennedys Leiterin des Frauenbüros und stellvertretende Arbeitsministerin, hatte sich als effiziente Lobbyistin erwiesen und die Unterstützung der Regierung für verschiedene Maßnahmen bekommen, etwa eine Kommission zur Untersuchung der Stellung der Frauen und eine Wiederbelebung der Gesetzgebung für gleiche Löhne. Darüber hinaus überbrückten ihre Aktivitäten die traditionelle Kluft zwischen Feministinnen, die die Gleichberechtigung betonten, und Frauen aus der Arbeiterbewegung, für die Arbeitsschutzgesetze wichtig waren. Anfangs artikulierte die feministische Bewegung wie vor ihr schon die Bürgerrechtsbewegung eine recht naive und bescheidene Botschaft – daß Frauen ihre eigenen Probleme lösen könnten, wenn sie selbstbewußt handelten, immer wieder darauf hinwiesen, daß sie diskriminiert wurden, und den Wandel der gesellschaftlichen und kulturellen Werte abwarteten. In diesem Rahmen drängte die Bewegung während des größten Teils der sechziger Jahre darauf, Title VII des Civil Rights Act rigoroser durchzusetzen, konzentrierte sich also auf den Abbau rechtlicher Barrieren gegen die Gleichheit am Arbeitsplatz. Doch parallel zur Bürgerrechtsbewegung begann sich der Feminismus auch kontroverseren Themen zuzuwenden. Ein Verfassungszusatz zur Gleichberechtigung der Frau war das zentrale Ziel der National Organization of Women (NOW), die 1967 von Friedan und mehreren Gesinnungsgenossinnen gegründet wurde. Sie waren frustriert, weil die EEOC ihrer Ansicht nach sich nur sehr lustlos bemühte. Das Konzept eines solchen Gleichberechtigungszusatzes stammte aus den zwanziger Jahren und ging auf Aktivistinnen

wie Alice Paul zurück. Am stärksten wurde es von berufstäti-
gen, gebildeten Frauen unterstützt, die auch die meisten Füh-
rungspositionen der NOW besetzt hatten. Peterson vertrat die
gemäßigtere Position, die Geschlechtsdiskriminierungen des
fünften und vierzehnten Verfassungszusatzes zu beseitigen. Die
Frauen der NOW gingen darüber hinaus und riskierten, die Bewegung genauso schichtenspezifisch zu spalten, wie den Liberalismus in der Nachkriegsära die zunehmende Konzentration
auf Rechtsfragen statt wirtschaftlicher Themen gespalten hatte.[36]

Während die Frauenbewegung wuchs, zugleich aber Anzeichen einer langfristigen Spaltung aufwies, kam noch eine weitere Bewegung in Fahrt. Die Veröffentlichung von Rachel
Carsons ›Silent Spring‹ [›Der stumme Frühling‹] im Jahr 1962
belebte das Interesse am Naturschutz wieder. Er war schon ein
Anliegen der progressiven Ära gewesen, aber nach dem Zweiten
Weltkrieg vom politischen Radarschirm verschwunden. Carson
beschrieb in ihrem Buch die Auswirkungen des Pestizids DDT.
Sie argumentierte, der Mißbrauch der Natur, den Umweltschützer schon seit der Zeit von John Muir angegriffen hatten, bedrohe zugleich auch die menschliche Gesundheit. Der Naturschutz
der progressiven Ära war in seinem Kern eine professionelle
und verwaltungstechnische Bewegung, die sich auf Aktivisten
aus der Ober- und der oberen Mittelschicht stützte. Die Umweltschutzbewegung der sechziger Jahre aber war viel breiter
als die professionelle, ihre Reformimpulse gingen von der Basis
aus. Die Bewegung stützte sich auf die wichtigste liberale
Grundposition der Nachkriegsjahre: daß nämlich – wie viele
ADA-Theoretiker behaupteten – die soziale Umgebung und
kreative Freizeitgestaltung ebenso unverzichtbar zur Lebensqualität gehörten wie wirtschaftliches Wohlergehen. Die
Umweltschutzbewegung profitierte auch von der Baby-Boom-
Generation, deren Angehörige das Fußvolk des Basisaktivismus
stellten. Wie in den anderen sozialen Bewegungen der Epoche
kehrten die neuen Umweltschützer moderaten Forderungen
nach kleineren politischen Anpassungen den Rücken und spielten die Notwendigkeit herunter, sich zwischen Umweltschutz
und Wirtschaftswachstum entscheiden zu müssen. Da dieses
Gedankengebäude breite Akzeptanz fand, stieß die Bewegung

zumindest in den sechziger und siebziger Jahren nur auf wenig Kritik.[37]

Rechtsfragen aber diskutierte man viel kontroverser. Vor allem im Verlauf der sechziger Jahre wurde die Definition von »Diskriminierung« immer umstrittener. Die Öffentlichkeit unterstützte Regierungsmaßnahmen zur Aufhebung der Rassentrennung das gesamte Jahrzehnt hindurch; der Kongreß und die ethnisch orientierten weißen Gruppen aber, die ein Schlüsselelement der politischen Basis der Demokraten waren, brachten dem neuen, rechtspolitischen Programm in den späteren sechziger Jahren weniger Sympathie entgegen. Im Verlauf dieser Entwicklung lenkten Bürgerrechtsaktivisten ihre Aufmerksamkeit stärker auf Institutionen, die von den Schwankungen des politischen Prozesses abgeschottet waren, etwa die EEOC und den Obersten Gerichtshof. Während der gesamten sechziger Jahre hatte der Supreme Court die Grundzüge des rechtspolitischen Liberalismus ständig ausgeweitet und damit das politische Dilemma verstärkt, vor das dieses Problem die Regierung Johnson stellte. 1962 entschied das Gericht im Fall Baker gegen Carr, daß staatliche Gesetze, die Wahlbezirke zugunsten ländlicher Gegenden (und damit konservativerer Wähler) umorganisierten, gegen die Verfassungsvorschrift »ein Mann, eine Stimme« verstießen und damit verfassungswidrig seien. Im selben Jahr wurde im Fall Engel gegen Vitale beschlossen, daß eine Vorschrift des Staats New York, nach der die Schüler öffentlicher Schulen ein (nichtkonfessionelles) Gebet aufsagen mußten, gegen den ersten Verfassungszusatz verstieß, der die Trennung von Kirche und Staat gebot. 1965 erklärte eine Mehrheit der höchsten Richter im Fall Griswold gegen Connecticut, unter Berufung auf das Recht auf Privatsphäre, ein Gesetz von Connecticut für verfassungswidrig, das den Gebrauch von Empfängnisverhütungsmitteln verbot. Eine Fülle von Entscheidungen erweiterte die verfassungsmäßigen Rechte von Menschen, die eines Verbrechens angeklagt waren. Das vielleicht umstrittenste Urteil wurde im Fall Miranda gegen Arizona gefällt: Es verlangte von der Polizei, einen Verdächtigen vor dem Verhör auf seine verfassungsmäßigen Rechte hinzuweisen. Diese Entscheidungen machten klar, welche Gefahren von dem nationalliberalen Eifer bei Rechtsfragen für die Demokraten bei Wahlen ausgingen. Franklin Roosevelt hatte begriffen, daß er mit Wirtschaftsthemen lähmende Auseinandersetzungen um kulturelle und soziale Angelegenheiten vermeiden konnte. Das politische Kalkül des rechtspolitischen Liberalismus funktionierte hingegen ganz anders. Die wachsende Beschäftigung mit Rechtsfragen richtete sich im Kern gegen demokratische Positionen, da sie davon ausging, daß die Regierung die Rechte von Minderheiten besser vor Übergriffen der Mehrheit schützen müsse. Im Kern des rechtspolitischen Programms schlummerten Probleme, die letztlich dafür sorgten, daß seine eifrigsten Anhänger die Unterstützung ihrer politischen Basis verloren. Konsequent ins Extrem getrieben, konnte das Programm nicht mit Johnsons Konsens-Politik in Einklang gebracht werden. Bei den Rechtsfragen, die Mitte und Ende der sechziger Jahre aufkamen, gab es eindeutige Verlierer und Gewinner. Zusätzlich erhoben die Entscheidungen des Obersten Gerichtshofs kontroverse Themen wie Bürgerrechte, Religion, Kriminalität und Empfängnisverhütung zum Gegenstand nationaler Politik. Das machte es unmöglich, FDRs Taktik der dreißiger Jahre zu wiederholen, soziale Fragen einfach zu ignorieren, um die Einheit der Koalition in Wirtschaftsdingen zu bewahren.[38]

Ein politisch angeschlagener Präsident, die Selbstzerstörung des nationalliberalen Programms infolge des ständigen Streits über Rechtsfragen, Zerwürfnisse wegen des Vietnamkriegs und wachsende Zweifel an der praktischen Durchführbarkeit des Kriegs gegen die Armut – all das verhalf der Republikanischen Partei wieder zu Kräften. Die Wahlergebnisse von 1964 bestätigten Johnsons Befürchtung, die Bürgerrechtsgesetzgebung hätte im Süden den Republikanern Wähler zugetrieben. Gleichzeitig konnten wegen der städtischen Unruhen die Republikaner ihre feindselige Haltung gegenüber den Bürgerrechten als Befürwortung von »Recht und Ordnung« darstellen statt als Widerstand gegen die Rassenintegration. Diese Taktik baute die Attraktivität der Partei für Wähler im Süden aus. Zugleich vermieden es die Republikaner, sich zu offensichtlich in Opposition zu den Bürgerrechten zu begeben. Anhand dieser Richtschnur deuteten sie mit gewissen Standardphrasen – beispielsweise daß die Rechte des Staats zu respektieren seien – oder mit einer rigiden Interpretation der Verfassung den Weißen im Süden an, daß das Bürgerrechtsprogramm unter einer republikanischen Regierung zurückgefahren würde. Wirtschaftspolitisch profitierten die Republikaner derweil vom wachsenden Zweifel, daß die Bundesregierung langfristig am Wohlfahrtsstaat festhalten könne. Der Krieg gegen die Armut litt darunter, daß Johnson angesichts der Mittel, die er einsetzen konnte, zuviel versprochen hatte. Das Versagen der Regierung bei der Umsetzung des Programms nährte die tiefverwurzelten amerikanischen Bedenken, ob eine umfangreiche Regierungsbürokratie soziale und ökonomische Reformen vorantreiben könne. Gegen Ende des Jahrzehnts bildete sich eine intellektuell überzeugende Kritik am Wohlfahrtsstaat aus, die die ganze Entwicklung zuspitzte. Zeitschriften wie ›Commentary‹ und ›The Public Interest‹ veröffentlichten Autoren wie Daniel Patrick Moynihan, Daniel Bell und Norman Podhoretz. Diese »Neokonservativen« warnten davor, daß Johnsons Ausweitung der Regierungsaktivitäten eine übermächtige Bundesbürokratie hervorbringen und das zukünftige Wirtschaftswachstum wie das Unternehmertum ersticken würde. Das Aufkommen der Neokonservativen war nicht wegen ihrer politischen Unterstützung entscheidend – die blieb ziemlich mager –, sondern wegen ihrer Fähigkeit, den Republikanern ein kohärentes ideologisches Gerüst an die Hand zu geben, auf dessen Grundlage sie ihre Kritik am demokratischen Wirtschaftsprogramm formulieren konnten. Außenpolitisch profitierten die Republikaner von ihrer Oppositionsrolle. Wie fünf Jahrzehnte zuvor unter Henry Cabot Lodge konnten sie sich in den Mantel des Patriotismus hüllen und ein politisch attraktives, wenn auch strategisch dubioses Wahlkampfprogramm verkünden, das den unbedingten Sieg verlangte.

Eine antikommunistische Falkenhaltung in Fragen nationaler Sicherheit, ein unterschwelliger Appell an den weißen Rassismus und die Opposition gegen eine Ausweitung der Bundesregierung bildeten die ideologische Basis der republikanischen Wiederbelebung. Kein Politiker wußte das Potential dieser Kombination besser zu nutzen als Ronald Reagan. Dieser hatte in den vierziger und fünfziger Jahren als Schauspieler in billigen Filmproduktionen mitgewirkt. Ursprünglich war er »New Deal«-Demokrat, FDR sein erster politischer Held. Mit Ausbruch des Kalten Krieges driftete er nach rechts, und im Jahr 1964 unterstützte er enthusiastisch Goldwater. Seine telegenen Auftritte zugunsten des republikanischen Kandidaten zählten zu den Höhepunkten des Wahlkampfs. Zwei Jahre später bewarb sich Reagan als Gouverneur von Kalifornien. Dem Amtsinhaber Pat Brown warf er vor, die Kriminalität zu lasch anzugehen. Mit seinem überragenden Sieg etablierte er sich als möglicher republikanischer Präsidentschaftskandidat für 1968. Doch nicht allein Reagan wurde 1966 von der konservativen Welle bei den Zwischenwahlen nach oben gespült. Die Mehrheit der Demokraten von außerhalb des Südens kam nicht wieder in den Kongreß. Sie wurden Opfer der Republikaner, die im Repräsentantenhaus 47 und im Senat drei Sitze hinzugewannen.[39]

Abgesehen von den parteibezogenen und ideologischen Folgen der republikanischen Wiedergeburt hatten die politischen Turbulenzen nach dem Zusammenbruch des Nationalliberalismus noch weitere wichtige Auswirkungen auf die nationale Politik. Während des größten Teils der amerikanischen Geschichte waren populistische Stimmungen mit der politischen Linken verknüpft gewesen, angefangen von der ursprünglichen Peoples Party über die antimonopolistischen Aktivisten der progressiven Ära bis hin zu den Organisatoren des CIO in den dreißiger und vierziger Jahren. Doch die wachsende Betonung von Bürgerrechtsthemen koppelte die nationale Reformstimmung von den Grundfragen der ökonomischen Ungleichheit ab, von denen der Populismus zehrte. In den sechziger Jahren begann sich ein anderer populistischer Tenor zu entwickeln, der ähnlich klang – wenn auch nicht so extrem – wie das Programm des KKK in den zwanziger Jahren, das gegen das Establishment mobil machte und angesichts der angeblichen Exzesse der Ära eine Rückkehr zu traditionellen amerikanischen Werten versprach. Diese Stimmung wurde von mehreren disparaten Themen genährt, von denen einige auch zur Wiedererstarkung der Republikaner beitrugen. Dreien aber kam eine besondere Schlüsselrolle zu: Religion, Kriminalität und Rasse. Eine wachsende religiöse, vor allem protestantische Erneuerungsbewegung befürwortete die Rückkehr zu den traditionellen Werten, die von den sozialen Veränderungen der sechziger Jahre bedroht waren. Gleichzeitig sprachen weiße Wähler der Unter- und Mittelschicht auf Forderungen nach Niederschlagung der Gewaltkriminalität an, vor allem nach den städtischen Unruhen von 1965. Die Attacken auf die Kriminalität spielten auch mit rassistischen Ängsten. Dasselbe taten Populisten vom rechten Flügel, die sich einer Aufhebung der Rassentrennung an den Schulen widersetzten. Populistische Attacken stellten beispielsweise die vom Obersten Gerichtshof angeordnete Busbeförderung [von Schulkindern in andere Bezirke, um die Rassenintegration zu fördern] als einen Versuch der Elite dar (von der viele ihre Kinder auf Privatschulen schickten), ihre Werte dem Rest der Gesellschaft aufzupfropfen. Mehr als jedes andere Thema spiegelte die Busbeförderung die Ressentiments weißer Wähler aus der Mittel- und Unterschicht gegenüber den kulturellen, politischen und sozialen Veränderungen der sechziger Jahre wider.[40]

George Wallace konnte die politische Schlagkraft des neuen rechten Populismus am besten mobilisieren. Im Gegensatz zu anderen die Rassentrennung befürwortenden Gouverneuren zeichnete er sich durch offenen Rassismus aus. In Wirtschaftsdingen vertrat er liberal gefärbte Positionen. Er behauptete, die Ausweitung des Bürgerrechtsprogramms hätte zu einer Zunahme der Kriminalität geführt, und attackierte vehement Intellektuelle, Bundesbürokraten, Kommunisten, Liberale, Atheisten, protestierende Studenten und Bürgerrechtsaktivisten. Mit dieser Kombination machte er sich zum Sprecher der Weißen aus der Unter- und Mittelschicht, die sich von der zunehmenden Präsenz der Bundesregierung und dem Zusammenbruch der traditionellen Moral unter Druck gesetzt fühlten. Er bediente sich also der Sprache des Populismus, um die Spannweite der amerikanischen Rassenhetze politisch weit über diejenigen Grenzen auszuweiten, die von Pionieren wie Strom Thurmond im Jahr 1948 gezogen worden waren. Im Süden fand sich eine gewachsene Wählerschaft von entfremdeten Weißen aus der Arbeiterklasse, auf die Wallace setzen konnte, so daß er nicht nur die traditionelle Unterstützungsbasis der kulturell konser-

vativen Bewegungen des Landes – arme Farmer vom Land –,
sondern auch die Arbeiterschicht in den Südstaaten erreichen
konnte. Darüber hinaus wurde bald klar, daß es diesen Wähler-
typ auch außerhalb des Südens gab. Ethnisch orientierte Weiße
im Norden und arme Weiße aus der unteren Mittelschicht im
Süden waren Schlüsselelemente der Mehrheitskoalition hinter
FDR und dem »New Deal« gewesen. Jetzt repräsentierte Wallace mehr als jede andere Figur auf der politischen Bühne deren
Ressentiments gegenüber den tiefgreifenden Veränderungen der
amerikanischen Politik und Kultur der sechziger Jahre.[41]

Das Damoklesschwert einer politischen und ideologischen
Neuausrichtung bildete den Hintergrund für die Ereignisse von
1968 – dem Jahr, das so viele widersprüchliche politische, soziale und internationale Entwicklungen bringen sollte wie kein
anderes in der amerikanischen Geschichte des zwanzigsten
Jahrhunderts. Der Auftakt fand schon Mitte 1967 statt: Eine
Gruppe junger Aktivisten unter Führung von Allard Lowenstein plante, Lyndon Johnson eine erneute Kandidatur für eine
zweite volle Amtszeit zu verweigern. Nachdem mehrere prominente Senatoren, angefangen mit Robert Kennedy, Lowensteins
Angebot einer bereitstehenden politischen Infrastruktur zurückgewiesen hatten, wollte Eugene McCarthy, der Senator von
Minnesota, Johnson herausfordern. Der Demokrat war 1958
erstmals ins Rampenlicht getreten; das Jahr hatte zahlreiche
bemerkenswerte Liberale in den Senat gebracht. McCarthy hatte zehn Jahre lang ziemlich unauffällig dem Oberhaus angehört.
Er galt als intellektuell und geistreich und interessierte sich für
Philosophie und Poesie. Breiteste Aufmerksamkeit zog er beim
demokratischen Nationalkonvent von 1960 auf sich, als er eine
brillante Nominierungsrede zugunsten von Adlai Stevenson
hielt. In vielerlei Hinsicht stellten McCarthys Überzeugungen
eine Weiterentwicklung von Stevensons Ideologie der fünfziger
Jahre dar. Nur außenpolitisch setzte sich McCarthy von Stevenson ab; er machte sich die Prinzipien der Vietnamgegner zu
eigen – Demokratie und Menschenrechte in Übersee einzufordern, aber dem Militär gegenüber mißtrauisch zu sein –, um sich
mehr Prominenz zu verschaffen. Daneben setzte der Senator
von Minnesota auf die Kritik am Kalte-Kriegs-Liberalismus, die

der Vietnamkonflikt ausgelöst hatte, und hinterfragte, ob eine starke Präsidentschaft der Durchsetzung von Reformen dienlich sei. Lieber wollte McCarthy im Rückgriff auf Vorstellungen der zwanziger Jahre dem Kongreß eine größere politische Rolle zuweisen. Innenpolitisch war jedoch der Zusammenhang zwischen McCarthys Vorschlägen und der Durchsetzung eines Reformprogramms weniger klar. Zwar unterstützte er den Krieg gegen die Armut und die meisten anderen von Johnsons innenpolitischen Initiativen, doch in Wirtschaftsdingen zeigte McCarthy wenig Leidenschaft. Er identifizierte sich lieber mit außenpolitischen Angelegenheiten und Rechtsfragen wie etwa den bürgerlichen Freiheiten. McCarthys Programm spiegelte ein Spektrum wider, das sich unter Demokraten vom linken Flügel zunehmender Beliebtheit erfreute: Außenpolitik als Spiegel traditioneller amerikanischer Ideale wie Demokratie und Menschenrechte, eine Betonung innenpolitischer Angelegenheiten wie der bürgerlichen Freiheiten oder der Wahlrechtsreform sowie das Vermeiden sowohl des harten antikommunistischen Kurses als auch der Konzentration auf die Wirtschaftsbelange, die beide Johnsons Präsidentschaft charakterisiert hatten.[42]

Internationale Ereignisse spornten den Herausforderer McCarthy an. Am 30. Januar 1968 kamen beide Seiten im Vietnamkrieg überein, am ersten Tag des Tet, des vietnamesischen Festes zum Beginn des Mondjahres, die Waffen ruhen zu lassen. Doch am frühen Morgen drang ein Kader der Volksbefreiungsfront als Teil einer größeren Offensive auf das Gelände der amerikanischen Botschaft in Saigon vor. Mit einer ebenso heftigen Gegenoffensive schlugen die Streitkräfte der USA und Südvietnams den Angriff zurück. Die Kämpfe dauerten fast drei Wochen, kosteten 12 500 Zivilisten das Leben und setzten ein Millionenheer von Flüchtlingen in Marsch. In der Folge fanden blutige Schlachten wie die um die alte vietnamesische Hauptstadt Hué statt. Zutreffenderweise werteten William Westmoreland und andere Militärs das Ergebnis als Sieg für die USA. Doch Westmoreland hatte wie schon während des gesamten Kriegs die politischen Folgen der militärischen Ereignisse unterschätzt. Nachdem die Amerikaner in einer jahrelangen Kampagne davon überzeugt worden waren, daß sie den Krieg bald gewinnen würden, ließ der Anblick der in der amerikanischen Botschaft in Mann-gegen-Mann-Kämpfe verwickelten Soldaten Zweifel an der Glaubwürdigkeit der Regierung aufkommen. Die Reaktion der Fernsehsender belegte, daß sich in der amerikanischen Öffentlichkeit ein Meinungsumschwung vollzogen hatte. Die Zustimmung für Johnsons Vietnampolitik fiel im Februar auf den Tiefstand von 26 Prozent. Die politischen Konsequenzen dieser Entwicklung manifestierten sich am 12. März bei den Präsidentschaftsvorwahlen in New Hampshire, wo Johnson nur 49 Prozent der Stimmen erreichte. McCarthy schaffte 42 Prozent und brachte eine Mehrheit der staatlichen Delegierten zum Nationalkonvent hinter sich.[43]

McCarthys Ergebnis veranlaßte Robert Kennedy, seine Entscheidung zu überdenken und ins Rennen zu gehen. Obwohl sich beide aus oberflächlich vergleichbaren Gründen aufstellen ließen – sie wollten das militärische Engagement der USA in Südostasien zurückfahren –, stützten sie sich auf unterschiedliche Elemente der amerikanischen Reformtradition. Kennedy war zwar auch wegen des Vietnamkriegs besorgt, er konzentrierte seinen Wahlkampf aber auf soziale Gerechtigkeit und nicht auf internationale oder Rechtsfragen. Der Senator von New York, der seit seiner Zeit als Justizminister erheblich nach links gerückt war, wollte die »New Deal«-Koalition modernisieren und eine multirassische Basis für Wirtschaftsreformen zusammenbringen. Er war einer der wenigen Politiker, die dieselbe Kernaussage Collegestudenten, schwarzen Wählern, hispanoamerikanischen Landarbeitern und ethnisch orientierten Weißen vermitteln konnten. Er beklagte den Zusammenbruch der Familie und die zunehmende Übermacht der Wohlfahrt, während er zugleich für die Notwendigkeit warb, zum Schutz der Bedürftigen großzügige Hilfsprogramme in Gang zu setzen. Gleichzeitig sprachen die wirtschaftlichen Aspekte von Kennedys Wahlkampfprogramm Elemente der »New Deal«-Koalition an, die von der Außenpolitik und den rechtspolitischen Positionen der Demokraten befremdet waren – Wähler in Gegenden, wo George Wallace bei seiner Bewerbung um die Kandidatur im Jahr 1964 am besten abgeschnitten hatte.[44]

Dann wurde die Politik von anderen Schlägen erschüttert. Nach der Tet-Offensive beauftragte Johnson seinen neuen Verteidigungsminister Clark Clifford (einen langjährigen Parteifunktionär, der Harry Trumans überragenden Wahlkampf von 1948 gemanagt hatte), eine Studie über die zukünftige amerikanische Politik in Südvietnam in die Wege zu leiten. Nachdem er sich mit Geistesgrößen des außenpolitischen Establishments wie Dean Acheson und Averell Harriman beraten hatte, kam Clifford zu dem Schluß, eine weitere Eskalation würde unakzeptable Risiken für die wichtigeren amerikanischen Verpflichtungen in Europa mit sich bringen und auch den wirtschaftlichen und militärischen Status quo des Landes gefährden. Johnson befolgte den Rat, setzte die Bombardierungen Nordvietnams aus und signalisierte seine Bereitschaft, in Friedensgespräche mit den Nordvietnamesen einzusteigen. Am 31. März verkündete er seinen Beschluß in einer landesweiten Fernsehsendung und schloß seine Ansprache mit einer noch verblüffenderen Enthüllung. Um seine volle Aufmerksamkeit dieser neuen Friedensinitiative widmen zu können, würde er sich nicht ein weiteres Mal als Präsident bewerben. Während Johnsons Entscheidung die politische Landschaft der Nation verwandelte, erschütterte ein anderes Ereignis vier Tage später einen Großteil der Gesellschaft: Am 4. April tötete die Kugel eines Attentäters Martin Luther King jr., der in Memphis, Tennessee, einen Streik schwarzer Müllarbeiter unterstützt hatte. Die Ermordung desjenigen schwarzen Führers, der in Bürgerrechtsfragen am entschiedensten für Gewaltfreiheit eintrat, löste unter den Schwarzen eine Welle der Empörung aus. In über 130 Städten kam es zu Unruhen, 20 000 Menschen wurden verhaftet, die Eigentumsschäden beliefen sich auf über 100 Millionen Dollar. 46 Personen, allesamt Schwarze, starben bei den Gewalttätigkeiten. Die Bürgerrechtsbewegung wurde insgesamt zurückgeworfen, weil der Eindruck entstand, daß die von King befürworteten und vom Kongreß verabschiedeten Maßnahmen zur Aufhebung der Rassentrennung wenig zur Befriedung der Schwarzen beigetragen hatten.[45]

Die weitreichende innenpolitische und internationale Krise bildete den Hintergrund des Kampfs um die demokratische

Kandidatur. Nach Johnsons Rückzug ging Vizepräsident Hubert Humphrey ins Rennen. Wie weit die Partei (wenn nicht das ganze Land) in den zurückliegenden acht Jahren nach links gerückt war, konnte man daran sehen, daß der ehemalige Senator von Minnesota, der 1960 der liberalste Anwärter auf die Präsidentschaftskandidatur gewesen war, jetzt die Kräfte des Status quo repräsentierte. McCarthy und Kennedy mußten daher bei einer Reihe von Vorwahlen um die Stimmen des linken Parteiflügels buhlen. Kennedys Programm, sein begeisternder Wahlkampfstil sowie der Glanz, der von seinem Namen ausging, ermöglichten es dem Senator von New York, allmählich an seinem ehemaligen Kollegen aus Minnesota vorbeizuziehen, der nicht in der Lage schien, spezifische politische Vorschläge zur Bewältigung der Probleme zu unterbreiten, mit denen sich die USA 1968 konfrontiert sahen. Kennedys Siegeszug wurde jedoch bei der vorletzten Vorwahl in Oregon gestoppt. In diesem Staat mit einer starken Friedensbewegung genossen auch der Umweltschutz und politische Reformen breite Unterstützung, und Angestellte machten einen erheblichen Prozentsatz des demokratischen Wählerpotentials aus. Aufgrund des Ergebnisses von Oregon kam es bei den Vorwahlen in Kalifornien zur endgültigen Entscheidung zwischen McCarthy und Kennedy. Knapp behielt der Senator von New York die Oberhand. Doch nachdem er in einem Hotel in Los Angeles seinen Sieg verkündet hatte, wurde er von Sirhan Sirhan ermordet, einem geistesgestörten arabischen Nationalisten. Das machte die beste und, wie die folgenden Ereignisse zeigen sollten, letzte Gelegenheit zur Wiederbelebung der demokratischen liberalen Koalition zunichte.

Mit Kennedys Tod war jede Chance vertan, daß ein Anti-Kriegs-Kandidat die demokratische Nominierung gewinnen würde. Auch für den Senator von New York wäre es ein harter Kampf geworden, selbst wenn seine guten Kontakte zu den Parteimitgliedern aus seiner Zeit als Wahlkampfmanager seines Bruders und später als Justizminister ihm bei dem Nationalkonvent gewisse Erfolgsaussichten gegeben hätten. Statt dessen zerrissen Vorgänge beim Konvent in Chicago die bereits erschütterte Parteistruktur weiter. Bürgermeister Richard Daley hegte

wie die weißen Demokraten aus der Arbeiterklasse, die er repräsentierte, keinerlei Sympathie für die radikaleren Elemente
der demokratischen Koalition. Er war entschlossen, sie nicht
den Konvent sprengen zu lassen. Da sie von den Absichten des
Bürgermeisters wußten, blieben viele gemäßigte Protestler Chicago fern. Doch Daleys Taktik kam Randgruppen wie der
Youth International Party (Yippies) gerade recht, die bei dieser
Gelegenheit gegen die ihrer Ansicht nach korrupten Grundlagen der amerikanischen Politik und Gesellschaft demonstrieren
wollten. Vier Tage gewalttätiger Auseinandersetzungen kulmi-
nierten am 28. August, als Protestierende den Saal stürmen
wollten, in dem der Konvent tagte, und auf Tausende von Polizisten trafen, die ihre Namensplaketten abnahmen und mit
einem Vorgehen reagierten, das Ermittlungsbeamte später als
polizeiliche Gewaltorgie umschrieben. Landesweit übertrug das
Fernsehen Bilder von den Vorgängen, die perfekt illustrierten,
daß Partei, Ideologie und Gesellschaft außer Kontrolle geraten
waren. Vor dem Hintergrund des Chaos draußen verfehlte der
Parteikonvent das vorgegebene Ziel. Da Humphreys Nominierung absolut gesichert schien, konzentrierten sich die Anti-
Kriegs-Kräfte auf die demokratische Wahlkampfplattform.
Doch nach einem mit Leidenschaft geführten Kampf um den
Programmpunkt, der das Ende des Kriegs forderte, wurde dieser mit 1567 zu 1041 Stimmen abgelehnt. Als die Parteimitglieder Chicago verließen, schien es aussichtslos, die entmutigte
Basis noch einmal mobilisieren oder gar im Herbst einen sieg-
verheißenden Wahlkampf führen zu können.[46]

Humphrey hatte jedoch einen Vorteil: Auch seine Gegner
waren zerstritten, seit George Wallace sich als unabhängiger
Kandidat um die Präsidentschaft bewarb. Die zwei Jahre außer
Dienst hatten weder die rhetorische Begabung des ehemaligen
Gouverneurs noch seine politische Attraktivität gemindert. Bei
Meinungsumfragen nach dem demokratischen Konvent kam er
auf 21 Prozent, und das schien für sein Ziel auszureichen, den
beiden Kandidaten der großen Parteien eine Mehrheit im Wahlausschuß zu vereiteln. Wallace schoß sich auf »intellektuelle
Volltrottel«, Kriegsprotestler und Feministinnen ein und offe-
rierte ein Wirtschaftsprogramm, das auf dem Erbe des »New

Deal« aufbaute. Er verlangte von der Regierung ein Berufsbildungsprogramm, Garantien für kollektive Lohnverhandlungen und einen höheren Mindestlohn. Diese eklektische Mischung war reaktionärer Populismus von höchster Potenz. Doch im Verlauf des Wahlkampfs verlor Wallace an Boden. Zum Teil war das auf eigene politische Fehlentscheidungen zurückzuführen, vor allem darauf, daß er den pensionierten General Curtis LeMay zu seinem Mitstreiter wählte. Letzten Endes scheiterte Wallace aber an zwei Faktoren, die für Kandidaten dritter Parteien im allgemeinen typisch waren. Erstens führte die Eigendynamik des Wahlausschusses dazu, daß viele randständige Wallace-Wähler ihre Entscheidung überdachten, als klar wurde, daß Wallace nicht gewinnen konnte. Zweitens mußte Wallace wie so viele Kandidaten dritter Parteien vor ihm feststellen, daß seine Wahlkampfaussage auch von einer der großen Parteien übernommen wurde. In diesem Fall führte seine Kandidatur dazu, daß viele Weiße in den Südstaaten und ethnisch orientierte Wähler in den Städten ihre Loyalität gegenüber der Demokratischen Partei überdachten.[47]

Derweil setzten die Republikaner alles daran, um die hin- und hergerissenen Demokraten zu besiegen. Der Architekt dieses Neubeginns war allerdings eine ziemliche Überraschung. Richard Nixon hatte noch sechs Jahre zuvor Reportern gesagt, »Ihr müßt mir jetzt nicht mehr auf den Fersen bleiben«, als er seine Kandidatur als Gouverneur von Kalifornien verloren hatte. In den anschließenden Jahren war er politisch wiedererstarkt, hatte im gesamten Land für republikanische Kandidaten Wahlkampf gemacht und nach Goldwaters Niederlage sich zu dem einzigen Kandidaten entwickelt, der alle Parteiflügel zugleich ansprechen konnte. Der ehemalige Vizepräsident setzte auf die nationalen Ressentiments wegen der sich ausbreitenden Gewalt sowie auf die Entfremdung der Weißen von der Bürgerrechtsgesetzgebung und betrieb seinen Wahlkampf auf der Plattform von »Recht und Ordnung«. Diese Haltung betonte er, indem er Spiro Agnew zu seinem Mitstreiter wählte (den Gouverneur von Maryland, der nationale Berühmtheit erlangte, als er den Schwarzenaufruhr in Baltimore niederschlug). Nixon wies ihm die Rolle zu, die Liberalen genauso brutal zu attackieren wie Wallace. Um die Wallace-Anhänger noch weiter auf seine Seite zu ziehen, prangerte Nixon die »Schulbus-Politik« an und versprach, einen konservativen Obersten Gerichtshof zu unterstützen. Mit dieser Vision konnte der Kandidat festen Boden unter den Füßen behalten und zugleich die Wählerschaft polarisieren. Er versicherte den Wählern, er würde zu Hause wieder für Stabilität sorgen und in Übersee einen Frieden in Ehren schließen. Er behauptete sogar, einen »Geheimplan« zur Beendigung des Vietnamkriegs zu haben, dessen Einzelheiten er allerdings nicht verraten wollte. Zwar war sein Wahlkampf schwach und ließ keine menschliche Wärme und Attraktivität erkennen, aber seine Kasse war gut gefüllt, und er ging innovativ mit dem Fernsehen um. Ende September lag Nixon bei Umfragen fünfzehn Punkte vor Humphrey, der noch nicht einmal die 30-Prozent-Hürde nehmen konnte.

Dann veränderte sich der Charakter des Wahlkampfs. Nixon vertraute auf seinen Sieg und wurde immer passiver. Er verweigerte sich Humphrey, der mehrfach eine landesweite Fernsehdebatte verlangt hatte, weil er sich daran erinnerte, wie katastrophal er sich dabei acht Jahre zuvor geschlagen hatte. Dem Vizepräsidenten ging auf, daß er kaum etwas zu verlieren hatte, und er distanzierte sich von der Regierung, indem er ein flexibleres Vorgehen in Vietnam versprach. Das lähmte zwar Johnson, aber dieser Kurswechsel trug ihm den schwachen Beifall McCarthys und größere Unterstützung von anderen Anti-Kriegs-Demokraten ein. Humphrey stellte in seinem Wahlkampf auch seinen Mitstreiter Edmund Muskie groß heraus. Der Senator von Maine war ein besonnener Gemäßigter, der sich wohltuend von den bombastischen Agnew und LeMay abhob. Die Gewerkschaftsführer, zu denen Humphrey immer enge Beziehungen unterhalten hatte, begannen ihre Basis zu mobilisieren, um die »New Deal«-Koalition wenigstens noch für eine weitere Wahl zusammenzuhalten. Als das Gerücht bevorstehender Friedensverhandlungen zwischen den Vereinigten Staaten und Nordvietnam aufkam, schien es möglich, daß Humphrey sein politisches Comeback vollenden könnte. Doch in letzter Sekunde kam es nicht zu solchen Verhandlungen. Größtenteils lag das an dem südvietnamesischen Präsidenten

Nguyen Van Thieu, der befürchtete, eine diplomatische Beendigung des Kriegs würde letzten Endes sein Regime zusammenbrechen lassen. Daß die Verhandlungen nicht zustande kamen, bremste Humphreys Schwung gerade genug ab, um Nixon den Sieg zu ermöglichen – der allerdings nur hauchdünn ausfiel und wenig beeindruckend war. Der Kandidat der Republikaner brachte 43,4 Prozent der Wähler hinter sich (Humphrey 42,7 und Wallace 13,5 Prozent). Im Wahlausschuß erreichte er eine etwas größere Mehrheit von 301 Stimmen gegenüber 191 für Humphrey und 46 für Wallace. Die Wahlbeteiligung betrug 60,6 Prozent, was einem Rückgang um 4 Prozent seit den Wahlen vor acht Jahren entsprach. Ein Zufall war dieses Ergebnis jedoch nicht. Viele Wähler der Mittelschicht – von Nixon später als »schweigende Mehrheit« bezeichnet – hatten den Demokraten den Rücken gekehrt, weil sie überzeugt waren, daß die Partei den Kontakt mit ihrer langjährigen Basis verloren und Veränderungskräfte freigesetzt hatte, die sie nicht mehr unter Kontrolle bekam.[48]

Auch wegen Nixons knappem Sieg konnten die Demokraten die Kontrolle über beide Kammern des Kongresses wiedererlangen, so daß die Wahlen von 1968 die ersten im zwanzigsten Jahrhundert waren, bei denen ein Parteiwechsel im Weißen Haus nicht mit einem parallelen Wechsel im Kongreß korrespondierte. Trotz der geringen Wahlbeteiligung kündigte sich ein längerfristiger Trend in der amerikanischen Politik an. Die Wähler gaben den Demokraten im Kongreß den Vorzug, während sie bei den Präsidentschaftswahlen die Republikaner favorisierten. Die Demokraten unterstützten diese Entwicklung, indem sie sich als Kongreßpartei darstellten, und zwar sowohl politisch als auch durch eine ideologische Verlagerung von Liberalen, die eine Stärkung der legislativen Macht auf Kosten der Präsidentschaft befürworteten. Gleichzeitig signalisierten die Ergebnisse von 1968 eine auf der Präsidialebene »sich ausbildende republikanische Mehrheit« – wie es der klügste Stratege der Republikanischen Partei, Kevin Phillips, formulierte; sie sollte die Koalition des »New Deal« ersetzen. Den Sieg ermöglichten den

Republikanern zwei neue Komponenten, die ihre Basis von ökonomisch Konservativen im Mittelwesten und Nordosten ergänzten. Aus dem Süden stieß die Unterschicht dazu: meist weiße Wähler vom Land, die von der Bürgerrechtsgesetzgebung der Demokratischen Partei befremdet waren. Viele von ihnen hatten 1964 Goldwater und 1968 Wallace unterstützt, doch letztlich sollten sie ihre neue politische Heimat bei den Republikanern finden. Im Westen reagierten derweil die Wähler positiv auf die drei Hauptrichtungen der republikanischen Wahlkampfaussage: Antikommunismus, Feindseligkeit gegenüber dem rechtspolitischen Liberalismus und Senkung der Steuern und Bundesausgaben. Das erste dieser drei Themen spielte vor allem in Staaten wie Kalifornien, Arizona und Nevada eine wichtige Rolle, deren wirtschaftlicher Wohlstand aus den während des Kalten Kriegs gestiegenen Verteidigungsausgaben resultierte. Gleichzeitig sorgten Rufe nach einem Zurückfahren der Bürgerrechtsbelange nicht für große Aufregung in Gebieten, die überwiegend von der weißen Mittelschicht, die sich zunehmend von den Rassenspannungen und der Gewalt in den Städten abgestoßen fühlte, bewohnt waren. Auch die republikanischen Attacken auf Bürokraten »in der Ferne« zeigten Wirkung. Da große Landstriche zum politischen Terrain der Bundesregierung gehörten (in Alaska um 90 Prozent), favorisierte eine Mehrheit im Westen eine Lockerung, nicht eine Verschärfung der Umweltschutzbestimmungen und eine stärkere wirtschaftliche Ausbeutung der natürlichen Ressourcen.

Die Implementierung des Nationalliberalismus, der Zusammenbruch ebenjener Ideologie und der konservative Rückschlag, den beide Entwicklungen hervorbrachten – das waren die zentralen Themen der Innen-, Kultur- und Außenpolitik der sechziger Jahre. Wirtschaftspolitisch zeichneten sich die Jahre Kennedys und Johnsons durch ehrgeizige Programme aus, die im Krieg gegen die Armut und in der »Great Society« ihren Höhepunkt fanden. Doch in vielerlei Hinsicht ließ das ökonomische Erbe der Dekade die Grenzen des liberalen Programms der Nachkriegsära erkennen. Die Regierungen Kennedy und Johnson waren auf kleinere fiskalische Anpassungen fixiert – beispielsweise eine Erhöhung der Regierungsausgaben oder marginale Steuersenkungen zur Stimulierung des Wirtschaftswachstums. Sie hofften, den Nachkriegsboom bei der Konsumnachfrage fortsetzen und gleichzeitig der Bundesregierung ermöglichen zu können, ohne Einkommensumverteilungen die Armut zu beseitigen. Doch als sich die sechziger Jahre ihrem Ende näherten, versiegte der Wirtschaftsboom; am Horizont drohten Defizite im Bundeshaushalt und steigende Inflationsraten. Mit ihrer Konzentration auf die Beibehaltung des politischen und ökonomischen Konsenses wußte keine Regierung eine Antwort auf die Frage, wie das Land mit solchen Entwicklungen umgehen sollte oder wie ein wirtschaftlicher Abschwung sich auf die demokratische Wählerkoalition auswirken würde.

In den Rechtsfragen brachten die sechziger Jahre offensichtlich große Fortschritte. Allein die Beseitigung der Rassentrennung hätte das Jahrzehnt als eines der bedeutendsten in der amerikanischen Geschichte ausgewiesen. Die Zeit von Kennedy und Johnson verstärkte daneben auch den Aktivismus der Feministinnen, der Umweltschützer und der Studentenbewegung. Innerhalb der Regierung selbst wurden diese Fortschritte durch einen Obersten Gerichtshof ermöglicht, der sich für den Schutz der individuellen Rechte und Freiheiten stark machte. Doch der Optimismus der frühen sechziger Jahre wich bald Zerwürfnissen und Pessimismus. Die umfassenderen sozialen Bewegungen des Jahrzehnts spalteten sich eine nach der anderen in einerseits separatistische und andererseits eher gemäßigte Fraktionen. Entscheidungen, die einst so einfach zu treffen waren, erwiesen sich gegen Ende der Dekade als immer komplizierter. Wie vor allem Johnson feststellen mußte, bot sich kein leicht gangbarer Weg, die rechtlichen Probleme ausgewogen zu lösen. Anti-Diskriminierungs-Programme, Umweltschutz und der kulturelle Wandel beispielsweise schieden klar in Gewinner und Verlierer, und dieser Bezugsrahmen paßte schlecht zum konsensbetonten Regierungsstil des Präsidenten. Vielleicht unvermeidlicherweise führten die rechtspolitischen Fortschritte zu einer Gegenreaktion jener, die sich als Verlierer dieser Entwicklung betrachteten. Ihre Wut spiegelte sich im politischen Aufstieg von Gestalten wie George Wallace, im Zusammenbruch der »New Deal«-Koalition und in der immer kontroverseren Beurteilung des Supreme Court im Rahmen des politischen Systems.

Die internationalen Angelegenheiten waren kaum dazu geeignet, die Einheit der Demokraten zu bewahren. Die Bewältigung der Kubakrise, seine Rede an der American University und das begrenzte Atomteststop-Abkommen boten Kennedy Gelegenheit, die Kluft zwischen dem Liberalismus des Kalten Kriegs und radikaleren außenpolitischen Alternativen zu überbrücken, die sich im Verlauf der sechziger Jahre ausbildeten. Die Öffnung war jedoch nur von kurzer Dauer. Als das amerikanische Engagement in Vietnam 1964 und 1965 eskalierte, konnte Johnson die Differenzen zwischen den Kalte-Kriegs-Liberalen (die die meisten hohen Positionen seiner Administration besetzt hatten) und jenen nicht überbrücken, die mit ihrer Skepsis gegenüber dem Vietnamkrieg die Grundlagen des Kalte-Kriegs-Liberalismus an sich in Frage stellten. Darüber hinaus führte die zunehmende Aggressivität der Anti-Kriegs-Aktivisten – sowohl im Kongreß wie bei den Studenten- und Friedensbewegungen – zu einer Gegenreaktion, die derjenigen vergleichbar war, die Johnsons Wirtschafts- und Rechtsprogramm ausgelöst hatte. Bis zum Ende der Dekade hatten außenpolitische, wirtschaftliche und soziale Belange mit vereinten Kräften eine gespaltene und desillusionierte Demokratische Partei hervorgebracht.

Auf der anderen Seite des politischen Spektrums gingen die geeinten Republikaner zum Angriff über. Obwohl die Niederlage Goldwaters die langfristige Überlebensfähigkeit der Republikanischen Partei zu bedrohen schien, machte sie in Wirklichkeit den Weg frei für ein ideologisch konsistenteres konservatives Programm, das eine stark antikommunistische Außenpolitik mit der Ablehnung jedweder aggressiver Regierungsmaßnahme in der Innenpolitik verband. Dieser Wandel der republikanischen Rechten war nur eine von drei Entwicklungen, die es den Republikanern ermöglichten, sich nach der Wahl von 1968 als Mehrheitspartei zu etablieren. Hinzu kam, daß Ende der sechziger Jahre eine Fülle von neuen Fragen auftauchte – Kriminalität, Religion, Anti-Diskriminierungs-Maßnahmen in der Rassenproblematik –, die einem rechtslastigen Populismus Nahrung gaben. Am schärfsten formulierte George

Wallace diese Ideologie, die sich bis Ende der siebziger Jahre als leicht in das republikanische Gesamtprogramm zu integrieren erwies. Darüber hinaus zeichnete sich die Dekade durch intellektuelle Innovationen des rechten Flügels aus. Der Neokonservatismus schuf die theoretischen Grundlagen, auf denen die Partei ihr Mißtrauen gegenüber einer starken Bundesregierung zu Hause und ihre Forderung einer aggressiven Politik im Ausland formulierte.

Die politischen Folgen all dieser Entwicklungen waren kaum eine Überraschung. Der Höhenflug der Demokraten, der mit den Zwischenwahlen von 1958 eingesetzt hatte und im Erdrutschsieg Johnsons von 1964 kulminierte, gab der Partei die stabilste Wählerbasis seit dem Höhepunkt von Roosevelts Amtszeit eine Generation zuvor. Doch die Partei war unfähig, inmitten der wirtschaftlichen, internationalen und sozialen Turbulenzen der mittleren und späten sechziger Jahre ihre Einheit zu bewahren. Wallace' rechter Populismus spaltete die demokratische Koalition besonders effektiv, und geschickt pickte Richard Nixon sich 1968 die besten Stücke davon heraus. Zu jenem Zeitpunkt bestimmten Konservative – entweder vom Schlag Wallace' oder von dem Nixons – die Tagesordnung der nationalen Debatte. Neue Themen rückten in den Mittelpunkt – vom Nationalismus in der Außenpolitik über Recht und Ordnung bis hin zu den innenpolitischen Attacken auf den Obersten Gerichtshof. Als Nixon Johnson ablöste, lautete die einzige offene Frage, ob der Triumph der Republikaner das Ergebnis einer sowohl politischen als auch intellektuellen Neuausrichtung war. Es sollte über ein Jahrzehnt dauern, bis am Horizont eine Antwort auf diese Frage auftauchte.

Kapitel 5

Triumph des Konservatismus?

Der Kalte Krieg machte zwar die Außenpolitik für alle amerikanischen Nachkriegsregierungen zur Hauptsache. Richard Nixon aber konzentrierte sich so extrem auf die internationalen Angelegenheiten wie keiner seiner Vorgänger. Er stellte sich als außenpolitischer Intellektueller dar und präsentierte seine Vision einer Realpolitik, die die internationalen Angelegenheiten neu definierte und zeigte, wie ein amerikanischer Präsident trotz der gegenteiligen Traditionen des Landes eine Politik der Machtbalance verfolgen konnte. Diese Politik setzte Nixon auf höchst ungewöhnliche Weise um. Er mißtraute dem Außenministerium, das seiner Ansicht nach von einer Intelligentsia aus den Oststaaten dominiert wurde und seinen politischen Absichten feindlich gesonnen war, und umging es in allen wichtigen Fragen. Statt dessen etablierte er eine Konkurrenzbürokratie im Weißen Haus unter Leitung seines nationalen Sicherheitsberaters Henry Kissinger, einem früheren Harvard-Professor, der ebenfalls außenpolitisch das Gleichgewicht der Kräfte favorisierte.

Was jedoch den militärischen Konflikt in Südostasien anging, so erwies es sich als schwierig, dieses Gedankengebäude in praktische Politik zu überführen. Wie seine Vorgänger legte Nixon größten Wert darauf, im Kalten Krieg den USA ihre Glaubwürdigkeit zu sichern. In den ersten Monaten seiner Amtszeit unternahm er kaum etwas, um das Engagement in Südostasien zurückzufahren. Vietnam blieb in der amerikanischen Außen- wie Innenpolitik das Hauptthema. Auch um die wachsende öffentliche Unterstützung für die Anti-Kriegs-Position einzudämmen, enthüllte Nixon schließlich seinen lang zurückgehaltenen Geheimplan und kündigte an, daß er die von Johnson geerbte Politik der »Vietnamisierung« fortsetzen wolle, indem er die amerikanischen Streitkräfte allmählich abziehen und ihre Aufgaben der südvietnamesischen Armee übertragen würde. Dann denunzierte er im Namen der »schweigenden Mehrheit« die Friedensaktivisten als verantwortungslose Minorität, die seine Anstrengungen sabotieren würde, ein ehrenhaftes Ende des Kriegs auszuhandeln. Als Meinungsumfragen ergaben, daß seine Politik Beifall fand, frohlockte Nixon: »Wir haben diese liberalen Bastarde in die Flucht geschlagen.« Gleichzeitig befürchtete er jedoch, international an Glaubwürdigkeit zu verlieren. Folglich bediente sich der Präsident seiner Macht als Oberkommandierender und ordnete periodisch höchst massive Operationen an, um die nordvietnamesische Führung unter Druck zu setzen. Wie er jedoch erfahren mußte, ließ sich die Vietnampolitik kaum so gestalten, daß sie den Anforderungen sowohl der Außenpolitik wie der Öffentlichkeit zu Hause genügen konnte. Anfang 1970 autorisierte Nixon den Angriff auf die nordvietnamesischen Rückzugsgebiete in Kambodscha, weil er hoffte, die Regierung in Hanoi zu größerer Flexibilität bei den Friedensverhandlungen zu zwingen. Vom Standpunkt des Gleichgewichts der Kräfte aus betrachtet, machte dieser Schachzug vielleicht Sinn. Doch die Nachricht sickerte bald durch und löste massive Proteste gegen den Krieg aus. Am 4. Mai schoß die Nationalgarde von Ohio auf Befehl des Gouverneurs, des Republikaners John Rhodes, an der Kent State University in eine Gruppe von Demonstranten. Vier Studenten wurden getötet, darunter zwei, die einfach nur auf dem Weg in ihr Seminar gewesen waren. Zwei Wochen später kam es an der Jackson State University in Mississippi zu einem ähnlichen Zwischenfall mit zwei Toten. Für einen Moment schien es, als würde alle gesellschaftliche Ordnung zusammenbrechen.[1]

Schon seit einiger Zeit hatte sich eine Autoritätskrise entwickelt, die vielleicht am ehesten vom zunehmenden Radikalismus der Collegestudenten symbolisiert wurde. Die Aktivisten der Neuen Linken stellten sich als ideologische Erben der Bürgerrechts- und Anti-Kriegs-Bewegungen dar; im Verlauf der Unruhen von 1968 traten sie immer selbstbewußter auf. 1969 kam es zu einer Auseinandersetzung zwischen Studentenführern und der Verwaltung an der University of California über ein Stück Land, das zum »Volkspark« werden sollte. Die Universitätsangehörigen waren polarisiert, das Image der Studentenbewegung blieb in weiten Kreisen – vor allem bei den Wählern von Nixon oder Wallace 1968 – überwältigend negativ. Ängste wegen eines sozialen Zerfalls wurden durch die neue Gegenkultur der Studentenbewegung verstärkt, die die gesellschaftlich anerkannten Normen des Verhaltens, der äußeren Erscheinung und der Sexualmoral mißachtete. Daß die Bewegung eine Gegenreaktion auslöste, überraschte nicht, denn in ihrer ausgeprägtesten Form stellte sie die Hauptwerte der Mittelschicht der Nachkriegsjahre radikal in Frage.[2]

Die soziale Umwälzung stärkte aber auch die Position der Anti-Kriegs-Kräfte im Kongreß. Als Signal für die zunehmende öffentliche Ablehnung der Kriegsanstrengungen konnte gelten, daß beide Häuser des Kongresses die Tonkin-Golf-Resolution aufhoben, die quasi eine Kriegserklärung an Vietnam gewesen war. Nixon ignorierte das und behauptete, sowohl der SEATO-Vertrag wie seine Befugnisse als Oberkommandierender gäben ihm das Recht, weiterhin Truppen in Südostasien zu stationieren. Die Anti-Kriegs-Kräfte verlegten sich in der Folge darauf, es sei Sache des Kongresses, die Ausgaben zu kontrollieren. Die Senatoren George McGovern (Demokrat, South Dakota) und Mark Hatfield (Republikaner, Oregon) legten einen Verfassungszusatz vor, der innerhalb eines Jahres die Finanzierung des Vietnamkriegs unterbunden hätte. Die Vorlage kam zwar nicht durch, aber erhielt beeindruckende 39 Stimmen; eine ähnliche Maßnahme gegen die Invasion Kambodschas passierte den Senat tatsächlich. Persönlich waren die Beziehungen zwischen dem Präsidenten und den Liberalen schon seit langem angespannt, weil beide Seiten tiefreichende ideologische Differenzen wegen des Vietnamkriegs hatten. Doch Anfang der siebziger Jahre waren Nixon und seine Gegner auch in der grundlegenden Verfassungsfrage gespalten, ob der Präsident oder der Kongreß bei der Festlegung der Außenpolitik die entscheidende Rolle spielen sollte. Die Abstimmungen über den McGovern-Hatfield- und den Cooper-Church-Zusatz waren folglich ein Vorspiel für die immer feindseligeren Beziehungen zwischen der Exekutive und der Legislative – ein Hauptmerkmal der Präsidentschaft Nixons.[3]

Nixon jedoch empfand Ereignisse an der Peripherie – auch die in Vietnam – nur als Störung. Seine Hauptsorge galt der Dreiecksbeziehung zwischen den Großmächten: den Vereinigten Staaten, der UdSSR und China. Kurz nach seinem Einzug ins Weiße Haus begann Nixon gegenüber der UdSSR mit der Entspannungspolitik. Er hoffte, engere wirtschaftliche, kulturelle und diplomatische Beziehungen würden Moskau überzeugen, daß es im Interesse beider Seiten läge, den internationalen Status quo aufrechtzuerhalten. 1972 erreichten diese Anstrengungen einen Höhepunkt: Die beiden Supermächte handelten den Strategic Arms Limitation Treaty (SALT) aus. Mit diesem Abkommen wurde die Zahl der Interkontinentalraketen mit Atomsprengköpfen auf dem damaligen Stand eingefroren. Gleichzeitig versuchte Nixon jedoch mit dem mutigsten außenpolitischen Schritt seiner Präsidentschaft die UdSSR auszuspielen. Er ging die diplomatische Öffnung der USA gegenüber der VR China an, deren Regierung von den Vereinigten Staaten nicht nur nicht anerkannt war, sondern die sie international mit allen zur Verfügung stehenden Mitteln isoliert hatten. Mitte 1971 schickte der Präsident Henry Kissinger in geheimer Mission nach Peking, um die Möglichkeiten für einen Besuch des Präsidenten in China auszuloten. Nixon verband das mit der Ankündigung, die USA wollten ihren Widerstand gegen die Aufnahme der VR als legitimen Vertreter Chinas in die Vereinten Nationen fallenlassen. Vielleicht konnte nur ein so fanatischer Antikommunist wie Nixon die diplomatische Öffnung gegenüber China mit Erfolg durchsetzen. Für jedes Mitglied der Demokratischen Partei hätte der Schritt zu viele politische Risiken beinhaltet.[4]

Im Gegensatz zur Außen- zeigte sich Nixon an der Innenpolitik wenig interessiert. Er versprach zwar, daß die Regierung sich mehr um Recht und Ordnung kümmern würde, und befürwortete vage Konzepte wie etwa eine Verlagerung der Macht aus Washington und die Wiederherstellung traditioneller Werte, ansonsten aber machte der Präsident – das wurde vor allem während des Wahlkampfs deutlich – nationale Angelegenheiten kaum zum Thema. Darüber hinaus beherrschten noch immer die Demokraten den Kongreß, so daß Nixon kein Mandat seiner Partei hatte. Die Kombination dieser Faktoren war dafür verantwortlich, daß die Leistungsbilanz des Präsidenten ziemlich unausgewogen war. Zu Hause leiteten vor allem drei Dinge Nixons Verhalten: Er wollte mit innenpolitischen Angelegenheiten seiner Partei einen Vorteil sichern; er glaubte – ähnlich wie Kennedy –, durch Lösung umstrittener nationaler Probleme für relative außenpolitische Handlungsfreiheit sorgen zu können; und er war persönlich unsicher, was dazu führte, daß er sich geradezu obsessiv mit tatsächlichen und eingebildeten Aktionen seiner politischen Gegner beschäftigte. Angesichts dieser drei Umstände konnte er keine überzeugende innenpolitische Vision entwickeln, vielmehr war in mancherlei Hinsicht Nixon der innenpolitisch am wenigsten ideologisch ausgeprägte Präsident des zwanzigsten Jahrhunderts.

Schon lange bevor er in das Weiße Haus einzog, hatte Richard Nixon sich den wohlverdienten Ruf erworben, ein extremer Parteigänger zu sein. So war es keine Überraschung, daß Parteitreue auch ein Schlüsselelement seiner Präsidentschaft bildete. Kevin Phillips behauptete in ›Emerging Republican Majority‹, die Republikaner könnten sich zur Mehrheitspartei wandeln, wenn sie ihre traditionelle Wählerschaft bei der Stange hielten, gegenüber der Bundesregierung eine kritische Position einnähmen, um die rasch anwachsende Bevölkerung im Südwesten und Westen zu gewinnen, und die Weißen im Süden auf ihre Seite zögen, die von den Demokraten wegen deren Befürwortung der Bürgerrechte enttäuscht waren. Laut Phillips kam es für die Erringung einer Mehrheit entscheidend darauf an, das beeindruckende Ergebnis zu konsolidieren, das Nixon in den Staaten des Sun Belt eingefahren hatte – in der ehemaligen Konföderation und in Kalifornien, New Mexico, Arizona und Oklahoma. Phillips empfahl, die libertären Neigungen der Wähler im Westen mit Attacken auf die Macht der Bundesregierung anzusprechen, militärische und nationale Sicherheitsfragen zu betonen (was sich sowohl im traditionell falkenhaften Süden wie im rüstungsfreundlichen Kalifornien gut machen würde) und eine »Südstaatenstrategie« mit polarisierenden Themen zu verfolgen, um die Demokraten vor die Wahl zu stellen, entweder die Bürgerrechtsbewegung oder ihre weißen Wähler im Süden vor den Kopf stoßen zu müssen. Der zweitwichtigste Stratege der Republikaner war Pat Buchanan, der im Wahlkampf wie im Weißen Haus die Reden schrieb. Der Katholik irischer Abstammung verstand, daß die Aktivitäten der Anti-Kriegs-Demokraten bei den weißen, ethnisch orientierten Wählern im Norden eine Gegenreaktion ausgelöst hatten. Wie Phillips mit seiner Südstaatenstrategie empfahl Buchanan, mit höchst umstrittenen Themen die Demokratische Partei weiter ihrer nationalen Stammwählerschaft zu entfremden. Die Ablehnung der Bürgerrechte war ein Ansatzpunkt; doch Buchanan bedrängte den Präsidenten zugleich, anhand des Wahlkampfs von Wallace das Potential sozialer Fragen wie der Kriminalität oder der »Schulbus-Problematik« zu erkennen. Die Regierung prägte eigens den Ausdruck »positive Polarisierung« für die Strategie, eine energische konservative Mehrheit gegen die in die Defensive gedrängte liberale Minderheit auszuspielen.[5]

Am bezeichnendsten für Nixons Südstaatenstrategie war die Handhabung juristischer Themen. Im Gegensatz zur Regierung Johnson wies er das Justizministerium explizit an, sich der Umsetzung von Beschlüssen des Supreme Court zur Aufhebung der Rassentrennung zu widersetzen. Gleichzeitig setzte er seine lauten, wenn auch wirkungslosen Attacken auf das vom Obersten Gerichtshof oktroyierte Schulbus-System fort. Im Verhältnis von drei zu eins lehnten die Weißen die rassische Umverteilung von Kindern per Bus ab. Indem Nixon den Bürgerrechtsaktivismus der Gerichte und ihrer liberalen Verbündeten in der Demokratischen Partei attackierte, konnte er mit dem Thema zugleich die Weißen im Süden und die ethnisch orientierten Wähler in den Städten ansprechen, deren Kinder oft Gegenstand dieser Busregelung waren. Politik und Prinzipien gingen eine ähnliche Partnerschaft bei Nixons Berufungen in den Supreme Court ein. Er versuchte die ideologische Ausrichtung des Gerichtshofs umzugestalten und damit die Basis der Republikaner im Süden zu festigen. Dabei gelang ihm aber kein durchschlagender Erfolg. Zwei der von ihm favorisierten Kandidaten, Richter Clement Haynsworth aus South Carolina und

Richter G. Harrold Carswell aus Florida, galten als so unqualifiziert, daß der Senat seine Zustimmung verweigerte (das letzte Mal hatte sich der Senat 1930 geweigert, einen vom Präsidenten vorgeschlagenen Kandidaten zu bestätigen). Doch Nixons Berufung von Warren Burger zum Obersten Richter 1969 (der Warren ersetzte) und dann 1971 von William Rehnquist, einem ultrakonservativen Richter aus Arizona, setzte eine Entwicklung in Gang, die in den folgenden zwei Jahrzehnten den Gerichtshof ständig weiter nach rechts verlagern sollte. Politisch war Nixon ein Pionier der Methode, bei der Auswahl von Richtern immer mehr deren politische Voraussetzungen und juristische Philosophie und nicht so sehr ihr juristisches Fachwissen in Rechnung zu stellen. Folglich richtete sich der Supreme Court immer ideologischer aus.[6]

Der Präsident profitierte auch von den dauernden Spaltungen der umstrittensten Sozialbewegungen der sechziger Jahre – der Studenten-, Friedens- und Bürgerrechtsbewegung –, die sich weiterhin mit den ideologischen Polarisierungen konfrontiert sahen, unter denen sie schon in den letzten Jahren von Johnson gelitten hatten. Nachdem sich beispielsweise der SDS aufgelöst hatte, gab sich eine der übriggebliebenen Fraktionen den Namen »The Weathermen« und verschrieb sich dem Terrorismus. Seit den Nachwehen des »Volkspark«-Protestes in Berkeley machte sich an den Colleges und Universitäten Gewalt breit. Viele Studenten zogen sich daraufhin aus dem politischen Prozeß insgesamt zurück und wandten sich der Gegenkultur zu. Einer der Höhepunkte dieser Entwicklung, das gigantische Rockkonzert von Woodstock 1969, war typisch für das zunehmende Desinteresse an politischen Vorgängen. Die Bürgerrechtsbewegung litt unter ähnlichen ideologischen Spannungen, die sich in tiefen Zerwürfnissen zwischen Integrationisten und Separatisten spiegelten. Andere Minoritätengruppen begannen gleichzeitig radikale Perspektiven zu entwickeln. So forderten die jungen, militanten Native Americans, die sich im Rahmen der American Indian Movement (AIM) zusammengefunden hatten, die Regierung müsse seit langem bestehende, aber im allgemeinen vergessene Vertragszusagen gegenüber den indianischen Völkern achten und ihnen entweder umfassende Bundeshilfen zukommen lassen oder ihnen die Kontrolle über die weiten Landstriche im Westen zurückgeben. Genauso traten die Hispanoamerikaner Ende der sechziger und Anfang der siebziger Jahre immer selbstbewußter auf. Sie wurden immer mehr, weil während der Amtszeit von Johnson die nationalen Einwanderungsstatuten geändert worden waren. Daß sich der Tenor der Bürgerrechtsaktivisten änderte, war genauso entscheidend wie die Ausweitung ihres Programms. Zunehmend stellte die Bewegung Forderungen, bei denen es keine Kompromisse geben würde, und nahm im Gegensatz zu der integrationistischen Perspektive von Anfang der sechziger Jahre eine wesentlich separatistischere Haltung ein. Keine dieser Entwicklungen konnte natürlich die Bedenken der weißen Mehrheit gegenüber dem Bürgerrechtsaktivismus ausräumen. Vielmehr erlaubte die Gegenreaktion den Republikanern, in der Debatte über Bürgerrechtsthemen die Tagesordnung vorzugeben. Sie brandmarkten es als gefährlich, den Gerichten zuviel Macht zu überlassen, und denunzierten das neue Bürgerrechtsprogramm als umgekehrte Diskriminierung, die den Weißen schade.[7]

Die Südstaatenstrategie, die harte Linie im Wahlkampf und die Kampagne der positiven Polarisierung entsprachen ganz dem parteitreuen »alten Nixon«; andere Aspekte seiner Innenpolitik verblüfften die Kritiker eher. Weil er sich die Möglichkeit offenhalten wollte, seine außenpolitische Linie weiterzuverfolgen, ließ sich Nixon bei bestimmten innenpolitischen Fragen auf Kompromisse mit seinen Widersachern ein. Wie schon Kennedy mischte sich auch Nixon kaum in nationale Dinge ein; später bemerkte er einmal dazu: »Ich habe immer geglaubt, dieses Land könnte von allein funktionieren, ohne Präsident. Alles, was man braucht, um das Land am Laufen zu halten, ist ein kompetentes Kabinett.« Doch Nixons Außenpolitik verlangte nach einem starken Präsidenten, der ohne Behinderungen durch den Kongreß agieren können mußte, nicht nach den tumultuösen Situationen gegen Ende der Regierung Johnson, als sich der Kongreß zunehmend in internationale Angelegenheiten eingemischt hatte. Nicht nur dieser Trend setzte sich nach 1968 fort, viele liberale Demokraten griffen auch den ideologischen Tenor von McCarthys Wahlkampf auf und verschrieben sich einer schwachen Präsidentschaft mit starker Kontrolle sowohl der Exekutive als auch der außenpolitischen Richtung durch den Kongreß. Da er keine Notwendigkeit sah, liberale Demokraten mit innenpolitischen Themen – die ihn ohnehin wenig interessierten – gegen sich aufzubringen, stand Nixon also einer Administration vor, die eine überraschende Steigerung der Bundesausgaben tolerierte. Das war vor allem für einen Mann erstaunlich, der immer seine Treue gegenüber konservativen republikanischen Prinzipien herausstrich. Der Präsident unterzeichnete Gesetze, die den Voting Rights Act von 1965 ausweiteten und die Finanzierung von Programmen des Kriegs gegen die Armut wie Head Start und OEO sicherstellten. Er schlug sogar eine radikale Neuorganisation der Wohlfahrt vor: Der Family Assistance Plan war die einzige wichtige Initiative eines Präsidenten in der amerikanischen Geschichte, die ein vom Bund garantiertes Mindesteinkommen vorsah. (Weil Demokraten an Nixons Absichten zweifelten, scheiterte der Plan.) Eine ähnliche Maßnahme – die allerdings die Zustimmung der Legislative fand – war Nixons Plan zur Umverteilung von Steuern: Die Bundesregierung gab Zuschußpakete an staatliche Regierungen und Stadtverwaltungen zurück, die sie nach eigenem Ermessen verwenden durften. Die Ausgaben der Bundesregierung für die Sozialversicherung stiegen von 27,3 Milliarden Dollar zu Beginn von Nixons Amtszeit auf 64,7 an deren Ende. Sie zeigten Wirkung: Die Armut fiel 1973 auf 11,1 Prozent, den niedrigsten Wert, seit die Regierung solche Statistiken führte. Zwischen Johnsons verabschiedetem Haushalt und der Vorlage von Nixon 1971/72 stiegen die Ausgaben für Sozialversicherung um 55 Prozent und die für andere als Verteidigungsaufgaben um 45 Prozent, während die Rüstungsausgaben um 3 Prozent zurückgingen.[8]

Und Nixon lehnte es ab, die immer mächtigere Bundesbürokratie in Frage zu stellen – mit Ausnahme der Bürgerrechtsbelange, die diese noch immer trotz nachlassender politischer Unterstützung umsetzten. Aufgrund dessen erfuhren verschiedene soziale Reformbewegungen, vor allem die Umweltschützer und die Feministinnen, in den siebziger Jahren einen Aufschwung. Die gegen Ende der sechziger Jahre aufgekommene

Umweltbewegung zeichnete sich durch eine bemerkenswerte Breite und Vielfalt aus. Sie brachte Sportschützen und -angler, die ihre traditionellen Reviere erhalten wollten, mit Verbraucherschützern zusammen, die Großunternehmen wegen der Verschwendung natürlicher Ressourcen und der Luftverschmutzung kritisierten. Liberale Aktivisten wollten freie Natur und Artenvielfalt bewahrt sehen sowie das Bevölkerungswachstum eindämmen oder den Bau von Staudämmen und anderen Infrastrukturmaßnahmen verhindern, die den Status quo der Umwelt verändert hätten. Die Mitgliederzahlen der Umweltgruppen schossen von 124 000 1960 auf 1,127 Millionen 1972 hoch. Die gewandelte Populärkultur zeitigte unvermeidlicherweise politische Auswirkungen wie etwa die Verabschiedung des Clean Air Act 1963, des Clean Water Act 1965 und des Endangered Species Act 1966. Nixon kümmerte sich nicht sonderlich um diese Dinge, doch er erkannte auch, daß es wenig Sinn machte, sich dagegenzustellen. Als mit bedeutendste Maßnahme dieser Ära richtete 1970 der Kongreß die Environmental Protection Agency (EPA) ein, das umweltschützerische Äquivalent des NLRB (für Arbeitsbedingungen) und der EEOC (für Bürgerrechte und Feminismus).[9]

Auch die Frauenbewegung gewann Anfang der siebziger Jahre an Boden. Sie war die andere wichtige soziale Bewegung des vorangegangenen Jahrzehnts, die nach den traumatischen Erfahrungen von 1968 nicht an Schubkraft verlor. Immer mehr Frauen aller Altersschichten gingen einem Beruf nach. Die Bewegung selbst wirkte sich vor allem dahingehend aus, daß sich die Einstellung in der Bevölkerung auf breiter Basis änderte, vor allem bei den Collegestudenten des Landes. Immer mehr Frauen besuchten weiterführende und Berufsschulen, die vor den siebziger Jahren eine ausschließliche Männerdomäne gewesen waren. (Bei der wirtschaftlichen Gleichstellung und den eher subtilen Formen der Diskriminierung, auf die sich die Bürgerrechtsaktivisten Ende der sechziger Jahre konzentriert hatten, blieben substantielle Fortschritte allerdings aus.) Überraschenderweise erhielten die Feministinnen sogar von Nixon eine gewisse politische Unterstützung, als er im Jahr 1972 dem Title IX mit seiner Unterschrift Gesetzeskraft verlieh. Ihm zufolge war die sexuelle Diskriminierung an weiterführenden Schulen verboten; er bildete die Grundlage für sexuelle Gleichheit bei einer Fülle von universitären Aktivitäten, vor allem dem College-Sport. Im selben Jahr verabschiedete der Kongreß das Equal Rights Amendment. Die erwartete Zustimmung der Einzelstaaten stellte sich rasch ein: Innerhalb eines Jahres hatten 28 der benötigten 38 Staaten den Zusatz ratifiziert; das wies darauf hin, wie stark der Feminismus an der Basis war. Den meisten Erfolg erzielten die Feministinnen aber dank der Taktik der frühen Bürgerrechtsbewegung, sich auf eine Kombination von politischen Erfolgen, Entscheidungen des Obersten Gerichtshofs und Aktivitäten an der Basis zu verlassen. Als wichtigste juristische Entscheidung weitete 1973 der Supreme Court im Fall Roe gegen Wade das Recht auf Intimsphäre dahingehend aus, daß Abtreibungen während der ersten drei Schwangerschaftsmonate legal wurden. Das Urteil war ein weiteres Beispiel für die zunehmende Tendenz der Bürgerrechtler, sich bei der Umsetzung ihres Programms nicht nur auf die Wähler zu verlassen, sondern sich entweder an die Bürokratie oder an die Gerichtshöfe zu wenden.[10]

Über Nixons Parteitreue und Außenpolitik hinaus kam es auch in der Innenpolitik zu mehr Mißbrauch der präsidialen Autorität als bei irgendeiner anderen Regierung der amerikanischen Geschichte. Nixons Aktionen paßten zu einem umfassenderen Muster von Anmaßungen der Präsidenten seit dem Zweiten Weltkrieg, doch übertraf er seine Vorgänger noch bei weitem. Er war während der politischen und sozialen Turbulenzen der ausgehenden sechziger Jahre ins Amt gelangt und zu dem Schluß gekommen, daß die immer deutlicher werdende Radikalisierung die Nation in ihrer Existenz bedrohe, was im Gegenzug außergewöhnliche Maßnahmen rechtfertige. Nixons Entschlossenheit, seine Macht auszuweiten, war vor allem auf seine paranoide Persönlichkeit zurückzuführen. Politik betrachtete er als eine Form von Krieg, ständig fühlte er sich als Außenseiter inmitten eines feindlich gesinnten Oststaaten-Establishments. Er war überzeugt, seine Feinde bekämpfen zu müssen, neigte dazu, sich im Weißen Haus umgeben von einem kleinen, autokratischen und ihm treu ergebenen Stab zu isolieren, und er war nur allzugern bereit, mit der Macht seines Amtes auf seine realen und eingebildeten politischen Gegner einzuschlagen. All diese institutionellen, historischen und persönlichen Trends zusammen lösten eine Reihe von Ereignissen aus, die Nixons Präsidentschaft ein Ende setzten. Im Juni 1972 verhaftete die Polizei fünf Männer, die in das Hauptquartier des demokratischen Nationalkomitees im Watergate Hotel in Washington D. C. eingebrochen waren. Einem konnte man Verbindungen zur CIA nachweisen; er fungierte zugleich als Sicherheitskoordinator für Nixons Wiederwahlkampagne, die unter dem Akronym CREEP bekannt war. Bei den anderen gab es Verbindungen zur kubanischen Anti-Castro-Gemeinde in Miami, unter der die CIA viele Agenten rekrutierte. Zwei Reporter der ›Washington Post‹, Carl Bernstein und Bob Woodward, setzten in den folgenden Monaten ein Puzzle von Beweisstücken zusammen, das den Schluß nahelegte, es gäbe zwischen Einbruch und Weißem Haus einen Zusammenhang. Obwohl die Zeitung die Geschichte groß herausbrachte, fand sie während des Wahlkampfs nur geringe landesweite Beachtung.[11]

Der Präsident und seine Helfershelfer fürchteten weniger die unmittelbar mit dem Einbruch zusammenhängenden Ereignisse als vielmehr eine Untersuchung von Watergate, bei der Unregelmäßigkeiten in dem von CREEP betriebenen Wahlkampf herauskommen könnten. So hatten ausländische Banken Wahlkampfspenden zur Geldwäsche benutzt, und die Spendenbereitschaft war mittels Androhungen von IRS- oder CIA-Untersuchungen vergrößert worden. Die Demokraten versuchten, über die Watergate-Ereignisse die Öffentlichkeit zu mobilisieren, doch Nixon profitierte noch immer von dem anhaltenden Durcheinander in der Oppositionspartei. Nach dem Debakel von Chicago 1968 hatte das demokratische Nationalkomitee eine Kommission ernannt, die von George McGovern und Donald Fraser, einem Abgeordneten aus Minnesota, geleitet wurde. Sie sollte die innerparteilichen Regeln für die Ernennung des Präsidentschaftskandidaten reformieren. Das Hauptziel der Kommission bestand darin, den Nominierungsprozeß offener zu gestalten und dabei den parteiinternen Vorwahlen eine größere Rolle zukommen zu lassen. Sie versuchte den Einfluß von Parteifunktionären auf den Nominierungsprozeß zurückzudrängen und zu garantieren, daß die Delegierten zu einem gewissen Teil auch Frauen, Jugendliche und Minderheiten repräsentierten. Die Ergebnisse waren revolutionär: Beim demokratischen Konvent von 1972 waren 38 Prozent der Delegierten Frauen, 1968 waren es nur 13 Prozent gewesen. Die Zahl der schwarzen Delegierten stieg von 5 auf 15 Prozent und die der Delegierten jünger als 30 Jahre von 2,6 auf 23 Prozent. Obwohl es zu dem Zeitpunkt noch nicht klar war, veränderten die Empfehlungen der Kommission den Ausleseprozeß grundlegend: Jetzt bekamen die liberalen Aktivisten ein größeres Gewicht (sie waren bei den Vorwahlen in unverhältnismäßiger Zahl vertreten); die Infrastruktur der Partei wurde stark geschwächt. Indem sie Verfahren vorgaben, nahmen die Wahlreformer im Grunde das Ergebnis vorweg. Die Aktivitäten der Kommission stellten in vielerlei Hinsicht das dar, was man die Übertragung des liberalen Rechtsprogramms auf den politischen Prozeß nennen könnte. Daher war es kaum eine Überraschung, daß die Bürgerrechtsaktivisten unverhältnismäßig von den Veränderungen profitierten. Nach einer umstrittenen Vorwahlen-Kampagne wurde der liberalste Bewerber von 1972, George McGovern, zum Kandidaten gekürt.[12]

Doch beim Wahlkampf im Herbst konnte der Politiker aus South Dakota keinen Boden gutmachen. McGovern versprach mehr Regierungsaktivitäten zugunsten von Frauen und Minderheiten, politische und Wahlrechtsreformen und die Beendigung des Vietnamkriegs. Dieses Programm übernahm die Kernpunkte des rechtspolitischen Liberalismus, der aus den Kämpfen der sechziger Jahre hervorgegangen war. Doch gerade seine ideologisch saubere Ausrichtung ermöglichte es Nixon, getreu den Vorgaben von Phillips und Buchanan um die Stimmen unzufriedener weißer Wähler zu werben. Die Entfremdung McGoverns von der traditionellen demokratischen Wählerbasis erreichte ihren Höhepunkt, als der AFL-CIO sich weigerte, seine Kandidatur zu unterstützen; genauso blieben die meisten Demokraten in den Südstaaten auf Distanz. Darüber hinaus unterliefen Nixon und Kissinger die Kernaussage von McGoverns Kandidatur, indem sie die Verhandlungen über eine

Beendigung des Vietnamkonflikts beschleunigten. Kissinger verkündete Ende Oktober (ein bißchen verfrüht, wie sich zeigen sollte), daß der Frieden in Südostasien greifbar sei. Das Wahlergebnis rechtfertigte Nixons politische Vorgehensweise, wenn auch nicht seine spezifischen Leistungen. Nixon übertrumpfte McGovern um 21 Prozent der Wählerstimmen und brachte mit Ausnahme von Massachusetts sämtliche Staaten der USA hinter sich: das beste Ergebnis eines Republikaners in der Geschichte der Partei.[13]

Schon bald tauchten neue Probleme auf. Obwohl der Präsident im Wahlkampf Loblieder auf seine Außenpolitik gesungen hatte, zeigten die vermutlich wichtigsten internationalen Entwicklungen in Nixons Amtszeit die Grenzen der amerikanischen Macht auf – und zwar auf dem Gebiet der Wirtschaft, nicht der Großmachtpolitik. Im Verlauf der sechziger Jahre war das Bruttosozialprodukt der führenden Industrienationen um durchschnittlich 3,6 Prozent pro Jahr gestiegen. In den USA jedoch ging die beeindruckende Leistungsbilanz der späteren Regierungsjahre Kennedys unter Johnson zurück, dieser Trend hielt auch in Nixons Amtszeit an. Um den Inflationsdruck einzudämmen, beendete Nixon im Jahr 1971 das Bretton-Woods-System, nahm die Vereinigten Staaten aus dem Goldstandard und führte Lohn- sowie Preiskontrollen ein. Zwei Jahre später wurde die Wirtschaft auf eine noch drastischere Probe gestellt: Aus Rache, daß die USA im Sechstagekrieg Israel unterstützt hatten, verhängte die Organization of Petroleum Exporting Countries (OPEC) ein Ölembargo. Das Benzin wurde knapp, die Preise für Heizöl und Gas schossen um bis zu 33 Prozent in die Höhe. Diese Entwicklungen verstärkten besorgniserregende langfristige Wirtschaftstrends, vor allem einen Rückgang im produzierenden Gewerbe. Schon 1968 waren erstmals mehr Automobile im- als exportiert worden – ein Zeichen für die Leistungsfähigkeit der immer zahlreicheren Konkurrenten in Übersee und ein schlimmes Omen für die zukünftigen Schwierigkeiten des Rückgrats der amerikanischen Wirtschaft im zwanzigsten Jahrhundert, die Auto- und Stahlindustrie.[14]

Hinzu kam, daß im Moment seines größten Triumphs Nixons persönliche Unsicherheiten sich zurückmeldeten und ihn zugrunde richteten. Nach der Wahl begannen die fünf ursprünglich im Fall Watergate Angeklagten mit den Strafverfolgern und einem speziellen Senatskomitee zusammenzuarbeiten, das von Sam Ervin, einem Demokraten aus North Carolina, geleitet wurde. Die Einbrecher belasteten fünf wichtige Regierungsvertreter, beispielsweise John Dean, Berater im Weißen Haus, der sich wiederum als Kronzeuge zur Verfügung stellte und seinerseits den Stabschef John Erlichman sowie den Justizminister H. R. Haldeman belastete. Schnell drangen zwei miteinander zusammenhängende Skandale ans Licht, wobei der erste wieder einmal Nixons Neigung zum Amtsmißbrauch belegte: Die Watergate-Einbrecher waren aus dem Wahlkampffonds des CREEP bezahlt worden, und man stieß bei den Untersuchungen auf zahlreiche illegale Praktiken beim Einsammeln von Spenden für Nixons Wiederwahl. Der zweite mit Watergate zusammenhängende Skandal warf noch beunruhigendere Fragen auf, denn es gab Beweise dafür, daß der Präsident versucht hatte, das Verbrechen zu vertuschen und die CIA zu bedrängen (was wiederum gegen deren Satzung verstieß), den örtlichen Polizeibehörden und dem FBI zu befehlen, die Nachforschungen wegen des Einbruchs einzustellen. Teils wegen des Ausgangs der Watergate-Krise ersetzte Nixon seine Politik der Annäherung an die demokratische Wählerbasis durch eine Reihe von Initiativen, um die innenpolitische Macht der Exekutive auszuweiten. 1973 berief er sich auf eine höchst umstrittene Verfassungsinterpretation: Im Namen einer Begrenzung der Bundesausgaben begann Nixon vom Kongreß verabschiedete Programme zurückzufahren oder gar auszusetzen. Er berief sich dabei auf seine Autorität als Präsident, die nationalen Gesetze durchzusetzen. Kein Präsident je zuvor hatte sich angemaßt, Fonds »sicherstellen« zu dürfen. Nixon drohte, der Legislative die Kontrolle über die Bewilligung von Geldern zu entziehen, und führte damit einen Schlag gegen denjenigen Bereich der Kongreßmacht, der von der Ausweitung des Präsidentenamts in der Zeit des Kalten Kriegs meist nicht betroffen gewesen war. Die Beziehungen zwischen den beiden Regierungsorganen kühlten sich noch weiter ab, als in die Watergate-Affäre immer mehr Klarheit kam, das Ervin-Komi-

tee seine Nachforschungen intensivierte und der Rechtsausschuß des Repräsentantenhauses sich anschickte, Anklage gegen
den Präsidenten zu erheben. Doch selbst ohne Watergate waren
die Beziehungen zwischen den beiden Regierungsorganen so
schlecht wie seit der Präsidentschaft von Andrew Johnson ein
Jahrhundert zuvor nicht mehr.[15]

Die Watergate-Skandale stärkten die Position der Kongreßmitglieder, die ihre Institution vor dem schützen wollten,
was Kritiker als die »imperiale Präsidentschaft« des Kalten
Kriegs bezeichneten. Zwar hätte auch – wie bei der Innenpolitik – Nixons Neigung zur Geheimdiplomatie zweifellos die
Legislative dazu gebracht, etwas zu unternehmen, doch richtig
in Schwung kam sie 1973, als beide Kammern des Kongresses
mit überwältigender Mehrheit den War Powers Act verabschiedeten. Er verlangte, der Kongreß müsse innerhalb von 60 Tagen
jeder Maßnahme der Exekutive zustimmen, die US-Truppen in
Kampfgebiete irgendwo in Übersee schickte. Die Annahme des
Gesetzes zeigte, daß gemäßigte Republikaner wie Jacob Javits
aus New York und konservative Demokraten wie John Stennis
aus Mississippi sich vom Präsidenten losgesagt hatten. Wie viele
ihrer Kollegen waren sie der Ansicht, daß die Machtbalance
zwischen der Exekutive und der Legislative in eine gefährliche
Schieflage geraten war.[16]

Daß der Kongreß immer häufiger das Veto des Präsidenten
gegenüber Maßnahmen von profunder verfassungsrechtlicher
Bedeutung überstimmte, ließ erkennen, wie sehr Watergate die
politische Position Nixons geschwächt hatte. Er versicherte der
Nation zwar: »Ich bin kein Gauner«, doch der schwerste Schlag
traf ihn, als bekannt wurde, daß er im Weißen Haus und sogar
im Oval Office heimlich eine Abhöranlage hatte installieren
lassen. Als der das Verbrechen untersuchende Sonderermittler,
Archibald Cox, die Herausgabe der Tonbänder verlangte, feuerte Nixon ihn. Doch Cox' Nachfolger, Leon Jaworski, erwies
sich als genauso unerbittlich, und auch die lokalen Strafverfol-
ger und das Ervin-Komitee blieben hart. Im Juli wies der Oberste Gerichtshof einstimmig die Berufung auf das Privileg der
Exekutive zurück und ordnete die Herausgabe der Tonbänder
an. Daraufhin empfahl der Rechtsausschuß des Repräsentanten-

hauses, in drei Punkten Anklage gegen Nixon zu erheben: Er habe die Justiz behindert, sich über die Autorität des Kongresses hinweggesetzt und Einrichtungen der Bundesregierung dazu mißbraucht, die Rechte amerikanischer Bürger zu verletzen. Da nur eine Handvoll Republikaner bereit gewesen wäre, ihn freizusprechen, blieb dem Präsidenten keine andere Wahl, als zurückzutreten. Das tat er am 8. August 1974, und so schied er als erster Präsident der Vereinigten Staaten freiwillig vorzeitig aus dem Amt.[17]

Vizepräsident Gerald Ford, der langjährige Minderheitenführer im Repräsentantenhaus, wurde – als erster – Präsident, ohne sich je bei Wahlen um dieses Amt beworben zu haben. Er war im Jahr zuvor zum Vizepräsidenten ernannt worden und hatte den in Ungnade gefallenen Spiro Agnew ersetzt, der – wie Nixon – hatte zurücktreten müssen, weil er aus moralischen Gründen untragbar geworden war. Als Ford sein Amt antrat, war seine politische Position daher außerordentlich schwach. Dieses Problem wurde dadurch verstärkt, daß die liberalen Demokraten nach wie vor die Institution des Präsidentenamtes attackierten. Außenpolitische Maßnahmen von Kongreßreformern – die Demokraten schränkten die Unabhängigkeit der CIA ein und stoppten die Einmischung in den angolanischen Bürgerkrieg – ließen erkennen, wie fundamental Vietnamkrieg und Watergate die politische Landschaft verändert hatten. Es kam zu zwei besonders wichtigen Verschiebungen in der politischen Kultur: Erstens entwickelte der Zynismus der Wähler im Blick auf den Prozeß und die Regierung als Ganze eine Intensität wie nie zuvor. Zweitens führten Vietnam und Watergate dazu, daß die Öffentlichkeit immer stärker auf politische, ethische, institutionelle und außenpolitische Reformen drängte. Kurzfristig erwies sich dieser Druck als der einflußreichere. Davon profitierten die Demokraten, weil diese Themen ihrem Programm entsprachen, Aufgaben wie die Wahlrechtsreform anzugehen und die Außenpolitik mit mehr Idealismus zu erfüllen. Langfristig jedoch trieben diese politischen Entwicklungen einen immer tieferen Keil zwischen die traditionelle Wählerbasis der Demokraten in Wirtschaftsfragen und dem zunehmend aktiven linken Flügel der Partei.[18]

Nixons Rücktritt machte den Liberalen Mut, die die Gesetze gegen die Kriegsermächtigung und die Haushaltsbehinderungen durchzubringen geholfen hatten. Als nächstes wandte die Gruppe ihre Aufmerksamkeit der Wahlrechtsreform zu. Nixons Amtsmißbrauch bei seiner Wiederwahl 1972 förderte die Verabschiedung des Federal Campaigns and Elections Act, mit dem die Finanzierung von Präsidentschaftswahlkämpfen durch den Bund geregelt und die Höhe privater Spenden sowohl bei Kongreß- wie bei Präsidentschaftswahlkämpfen begrenzt wurde. Das Gesetz war die ehrgeizigste politische Reform seit der Progressiven Ära und bewies, wie stark in den Nachwehen von Vietnam und Watergate der Wille zu politischen Veränderungen war, die zum Ziel hatten, die Macht zu dezentralisieren und die Chancen einzelner Bürger zu maximieren, die tagespolitischen Regierungsaktivitäten zu beeinflussen. Diese Bestrebungen offenbarten aber – wenn auch unbeabsichtigt –, wie das noch aus dem »New Deal« stammende traditionelle demokratische Programm, der Bundesregierung mehr Macht zu geben, mit den ideologischen Grundlagen des rechtspolitischen Liberalismus der siebziger Jahre in Konflikt geriet. Wie schon in den zwanziger Jahren reagierten Reformer auf Mißbrauch der Bundesautorität, indem sie ihre bis dahin konsistente Unterstützung einer Stärkung der Bundesregierung hinterfragten. Und ebenso wie in jenem Jahrzehnt, sorgte diese mißtrauische Stimmung für eine Öffnung gegenüber den Konservativen, die diese Haltung nutzen konnten, um mehr populäre Unterstützung für ihr eigenes politisches Programm zu bekommen.[19]

Die Spannungen innerhalb der sich abzeichnenden demokratischen Ideologie verblaßten jedoch im Vergleich zu den politischen Schwierigkeiten, mit denen sich die Republikaner vor den Zwischenwahlen von 1974 konfrontiert sahen. Ihre Hoffnung, Nixons Rücktritt würde die Partei als solche vor den Folgen der Watergate-Affäre schützen, zerschlugen sich, als Ford nach nur wenigen Monaten im Amt seinen Vorgänger begnadigte. Darüber hinaus hatte die neue Regierung Schwierigkeiten, mit den ererbten Wirtschaftsproblemen fertig zu werden, die aus der Entscheidung der OPEC herrührten, die Ölpreise um über 400 Prozent anzuheben. Meinungsumfragen zufolge hielt nur ein Sechstel der Wähler die eigene Lage für besser als vier Jahre zuvor, mehr als zwei Fünftel waren entgegengesetzter Ansicht. Die Einschätzung, die Nation habe die Kontrolle über ihr ökonomisches Schicksal verloren, manifestierte sich politisch bei den Zwischenwahlen von 1974. Das Ziel innen- und außenpolitischer (und nicht etwa wirtschaftlicher) Reformen auf breiter Basis einte die ungewöhnlich große Gruppe von Demokraten, die erstmals ins Repräsentantenhaus einzogen. Dort hatte die Partei den Republikanern 48 Sitze abgenommen, darunter auch den stramm republikanischen Wahlbezirk von Michigan, der zwei Jahrzehnte lang Ford in den Kongreß geschickt hatte, ehe Nixon ihn zum Vizepräsidenten machte. Unter dem Spitznamen »Watergate-Jahrgang« machten sich diese neu hinzugekommenen Demokraten daran, ein ehrgeiziges Programm durchzudrücken, das die Macht der Führung und der Ausschußvorsitzenden im Repräsentantenhaus einschränken sollte. Diese institutionelle Reform hatte eine ähnliche Wirkung wie das McGovern-Fraser-Komitee auf den demokratischen Nominierungsprozeß: Die Parteimitte rückte nach links, und die Demokraten mußten sich zunehmend mit Rechtsfragen identifizieren. Doch das Programm der Neulinge ging noch über die Reform der Institution hinaus. Im scharfen Kontrast zu den Neuzugängen von 1910, 1934 und auch 1958 interessierte sich der »Watergate-Jahrgang« nur wenig für Wirtschaftsthemen. Statt dessen konzentrierten die meisten aus dieser Gruppe sich entweder auf die Außenpolitik, wo sie Themen wie militärische Reformen, Menschenrechtsdiplomatie und eine Stärkung des Kongresses in der Außenpolitik befürworteten, oder auf Rechtsfragen wie den Umweltschutz, die Gleichberechtigung der Frauen oder politische Reformen. Diese Punkte reflektierten die Grundausrichtung des Liberalismus, wie er sich im vorangegangenen Jahrzehnt ausgebildet hatte. Zugleich spiegelten sich darin auch die Interessen der Mittelschichtwähler, deren Stimmen für den Sieg vieler Demokraten 1974 ausschlaggebend gewesen waren. Diese Wähler – ziemlich häufig Vorstadtbewohner mit Collegeausbildung – zeigten wenig Interesse an Wirtschaftsfragen im Kontext des ohnehin beschränkten Programms der Nachkriegsära und hinterfragten vor allem, ob

Johnsons Ausweitung des Wohlfahrtsstaats klug gewesen war. Sie fühlten sich in erster Linie zu den Demokraten hingezogen, weil sie die Partei für toleranter in sozialen und außenpolitischen Dingen hielten.[20]

Folglich war es kaum eine Überraschung, daß die Einheit des »Watergate-Jahrgangs« bei Wirtschaftsthemen schwand. Einige blieben dem traditionellen »New Deal«-Programm treu; viele fragten sich aber, ob sich das Land eine abermalige Ausweitung des Wohlfahrtsstaats leisten könne und ob solch eine Politik überhaupt Aufgabe der Regierung sei. Gary Hart, ein neugewählter Senator aus Colorado, sprach für viele dieser Gruppe, als er anmerkte, Vietnam hätte bei den neuen Demokraten das Mißtrauen gegenüber einer mächtigeren Bundesregierung in der Außen- wie in der Innenpolitik wachsen lassen. Die Wähler hätten nicht »einen Haufen kleiner Hubert Humphreys« in den Kongreß geschickt. Zum ersten Mal seit Roosevelts Präsidentschaft fragten Liberale, ob es klug sei, die Bundesregierung zur Mehrung der sozialen Gerechtigkeit einzusetzen. Doch die neugewählten Demokraten schafften es nicht, mit einer kohärenten ideologischen Alternative aufzuwarten, was es den Konservativen ermöglichte, den Tenor der Debatte vorzugeben.[21]

Am deutlichsten zeigte sich diese neue Geisteshaltung vielleicht darin, daß viele der neugewählten Demokraten zunehmend eine Deregulierung der Wirtschaft befürworteten. Das kehrte den fünfjährigen Trend der Partei um, der Bundesregierung mehr Regulierungsmöglichkeiten gegenüber der Wirtschaft einräumen zu wollen. Teile der Energiewirtschaft und des Transportwesens, etwa die Erdgas- und Luftfahrtindustrie, wurden Mitte und Ende der siebziger Jahre dereguliert. Das wurde von Konservativen begrüßt, die die Rolle der Bundesregierung gegenüber der Wirtschaft begrenzen wollten. Überraschend war jedoch, daß auch herausragende Liberale wie Edward Kennedy das Konzept befürworteten. Er sah darin eine Möglichkeit, die Wirtschaft effizienter zu machen und somit die Verbraucherpreise zu senken. Die Betonung der Verbraucherrechte hatte sich also voll und ganz durchsetzen können. Das veranlaßte die Liberalen, auch noch strukturell das antimonopolistische Programm der Progressiven Ära und des »New

Deal« aufzugeben. Die Deregulierungsbewegung zeigte, daß das liberale Wirtschaftsprogramm sich zu verlagern begonnen hatte. Solange sich die Aufmerksamkeit der Nation auf politische Reformen, Rechtsfragen wie den Umweltschutz oder außenpolitische Dinge konzentrierte, bereitete diese Spaltung den Demokraten keine ernsthaften Probleme. Doch das vom Ende des liberalen Kalten-Kriegs-Konsenses verursachte Fehlen einer demokratischen Wirtschaftsvision sollte letzten Endes die Partei nicht zur Ruhe kommen lassen.[22]

Tatsächlich wurden während Fords Sachwalter-Präsidentschaft Wirtschaftsangelegenheiten immer wichtiger. Die Inflation lag Anfang 1973 bei 8 und am Ende des Jahres bereits bei 10 Prozent. Das Haushaltsdefizit wuchs auf 40 Milliarden Dollar. Die Produktivität mit der Auto- und Stahlindustrie im Zentrum ging noch immer zurück; sie wurde Opfer des zunehmenden internationalen Wettbewerbs und der kränkelnden Wirtschaft zu Hause. Die neue ökonomische Ordnung nahm den Fabrikarbeitern ihre gutbezahlten Jobs, die es ihnen in der Nachkriegszeit ermöglicht hatten, in die Mittelschicht aufzusteigen. Aber auch Arbeitern, die ihre Jobs behielten, ging es schlecht: Die Reallöhne in der Industrie gingen zwischen 1973 und 1980 um 18 Prozent zurück. Die wirtschaftliche Nullsummen-Perspektive verschärfte die Spannungen zwischen dem Management und den Gewerkschaften. Die Firmenchefs verlangten von den Gewerkschaftsführern immer weitere Zugeständnisse in Form von Lohnkürzungen und Entlassungen. Kurzfristig wurde Ford ein Opfer dieser Entwicklungen. Als Präsident ohne eigenes politisches Programm und mit einem von der Oppositionspartei dominierten Kongreß konfrontiert, zeichnete er sich während seiner kurzen Amtszeit nur durch den häufigen Gebrauch seines Vetorechts aus. Darüber hinaus wurde er bald auf eine harte Probe gestellt: Ronald Reagan bewarb sich erneut um die Kandidatur. Der ehemalige Gouverneur von Kalifornien versprühte seinen persönlichen Charme reichlich und versuchte daneben, auf die zynische Einstellung nach Vietnam und Watergate zu setzen, daß die Bundesregierung unfähig sei, irgendeine wichtige Aufgabe konstruktiv anzugehen. Der geschwächte Ford schaffte die Kandidatur mit

Mühe, zog aber im Herbst so gut wie ohne jede Chance in den Wahlkampf. Ein demokratischer Funktionär spottete: »Dieses Jahr könnten wir mit einem Erdferkel antreten und würden dennoch gewinnen.«[23]

Abgesehen davon hatten die Vorwahlen bei den Demokraten einen Überraschungskandidaten hervorgebracht, der beide von Watergate ausgelösten politischen Strömungen für sich einspannen konnte: den Zynismus der Wähler und ihren Wunsch nach mehr politischen Reformen. Jimmy Carters dürftige Regierungserfahrung – er hatte nur eine Amtszeit als Gouverneur von Georgia gedient – war 1976 ein Aktivposten. Sie erlaubte ihm nämlich, sich von dem Durcheinander in Washington zu distanzieren. Sein Wahlkampf bot wirtschaftspolitisch wenig Konkretes; Carter versprach eine auf die Menschenrechte konzentrierte Außenpolitik und mehr Bescheidenheit in Regierungsangelegenheiten. Das trug ihm die Unterstützung jener Demokraten ein, die im vergangenen Jahrzehnt die aktive Basis der Partei gebildet hatten. Obwohl er gegen Ende der Vorwahlen noch einmal ins Wanken geriet, schaffte er – ähnlich wie Ford – dank der gespaltenen Opposition die Nominierung und besiegte diesen schließlich mit einem Vorsprung von 33 Punkten. Die immer noch nachklingenden Auswirkungen von Watergate, der schlechte Eindruck von Fords Mitstreiter, Senator Robert Dole aus Kansas, und ein schwerer Fehler des Präsidenten, der in der landesweiten Fernsehdebatte behauptete, die Sowjets würden Osteuropa nicht dominieren – all das ließ Carter die Oberhand behalten, auch wenn sein Vorsprung nur knapp ausfiel. Theoretisch bot Carters Sieg den Demokraten Gelegenheit, den Niedergang der Partei umzukehren und eine neue Koalition von Wählern aus Minderheiten, Weißen der Unterschicht (die traditionelle Basis der Partei) und jenen Wählern der Mittelschicht zusammenzuschmieden, die sich wegen sozialer und internationaler Fragen in den siebziger Jahren zu der Partei hingezogen fühlten. Erfolge in dieser Hinsicht konnten die sich abzeichnende parteiliche Neuausrichtung umkehren, die mit den Wahlen von 1968 ihren Anfang genommen hatte. Letzten Endes waren jedoch die Programme der verschiedenen Wählergruppen der Partei zu unterschiedlich.[24]

In der Tat gründete Carters Versagen gerade auf jener Strategie, mit der er die Wahl gewonnen hatte. Die widersprüchlichen Anforderungen seines Programms miteinander zu versöhnen, beschäftigte ihn so stark, daß seine Regierungsfähigkeit darunter litt. Der Präsident legte weiterhin großen Wert darauf, als Mann des Volkes zu gelten – bei der Parade zu seiner Amtseinführung ging er zu Fuß, im Fernsehen trat er lieber im Pullover auf als im förmlichen Anzug, und er hielt »Stadtversammlungen« ab, bei denen Bürger ihn über ihre drückenden Sorgen informieren konnten. Diese Überbetonung des Image nützte der Regierung jedoch nur gewisse Zeit. Es stellte sich heraus, daß Carter letztlich substantielle Fragen unbeantwortet ließ. Ein außergewöhnlich beschränktes Wirtschaftsprogramm und die begrenzte Vorstellung von der Macht seines Amtes – beides wichtige Grundzüge des Reformliberalismus der späten sechziger Jahre – hinterließen den Eindruck, daß Carter an nichts weiter interessiert sei, als kompetent und ehrlich die tagespolitischen Regierungsgeschäfte zu managen. Außenpolitisch bekam Carter anfänglich mehr Unterstützung von seiner Partei. Im scharfen Gegensatz zu den früheren demokratischen Präsidenten während des Kalten Kriegs betonte seine Diplomatie die Menschenrechte, wie es auch die Demokraten im Kongreß während der Amtszeiten von Nixon und Ford getan hatten. Amerikanische Hilfen für verbrecherische Regime wie in Argentinien und Chile wurden eingestellt. Das signalisierte, daß die Exekutive neue außenpolitische Prinzipien verfolgte. Carter hoffte aber auch, seine außenpolitische Vision aktiver umsetzen zu können. Seinen ehrgeizigsten Versuch zur Bewältigung unerfüllter Aufgaben unternahm er in Panama. Carter räumte der Angelegenheit Priorität ein: Anfang 1978 legte er einen Vertrag vor, in dem die USA zustimmten, die Kontrolle über den Kanal bis zum Jahr 2000 an Panama zurückzugeben. Die Maßnahme traf auf den heftigsten Widerstand von Reagan und anderen konservativen Republikanern, die eine massive Briefaktion starteten, mit der noch unschlüssige Senatoren unter Druck gesetzt werden sollten. Ein erfolgreicher politischer Gegenangriff des Weißen Hauses rettete schließlich den Vertrag, der im Senat mit 68 zu 32 Stimmen angenommen wurde, einer mehr als die erforderliche Zweidrittelmehrheit. Dieses politische Scharmützel hatte Carter zwar gewonnen, doch den Kampf um die öffentliche Meinung verlor er. Mehrere Senatoren, die für den Vertrag gestimmt hatten, schafften bei den Zwischenwahlen von 1978 nicht die Wiederwahl. Der Kampf um den Panamakanal zeigte, wie sich die öffentliche Meinung in der Außenpolitik gewandelt hatte. In den Nachwehen von Vietnam hatten sich Kongreßmaßnahmen zur Förderung der Menschenrechtsdiplomatie einer überraschend großen Unterstützung seitens der Öffentlichkeit erfreut. Sie war der militärischen Verpflichtungen in Übersee müde, die aus der Eindämmungspolitik des Kalten Kriegs resultierten. Die Reformpolitik hatte jedoch auch zu einer Gegenreaktion nationalistischer Kräfte geführt, die befürchteten, die anhaltende sowjetische Bedrohung würde ignoriert. Im Kampf um den Panamakanal kristallisierte diese Stimmung. Er gab den Nationalisten ein leicht verständliches und politisch brisantes Beispiel an die Hand, mit dem sie ihre Kritik an der Außenpolitik der Regierung illustrieren konnten. Darüber hinaus sollten bald andere Probleme auftauchen, die den Schluß nahelegten, dank Carter und seiner Betonung von Menschenrechten und Demokratie hätten die USA im Kalten Krieg gegen die UdSSR an Boden verloren und wären im großen und ganzen auf eine Position gefährlicher militärischer Schwäche zurückgefallen.[25]

Schon einmal im zwanzigsten Jahrhundert, während der zehn Jahre nach dem Ersten Weltkrieg, hatten sich Reformer der Außenpolitik und Rechtsfragen zugewandt, weil sie wegen der Wirtschaftsreform zerstritten waren. Diese Schwäche hatte zusammen mit einer Gegenreaktion auf die sozialen, ökonomischen und internationalen Erschütterungen des Kriegs den Boden dafür bereitet, daß soziale Themen aufkamen. Daraus resultierte ein ausgeprägter Rechtsruck im politischen Diskurs. Ende der siebziger Jahre kam es zu einer ähnlichen Entwicklung, bei der die zunehmend wegen ihrer Außenpolitik angegriffene Regierung ins Schleudern geriet. Die geschwächte Position der Linken erlaubte es Konservativen, das Vakuum zu füllen. Sie steckten den Rahmen ab, der im Lauf der nächsten beiden Jahrzehnte die nationale Debatte über soziale Fragen beherrschen sollte. Vor allem zwei Strömungen blühten unter diesen neuen Bedingungen auf: der religiöse Fundamentalismus und die »Neue Rechte«. Genau wie die Politik der sechziger Jahre zu einer Reaktion des rechten Flügels geführt hatte, stimulierten die sozialen Entwicklungen dieses Jahrzehnts eine Gegenbewegung derjenigen, die die traditionellen moralischen und religiösen Werte hochhielten. In den siebziger Jahren wandten sich diese religiös Konservativen – vor allem Protestanten – der nationalen Politik zu, wie es schon ihre Vorgänger in den zwanziger Jahren getan hatten. Jetzt jedoch bedienten sie sich der Macht des Fernsehens und mobilisierten Wähler, die bislang außerhalb des politischen Prozesses gestanden hatten. Fernsehsendungen fundamentalistischer Geistlicher wie Jerry Falwell, Pat Robertson und Jim Bakker erreichten zusammen Woche für Woche beinahe 100 Millionen Menschen, die sich die Ausfälle der Geistlichen gegen Pornographie, Homosexualität und Feminismus anhörten. Das war nicht die Mehrheit der Wählerschaft, doch die Strategie der religiösen Rechten, heiße Eisen anzugehen, und die Bereitschaft der protestantischen Gläubigen, politisch an der Basis tätig zu werden, als die Linken auf dem Rückzug waren, verhalfen der Bewegung zu einem Einfluß, der in keinem Verhältnis zur Anzahl der tatsächlich Aktiven stand. Auf dem politischen Parkett gewannen die sozial Konservativen ihre Stärke hauptsächlich dadurch, daß sie die Wut auf soziale Veränderungen und auf die Urteile des Supreme Court kanalisierten, beispielsweise in Fällen wie Engel gegen Vitale oder Roe gegen Wade. Sie stellten sie als Beispiele hin, wie die Elite mit Hilfe des Gerichtshofs ein liberales Programm durchsetzte, das sie durch den legislativen Prozeß nicht hätte realisieren können. Das Oberste Gericht löste mit Urteilen, die die logische Weiterführung des rechtspolitischen Liberalismus darstellten, eine Reihe von Entwicklungen aus, die das politische Gewicht der Liberalen verringerte.[26]

Die Verhandlungen über den Panamakanal mobilisierten die nationalistischen Gegner der Menschenrechtsdiplomatie. Genauso war die ERA der Schauplatz, auf dem die religiöse Rechte ihre Feindseligkeit in die politische Arena einbringen konnte. Die gegen die ERA gerichteten Anstrengungen bauten darauf, daß nach dem Fall Roe gegen Wade Konservative auf breiter Front den Feminismus ablehnten. Nachdem sie zunächst die Zustimmung der meisten Staaten im Norden, Mittelwesten und am Pazifik bekommen hatte, blieb die ERA stecken, als die traditionell konservativeren Staaten im Süden und Südwesten Bedenken anmeldeten. Weil sie eine Chance witterten, versuchten Gruppen wie Phyllis Schaflys Eagle Forum mit ihren über 50 000 Mitgliedern den Tenor der Debatte über den Zusatzartikel zu verändern. Im Zentrum stand nicht mehr die Gleichberechtigung der Frauen, sondern die Beibehaltung traditioneller Werte. Im neuen intellektuellen Klima hatten Befürworter des Verfassungszusatzes niemals eine Chance. Am Ende von Carters Amtszeit war der Zusatz gestorben. Mehrere Staaten, die ihm ursprünglich zugestimmt hatten, widerriefen sogar ihre frühere Entscheidung.[27]

Ein neuer Kader konservativer Aktivisten ergänzte zumindest anfänglich das Aufkommen der religiösen Rechten. Die Weltanschauung dieser »Neuen Rechten« hatte ihre Wurzeln im Goldwater-Wahlkampf von 1964. Ihre politische Philosophie verband einen schrillen Antikommunismus mit Feindseligkeit gegenüber der Bundesregierung und einer kulturell konservativen Haltung – sie bot damit wenig Neues. An der taktischen Front jedoch erwies sich die Gruppe als ausgesprochen innovativ. Sie mobilisierte ihre Wähler mit Briefaktionen und brachte eine Basis von konservativen Aktivisten auf Trab, die entschlossen die nationale Unzufriedenheit organisierten und sicherstellten, daß konservative Kandidaten auf staatlicher und lokaler Ebene beim Eintreiben von Wahlkampfspenden erhebliche Vorteile hatten. Die Neue Rechte ließ auch eine Anzahl ideologisch-politischer Aktionskomitees aus dem Boden schießen. Das mächtigste war das National Conservative Political Action Committee (NCPAC), das seine Schlagkraft 1978 bei einer Reihe von Kongreßwahlen bewies. Die Neue Rechte und die religiös Konservativen veränderten das Wesen der politischen Debatte. Eine Fülle von anderen Themen rückte nun ins Rampenlicht – vor allem Abtreibung, Steuern und Regulierungsmaßnahmen der Bundesregierung –, denen man während der vorangegangenen beiden Jahrzehnte keine oder nur wenig

Aufmerksamkeit geschenkt hatte. Die religiös Konservativen griffen zunächst die verwundbarsten Punkte der Abtreibungsbefürworter an, etwa die Frage, ob die Krankenversicherung für Abtreibung aufkommen müsse. Durch die Anstrengungen des Abtreibungsgegners und Repräsentanten Henry Hyde (Republikaner, Illinois) wurde diese Praxis verboten. Politisch konzentrierte sich die Bewegung auf die Kongreßwahlen, bei denen ihr Basisaktivismus die größte Wirkung zeigte. Das Thema stellte ein besonderes Problem für die Demokraten dar, weil gerade Katholiken höchstwahrscheinlich ihre Stimmabgabe von der Haltung der Kandidaten in der Abtreibungsfrage abhängig machten – dieselben weißen, ethnisch orientierten Wähler aus der Arbeiterklasse, die sich schon in den sechziger Jahren von der Partei abgewendet hatten. Aufgrund der hohen Popularität des Themas rückten die ethnisch orientierten Wähler also weiterhin in Richtung Republikaner. Das zeigte sich bei einigen wichtigen Senatswahlen 1978 vor allem im Mittelwesten, wo die beiden großen Parteien gleich stark waren.[28]

Während die Abtreibungsproblematik als das wichtigste gesellschaftspolitische Thema zugunsten der Republikaner arbeitete, stellten die Steuern die signifikanteste wirtschaftspolitische Frage dar. Die Ablehnung erweiterter Regierungsprogramme hatte seit der Verkündung des »New Deal« zum Standardrepertoire der Republikaner gehört. Doch wie kluge republikanische Amtsinhaber von Dwight Eisenhower bis Richard Nixon wußten, handelte es sich bei den meisten »New Deal«-Programmen nicht um Wohlfahrtsmaßnahmen im traditionellen Sinn. Da Berechtigungsansprüche das Mittel der Wahl für Franklin Roosevelt gewesen waren, stand hinter den Initiativen, die bis in die siebziger Jahre überlebten, eine breite Wählerbasis, die ihren Fortbestand gegen jeden konservativen Versuch verteidigte, ihre Finanzierung zu beschneiden. Bei seinen erfolgreichsten Vorlagen wie Medicare folgte Lyndon Johnson dem von seinem politischen und ideologischen Mentor Roosevelt vorgegebenen Muster. In den siebziger Jahren jedoch konzentrierten die Aktivisten der Neuen Rechten ihre Angriffe nicht auf die Regierungsausgaben, sondern auf die Steuern, die für die Finanzierung von Bundesprogrammen gebraucht wurden.

Dieser Schachzug war eine brillante taktische Maßnahme: Seit dem Zweiten Weltkrieg waren die Bundessteuern drastisch gestiegen – wenn auch zum größten Teil aufgrund der Verteidigungsausgaben, nicht wegen der bundesstaatlichen Wohlfahrt. (Allein von 1965 bis 1980 steigerte sich die Gesamtsumme aller Steuern von 26,5 Prozent auf 30,7 Prozent des Bruttosozialprodukts.) In wirtschaftlich schwierigen Zeiten zeigte eine die Steuern kritisierende Botschaft durchschlagende Wirkung, vor allem wenn man sie mit dem Zynismus gegenüber der Bundesregierung nach Vietnam und Watergate koppelte. Mit Erfolg behaupteten die Aktivisten der Neuen Rechten, die Hauptopfer ihrer Anstrengungen würden Bürokraten sein, die mittels der erweiterten Bundesmaßnahmen ihre weitreichende Präsenz im Alltagsleben der Bürger verankern wollten.[29]

Jenseits der Ideologie veränderte die Neue Rechte auch die Art und Weise, wie Konservative mit dem Thema Regierungsausgaben umgingen. Statt mit der Bundesregierung zu beginnen, konzentrierten sich die Konservativen in den siebziger Jahren zunächst auf staatliche und lokale Ebenen, wo sie mit Initiativen und Referenden Steuersenkungsmaßnahmen auf die staatlichen Stimmzettel setzten. Einen verblüffenden Beweis für ihre politische Stärke lieferte die Bewegung 1978: Die Wähler von Kalifornien stimmten »Proposition 13« zu, einem Referendum, das eine Drosselung der staatlichen Vermögenssteuern forderte (mit denen primär Bildungsmaßnahmen und Programme für die öffentliche Sicherheit finanziert wurden). In der Nachkriegszeit hatte Kalifornien schon häufiger den Boden für umfassende soziale und wirtschaftliche Veränderungen bereitet. In diesem Fall löste das Abstimmungsergebnis ebenfalls eine landesweite Anti-Steuer-Bewegung aus. Konservative Aktivisten versuchten auch die Begrifflichkeit zu ändern, mit der die Amerikaner Regierungsausgaben diskutierten. Statt sich auf die Notwendigkeit von Bundesprogrammen zu konzentrieren, wie es liberale Aktivisten in den sechziger Jahren getan hatten, verlagerten die Konservativen zunehmend die Debatte auf die Kosten jener Programme. Seit der Einführung der bundesweiten Einkommensteuer im Jahr 1913 hatte das Thema Steuersenkungen niemals eine so herausragende Position in der nationalen Politik innegehabt. Die Neue Rechte hatte herausgefunden, wie sie ihr Wirtschaftsprogramm verkaufen konnte, ohne detailliert darlegen zu müssen, auf welche Weise die populären Regierungsprogramme reduziert werden sollten.[30]

Das letzte Thema, das die Neue Rechte ins Rampenlicht rückte, waren die Regulierungsmaßnahmen seitens der Bundesregierung. Wie schon bei den Bundesausgaben hatten die Republikaner sich seit langem skeptisch zum regulatorischen Staat geäußert; darin spiegelten sich die Interessen der Geschäftsleute unter ihren Wählern. Doch das Thema zog in der Nachkriegszeit wenig öffentliche Aufmerksamkeit auf sich. Antimonopolistische Liberale – nicht etwa Konservative – widmeten sich ihm mit Leidenschaft. Größeres Potential erlangte die Frage jedoch in den siebziger Jahren, was hauptsächlich auf das Wirtschaftswachstum im amerikanischen Südwesten und in den Staaten westlich der Rocky Mountains zurückzuführen war. Deren niedrige Bevölkerungsdichte, relative ethnische und rassische Homogenität und eindimensionale Wirtschaftsstruktur mit Ackerbau, Viehzucht und Bergbau gaben der regionalen Politik eine etwas andere Ausrichtung als im Rest des Landes. Attacken auf die Bundesregierung im weit entfernten Washington und die Verherrlichung des Individualismus waren im Westen schon immer gut angekommen. Sie halfen in den siebziger Jahren, die Sagebrush Rebellion in Gang zu setzen, die für eine Verringerung staatlicher Eingriffe stand. Vor allem nahm sie den Umweltschutz aufs Korn und verlangte, in Bundesbesitz befindliches Land für die wirtschaftliche Erschließung freizugeben. Arizona, Kalifornien, New Mexico, Nevada und Texas erfreuten sich eines besonders kräftigen Wachstumsschubs, was teils auf den Zuzug von Rentnern aus den gemäßigteren Klimazonen des Nordostens und Mittelwestens zurückzuführen war, teils auf das Wirtschaftswachstum, für das das niedrigere Lohnniveau der Gegend und die Konzentration von Rüstungsbetrieben sorgten. Diese Gruppe von Sun-Belt-Staaten übte bald in erheblichem Umfang Einfluß auf die nationale Politik aus und zeigte sich für die wirtschaftspolitische und antiregulatorische Botschaft der Republikaner empfänglich. Ohne die demographischen und ökonomischen Probleme des Nordostens und Mittelwestens wie den Niedergang der Industrie, den Verfall der Innenstädte, weitverbreitete Luft- und Wasserverschmutzung und starke verarmte Minoritäten tendierten Politiker aus dem Sun Belt (Demokraten ebenso wie Republikaner) dahin, sich generösen bundesstaatlichen Wohlfahrtsprogrammen zu widersetzen. Das Erstarken dieser Region beschleunigte so das Abdriften der nationalen Politik in eine konservative Richtung.[31]

Attacken auf den Liberalismus der sechziger Jahre aus ganz unterschiedlichen Richtungen veränderten also die politische Landschaft im Verlauf von Carters Amtszeit. Diesen irritierten zunehmend Wirtschaftsprobleme, die er allerdings einer nationalen »Malaise« anlastete. Die Republikaner konterten, indem sie Carters Wirtschaftsprogramm als »Stagflation« anprangerten – eine bislang unbekannte Kombination von zweistelligen Zuwachsraten sowohl bei der Inflation wie bei der Arbeitslosigkeit. Die Zahlen bestätigten die Vorwürfe der Republikaner: Bis 1980 erreichte die Inflation einen Spitzenwert von 18 Prozent – in Fords letztem Amtsjahr lag sie noch bei 4,8 Prozent –, während der Leitzins sich auf 21 Prozent belief. Gleichzeitig begannen außenpolitische Themen dem Präsidenten politisch Schaden zuzufügen. Um Carters Diplomatie zu verurteilen, verwiesen seine Kritiker besonders auf die Vorgänge im Iran, wo die islamische revolutionäre Bewegung unter Ajatollah Khomeini das diktatorische, aber proamerikanische Regime des Schah stürzte. Im Dezember 1979 besetzte die Sowjetunion nach einer Reihe von komplizierten internen Umwälzungen das benachbarte Afghanistan. Kurz zuvor hatten radikale iranische Studenten – von der Regierung Khomeini dazu ermutigt – die amerikanische Botschaft in Teheran besetzt, 53 Amerikaner als Geiseln genommen und damit die USA einem über 400 Tage langen Martyrium unterworfen.[32]

Angesichts eines feindlichen innenpolitischen und internationalen Klimas wechselte Carter gegen Ende seiner Amtszeit abrupt den Kurs und begann der Sowjetunion gegenüber eine harte politische Linie einzuschlagen. Als die Wahlen von 1980 näher rückten, war dennoch intellektuell und politisch der Boden für eine Neuausrichtung bereitet, die bereits 1968 in Gang gekommen war. Die Neuen Rechten brauchten nur noch einen Führer, um den sie sich scharen konnten. Ihr Wunsch erfüllte sich bald in Gestalt von Ronald Reagan. Seine Nominierung als republikanischer Präsidentschaftskandidat 1980 lieferte den eindeutigen Beweis, wie drastisch die Nation nach rechts gerückt war. Die Demokraten gingen andererseits äußerst geschwächt in den Wahlkampf, weil Carter es bemerkenswerterweise geschafft hatte, mit seiner Außenpolitik die Konservativen und gleichzeitig mit seiner Wirtschaftspolitik die Liberalen befremdet zu haben. Als bei Meinungsumfragen die Aussichten des Präsidenten ins Bodenlose sackten, überwand Edward Kennedy persönliche und politische Vorbehalte und bewarb sich um die Nominierung. Als fesselnder Redner und im stillen einflußreiches Mitglied der Legislative hatte der Senator aus Massachusetts seit langem dem Kalte-Kriegs-Liberalismus abgeschworen, der anfangs seine Position charakterisiert und ihn an die Spitze des liberalen Parteiflügels gebracht hatte. Aber auch er hatte seine Schwachstellen. Der Chappaquiddick-Zwischenfall ließ ernsthafte Zweifel an seinem Charakter aufkommen. Ein Fernsehinterview legte Ende 1979 ein beredtes, wenn auch unbeabsichtigtes Zeugnis von der Lustlosigkeit des Liberalismus insgesamt ab: Kennedy schaffte es nicht, seine Kandidatur logisch zu begründen. Schließlich schnitt Carter bei Meinungsumfragen unmittelbar nach der Geiselnahme von Teheran wieder etwas besser ab, weil das Land sich hinter seinen Oberkommandierenden stellte. Der Präsident brachte die ersten Vorwahlen mit Bravour hinter sich. Im Frühling jedoch nahm Kennedys Kampagne an Fahrt auf, weil sich die Geiselkrise hinzog und die wirtschaftlichen Verhältnisse noch immer verschlechterten. Beim Parteikonvent in New York City rief Kennedy dann zu einer Rückkehr zu traditionellen demokratischen Prinzipien auf und zog mit seiner leidenschaftlichen Ansprache die Aufmerksamkeit der Medien auf sich.[33]

Trotz des Schattens, der bei seiner eigenen Parteiversammlung auf ihn gefallen war, schnitt Carter bei nationalen Meinungsumfragen im Frühherbst dennoch besser ab als Reagan. Das war auf Zweifel an dessen Ideologie wie auch auf das überraschend starke Abschneiden von John Anderson zurückzuführen; als gemäßigter Republikaner und Kongreßmitglied

bewarb er sich als unabhängiger Kandidat um die Präsidentschaft und scharte Wähler mit liberalen Ansichten in sozialen
Fragen, aber konservativeren Positionen in Wirtschaftsdingen
hinter sich – also die Wechselwähler, die für den Erfolg der
Demokraten nach Watergate hauptverantwortlich gewesen
waren. Doch im nachhinein betrachtet, war Reagan während
des ganzen Wahlkampfs im Vorteil. Daß Carter bei Umfragen
knapp die Mehrheit verpaßte, wies seine Anstrengungen als
unzureichend aus; seine politischen Empfehlungen, die einer
eher gedrückten Stimmung entsprangen, kontrastierten scharf
mit dem sonnigen Optimismus Reagans. Der republikanische
Kandidat profitierte auch von konservativen Intellektuellen und
Denkfabriken, die für die Legitimation vieler Rechtsaußenposi-
tionen sorgten, welche die politische Klasse der Nation bislang
abgelehnt hatte. Die vielleicht prominenteste Idee von Reagans
Wahlkampf war die Theorie der angebotsorientierten Wirtschaftspolitik, die mit umfassenden Steuersenkungen das wirtschaftliche Wachstum ankurbeln und zugleich Haushalts-
defizite verhindern sollte. Die politische Attraktivität dieses
Vorschlags lag auf der Hand: Er unterstellte, daß sich die Wirtschaftsprobleme ohne echtes Opfer lösen ließen, und hofierte
zugleich die landesweit stärker werdende Anti-Steuer-Bewegung. Nachdem er sich in der üblichen Fernsehdebatte hervor-
ragend geschlagen hatte, eilte Reagan zum Sieg und eroberte
51 Prozent der Wähler sowie die Wahlmänner von 44 Staaten.
Darüber hinaus gab Reagans Schwung auch den republikanischen Kandidaten bei den Kongreßwahlen Auftrieb. Sie profitierten von den Wahlkampfspenden, die Organisationen wie das
NCPAC beibrachten, und schlugen so gut wie jeden prominenten liberalen Senator, den sie aufs Korn genommen hatten. Im
Senat eroberten sie zwölf Sitze hinzu und übernahmen dabei
erstmals seit 1955 wieder die Kontrolle.[34]

Reagans Sieg repräsentierte die zweite Stufe einer zögerlichen Neuausrichtung, die mit den Wahlen von 1968 begonnen
hatte. Die Politik jenes Jahres hatte die »New Deal«-Koalition
zerschlagen und die Republikaner zur kommenden Mehrheitspartei gemacht. Doch die Skandale von Watergate und Nixons
einseitige Betonung der Außenpolitik hatten den Schwung der

Partei erlahmen lassen und in eine Dekade geführt, in der keine der großen Parteien dominierte. Reagan brachte das politische System der siebziger Jahre zum Abschluß, indem er die Zielstrebigkeit von George Wallace' rechtslastigem Populismus in das ideologische Arsenal der Republikaner integrierte. Im Verlauf dieser Entwicklung erschuf er ein neues politisches Phänomen – die »Reagan-Demokraten«, ethnisch orientierte weiße Wähler aus dem Norden und dem Süden, die sich von der nationalistischen Außenpolitik des neuen Präsidenten, dem sozialpolitischen Konservatismus und dem Wirtschaftsprogramm mit Steuersenkungen und eingeschränkten Regierungsmaßnahmen angezogen fühlten. Darüber hinaus beendete Reagans Haltung in internationalen Angelegenheiten ein für alle Mal den Flirt der republikanischen Rechten mit dem Neo-Isolationismus und brachte Kalte-Kriegs-Liberale wie Jeane Kirkpatrick, Paul Nitze und Eugene Rostow dazu, mit den Republikanern zu liebäugeln. Schließlich unterzog Reagan auch das Präsidentenamt selbst einer Revision, indem er hauptsächlich mit der manipulativen Kraft seines Image operierte. Daß er seine Ideologie dem amerikanischen Volk vermitteln konnte, überstrahlte seinen früheren Ruf als Extremist und bereitete den Weg für eine erfolgreiche Regierungszeit.

Bei seinem Amtsantritt umfaßte Reagans wirtschaftspolitisches Credo nur wenige Grundelemente: daß die Bundesregierung zuviel Geld für soziale Programme ausgäbe, daß Steuerkürzungen das Wirtschaftswachstum fördern würden, ohne das Defizit zu erhöhen, und daß Regulierungsmaßnahmen der Bundesregierung die Produktivität der Industrie behindern würden. Mit Hilfe seiner ideologischen Mehrheit in beiden Häusern des Kongresses drückte der Präsident ein Programm durch, das eine Kürzung der Sozialausgaben um 40 Milliarden Dollar mit einer Reduktion der individuellen und geschäftlichen Einkommensteuer um 25 Prozent kombinierte. Als eine Ausweitung der Rüstungsausgaben hinzukam und die Entscheidung folgte, die politisch populären Berechtigungsansprüche nicht zu kürzen, führte dieses Programm zu einem Haushaltsdefizit von über 100 Milliarden Dollar. Es änderte auch kaum etwas – zumindest kurzfristig – an dem ökonomischen Abschwung, der gegen

Ende von Carters Amtszeit eingesetzt hatte. Die Inflation ging zwar zurück, aber die Arbeitslosigkeit stieg auf beinahe 11 Prozent, den höchsten Wert seit vierzig Jahren. Die Regierung mußte bei den Zwischenwahlen von 1982 die Konsequenzen tragen. Die Demokraten gewannen 25 Sitze im Repräsentantenhaus hinzu, was den Sprecher des Unterhauses, den Abgeordneten Thomas (»Tip«) O'Neill (Demokrat, Massachusetts) zur wichtigsten Gestalt bei der Ausformulierung des Parteiprogramms machte. Kurzfristig dämpfte der Erfolg der Demokraten, die die Republikaner als Partei der Reichen hingestellt hatten, deren Wunsch nach weiteren Kürzungen bei den Sozialprogrammen. Wichtiger noch waren die umfassenden Implikationen des Ergebnisses: Daß die Demokraten viele ihrer verlorenen Kongreßsitze zurückerobern konnten, belegte, wie locker die Parteiloyalität Anfang der achtziger Jahre gehandhabt wurde. Die Ära zeichnete sich dadurch aus, daß einst geschlossene Reihen sich auflösten, daß immer mehr Wähler aufhörten, konsistent einer Partei den Rücken zu stärken, als unabhängige Wähler auftraten und immer mehr dazu neigten, bei den Präsidentschaftswahlen für die eine Partei zu stimmen und einen Kandidaten der anderen in den Kongreß zu wählen. Ideologisch zeigte O'Neills Strategie, daß die Demokraten sich Mitte der achtziger Jahre fast ausschließlich negativ definierten, weil tiefe ideologische Zerwürfnisse sie davon abhielten, ein spezifisches Wirtschaftsprogramm zu unterbreiten. Politisch machte diese Strategie wenigstens kurzfristig Sinn, weil sie dem Ansatz in der nationalen Politik entsprach, der sich darauf konzentrierte, die Stärke im Kongreß beizubehalten. Langfristig jedoch schadete die Definition als Kongreßpartei der Fähigkeit der Demokraten, auf der Präsidentenebene wählbare Kandidaten ins Rennen zu schicken. Sie leistete auch kaum einen Beitrag zur Umkehrung der seit Ende der sechziger Jahre absehbaren Entwicklung, daß die Republikaner die politische Tagesordnung vorgaben.[35]

Reagans wirtschaftspolitische Leistungsbilanz war langfristig betrachtet leicht getrübt. Letzten Endes resultierte das aus den Widersprüchlichkeiten seines Programms und der Problematik, daß er einer gespaltenen Regierung vorstand. Einerseits erholte sich nach den Rückschlägen von 1982 die Wirtschaft wieder; die Arbeitslosigkeit ging zurück, die Inflation blieb niedrig und das Bruttosozialprodukt machte einen gesunden Sprung um fast 4 Prozent. Dem Präsidenten kam zugute, daß das Federal Reserve Board den Zins senkte, was Verbraucherkredite verbilligte und die Konsumentennachfrage ankurbelte. Er profitierte auch von der Übersättigung des Weltölmarkts, was die Möglichkeiten der OPEC einschränkte, den Rohölpreis zu manipulieren. Die Gesamtverschuldung der Nation stieg von 907 Milliarden Dollar 1980 auf beinahe 3,7 Billionen Dollar gegen Ende des Jahrzehnts. Die Bundesregierung lieh sich in Reagans acht Amtsjahren mehr Geld als sämtliche Administrationen seiner Vorgänger zusammengenommen. Angesichts der Tatsache, daß Reagan sein Amt mit dem Versprechen angetreten hatte, mit seinem angebotsorientierten Steuersenkungsprogramm Defizite vollständig zu eliminieren, war das wahrhaftig eine Ironie der Geschichte. Langfristig jedoch erschwerte das Defizit es den Liberalen, für die Finanzierung ausgeweiteter sozialer Programme politische Unterstützung zu bekommen: Unbeabsichtigt also kehrte Reagans Wirtschaftspolitik tatsächlich den Wachstumstrend der Bundesprogramme um.[36]

Diese Entwicklung spiegelte eine weitgehende politische und populäre Verlagerung im Bereich der Wohlfahrt wider: Während sich die Regierung in den sechziger und Anfang der siebziger Jahre darauf konzentriert hatte, den Armen zu helfen, widmete Washington in den achtziger Jahren seine ganze Aufmerksamkeit der Ausgabenbegrenzung. Vor allem nach dem Rückschlag bei den Kongreßwahlen von 1982 war Reagan politisch viel zu gewitzt, um die populären Ansprüche auf etwa die Sozialversicherung oder Medicaid anzugehen. Aber er nahm Programme aufs Korn, die spezifisch auf die Armen ausgerichtet waren, beispielsweise die Aid for Families with Dependent Children, die Job Corps und die Bundesvergünstigungen für Behinderte. Dieses eingeschränkte, gegen die Wohlfahrt gerichtete Programm wurde von neokonservativen Intellektuellen unterstützt, denen zufolge der Krieg gegen die Armut die Auflösung der Familien, permanente Abhängigkeit von der Wohlfahrt und eine Demoralisierung in den städtischen Ghettos begünstigt hätte. (Die Statistiken schienen diese Vorwürfe zu bestätigen: Mitte der achtziger Jahre waren 45 Prozent der schwarzen Familienoberhäupter Frauen, und 57 Prozent aller schwarzen Kinder wurden unehelich geboren; allerdings war der Zusammenhang zwischen diesen Entwicklungen und der Wohlfahrtspolitik bestenfalls peripher. Auch schoß die Arbeitslosigkeit unter den Schwarzen in die Höhe, was zum Teil auf die hochmütige Politik der Regierung zurückzuführen war, den Mißständen in den Städten so gut wie keine Beachtung zu schenken.) Reagan selbst spielte den öffentlichen Zynismus herunter und förderte ihn zugleich. Er nutzte die Kanzel des Weißen Hauses zu Strafpredigten, in denen er Wohlfahrtsbetrüger denunzierte und behauptete, es käme bei den gegen die Armut gerichteten Bundesprogrammen zu Verschwendungen in großem Stil. Im Anti-Regierungs-Milieu zeigten sich Liberale mittlerweile immer mehr abgeneigt, politisch unpopuläre und intellektuell angreifbare Programme zu verteidigen. Zusammen mit Reagans Wirtschaftsprogramm beschleunigte seine Wohlfahrtspolitik die Ausbildung einer Zweiklassengesellschaft erheblich. Zwischen 1977 und 1987 sank das Einkommen der unteren 10 Prozent der Bevölkerung um 10,5 Prozent, während dasjenige der oberen 10 Prozent um 24,4 Prozent stieg. Ein Prozent der Bevölkerung an der Spitze der Reichtumsverteilung konnte das Einkommen sogar um 74,2 Prozent verbessern. Mehr als 94 Prozent des neuen Wohlstands, das der amerikanische Wirtschaftsboom der achtziger Jahre hervorbrachte, entfielen auf 20 Prozent der Gesamtbevölkerung; allein 50 Prozent davon kamen dem einen Prozent an der Spitze zugute. Derweil verschlechterte sich die durchschnittliche Gesundheit der mittleren 40 Prozent der Bevölkerung.[37]

Im Gegensatz zu seinen republikanischen Vorgängern weitete Reagan seine Angriffe auf den Liberalismus über das Thema Bundesausgaben hinaus noch aus, um auch die letzten starken Bastionen der rechtspolitischen Aktivisten anzugreifen – die Bundesbürokratie und die Gerichtshöfe. Freimütig verzichtete er auf eine ideologische Kampagne zur Demontage der staatlichen Regulierungsmaßnahmen oder von Organisationen wie der EPA, des NLRB oder der EEOC. In seiner achtjährigen

Amtszeit gelang es Reagan nicht, einen einzigen Industriezweig zu deregulieren oder irgendeine wichtige Regierungsbehörde abzuschaffen. Statt dessen berief er Personen in die Regulierungsbehörden, die deren Zielen feindlich gesinnt waren. Er erreichte seine Ziele also durch eine mutwillige Vernachlässigung seiner Regierungsmaschinerie. James Watt, der sich offen zur Wirtschaftsförderung bekannte und Kritik am Umweltschutz übte, wurde beispielsweise zum Innenminister ernannt und lockerte in dieser Position die Restriktionen zur Erschließung von Öl- und Kohlevorkommen. Anne Burford übernahm die Spitzenposition bei der EPA. Sie verzögerte die Bestrafung von Chemieunternehmen, die für die Deponierung giftiger Abfälle verantwortlich waren; drängende Probleme wie sauren Regen ignorierte sie schlicht. Clarence Thomas, Reagans EEOC-Vorsitzender, häufte einen riesigen Überhang von unerledigten Fällen an und unterhöhlte die Rolle der Kommission, die eigentlich die Rechte von Frauen und Minderheiten schützen sollte. Derweil erstellte das Wirtschaftsministerium eine Liste von Regulierungsmaßnahmen, die von Unternehmen am entschiedensten abgelehnt wurden (sie bekam den Spitznamen »Die schrecklichen 20«), und empfahl, sie nicht zur Anwendung zu bringen. Ironischerweise arbeitete die daraus resultierende schlechte Leistungsbilanz der Regulierungsbehörden weiterhin zu Reagans Vorteil, weil sie Beweise für seine Behauptung lieferte, die Regierung sei zu effizienter Arbeit unfähig.[38]

Reagan holte auch zum Schlag gegen das Regierungsorgan aus, das sich weiterhin um das liberale rechtspolitische Programm kümmerte – den Obersten Gerichtshof. Bei sozialen Themen schlug er einen neuen Ton an und attackierte den Feminismus sowie die Gleichstellung von Minderheiten. Zugleich befürwortete er einen Verfassungszusatz, der an öffentlichen Schulen Gebete erlaubte. Wie Nixon wählte Reagan die Bundesrichter – auch die auf den unteren Ebenen der Bundesgerichtsbarkeit – sehr sorgfältig nach ihrer ideologischen Akzeptanz aus. Offen umwarb die Regierung die wiedererstarkten sozial Konservativen. Sie fuhr die Finanzierung von Abtreibungen durch die Bundesregierung zurück, verbot die Verwendung von Föten für medizinische Forschungen und untersagte Ärzten an vom Bund finanzierten Kliniken, mit ihren Patientinnen die Möglichkeit einer Abtreibung zu diskutieren. Die Auswahl der Richter für den Supreme Court half Reagan, die Machtbalance des Obersten Gerichts nach rechts zu verschieben, beispielsweise 1984, als er William Rehnquist, sein konservativstes Mitglied, zum Obersten Bundesrichter bestellte und die freie Stelle mit dem stramm konservativen Antonin Scalia besetzte. Nach heftigem Streit stimmte der Senat der Nominierung Rehnquists zu. Scalia wurde einstimmig bestätigt, und diese Abstimmung sollten viele Liberale später bereuen.[39]

In der Außenpolitik zeichnete sich Reagan ähnlich durch eine Mischung von Erfolgen und, langfristig betrachtet, problematischeren Ergebnissen aus. Trotz des riesigen Haushaltsdefizits weigerte sich der Präsident, seine um 41 Prozent gestiegenen Rüstungsausgaben abzubauen (die sich innerhalb von fünf Jahren insgesamt auf 1,6 Billionen Dollar beliefen, unter anderem sollten 17 000 neue Nuklearwaffen gebaut werden). Auch stand er nach wie vor hinter seiner Strategic Defense Initiative (SDI), einem komplizierten und teuren Programm, mit dem ein Schutzschild gegen anfliegende Atomwaffen errichtet werden sollte – womit er seinen Glauben an die Doktrin der nuklearen Abschreckung in Frage stellte. Gleichzeitig unterstützte Reagan aggressiv die antikommunistischen Kräfte in Afghanistan, Angola, Nicaragua, Äthiopien und El Salvador, warf jeden Anflug von Menschenrechtsdiplomatie über Bord und festigte die Beziehungen zu Staaten wie Südafrika, Chile und den Philippinen. Als die Wirtschaft sich wieder erholte, förderte Reagans nationalistische Außenpolitik jedoch erneutes Vertrauen in die militärische und wirtschaftliche Leistungsfähigkeit Amerikas, was dem Präsidenten bei den Wahlen 1984 zugute kam. Der Kandidat der Demokraten, der ehemalige Vizepräsident Walter Mondale, warb im Wahlkampf für eine Anhebung der Steuern und appellierte an die traditionellen demokratischen Wählerschaften wie die Gewerkschaftsbewegung, die Bürgerrechtsgruppen, die Feministinnen und die Friedensaktivisten. Mondale verschärfte seine Anstrengungen, indem er sich die New Yorker Abgeordnete Geraldine Ferraro zur Mitstreiterin kürte. Sie war die erste Frau, die von einer der großen Parteien bei Präsidentschaftswahlen aufgestellt wurde. Doch kein Demokrat hätte es geschafft, den Präsidenten zu besiegen. Er stellte seinen Wahlkampf unter das Motto »Morning in America«, und seine marktschreierischen Appelle an den amerikanischen Nationalismus erwiesen sich als politisch besonders populär. Ihren Höhepunkt fanden sie mit den Olympischen Spielen von Los Angeles, bei denen amerikanische Sportler in so gut wie allen Disziplinen dominierten. Reagan brachte 59 Prozent der Wähler und sämtliche Staaten mit Ausnahme von Mondales Heimat Minnesota hinter sich. Doch Reagans Entscheidung, seinem ideologisch strammen Kurs von 1980 abzuschwören, war den Republikanern bei den Kongreßwahlen keine sonderliche Hilfe. Vielmehr gewannen die Demokraten zwei Sitze im Senat hinzu.[40]

Reagans Wahlkampftaktik implizierte, daß es ihm an einem konkreten Programm für seine zweite Amtszeit mangelte, und die Ereignisse der folgenden vier Jahre sollten dies bestätigen. Personalwechsel in seinem Mitarbeiterstab ließen derweil darauf schließen, daß es dem Präsidenten an Führungsqualität fehlte. Schon seine erste Amtszeit war von einer Aura des Skandals umgeben. Arbeitsminister Raymond Donovan trat zurück, nachdem man ihn öffentlich der Erpressung angeklagt hatte. Edwin Meese, Berater im Weißen Haus und später Justizminister, stand während seiner ganzen Jahre in der Regierung in einem zweifelhaften moralischen Ruf und mußte schließlich wie Donovan zurücktreten. Doch Reagan schienen all diese Entwicklungen nichts auszumachen. Kritiker wie die Abgeordnete Patricia Schroeder (Demokratin, Colorado) nannten ihn »Teflon-Präsident«, weil alle Vorwürfe einfach an ihm abzugleiten schienen. Mit der scheinbaren Unverletzlichkeit seiner politischen Existenz war es allerdings vorbei, als 1986 enthüllt wurde, daß die Regierung heimlich Waffen an den Iran verkauft hatte, um die Befreiung von amerikanischen Geiseln im Libanon zu bewirken, und dann den Profit den antikommunistischen Contra-Rebellen in Nicaragua hatte zukommen lassen. Der Präsident räumte ein, daß er von dem Tausch Waffen gegen Geiseln gewußt hatte, leugnete aber, etwas von der Hilfe für die Contra-Rebellen gewußt zu haben, die gegen die Bundesgesetzgebung verstieß. Diese Behauptung schien anfänglich unplausibel, doch ausführliche Kongreßanhörungen und eine Untersuchung durch einen hochrangig besetzten Ausschuß kamen zu dem gegenteiligen Schluß. In der Tat sahen sich Reagans Anhänger vor eine ungünstige Wahl gestellt: Entweder wußte Reagan von den Vorgängen und konnte deswegen angeklagt werden, oder sein Führungsstil war derart nachlässig, daß man ihn als »einen Mann, der manchmal in einer Traumwelt lebte« umschreiben konnte, wie es ein Kommentator formulierte. Die meisten Republikaner entschlossen sich für die zweite Alternative.[41]

Die Iran-Contra-Affäre war nur eines von mehreren Ereignissen, die Reagans zweite Amtszeit überschatteten. Die Unausgewogenheit der wirtschaftlichen Erholung in den achtziger Jahren eröffnete den Demokraten die Möglichkeit, sich bei den Zwischenwahlen von 1986 auf traditionelle populistische Argumente zu stützen. Sie gewannen im Senat acht Sitze hinzu und damit die Mehrheit wieder. Im Oktober 1987 verlor dann der Aktienmarkt an einem einzigen Tag mehr als fünfhundert Punkte, der steilste Absturz in der Geschichte. Darüber hinaus setzte sich wirtschaftlich die Ausbildung einer Zweiklassengesellschaft fort, was noch dadurch verschärft wurde, daß die Regierung die Bedürfnisse der Armen und der Innenstädte vernachlässigte. Für die Hälfte der in den achtziger Jahren neu geschaffenen Arbeitsplätze beispielsweise wurden Löhne unterhalb der Armutsgrenze für vierköpfige Familien bezahlt. In den Innenstädten stieg die Zahl der vorzeitigen High-School-Abgänger auf über 50 Prozent, die alleinerziehender Mütter erreichte bei den Schwarzen fast 60 und bei den Hispanoamerikanern 50 Prozent. In diesem freudlosen Klima schoß der Drogenkonsum steil in die Höhe. Die zunehmende Obdachlosigkeit bewies, daß die Städte Ende der achtziger Jahre in einer schweren Krise steckten. Daß die Demokraten die Mehrheit im Senat wiedererlangt hatten, schwächte derweil die politische Position des Präsidenten, wie Ende 1987 offensichtlich wurde. Als am Obersten Gerichtshof wieder einmal eine Vakanz zu besetzen war, schlug Reagan Robert Bork vor, der wie Scalia ein brillanter konservativer Intellektueller und noch jung genug war, um die ideologische Ausrichtung des Supreme Court bis ins nächste Jahrhundert hinein beeinflussen zu können. Doch im Gegensatz zu Scalia war Bork durch zahlreiche juristische Fachaufsätze hervorgetreten, in denen er verneinte, daß die Verfassung das Recht auf Intimsphäre garantierte. Damit stellte er das Urteil im Fall Roe gegen Wade in Frage und attackierte noch eine ganze Reihe weiterer Bürgerrechtsgesetze. Bürgerrechtsaktivisten, die während eines Großteils der achtziger Jahre in der Defensive waren, übten mit Erfolg Druck auf moderate Demokraten aus dem Süden aus, gegen die Ernennung von Bork Widerstand zu leisten. Tatsächlich bestätigte der Senat seine Berufung nicht. Reagan besetzte den freien Posten schließlich mit dem moderateren Anthony Kennedy. Die Auseinandersetzung führte zum ersten Sieg der Liberalen in einer wichtigen gesellschaftspolitischen Angelegenheit seit den sechziger Jahren; das deutete darauf hin, daß die Nation über soziale Fragen anders nachzudenken begann. Die Konservativen blieben zwar in der Offensive, doch wie der Streit um Bork zeigte, riskierten sie mit ihrer Aggressivität, daß sie und nicht ihre liberalen Opponenten als Extremisten im Kulturkampf angesehen wurden.[42]

Reagans Präsidentschaft endete also damit, daß die Nation wirtschaftlich und sozialpolitisch richtungslos trieb. International hatten sich die Verhältnisse gebessert, was größtenteils auf die Aktivitäten des neuen sowjetischen Premierministers, Michail Gorbatschow, zurückzuführen war. Ein ungeklärter Status quo beherrschte die Wahlen von 1988, die ersten seit 1968, bei denen sich kein Amtsinhaber zur Wiederwahl stellte. Die Kandidaten waren nicht sonderlich aufregend: Der Demokrat Michael Dukakis, Gouverneur von Massachusetts, war persönlich nicht unbedingt attraktiv und stellte in seinem Wahlkampf Kompetenz über Ideologie. Vizepräsident George Bush hatte sich die republikanische Nominierung größtenteils dadurch gesichert, daß er die Steuern nicht zu erhöhen versprach (was sein Hauptgegner, Senator Robert Dole aus Kansas, zurückgewiesen hatte) und an die immer mächtigeren christlichen Rechten appellierte. Bush hinkte anfänglich seinem Konkurrenten hinterher. Er wendete jedoch das Blatt zu seinen Gunsten, indem er mit einem erbittert negativen Wahlkampf Dukakis die

Exzesse des Bürgerrechtsliberalismus anhängte. So erschienen höchst umstrittene Anzeigen, in denen die Geschichte von Willie Horton erzählt wurde, einem schwarzen Gefängnisinsassen aus Massachusetts, der anläßlich eines Wochenendurlaubs entflohen war und in Maryland eine Frau vergewaltigt hatte. Dukakis seinerseits erlaubte es den Republikanern, im Wahlkampf den Tenor vorzugeben, auch wenn er bei Meinungsumfragen besser abschnitt als Mondale vier Jahre zuvor. Daß ihr Kandidat in einigen Gegenden des Nordostens, Mittelwestens und äußersten Westens Stärke zeigte, deutete auf eine neue demokratische Koalition hin, die mit den vom Sun Belt dominierten Republikanern konkurrieren konnte.[43]

In weit höherem Maß als die meisten Präsidenten des Kalten Kriegs konzentrierte sich Bush auf die Außenpolitik und zeigte kaum Interesse an Innenpolitik. Der neue Präsident profitierte von internationalen Veränderungen im Zusammenhang mit dem Ende des Kalten Kriegs, erwies sich aber auch als geschickter Diplomat. Mit der Invasion Panamas 1989 sollte das Regime von Manuel Noriega gestürzt werden, den man des Drogenschmuggels bezichtigte; sie verlief erfolgreich und fand die Zustimmung der Öffentlichkeit. Mit Hilfe seines Außenministers James Baker handelte Bush mit Gorbatschow umfassende bilaterale nukleare Abrüstungsmaßnahmen aus. Wie seine Regierung der Besetzung Kuwaits durch den Irak 1990 begegnete, trug am meisten zu seiner außenpolitischen Leistungsbilanz bei. Nach anfänglicher Unentschlossenheit schmiedete Bush ein internationales Bündnis unter Führung der USA, das entschlossen war, mittels Wirtschaftssanktionen der Vereinten Nationen, notfalls aber auch mit Gewalt die Iraker aus Kuwait zu vertreiben. Um der Drohung Nachdruck zu verleihen, entsandten die Vereinten Nationen ein gewaltiges Truppenkontingent nach Saudi Arabien (auf dem Höhepunkt der Krise umfaßte es 690 000 Mann), und der Präsident zeigte zunehmend Bereitschaft, es auch einzusetzen. Im Januar autorisierten beide Häuser des Kongresses mit knapper Mehrheit den Einsatz der amerikanischen Streitkräfte, vier Tage später begannen die USA den Irak zu bombardieren. Nach einem kurzen Krieg zu Land ergab sich der Irak Ende Februar. Wie die meisten von Bushs außenpolitischen Initiativen fand auch diese den starken Beifall der amerikanischen Öffentlichkeit. Der Sieg ließ den Anteil der Befürworter auf über 90 Prozent hochschnellen.[44]

Innenpolitisch gelang es dem Präsidenten jedoch nicht, ein ebensogroßes Maß an Unterstützung zu finden. In Zusammenarbeit mit dem Kongreß, der während seiner gesamten Amtszeit von den Demokraten kontrolliert wurde, brachte Bush ein Bürgerrechtsgesetz gegen Diskriminierung am Arbeitsplatz durch. Doch seine siegreiche Wahlkampftaktik – beispielsweise die negative Kampagne gegen Dukakis und das Versprechen, nicht die Steuern zu erhöhen – hatte ihm kein politisches Mandat eingebracht. Als er Steuererhöhungen zustimmte – sie waren Teil eines Maßnahmenpakets zur Reduzierung des Defizits aus der Ära Reagan –, brach er sein einziges wichtiges Versprechen aus dem Jahr 1988. Vollends begann die Unterstützung für Bush zu schwinden, als es ihm nicht gelang, eine Erholung von der scharfen Rezession einzuleiten, die 1990 eingesetzt hatte. Bush sah sich aber auch mit dem sozialpolitischen Erbe seines Vorgängers konfrontiert. Aufgrund des zunehmenden Einflusses der christlichen Rechten bei den Nominierungen für den Obersten Gerichtshof war die Mehrheit von sieben zu zwei Richtern, die zugunsten von Roe entschieden hatte, bis 1988 verschwunden. 1989 prüfte der Supreme Court die Verfassungsmäßigkeit eines Gesetzes von Missouri: Ihm zufolge durften an öffentlichen Krankenhäusern keine Abtreibungen vorgenommen werden, keine öffentlichen Mittel für die Abtreibungsberatung bereitgestellt werden, und Abtreibungsärzten wurde eine Fülle von Bedingungen vorgegeben. Der Gerichtshof sah davon ab, in diesem Zusammenhang die Entscheidung im Fall Roe gegen Wade insgesamt zu widerrufen, bestätigte aber die gesetzlichen Vorschriften von Missouri. Die Entscheidung zeigte unmittelbar politische Wirkung, wenn auch ganz unerwarteter Art: Republikaner begannen zu den Demokraten abzuwandern, vor allem Frauen, die eher der libertären Wirtschaftsphilosophie der Partei anhingen als ihrer harten Linie bei sozialen Themen. Wie Bush später Justizfragen anging – vor allem seine umstrittene Berufung des extrem konservativen Clarence Thomas in den Obersten Gerichtshof, dem eine frühere Mitarbeiterin sexuelle

Belästigung vorwarf –, trug zu dem bei, was Kommentatoren als »Geschlechterkluft« umschrieben: Die Männer favorisierten die Republikanische Partei, die Frauen aber zogen zunehmend die Demokraten vor. Zum ersten Mal seit den sechziger Jahren arbeiteten sozialpolitische Themen nicht länger notwendigerweïse zugunsten der Republikaner.[45]

Sowohl der veränderte Charakter der Sozialpolitik wie die Rezession schadeten Bushs politischer Position, doch das wurde erst klar, als 1992 die demokratischen Präsidentschaftsvorwahlen längst eingesetzt hatten. Die führenden Parteimitglieder stellten sich erst gar nicht zur Wahl, weil sie davon ausgingen, daß der Triumph im Golfkrieg die Wiederwahl des Präsidenten garantierte. Die Demokraten wandten sich dann Bill Clinton zu; der Gouverneur von Arkansas versprach, sich »wie ein Laserstrahl« auf die Wirtschaft zu fokussieren. Das trug ihm die Nominierung ein, obwohl sein Programm ziemlich vage blieb und ihm peinliche persönliche wie finanzielle Skandale anhingen. Die Verhältnisse wurden noch komplizierter, als H. Ross Perot, Geschäftsmann und Milliardär aus Texas, als unabhängiger Kandidat mit einem Wahlkampf antrat, in dem er populistische Reden mit Rufen nach politischen Reformen und einem Abbau des Haushaltsdefizits kombinierte. Zum Teil wegen der schwachen Darbietungen seiner Widersacher lag Perot bei Umfragen im späten Frühling kurz in Führung, stieg dann aber abrupt aus dem Rennen aus. (Im Oktober nahm er den Wahlkampf wieder auf, konnte aber seine frühere Unterstützung nicht wiedergewinnen.) Am Ende gelang Clinton ein solider, wenn auch nicht überwältigender Sieg: Er schaffte 43 Prozent der Wählerstimmen, Bush 38 und Perot 19 Prozent. Auf Dukakis' Koalition von 1988 aufbauend, erhielt Clinton die Zustimmung von Kalifornien, Illinois, Michigan und Ohio und zusätzlich einer Reihe von Staaten im Nordosten, im industriellen Mittelwesten und im äußersten Westen, die zunehmend bei nationalen Wahlen den Demokraten den Rücken stärkten. Bei den Senatswahlen triumphierte Carol Mosely-Braun, die sich aus Protest gegen die Bestätigung von Clarence Thomas hatte aufstellen lassen und als erste schwarze Frau in den Senat gewählt wurde. Das war der beste

Beweis für das politische »Jahr der Frau«, wie Kommentatoren es getauft hatten.[46]

Clinton verfügte als erster Präsident dieses Jahrzehnts über funktionierende Mehrheiten in beiden Häusern des Kongresses, regierte aber ziemlich ziellos. Zu Anfang seiner Amtszeit verschrieb sich der Präsident einer ehrgeizigen Ausweitung des Bürgerrechtsprogramms. Er schlug vor, den seit langem praktizierten Ausschluß von Homosexuellen aus dem Militär zu beenden, unterstützte die aggressiven Anstrengungen des Innenministers Bruce Babbitt und der EPA-Direktorin Carol Browner zur Verschärfung der Umweltgesetzgebung, warb für eine Reform der Wahlkampffinanzierung, versprach, verstärkt auf die Regierungsmoral zu achten, und reichte mit vielen seiner anfänglichen Berufungen ins Justizministerium den Bürgerrechtsaktivisten die Hand. Doch letzten Endes zog er sich unter wilden Gegenangriffen von Konservativen und Teilen seiner eigenen Partei wieder von all diesen Vorhaben zurück. Seine Regierung litt auch unter einer Vielzahl von moralischen Skandalen, wie es sie seit der Präsidentschaft Nixons nicht mehr gegeben hatte. Außenpolitisch verhielt sich Clinton gleichermaßen inkonsistent und löste seine Wahlkampfversprechen nicht ein, sich politisch für die Förderung der Menschenrechte in China und Haiti einzusetzen und tatkräftiger den belagerten Muslimen im bosnischen Bürgerkrieg zu helfen. In Wirtschaftsdingen war seine Bilanz positiver. Ohne eine einzige republikanische Stimme erhielt Clinton die Zustimmung für einen Haushalt, bei dem das Defizit durch eine kräftige Steueranhebung für obere Einkommensschichten reduziert wurde. Zugleich unterschrieb er ein populäres Gesetz (das Bush mit seinem Vetorecht abgeblockt hatte, weil er es für einen Eingriff in die Autonomie der Wirtschaft hielt), das den Arbeitern unbezahlten Urlaub von bis zu zwölf Wochen zur Erledigung dringender Familienangelegenheiten gewährte. Er lehnte sich auch gegen Elemente seiner eigenen Partei auf, vor allem den AFL-CIO, als er sich für das North American Free Trade Agreement stark machte, das die meisten Handelsbarrieren zwischen den USA, Mexiko und Kanada abbaute. Doch dem Präsidenten gelang es nicht, den Kongreß für seine profilierteste Initiative zu gewinnen: eine umfassende Reform des nationalen Gesundheitswesens, die den Versicherungsschutz garantieren und die Kosten der medizinischen Versorgung senken sollte. Die Maßnahme wurde Opfer einer Kombination von Faktoren: der politischen Unfähigkeit der Administration, der Komplexität des Programms und einer wirkungsvollen Gegenkampagne der Republikaner und privater Versicherungsgesellschaften.[47]

Daß das Gesundheitspaket nicht den demokratischen Kongreß passierte, illustriert, wie sehr die Umwandlung in eine Kongreßpartei die Demokraten daran hinderte, sich geschlossen hinter ein spezifisches Wirtschaftsprogramm zu stellen. Clinton und seine Partei sollten die Konsequenzen tragen. Mit einem »Kontrakt mit Amerika«, der eine Wahlrechtsreform, Steuerkürzungen und eine Reduzierung der Ausgaben versprach, eroberten die Republikaner bei den Zwischenwahlen von 1994 zum ersten Mal seit 1955 wieder das Repräsentantenhaus, zudem brachten sie den Senat unter ihre Kontrolle. In vielerlei Hinsicht repräsentierte das Ergebnis die dritte Stufe der politischen Neuausrichtung, die mit den Wahlen von 1968 begonnen und sich mit Reagans Triumph von 1980 fortgesetzt hatte. Die Demokraten hatten ihre Stärke im Kongreß wiedererlangt, als die Republikaner das Weiße Haus kontrollierten. Jetzt aber zeigten die Wähler ihre Ablehnung des Liberalismus, indem sie dem demokratischen Kongreß eine Absage erteilten. Ein verblüffter Clinton konnte bei seiner Rede zur Lage der Nation im Jahr 1995 nur verkünden, daß die Ära energischen Regierens zu Ende, er als Präsident aber für den politischen Prozeß noch immer relevant sei. Erst einmal übernahm jedoch der Kongreß unter der tatkräftigen Führung des Repräsentantensprechers Newt Gingrich (Republikaner, Georgia) die Kontrolle über die politische Tagesordnung. Gingrich und seine Verbündeten überzogen jedoch ihr Mandat, als sie beschlossen, der Bundesregierung die Mittel zu verweigern und so Clinton zu zwingen, dem Haushaltsentwurf der Republikaner zuzustimmen. Der Präsident profitierte von seinem sicheren Stand auf dem internationalen Parkett und auch von einer Öffentlichkeit, die die Republikaner bei sozialen wie wirtschaftlichen Themen zunehmend als Extremisten betrachtete. Die politische

Lage des Präsidenten verbesserte sich weiter, als die Republikaner Bob Dole, den Führer der Senatsmehrheit, als Präsidentschaftskandidaten aufstellten. Er war ein talentiertes Mitglied der Legislative, erwies sich aber als unfähig, für seinen Wahlkampf eine Vision zu entwickeln. Trotz ständiger finanzieller und moralischer Skandale gelang Clinton im Herbst mühelos der Sieg, obwohl die Republikaner in beiden Häusern des Kongresses die Mehrheit behielten, was die langfristige ideologische Ausrichtung des Landes bestätigte.[48]

Die Jahre nach 1968 waren die einzige längere Phase in der Geschichte Amerikas im 20. Jahrhundert, in der die Reformkräfte nicht den Ton der nationalen Debatte vorgaben. Politisch zeichnete sich die Periode durch eine umwälzende Neuausrichtung aus. Das Jahr 1968 erschütterte die Grundlagen der demokratischen »New Deal«-Koalition. So konnten die Republikaner ihre traditionelle wirtschaftspolitische Botschaft mit dem rechten Populismus verschmelzen, der der Unzufriedenheit der Weißen im Süden und der ethnisch orientierten Wähler im Norden Ausdruck verlieh. Die Schwerfälligkeit dieser Entwicklung und die Folgen der Watergate-Affäre erlaubten den Demokraten Mitte der siebziger Jahre ein kurzes Comeback. Doch Carters Unfähigkeit, sein Mandat zu konsolidieren, läutete die zweite Stufe der republikanischen Neuausrichtung ein: die »Reagan-Revolution« von 1980, die die Republikaner als Mehrheitspartei bei nationalen Wahlen etablierte und die Demokraten zwang, sich zu einer Kongreßpartei umzuorganisieren. Schließlich verloren die Demokraten auch noch auf dieser Ebene die Vorherrschaft, als die Wähler nach den ersten beiden Jahren von Clintons Amtszeit den Republikanern in beiden Häusern des Kongresses zur Mehrheit verhalfen. Den Aufstieg der Republikaner begleitete jedoch die Tendenz der Wähler, sich mit keiner der großen Parteien mehr zu identifizieren. Sie spiegelte sich genauso in der zunehmenden Häufigkeit von unterschiedlichen Mehrheiten in den Regierungsorganen wie in dem guten Abschneiden unabhängiger Kandidaten bei mehreren Präsidentschaftswahlen dieser Periode.

Die Jahre seit 1968 illustrieren auch die fortgesetzten intellektuellen und politischen Einschränkungen des liberalen Programms seit dem Zweiten Weltkrieg. Außenpolitisch konnten die Liberalen mit der Menschenrechtsdiplomatie ihr Programm den innenpolitischen und internationalen Bedingungen nach Vietnam anpassen, doch die Reformer waren nicht in der Lage, ihre politische Basis zu erhalten. Eine ähnliche Entwicklung gab es bei den Rechtsfragen, wo christliche Konservative und die Neue Rechte zunehmend die Bandbreite der Debatte bestimmten. Nur Ende der achtziger und Anfang der neunziger Jahre – und auch dann nur sehr zögerlich – lenkten die Liberalen die öffentliche Aufmerksamkeit wieder auf sich, vor allem weil sie sich Frauenfragen widmeten und von der neuerlichen Popularität des Umweltschutzes profitierten. Gleichzeitig konnten sich die Reformer aber nach dem Zusammenbruch des Nationalliberalismus nie auf ein spezifisches Wirtschaftsprogramm einigen. Sie schwankten von der Unterstützung umfassenderer Sozialausgaben über die Befürwortung von Deregulationsmaßnahmen zu mehr Kooperation zwischen Regierung und Industrie und zur Stimulierung des Wirtschaftswachstums. Innerhalb der Regierung zeigte nur der Oberste Gerichtshof eine gewisse Konsistenz bei der Ausarbeitung eines Reformprogramms, doch auch er schwor nach den Berufungen von Republikanern Mitte der achtziger Jahre seinem früheren Aktivismus ab. Das Durcheinander bei den Liberalen stand im deutlichen Kontrast zu der kohärenten konservativen Botschaft, gegen Regierungsprogramme zu sein, Steuersenkungen zu befürworten und die traditionellen kulturellen Werte hochzuhalten. Die politischen Entwicklungen waren jedoch Mitte der neunziger Jahre eher fließend, denn die Wähler wechselten häufig zwischen den großen Parteien.

Schluß

Der politische Diskurs Amerikas hat sich seit der Progressiven Ära mehrmals drastisch gewandelt. In Wirtschaftsangelegenheiten schufen die Progressive Ära und der »New Deal« die Rahmenbedingungen für die Nachkriegsjahre. Der Niedergang des Populismus, Woodrow Wilsons Kompromisse, um die FTC zu etablieren und den Clayton Act zu schwächen, und schließlich die Unfähigkeit der Antimonopolisten, während des zweiten »New Deal« ein kohärentes Programm vorzulegen, machten jede Chance zunichte, die Unternehmensstruktur der Wirtschaft umzugestalten. Zusätzlich etablierte die Anfangsphase des »New Deal« die Grundlagen für den amerikanischen Wohlfahrtsstaat, indem sie nicht die Autorität staatlicher und lokaler Regierungen in Frage stellte und viele Programme so strukturierte – vor allem die Sozial- und die Arbeitslosenversicherung –, daß alle Anspruch darauf hatten. Zusammen mit der nachlassenden Unterstützung für straffe wirtschaftliche Regulierungsmaßnahmen durch die Bundesregierung verengten diese Entscheidungen die Bandbreite, mit der Reformer in der Nachkriegszeit Wirtschaftsangelegenheiten erörterten. Wer in den sechziger Jahren auf die Ähnlichkeiten zwischen den Programmen der beiden Parteien verwies, lag nicht falsch. Daß die ehrgeizigste liberale Initiative der Nachkriegszeit, Lyndon Johnsons »Great Society«, scheiterte, nährte darüber hinaus öffentlichen Zynismus hinsichtlich der Regierungsaktivitäten. Er stellte einen Schlüsselaspekt der amerikanischen Politik nach 1968 dar und erlaubte den Republikanern – zum ersten Mal seit den zwanziger Jahren –, die Wirtschaftspolitik zu bestimmen. Ob die Regierung eher die Industrie regulieren oder das Wirtschaftswachstum anregen sollte, wurde durch ein Bündel anderer Fragen ersetzt, die sich um Steuersenkungen und einen ausgewogenen Bundeshaushalt drehten. Ronald Reagan stand symbolisch für dieses neue intellektuelle Milieu, das die amerikanische Wirtschaftspolitik spürbar nach rechts verschob.

Wie schon bei den ökonomischen Fragen wurden die Rahmenbedingungen für die Außenpolitik lange vor dem Zweiten Weltkrieg festgelegt, vor allem in zwei Stufen während der Progressiven Ära. Erstens versuchten zwischen 1900 und 1917 die beiden dominierenden Persönlichkeiten der Zeit, Theodore Roosevelt und Woodrow Wilson, ihre innenpolitischen Ideologien in zusammenhängende außenpolitische Programme umzusetzen: Roosevelt setzte auf die Diplomatie der Machtbalance, Wilson verbreitete den zeittypischen Idealismus und befürwortete den Völkerbund, offene Diplomatie und Selbstbestimmung. Nach dem Ersten Weltkrieg erweiterte Wilson die internationale Perspektive der Progressiven, was besonders in seinen Vierzehn Punkten zum Ausdruck kam. Doch jetzt sah er sich sowohl von der Rechten, beispielsweise Henry Cabot Lodge, als auch von der Linken und am entschiedensten von den Friedens-Progressiven herausgefordert. Im weiteren Verlauf des Jahrhunderts wurden die internationalen Angelegenheiten – im Gegensatz zu Wirtschaftsreformen – für die nationale Politik immer wichtiger. Während eines Großteils der Zwischenkriegszeit ersetzte die Außenpolitik Wirtschaftsdebatten, was sowohl Hoovers Europapolitik als auch die amerikanische Intervention in der Karibik betraf. Die außenpolitische Dynamik verengte sich substantiell mit dem Kalten Krieg, dem Antikommunismus und mit den steigenden Verteidigungsausgaben, die NSC 68 ausgelöst hatte. Doch der Kalte-Kriegs-Konsens wurde immer wieder in Frage gestellt. Gegen Ende der vierziger und in den fünfziger Jahren tauchten am rechten Flügel Vertreter der China-Lobby auf, dann die Anhänger von Robert Taft, während des Koreakriegs General Douglas MacArthur und schließlich Joseph McCarthy. Sie alle befürworteten eine nationalistische und unilaterale Außenpolitik. In den sechziger Jahren griff dann der linke Flügel mit Macht das Gedankengebäude des Kalten Kriegs an, was während des Vietnamkriegs einen Höhepunkt erreichte. Die Debatte zwischen den beiden extremen Standpunkten setzte sich auch während der gesamten siebziger und achtziger Jahre fort. In vielerlei Hinsicht hat sie sich noch verstärkt, seit der Zusammenbruch des Kommunismus dem Kalte-Kriegs-Konsens beider Parteien ein Ende bereitete.

Die gesellschaftspolitischen Angelegenheiten waren durch einen ständigen Wechsel zwischen Fortschritt und Rückschlag geprägt; wieder einmal hatte die Progressive Ära das Muster vorgegeben. Obwohl der Progressismus größte Anstrengungen auf die Wirtschaftsreform konzentrierte, entfachte die Bewegung vor allem an der Basis auch mehr Aktivitäten zur Ausweitung der individuellen Rechte, etwa des Feminismus, der Bürgerrechte, der Empfängnisverhütung und der bürgerlichen Freiheiten. Gleichzeitig äußerte sich die Progressive Ära im Wunsch nach mehr sozialem Zusammenhalt, was die Befürwortung von beispielsweise Alkoholabstinenz und Einwanderungsbeschränkungen förderte. Die Tumulte des Ersten Weltkriegs verschoben das Gleichgewicht zugunsten von Regierungsmaßnahmen zur Schaffung einer sozial einheitlicheren Gesellschaft. Der Nativismus, der Prohibitionismus und der religiöse Fundamentalismus gewannen in den zwanziger Jahren in beeindruckendem Maß an Stärke. Dieser konservative Höhenflug verlief mit der großen Wirtschaftskrise im Sand, da die Aufmerksamkeit sowohl der Politik wie der Gesellschaft sich wieder ökonomischen Problemen zuwandte. Die nächste signifikante Welle von sozialen Fortschritten und Rückschlägen ereignete sich in den vierziger und fünfziger Jahren. Die Umwandlung des amerikanischen Liberalismus verlagerte den Schwerpunkt von den wirtschaftlichen auf die rechtspolitischen Belange und bildete ein günstiges intellektuelles Klima für das Aufkommen von Bürgerrechtsfragen als Schlüsselthema der amerikanischen Politik. Dieser Prozeß wurde von demographischen Veränderungen nur noch beschleunigt. Doch der Liberalismus der Nachkriegszeit führte auch zu einer Gegenreaktion. Das antikommunistische Milieu der fünfziger Jahre brachte eine gesellschaftliche Uniformität hervor, die im Anwachsen der Vorstädte, der Zunahme der Heirats- und Geburtenraten und im Film- und Fernsehangebot des Jahrzehnts ihren Niederschlag fand. Die letzte und wichtigste soziale Umwälzung des Jahrhunderts nahm mit den Ereignissen der sechziger Jahre ihren Ausgang. Die Bürgerrechtsbewegung kombinierte umfassende soziale Basisaktivitäten mit einem immer ehrgeizigeren ideologischen Programm; Feminismus wie Umweltschutzbewegung beschritten vergleichbare ideologische und taktische Wege. Politisch erfreuten sich alle drei anfänglich einer relativ breiten Unterstützung. Letzten Endes aber verließen sie sich zur Umsetzung ihrer Ziele auf Strukturen außerhalb des unmittelbaren politischen Prozesses, vor allem die Bundesbürokratie und den Obersten Gerichtshof. Das bildete jedoch besonders nach den tumultartig ausgehenden sechziger Jahren die Grundlage für eine mächtige Gegenreaktion, für die Kritiker gerechter- oder ungerechterweise dem liberalen Programm der Dekade die Schuld gaben. Die siebziger Jahre zeichneten sich durch eine Wiederbelebung des religiösen Fundamentalismus aus, der die ERA endgültig zunichte machte und dem Vordringen des Feminismus in Fragen wie der Abtreibung Einhalt gebot. Außerdem stellten in diesem Jahrzehnt Konservative vermehrt die Programme der Bürgerrechts- und der Umweltschutzbewegung in Frage. Sowohl die Neue Rechte als auch die religiösen Fundamentalisten bewiesen darüber hinaus, daß sie durchaus in der Lage waren, ihren Einfluß politisch geltend zu machen.

Das Aufkommen ideologisch ausgerichteter Interessengruppen wie etwa der christlichen Rechten bezeugte, daß die amerikanische Politik sich seit der Progressiven Ära gewandelt hatte. Die Jahre Roosevelts und Wilsons beendeten das Goldene Zeitalter und ermöglichten, daß die Ideologie eine viel größere Rolle in der Politik spielen konnte und Interessengruppen die nationale Debatte beherrschten. Theoretisch dominierten die Republikaner das neue System, doch litten sie unter so scharfen internen Zerwürfnissen, daß die Partei sich 1912 spaltete. Sowohl 1912 wie 1924 traten ernstzunehmende Kandidaten dritter Parteien an, was bestätigt, wie fließend die Politik der Progressiven Ära insgesamt war. Die große Wirtschaftskrise läutete ein neues politisches System ein. Charakteristisch dafür war eine Koalition von Weißen aus dem Süden, Schwarzen und ethnisch orientierten Wählern im Norden sowie der ideologische Einfluß von Gewerkschaften und Intellektuellen. Daß Ex-Progressive zu den Demokraten abwanderten, ließ die Republikaner nach rechts rücken. Das führte bei ihnen zu größerer innerer Einheit, während sich die regionalen und ideologischen Spaltungen der Demokraten im Anschluß an den Zweiten Weltkrieg verschärften. In der Tat war FDRs Koalition doppelt verwundbar: einerseits durch eine Rückkehr zum wirtschaftlichen Wohlstand, der eine aktivere Rolle der Bundesregierung in der Innenpolitik dämpfte, andererseits durch eine vermehrte Betonung der Rechtsfragen, die die Demokraten der Südstaaten vom Rest der Partei entzweite. Diese Fragilität der Demokratischen Partei machte sich schon bei Trumans Wahlsieg 1948 bemerkbar, und die Koalition konnte die tumultartigen innen- wie außenpolitischen Ereignisse der sechziger Jahre nicht überleben. Statt dessen löste die Wahl von 1968 einen Prozeß der simultanen Um- und Neuorientierung aus. Die Zugewinne der Republikaner im Süden und Westen etablierten den Sun Belt als neue Basis des Konservatismus, doch Watergate schob dem Aufstieg der Republikaner zunächst einen Riegel vor. Die Spannungen in der reformfreudigen demokratischen Koalition und Carters Unfähigkeit, mit der Wirtschaftskrise der siebziger Jahre fertig zu werden, verursachten einen weiteren Rechtsruck, wie mit Reagans Triumph 1980 und der Politik seiner ersten Amtsjahre deutlich wurde. Wie unzufrieden die Wählerschaft mit den beiden großen Parteien war, sah man am häufigen Wechsel der Kongreßmehrheiten – ganz zu schweigen vom überraschend starken Abschneiden Perots 1992.

Abgesehen von den Wandlungen der amerikanischen Politik und des politischen Diskurses hat sich auch die Rolle des Staates transformiert. Wieder einmal gab die Progressive Ära das Muster für spätere Entwicklungen vor. Theodore Roosevelts tatsächliche Leistungen entsprachen vielleicht nicht seinen großen Worten, doch er hinterließ ein dauerhaftes Erbe. Er weitete die Macht des Präsidentenamts durch einen administrativen Regierungsstil aus, etablierte auf dem internationalen Parkett unilaterale Aktionen und nutzte das Weiße Haus als Kanzel für Strafpredigten an die Nation. Wilson baute auf Roosevelts Erfolgen auf und lieferte so ein Modell, wie der Präsident als Parteiführer ein legislatives Programm umsetzen kann. Er entwickelte eine Variante präsidialen Führungsstils, indem er seine rhetorische

Begabung dafür einsetzte, die Öffentlichkeit und die Politiker über Dinge aufzuklären, die er für wichtig hielt. Doch die anderen Regierungsorgane machten nicht bereitwillig Platz. Der Oberste Gerichtshof etablierte sich als ein Hauptfaktor in Wirtschaftsangelegenheiten. Der Kongreß verlor zwar seine dominierende Position des Goldenen Zeitalters, fand aber innovative Möglichkeiten, ein Machtfaktor zu bleiben. Während der gesamten Progressiven Ära war die Rivalität zwischen den drei Regierungsorganen besonders ausgeprägt.

Franklin Roosevelts Amtsführung und die »New Deal«-Gesetzgebung schienen das Primat der Exekutive festzuschreiben. Eindeutig gab der Präsident während seiner ersten Amtsjahre den Takt an. Die von ihm befürworteten Gesetze – vor allem des zweiten »New Deal« von 1935 und 1936 – sorgten für eine Bürokratie, die es dem Kongreß fast unmöglich machte, seine frühere Machtposition wiederzuerlangen. Zusätzlich nutzte Roosevelt technologische Neuerungen, vor allem das Radio, um seine Botschaft unters Volk zu bringen; damit führte er vor, wie ein Präsident sowohl mit dem Kongreß als auch den nationalen Medien zu seinem Vorteil umgehen konnte. Sogar seine schwerste Niederlage – der Kampf um den Obersten Gerichtshof 1937 – bezeugte in gewisser Weise noch die Stärke des Präsidenten. Allein der Versuch löste eine ideologische Verlagerung des Supreme Court aus, die den Kernstücken der »New Deal«-Gesetzgebung das Überleben sicherte. Die neuen Atomwaffen, der Kalte Krieg und die Gegenreaktionen auf Versuche des Kongresses in den dreißiger Jahren, die Neutralität der USA gesetzlich festzuschreiben, ermöglichten dann Präsidenten, die außenpolitisch immer selbstbewußter agierten. Technologisch half das aufkommende Fernsehen Roosevelts Nachfolgern – Meistern der Kommunikation wie Kennedy und Reagan –, das Präsidentenamt als Zentrum der Bundespolitik zu etablieren. Dank eines veränderten Wahlkampfstils, der zerfallenden Parteistrukturen, der politischen Neuorientierung und des geänderten Nominierungsprozesses konnten sich die Präsidenten eine so unabhängige politische Basis verschaffen, wie es in der Progressiven Ära nicht denkbar gewesen wäre.

Doch auch während der sogenannten »imperialen Präsidentschaft« gab es eine gesunde Rivalität zwischen den einzelnen Regierungsorganen. Ausgehend vom Kampf um den Obersten Gerichtshof konnte sich dank der aufkommenden konservativen Koalition der Kongreß neu etablieren – vielleicht nicht als Initiator der Gesetzgebung, aber zumindest als hemmende Kraft. Darüber hinaus fanden in den Nachkriegsjahren ehrgeizige Kongreßmitglieder Mittel und Wege, außerhalb des formalen Gesetzgebungsprozesses Wirkung zu zeigen. McCarthy stand in den fünfziger Jahren für einen solchen Ansatz. Er setzte die traditionelle Überwachungsfunktion des Kongresses nicht zu legislativen Zwecken ein, sondern lenkte mit ihrer Hilfe die nationale Debatte auf eine angebliche kommunistische Unterwanderung der Regierung. Ende der sechziger und Anfang der siebziger Jahre demonstrierten die Liberalen im Senat ihre Macht. Sie machten sich zunächst zur Speerspitze der Attacken auf Johnsons Vietnampolitik und sorgten dann während der Watergate-Affäre für das Wiedererstarken des Kongresses. Auch ihre traditionellere Funktion behielt die Legislative bei; selbst Johnson mußte sein »Great Society«-Programm so anpassen, daß es den Vorstellungen des Kongresses genügte. Seit dem Ende des Kalten Kriegs hat der Kongreß in bemerkenswerter Weise seine politische Stellung gegenüber den ziemlich schwachen Präsidenten Bush und Clinton gestärkt, obwohl noch unklar ist, ob dies eine längerfristige Verschiebung in der Machtbalance der beiden Regierungsorgane darstellt. Jenseits des erbitterten Ringens von Legislative und Exekutive kann man auf jeden Fall behaupten, daß der Oberste Gerichtshof die Politik eines Großteils der Nachkriegsära beherrschte. Zwischen 1935 und 1955 gab der Supreme Court seine traditionell aggressive Rolle in Wirtschaftsdingen auf und positionierte sich statt dessen als Wahrer der individuellen Rechte. Die unter Warren gefällten Urteile erzwangen die Erörterung einer Fülle von umstrittenen Themen, die Präsidenten und Kongreßführer der Nachkriegszeit gleichermaßen lieber vermieden hätten: die Aufhebung der Rassentrennung an Schulen, das Eintreten gegen Diskriminierung, das Schulbus-System, die Beziehungen zwischen Kirche und Staat, die Wahlrechtsreform, das Recht auf Intimsphäre, Abtreibung, Bürgerrechte, die Rechte von Angeklagten. Viele dieser Entscheidungen riefen in den siebziger und achtziger Jahren Gegenreaktionen hervor, die dem rechtspolitischen Liberalismus schadeten; andere erwiesen sich als nur schwer oder gar nicht umsetzbar. Doch indem der Supreme Court in der Nachkriegszeit die intellektuelle Bastion des Bürgerrechtsprogramms bildete und größtenteils die politische Debatte bestimmte, erwies er sich von 1954 bis 1975 als genauso mächtig wie Exekutive oder Legislative.

Der Oberste Gerichtshof war nicht der einzige Hebel der Bundesregierung, der sich trotz einer gewissen Abschirmung vom Wahlprozeß tiefgreifend auf die Politik auswirkte. Die Bundesbürokratie agierte zunehmend unabhängig und stellte zeitweilig gewissermaßen ein viertes Regierungsorgan dar. Ihr Anwachsen war die drastischste Veränderung des politischen Systems der USA im zwanzigsten Jahrhundert. Die Progressive Ära setzte diese Entwicklung in Gang. Persönlichkeiten wie Theodore Roosevelt und Herbert Croly bereiteten den Boden für den regulierenden Staat; Woodrow Wilson fuhr die politische Ernte ein, als er mit der Federal Trade Commission den Ansatz seines Widersachers übernahm. Das Konzept litt unter dem Rückschlag des Ersten Weltkriegs, doch es erfreute sich nach wie vor der starken Unterstützung durch Reformer – vor allem, was ihre Position gegenüber den öffentlichen Versorgungsunternehmen betraf. Der »New Deal« belebte die breite Unterstützung für eine stärkere Rolle der Bürokratie hinsichtlich der Wirtschaft wieder. Das National Labor Relations Board etwa bezeugt, daß die Arbeiterbewegung in der demokratischen Koalition immer wichtiger wurde. Es signalisierte auch eine neue Funktion für die Bürokratie: umstrittene Fragen aus dem politischen Prozeß herauszunehmen und sie an Experten zur Entscheidung weiterzuleiten. Zur nächsten wichtigen Ausweitung der Bürokratie kam es in den Anfangsjahren des Kalten Kriegs. Probleme der nationalen Sicherheit überwanden den traditionellen Antidirigismus Amerikas und führten zur Konsolidierung des Verteidigungsministeriums und zur Einrichtung von Behörden wie der CIA und dem National Security Council. In den sechziger und Anfang der siebziger Jahre befürworteten dann Bürgerrechtsaktivisten die Bildung neuer Behörden wie der EEOC, der EPA und der FEPC. Es gab zwar Ausnahmen, aber im allgemeinen schrieb die Ausweitung der Bürokratie eher bestehende Verhältnisse fest, als daß sie Interventionen der Regierung zugunsten von Reformen förderte. Gleichzeitig jedoch bot die Staatsbürokratie den Reformern eine gewisse Sicherheit, daß plötzliche Meinungsumschwünge der Wählerschaft nicht ihrem Programm im Weg stehen würden.

Diese Tatsache erklärt vielleicht die Schmähattacken gegen den bürokratischen Staat, die ein Standardargument der Konservativen während der zwanziger Jahre gewesen waren und von Aktivisten des rechten Flügels in den siebziger Jahren wiederbelebt wurden. Wenn tatsächlich das Land als Ganzes das Anwachsen der Staatsbürokratie akzeptierte, dann hat es das in ziemlich merkwürdiger Weise getan. Antidirigistische Stimmungen beeinflußten ideologisch viele Progressive, vor allem Basisaktivisten aus dem Mittelwesten und Westen. Diese Einstellung löste sich während des »New Deal« wohl kaum in nichts auf. Roosevelts Innenpolitik weitete die Bundesregierung zwar erheblich aus, doch der Präsident konzipierte seine Initiativen entweder als vorübergehende Maßnahmen oder als solche, auf die alle einen Anspruch hatten. Letzten Endes verhinderten nur die außenpolitischen Erfordernisse des Zweiten Weltkriegs und des Kalten Kriegs eine Rückkehr zum regierungsfeindlichen intellektuellen Klima der zwanziger Jahre. Sie bewirkten einen Wandel der republikanischen Rechten, weil sie die traditionellen Forderungen der Partei nach einer Beschneidung der Bürokratie insgesamt dämpften. Die »Great Society« und der Krieg gegen die Armut standen für einen neuen Konsens zugunsten einer starken wirtschaftspolitischen Stellung der Regierung – den Nixon in seine berühmte Bemerkung einkleidete: »Wir sind jetzt alle Keynesianer.« Doch gerade als Nixon diesen Kommentar abgab, inspirierten verschiedene Faktoren – von den Auswirkungen des Vietnamkriegs auf Liberale über das Aufkommen der Neuen Rechten bis zum öffentlichen Watergate-Zynismus gegenüber der Regierung – sowohl den rechten wie den linken Flügel, sich gegen eine zu starke Regierung zu wenden. 1995 schienen sogar die Demokraten ihre Niederlage in der intellektuellen Debatte über das Thema einzugestehen, wie Bill Clintons Rede zur Lage der Nation nahelegte. Die Rolle des Staates in der Politik und der Kultur Amerikas bleibt also nach wie vor unklar, während das Jahrhundert sich seinem Ende zuneigt. Dazu paßt, daß kürzlich Debatten über diese Frage den intellektuellen Austausch wieder aufgriffen, der die Anfangsstadien der Progressiven Ära charakterisierte. Letzten Endes hat die Verwirklichung des amerikanischen Traums vielleicht niemals aufgehört.

Anmerkungen

Washington, 20. Januar 1961

1 Paterson, Grand Expectations, S. 436.
2 Theodore White, The Making of the President 1960 (1961); Christopher Matthews, Kennedy and Nixon (1995).
3 Kennedy Inaugural Address, 20. Jan. 1961, Public Papers of the President, John F. Kennedy, 1961 (1962).
4 Richard Reeves, President Kennedy: Profile of Power (1992).

Kapitel 1

1 John Morton Blum, The Republican Roosevelt (1954); William Harvaugh, Power and Responsibility: The Life and Times of Theodore Roosevelt (1961); Edmund Moris, The Rise of Theodore Roosevelt (1979); George Mowry, Theodore Roosevelt and the Progressive Movement (1946); Willard Gatewood, »Theodore Roosevelt and the Shaping of the Modern Presidency«, Reviews in American History 20 (1992), S. 512–517.
2 Robert Wiebe, The Search for Order, 1877–1920 (1967); Alfred Chandler, The Visible Hand: The Managerial Revolution in American Business (1977); Alan Trachtenberg, The Incorporation of America: Culture and Society in the Gilded Age (1982); Samuel Hays, The Response to Industrialism, 1885–1914 (1957); Lawrence Goodwyn, Democratic Promise (1976); John Hicks, The Populist Revolt (1931).
3 John Bodnar, The Transplanted: A History of Immigrants in America (1985); Lawrence Fuchs, The American Kaleidoscope: Race, Ethnicity, and the Civic Culture (1990); Oscar Handlin, The Uprooted, verb. Neuausg. (1973); Alan Kraut, The Huddled Masses: The Immigrant in American Society (1982); John Allswang, Bosses, Machines, and Urban Voters (1977); Paul Boyer, Urban Masses and Moral Order in America, 1820–1920 (1978).
4 Richard Welch, The Presidencies of Grover Cleveland (1988); Donald Ritchie, Press Gallery: Congress and the Washington Correspondents (1991).
5 John Dobson, Politics in the Gilded Age (1972); Morton Keller, Affairs of State: Public Life in Late Nineteenth Century America (1977); Michael McGeer, The Decline of Popular Politics: The American North, 1868–1928 (1986); Ray Ginger, Altgeld's America (1958); Samuel McSweeney, The Politics of Depression (1972).
6 Goodwyn, Democratic Promise; O. Gene Clanton, Populism: The Humane Preference in America, 1890–1900 (1991); Richard Hofstadter, The Age of Reform: From Bryan to F.D.R. (1955); Michael Kazin, The Populist Persuasion: An American History (1995).

7 LeRoy Aschby, William Jennings Bryan (1987); Paolo Coletta, William Jennings Bryan, 3 Bde., (1964–69); Stanley Jones, The Presidential Election of 1896 (1964); Horace Samuel Merrill, Bourbon Leader: Grover Cleveland and the Democratic Party (1957).

8 McGerr, Decline of Popular Politics; Robert Durden, The Climax of Populism: The Election of 1896 (1965); Paul Glad, McKinley, Bryan, and the People (1964); James Reynolds und Richard McCormick, »Outlawing ›Treachery‹: Split Tickets and Ballot Laws in New York and New Jersey, 1880–1910«, Journal of American History 72 (1985), S. 835–858.

9 John Offner, An Unwanted War: The Diplomacy of the United States and Spain over Cuba, 1895–1898 (1992); Louis Péres, Jr., Cuba under the Platt Amendment (1988); Richard Welch, Response to Imperialism: The United States and the Philippine-American War (1979); Walter LeFeber, The New Empire (1963).

10 Stephen Hahn, The Roots of Southern Populism: Yeoman Farmers and the Transformation of the Georgia Upcountry, 1850–1890 (1983); Theodore Mitchell, Political Education in the Southern Farmers Alliance, 1887–1900 (1987); C. Vann Woodward, Origins of the New South (1951); George Tindall, The Emergence of the New South (1967);

11 Charles Kellog, NAACP: A History of the National Association of American Colored People (1970); James McPherson, The Abolitionist Legacy: From Reconstruction to the NAACP (1975); Joel Williamson, The Crucible of Race (1985); Thomas Holt, »The Political Uses of Alienation: W.E.B. Du Bois on Politics, Race, and Culture, 1904–1940«, American Quarterly 42 (1990), S. 301–323; David Levering Lewis, »W.E.B. Du Bois and the Dilemma of Race«, Prologue 27 (1995), S. 37–44.

12 Howard Beale, Theodore Roosevelt and the Rise of America to World Power (1956); Frederick Marks, Velvet on Iron: The Diplomacy of Theodore Roosevelt (1979); David McCullough, The Path between the Seas (1976); David Healy, Drive to Hegemony: The United States and the Caribbean Basin, 1898–1917 (1989).

13 John Milton Cooper, The Warrior and the Priest: Woodrow Wilson and Theodore Roosevelt (1983); George Mowry, The Age of Theodore Roosevelt (1958).

14 David Chalmers, The Social and Political Ideas of the Muckrackers (1964); Louis Filler, The Muckrackers (1980).

15 John Buenker, Urband Liberalism and Progressive Reform (1973); David Thelen, Robert La Follette and the Insurgent Spirit (1976); Richard Coke Lower, A Bloc of One: Hiram Johnson and the Progressive Movement in California (1994); George Mowry, The California Progressives (1951); Russel Nye, Midwestern Progressive Politics (1951); Dewey Grantham,

Southern Progressivism: The Reconciliation of Progress and Tradition (1983).

16 Daniel Rodgers, »In Search of Progressivism«, Reviews in American History 10 (1982), S. 122–132; Hofstadter, Age of Reform; Gabriel Kolko, The Triumph of Conservatism (1963); John Weinstein, The Corporate Ideal in the Liberal State (1968).

17 Allen Davis, An American Heroine: The Life and Legend of Jane Addams (1973); Robert Bremmer, From the Depths: The Discovery of Poverty in the United States (1956); Roy Lubove, The Professional Altruist (1965); Allen Davis, Spearheads of Reform (1967); Eleanor Flexner, Century of Struggle: The Woman's Rights Movement in the United States (1959); Nell Painter, Standing at Armageddon: The United States, 1877–1919 (1987); James Rohrer, »The Origins of the Temperance Movement: A Reinterpretation«, Journal of American Studies 24 (1990), S. 228–235.

18 Lewis, W.E.B. DuBois; Kellog, NAACP; Robert Zangrando, The NAACP Crusade against Lynching, 1909–1950 (1980).

19 C. Roland Marchand, The American Peace Movement and Social Reform (1972); Sondra Herman, Eleven against war: Studies in American Intellectual Thougt, 1898–1921 (1969); Robert Beisner, Twelve against Empire: The Anti-Imperialists, 1898–1900 (1968).

20 Stephen Fox, The American Conservation Movement: John Muir and His Legacy (1981); Samuel Hays, The Gospel of Efficiency: The Progressive Conservation Movement, 1890–1920 (1962); Harold Pinkett, Gifford Pinchot: Private and Public Forester (1970); Clifford Lee Staten, »Theodore Roosevelt: Dual and Cooperative Federalism«, Presidential Studies Quarterly 23 (1993), S. 129–144.

21 Cooper, Picotal Decades; David Sarasohn, The Party of Reform: The Democrats in the Progressive Era (1989).

22 Donald Anderson, William Howard Taft (1973); Paolo Coletta, The Presidency of William Howard Taft (1973).

23 James Holt, Congressional Insurgents and the Party System, 1909–1916 (1969); Ronald Peters, The American Speakership: The Office in Historical Perspective (1990).

24 James Penick, Jr., Progressive Politics and Conservation: The Ballinger-Pinchot Affair (1968); Cooper, Warrior and the Priest.

25 Walter und Marie Scholes, The Foreign Policies of the Taft Administration (1970); Healy, Drive to Hegemony.

26 Cooper, Pivotal Decades; Kevin O'Leary, »Herbert Croly and Progressive Democracy«, Polity 26 (1994), S. 533–552; Christopher Grandy, »The Original Intent of the Sherman Anti-Trust Act«, Journal of Economic History 53 (1993), S. 359–376; Matthew Bewig, »Lochner v. The Journeymen Bakers of New York: The Journeymen Bakers, Their Hours

of Labor, and the Constitution«, American Journal of Legal History 38 (1994), S. 413–451.

27 Cooper, Warrior and the Priest.

28 Paul Corcoran und Kathleen Kendall, »Communication in the First Primaries: The ›Voice of the People‹ in 1912«, Presidential Studies Quarterly 22 (1992), S. 15–29; Thelen, La Follette and the Insurgent Spirit.

29 B. Dan Wood und James E. Anderson, »The Politics of U.S. Antitrust Regulation«, American Journal of Political Science 37 (1993), S. 1–39.

30 Cooper, Warrior and the Priest; David Wilensky, The Taft Republicans and the Election of 1912 (1969); Nick Salvatore, Eugene Victor Debs, Citizen and Socialist (1982); Philippa Strum, Louis D. Brandeis: Justice for the People (1984); Strum, »The Legacy of Louis Dembitz Brandeis, People's Attorney«, American Jewish History 81 (1994), S. 406–427; Melvin Urofsky, Louis Brandeis and the Progressive Tradition (1981); Urofsky, »›To Guide by the Light of Reason‹: Mr. Justice Brandeis – An Appreciation«, American Jewish History 81 (1994); S. 365-393; Richard Adelstein, »›Islands of Conscious Power‹: Louis D. Brandeis and the Modern Corporation«, Business History Review 63 (1989), S. 614–656.

31 Daniel Stid, »Woodrow Wilson and the Problem of Party Government«, Polity (1994), S. 553–578.

32 Samuel Regal, »From Pedagogue to President: Thomas Woodrow Wilson as Teacher-Scholar«, Presidential Studies Quarterly 24 (1994), S. 49–56; David Kyvig, »Can the Constitution Be Amended? The Battle over the Income Tax 1895–1912«, Prologue 20 (1988), S. 181–200.

33 Arthur Link, Woodrow Wilson and the Progressive Era, 1910–1917 (1954).

34 Holt, Congressional Insurgents; Cooper, Pivotal Decades; Link, Wilson and the Progressive Era; Marc Allen Eisner, »Discovering Patterns in Regulatory History: Continuity, Change, and Regulatory Regimes«, Journal of Policy History 6 (1994), S. 157–187; Bill Lunchansky und Jurg Gerber, »Constructing State Autonomy: The Federal Trade Commission and the Celler-Kefauver Act«, Sociological Perspectives 36 (1993), S. 217–240; George Rice, »The Ideological Convergence of Theodore Roosevelt and Woodrow Wilson«, Presidential Studies Quarterly 19 (1989), S. 159–177.

35 Kenneth Grieb, The United States and Huerta (1969); Friedrich Katz, The Secret War for Mexico (1981); Robert Quirk, An Affair of Honor: Woodrow Wilson and the Occupation of Veracruz (1962); Robert David Johnsohn, The Peace Progressive and American Foreign Relations (1995).

36 Cooper, Pivotal Decades; Thomas Knock, To End All Wars: Woodrow Wilson and the Quest for a New World Order (1995).

[37] Arthur Link, Wilson: Campaigns for Progressivism and Peace (1964); Melvyn Dubofsky, We Shall Be All: A History of the Industrial Workers of the World (1960); Philip Taft, The A.F. of L. in the Time of Gompers (1957); Barry Karl, The Uneasy State: The United States from 1915–1945 (1983); Fred Greenbaum, »Ambivalent Friends: Progressive Era Politicians and Organized Labor, 1902–1940«, Labor's Heritage 6 (1994), S. 62–76; Georg Leidenberger, »›The Public Is the Labor Union‹: Working-Class Progressivism in Turn-of-the-Century Chicago«, Labor History 36 (1995), S. 187–210.

[38] Knock, To End All Wars; Marchand, American Peace Movement; N. Gordon Levin, Jr., Woodrow Wilson and World Politics (1967).

[39] William Widenor, Henry Cabot Lodge and the Search for an American Foreign Policy (1980).

[40] Knock, To End All Wars; Link, Campaigns for Progressivism and Peace; James Weinstein, The Decline of Socialism in America, 1912–1925 (1967).

Kapitel 2

[1] Ernest May, The World War and American Isolation, 1914–1917 (1959); Thomas Knock, To End All Wars: Woodrow Wilson and the Quest for a New World Order (1992); David Kennedy, Over Here: The First World War and American Society (1968); Ronald Steel, Walter Lippmann and the American Century (1980); Edward Coffmann, The War To End All Wars (1968); John Chambers, II, To Raise an Army (1987); Daniel Beaver, Newton D. Baker and the American War Effort, 1917–1919 (1966).

[2] Kennedy, Over Here; Stephen Vaughn, Holding Fast to Inner Lines: Democracy, Nationalism, and the Committee on Public Information (1980); William Breen, Uncle Sam at Home: Civilian Mobilization, Wartime Federalism, and the Committee for National Defense (1984); Mary Schreiber, The Wilson Administration and Civil Liberties, 1917–1921 (1960); Paul Murphy, World War I and the Origin of Civil Liberties (1970).

[3] Gerald Patton, War and Race: The Black Officer in the American Military (1981).

[4] Christopher Gibbs, The Great Silent Majority: Missouri's Resistance to World War I (1988).

[5] Donald Johnson, The Challenge to American Freedoms: World War I and the Origins of the American Civil Liberties Union (1963).

[6] Ronald Schaffer, American in the Great War: The Rise of the War Welfare State (1991).

[7] Kennedy, Over Here; Robert Cuff, The War Industries Board: Business-Government Relations during World War I (1973); Joseph McMartin,

»Using the ›Gun Act‹: Federal Regulation and the Politics of the Strike Threat during World War I«, Labor History 33 (1992), S. 519–528; Gerald Berk, »Adversarial by Design: Railroads and the American State, 1887–1916«, Journal of Policy History 5 (1993), S. 335–354.

8 Barry Karl, The Uneasy State: The United States from 1915 to 1945 (1983).

9 Knock, To End All Wars; Kennedy, Over Here; William Widenor, Henry Cabot Lodge and the Search for an American Foreign Policy (1980).

10 Lloyd Ambrosius, Woodrow Wilson and the American Diplomatic Tradition: The Treaty Fight in Perspective (1988); Robert David Johnson, The Peace Progressives and American Foreign Relations (1995); Ralph Stone, The Irreconcilables: The Fight against the League of Nations (1970); Stuart Rochester, American Liberal Disillusionment in the Wake of World War I (1977).

11 Stanley Coben, A. Mitchell Palmer (1963); Robert Murray, Red Scare (1955); Francis Russell, A City in Terror: The 1919 Boston Police Strike (1975); David Williams, »The Bureau of Investigation and Its Critics, 1919–1921: The Origins of Federal Political Surveillance«, Journal of American History 68 (1981), S. 560–591.

12 Douglas Craig, After Wilson: The Struggle for Democratic Party, 1920–1934 (1992); Wesley Bagby, The Road to Normalcy: The Presidential Campaign of 1920 (1962); Francis Russell, The Shadow of Blooming Grove: Warren G. Harding and His Times (1968); John Hicks, Republican Ascendancy, 1921–1933 (1960); Ellis Hawley, The Great War and the Search for a Modern Order (1979); William Leuchtenburg, The Perils of Prosperity (1994).

13 Johnson, Peace Progressives; David Thelen, Robert La Follette and the Insurgent Spirit (1976); Gilbert Fite, American Farmers: The New Minority (1981); LeRoy Ashby, The Spearless Leader: William Borah and the Progressive Movement in the 1920s (1972); Ron Briley, »Insurgency and Political Realignment: Regionalism and the Senatorial Elections of 1922 in Iowa, Nebraska, North Dakota, and Minnesota«, Mid-America 72 (1990), S. 49–69.

14 Jim Potter, The American Economy between the Wars (1974); Lynn Dumenil, Modern Temper: American Culture and Society in the 1920s (1995).

15 Leuchtenberg, Perils of Prosperity; Joan Zimmerman, »The Jurisprudence of Equality: The Women's Minimum Wage, the First Equal Rights Amendment, and Adkins v. Children's Hospital, 1905–1923«, Journal of American History 78 (1991).

16 Morton Keller, »The Pluralist State«, in Thomas McCraw, Hg., Regulation in Perspective: Historical Essays (1981); Michael Parrish, Securities

Regulation and the New Deal (1970); Thomas McCraw, TVA and the Power Fight, 1933–1939 (1971); Lynn Dumenil, »The Insatiable Maw of Bureaucracy«: Antistatism and Education Reform in the 1920s«, Journal of American History 77 (1980), S. 499–524; Robert Murray, The Politics of Normalcy (1973); Eugene Trani und David Wilson, The Presidency of Warren G. Harding (1977); James Giglio, Harry Daugherty and the Politics of Expediency (1978); Dumenil, Modern Temper; Grant McConnell, Private Power in American Democracy (1961); Joseph Tulchin, The Aftermath of War (1971); Lorenzo Meyer, The United States and Mexico in the Oil Controversy (1986); Johnson, Peace Progressives; Richard Salisbury, Anti-Imperialism and International Competition in Central America, 1920–1929 (1989).

17 Richard Lowitt, George W. Norris, The Persistence of a Progressive, 1913–1933 (1971).

18 Robert Byrd, The Senate, 1789–1989: Adresses on the History of the United States Senate (1988); Ashby, The Spearless Leader; Lowitt, George W. Norris; Donald Ritchie, Press Gallery: Congress and the Washington Correspondents (1991), S. 209.

19 Stanley Coben, Rebellion against Victorianism: The Impetus for Cultural Change in the 1920s (1991); Ronald Edsforth, Class Conflict and Cultural Consensus: The Making of a Mass Consumer Society (1987); Susan Douglas, Inventing American Broadcasting (1987); Philip Rosen, The Modern Stentors: Radio Broadcasting and the Federal Government, 1920–1933 (1980).

20 Nancy Cott, The Grounding of Modern Feminism (1987); Alice Kessler-Harris, Out to Work: A History of Wage-Earning Women in America (1982); Charles Chatfield, For Peace and Justice: Pacifism in the United States, 1914–1941 (1983); Harriet Hyman Alonso, »Nobel Peace Laureates, Jane Addams and Emily Greene Balch: Two Women of WILPF«, Journal of Women's History 7 (1995), S. 6–26; Susan Zeiger, »Finding a Cure of War: Women's Politics and the Peace Movement in the 1920s«, Journal of Social History 24 (1990), S. 69–86.

21 K. Austin Kerr, Organized for Prohibition: A New History of the Anti-Saloon League (1985); Leuchtenberg, Perils of Prosperity; James Timberlake, Prohibition and the Progressive Movement, 1900–1920 (1963).

22 John Higham, Strangers in the Land: Patterns in American Nativism (1963).

23 Nancy MacLean, Behind the Mask of Chivalry: The Making of the Second Ku Klux Klan (1992); Leonard Moore, Citizen Klansmen: The Ku Klux Klan in Indiana, 1921–1928 (1991); Charles Alexander, The Ku Klux Klan in the Southwest (1965); Richard Tucker, The Dragon and the Cross: The Rise and Fall of the Ku Klux Klan in Middle America (1991).

24 Lawrence Levine, Defender of the Faith, William Jennings Bryan: The Last Decade, 1915–1925 (1965); George Marsden, Fundamentalism and American Culture (1980).

25 Craig, After Wilson; Burner, The Politics of Provincialism.

26 David Thelen, Robert La Follette and the Insurgent Spirit (1976).

27 Allan Lichtman, Prejudice and Old Politics: The Presidential Election of 1928 (1979).

28 Joan Hoff Wilson, Herbert Hoover: Forgotten Progressive (1975); Ellis Hawley, Herbert Hoover as Secretary of Commerce: Studies in New Era Thought and Practice (1974); Robert Himmelberg, The Origins of the National Recovery Administration: Business, Government, and the Trade Association Issue, 1921–1933 (1976); John Buenker, »The New Era Business Philosophy of the 1920s«, Illinois Quarterly 38 (1976); James Warren Prothro, The Dollar Decade: Business Ideas in the 1920s (1954); Morton Keller, Regulating of New Economy: Public Policy and Economic Change in America, 1900–1933 (1990).

29 Michael Bernstein, The Great Depression (1987); Milton Friedman und Anna Schwartz, The Great Contraction (1965); Charles Kindelberger, The World in Depression (1973); Arthur Schlesinger, Jr., The Crisis of the Old Order (1957).

30 William Barber, From New Era to New Deal: Herbert Hoover, The Economists, and the Economic Policy, 1921–1933 (1985); Martin Fausold, The Presidency of Herbert Hoover (1985); James Olsen, Herbert Hoover and the Reconstruction Finance Corporation (1977); Akira Iriye, The Cambridge History of American Foreign Relations: The Globalization of America, 1913–1945 (1993); Costiglioloa, Akward Dominion; Alfred Eckes, »Revisiting Smoot-Hawley«, Journal of Policy History 7 (1995), S. 295–310; Alexander De Conde, »Herbert Hoover and Foreign Policy: A Retrospective Assessment«, in Mark Dodge, Hg., Herbert Hoover and the Historians (1989), S. 87–116.

31 Leuchtenberg, Perils of Prosperity; Kristi Anderson, The Creation of a Democratic Majority, 1928–1936 (1979); Gerald Gamm, The Making of New Deal Democrats: Voting Behavior and Realignment in Boston, 1920–1940 (1989).

32 Brian Goff und Gary Anderson, »The Political Economy of Prohibition in the United States, 1919–1933«, Social Science Quarterly 75 (1994), S. 270–283.

33 Kenneth Davis, FDR: The New York Years (1985); Frank Seidel, Franklin D. Roosevelt: A Rendezvous with Destiny (1990); Arthur Schlesinger, Jr., The Age of Roosevelt, 3 Bde. (1957–1960).

34 Eliot Rosen, Hoover, Roosevelt, and the Brains Trust (1977).

35 J. Joseph Huthmacher, Senator Robert Wagner and the Rise of Urban

Liberalism (1968); Anderson, Creation of a Democratic Majority; Gamm, The Making of New Deal Democrats.

36 Anthony Badger, The New Deal (1989).

37 James Paterson, America's Struggle against Poverty, 1900–1994 (1995).

38 Robert Dallek, Franklin D. Roosevelt and the American Foreign Policy (1979); Lloyd Gardner, Economic Aspects of New Deal Diplomacy (1962).

39 Freidel, Franklin D. Roosevelt; William Leuchtenberg, Franklin D. Roosevelt and the New Deal, 1932–1940 (1963); Donald Brand, Corporatism and the Rule of Law: A Study of the National Recovery Administration (1988); Thomas Ferguson, »From Normalcy to New Deal: Industrial Structure, Party Competition, and American Public Policy in the Great Depression«, International Organization 38 (1984); David Horowitz, »Senator Borah's Crusade To Save Small Business from the New Deal«, Historian 55 (1993), S. 693–708.

40 Lloyd Dawson Nelson, Louis D. Brandeis, Felix Frankfurter, and the New Deal (1982); Philippa Strum, Brandeis: Beyond Progressivism (1993); Ellis Hawley, The New Deal and the Problem of Monopoly (1966); Alan Brinkley, The End of Reform: New Deal Liberalism in Recession and War (1995); Michael Parrish, Securities Regulation and the New Deal (1970); Jordan Schwarz, The New Dealers (1993).

41 Michael Parris, Felix Frankfurter: The Reform Years (1982); Hawley, New Deal and the Problem of Monopoly, S. 344–357; Mark Leff, The Limits of Symbolic Reform: The New Deal and Taxation, 1933–1939 (1984); Irving Bernstein, A Caring Society: The New Deal, the Worker, and the Great Depression (1985).

42 Roy Lubove, The Struggle for Social Security (1968); Lizabeth Cohen, Making a New Deal: Industrial Workers in Chicago, 1919–1939 (1990); David Milton, The Politics of U.S. Labor: From the Great Depression to the New Deal (1980); Kevin Boyle, »Building the Vanguard: Walther Reuther and Radical Politics in 1936«, Labor History 40, (1986), S. 433–448.

43 Wayne Cole, Roosevelt and the Isolationists, 1932–1945 (1983); John Wiltz, In Search of Peace: The Nye Committee Munitions Inquiry (1975).

44 Alan Brinley, Voices of Protest: Huey Long, Father Coughlin, and the Great Depression (1982); Abraham Holzman, The Townsend Movement (1963); Michael Kazin, The Populist Persuasion: An American History (1995); R. Alan Lawson, The Failure of Independent Liberalism (1971).

45 Freidel, Franklin D. Roosevelt; Schlesinger, Jr., The Age of Roosevelt; Hofstadter, Age of Reform.

Kapitel 3

1 Barry Karl, Executive Reorganization and Reform in the New Deal (1963); William Leuchtenberg, »The Origins of Franklin D. Roosevelt's ›Court-Packing‹ Plan, in Philip Kurland, Hg., The Supreme Court Review (1966); Michael Comiskey, »Can Presidents Pack the Supreme Court? A Micro- and Macrolevel Look at FDR«, Congress & the Presidency 22 (1995), S. 19–34.

2 Alan Brinkley, The End of Reform: New Deal Liberalism in Recession and War (1995).

3 James Patterson, Congressional Conservatism and the New Deal (1967); A. Cash Koeniger, »The New Deal and the States: Roosevelt versus the Byrd Organization in Virginia«, Journal of American History 68 (1981); Ira Katznelson et al., »Limiting Liberalism: The Southern Veto in Congress, 1933–1950«, Political Science Quarterly 108 (1993), S. 283–306.

4 Irwin Gellman, Good Neighbor Diplomacy: United States Policies in Latin America, 1933–1945 (1979); Akira Iriye, The Origins of the Second World War in Asia and the Pacific (1987); Robert Dallek, Franklin D. Roosevelt and American Foreign Policy, 1932–1945 (1979); Charles Chatfield, For Peace and Justice: Pacifism in America, 1914–1941 (1971); Wayne Cole, Roosevelt and the Isolationists, 1932–1945 (1983); Manfred Jonas, Isolationism in America (1966); Warren Kimball, The Most Unsordid Act: Lend-Lease, 1939–1941 (1970); David Reynolds, The Creation of the Anglo-American Alliance, 1937–1941 (1982).

5 Iriye, The Origins of the Second World War in Asia and the Pacific; Dallek, Franklin D. Roosevelt and American Foreign Policy.

6 Freidel, Franklin D. Roosevelt: Rendezvous with Destiny (1990); William Leuchtenberg, Franklin D. Roosevelt and the New Deal (1966).

7 Waldo Heinrichs, The Threshold of War: Franklin D. Roosevelt and American Entry into World War II (1988).

8 Cole, Roosevelt and the Isolationists.

9 John Dower, War without Mercy: Race and Power in the Pacific War (1986); Michael Barnhart, Japan Prepares for Total War: The Search for Economic Security, 1919–1941 (1981).

10 John Morton Blum, V Was for Victory: Politics and American Culture during World War II (1976); Richard Polenberg, War and Society: The United States, 1941–1945 (1972); Richard Steele, Propaganda in an Open Society (1985); Alan Winkler, The Politics of Propaganda: The Office of War Information, 1942–1945 (1978); Godfrey Hodgson, The Colonel: The Life and Wars of Henry Stimson, 1867–1950 (1990); D. Clayton James, A Time for Giants: Politics of the American High Command in World War II (1987); Michael Schaller, The United States Crusade in

China, 1938–1945 (1979); Dallek, Franklin D. Roosevelt; Gaddis Smith, American Diplomacy during the Second World War (1964); Mark Stoler, The Politics of the Second Front: Planning Diplomacy in Coalition Warfare (1977).

11 Michi Weglyn, Years of Infamy: The Untold Story of America's Concentration Camps (1976); John Dower, War without Mercy: Race and Power in the Pacific War (1986).

12 Robert Divine, Second Chance: The Triumph of Internationalism in America during World War II (1967); David Wyman, The Abandonment of the Jews: America and the Holocaust, 1941–1945 (1984); Frank Ninkovich, The Diplomacy of Ideas: U.S. Foreign Policy and Cultural Relations, 1938–1950 (1981).

13 Brinkley, The End of Reform; Merk Leff, »The Politics of Sacrifice on the Home front in World War II«, Journal of American History 77 (1990); James Paterson, Grand Expectations: The United States, 1945–1974 (1996); J.R. Vernon, »World War II Fiscal Policies and the End of the Great Depression«, Journal of Economic History 54 (1994), S. 850–868.

14 Nelson Lichtenstein, Labor's War at Home: The CIO in World War II (1982); Howard Kimeldorf, »World War II and the Deradicalization of American Labor: The ILWU as a Deviant Case«, Labor History 33 (1992); S. 248–278.

15 Freidel, Roosevelt: Rendezvous with Destiny.

16 Domenic Capeci, Jr., Race Relations in Wartime Detroit (1977); Peter Irons, Justice at War (1983); August Merei und Elliot Rudwick, CORE (1973); Neil Wynn, The Afro-American and the Second World War (1976); Cheryl Greenberg, »The Politics of Disorder: Reexamining Harlem's Riots of 1935 and 1943«, Journal of Urban History 18 (1992), S. 395–441; Dona Cooper Hamilton und Charles Hamilton, »The Dual Agenda of African-American Organizations since the New Deal: Social Welfare Polices and Civil Rights«, Political Science Quarterly 107 (1992), S. 435–452; Michael C.C. Adams, The Best War Ever: America and World War II (1994); Thomas Doherty, Projections of War: Hollywood, American Culture, and World War II (1993).

17 Barton Bernstein, »The Atomic Bomb and American Foreign Policy, 1941–1945: An Historiographical Controversy«, Peace and Change 3 (1974); J. Samuel Walker, »The Decision to Use the Bomb: A Historiographical Update«, Diplomatic History 14 (1990); Herbert Feis, Japan Subdued: The Atomic Bomb and the End of the War in the Pacific (1961); Gar Alperovitz, Atomic Diplomacy: Hiroshima and Potsdam (1965); Barton Bernstein, »Understanding the Atomic Bomb and the Japanese Surrender: Missed Opportunities, Little-Known Near Disasters, and Modern Memory«, Diplomatic History 19 (1995).

18 John Lewis Gaddis, The United States and the Origins of the Cold War (1972).

19 Brinkley, End of Reform.

20 John Diggins, The Proud Decades: The United States, 1941–1960 (1988); Robert Donovan, Conflict and Crisis: The Presidency of Harry Truman (1977); Robert Ferrell, Harry S. Truman and the Modern American Presidency (1983); Jack Ballard, The Shock of Peace: Military and Economic Demobilization after World War II (1983); Barton Bernstein, Hg., Politics and Policies of the Truman Administration (1970); Alonzo Hamby, Beyond the New Deal: Harry S. Truman and American Liberalism (1973); David McCullough, Truman (1992).

21 Donovan, Conflict and Crisis.

22 Gaddis, The United States and the Origins of the Cold War; Leffler, A Preponderance of Power.

23 Walter Goodman, The Committee: The Extraordinary Career of the House Committee on Un-American Activities (1968); R. Alton Lee, Truman and Taft-Hartley (1967); Arthur McClure, The Truman Administration and the Problems of Postwar Labor (1969); Christopher Tomlins, The State and the Unions: Labor Relations, Law, and the Organized Labor Movement in America, 1880–1960 (1985); Holly McCammon, »Legal Limits on Labor Militancy: U.S. Labor Law and the Right To Strike since the New Deal«, Social Problems 37 (1990), S. 206–292; Darryl Holter; »Labor Law and the Road to Taft-Hartley: Wisconsin's ›Little Wagner Act‹, 1935–1945«, Labor Studies Journal 15 (1990), S. 20–47.

24 David Brody, Workers in Industrial America: Essays on the Twentieth Century Struggle (1980); Lichtenstein, Labor's War at Home; Tomlins, The State and the Unions; Harvey Levenstein, Communism, Anti-Communism, and the CIO (1981); Michael Torigian, »National Unity on the Waterfront: Communist Politics and the ILWU during the Second World War«, Labor History 30 (1990), S. 409–432; Gilbert Gall, »The CIO and the Hatch Act: The Roosevelt Course and the Divided New Deal Legacy of the 1940s«, Labor's Heritage 7 (1995), S. 4–21; Solomon Barkin und Michael Honey, »›Operation Dixie‹: Two Points of View«, Labor History 31 (1990), S. 373–385.

25 Norman Markowitz, The Rise and Fall of the People's Century: Henry A. Wallace and American Liberalism, 1941–1948 (1973); Richard Pells, The Liberal Mind in a Conservative Age: American Intellectuals in the 1940s and 1950s (1985).

26 Steven Gillon, Politics and Vision: The ADA and American Liberalism, 1947–1985 (1987).

27 Gary Donaldson, »Who Wrote the Clifford Memo? The Origins of

Campaign Strategy in the Truman Administration«, Presidential Studies Quarterly 23 (1993), S. 747–754.

28 Richard Norton Smith, Thomas E. Dewey and His Times (1982); Allen Yarnell, Democrats and Progressives (1974); Markowitz, Rise and Fall of the People's Century; James Patterson, Mr. Republican: A Biography of Robert A. Taft (1972).

29 Robert Mann, To the Walls of Jericho: Lyndon Johnson, Hubert Humphrey, Richard Russell, and the Struggle for Civil Rights (1995); William White, The Citadel: The Story of the United States Senate (1959); David Godfield; Black, White, and Southern: Race Relations and Southern Culture (1990).

30 Diggins, The Proud Decades.

31 Thomas Paterson, On Every Front: The Making of the Cold War (1979); John Lewis Gaddis, Strategies of Containment: A Critical Appraisal of Postwar American National Security Policy (1982); Melvyn Leffler, A Preponderance of Power: National Security, the Truman Administration, and the Cold War (1992); Timothy Ireland, Creating the Entangling Alliance: The Origins of NATO (1981).

32 Walter Isaacson und Evan Thomas, The Wise Men: Six Friends and the World They Made: Acheson, Bohlen, Harriman, Kennan, Lovett, McCloy (1986); Michael Hogan, The Marshall Plan: America, Britain, and the Reconstruction of Western Europe, 1947–1952 (1987); Ernest May, »Introduction: NSC 68: The Theory and Politics of Strategy«, in May, Hg., American Cold War Strategy: Interpreting NSC 68 (1993); May, »The U.S. Government: A Legacy of the Cold War«, Diplomatic History 16 (1992), S. 269–277; Aaron Friedberg, »Why Didn't the United States Become a Garrison State?«, International Security 16 (1992), S. 109–142.

33 Larry Ceplair und Steven England, The Inquisition in Hollywood (1983); Richard Freeland, The Truman Doctrine and the Origins of McCarthyism (1971); Robert Griffith, The Politics of Fear (1970); David Oshinsky, A Conspiracy So Immense: The World of Joe McCarthy (1983); Ellen Schrecker, No Ivory Tower: McCarthyism and the Universities (1986); Stephen Whitfield, The Culture of the Cold War (1991).

34 Ronald Caridi, The Korean War and American Politics (1969); Bruce Cumings, The Origins of the Korean War (1980); Burton Kaufman, The Korean War: Challenges in Crisis, Credibility, and Command (1986); Michael Schaller, Douglas MacArthur (1989); John Spanier, The Truman-MacArthur Controversy (1959).

35 Bruce Schulman, From Cotton Belt to Sunbelt: Federal Policy, Economic Development, and the Transformation of the South, 1938–1980 (1991).

36 Jeff Broadwater, Adlai Stevenson and American Politics: The Odyssey of a Cold War Liberal (1994); Christopher Matthews, Kennedy and Nixon:

The Rivalry that Shaped Postwar America (1995); Stephen Ambrose, Eisenhower the President (1984); David Reinhard, The Republican Right since 1945 (1983); G.Q. Unruh, »Republican Apostate: Senator Wayne L. Morse and His Quest for Independent Liberalism«, Pacific Northwest Quarterly 82 (1991), S. 82–91.

37 Ambrose, Eisenhower the President; Fred Greenstein, The Hidden-hand Presidency: Eisenhower as Leader (1982); Mark Rose, Interstate: Express Highway Politics, 1941–1956 (1979); Francis Heller, »The Eisenhower White House«, Presidential Studies Quarterly 23 (1993), S. 509–518.

38 Gillon, Politics and Vision; Broadwater, Adlai Stevenson; Robert Dallek, Lone Star Rising: Lyndon Johnson and His Times, 1908–1960 (1992).

39 Gaddis, Strategies of Containment; Richard Immerman, The CIA in Guatemala (1982); Robert Divine, Eisenhower and the Cold War (1981); H.W. Brands, »The Age of Vulnerability: Eisenhower and the National Insecurity State«, American Historical Review 94 (1989), S. 963–989; Roger Dingman, »John Foster Dulles and the Creation of the South-East Asia Treaty Organization«, International History Review 11 (1989), S. 457–477.

40 Griffith, The Politics of Fear; Oshinsky, A Conspiracy So Immense.

41 Jack Greenberg, Crusaders in the Court: How a Dedicated Band of Lawyers Fought for the Civil Rights Revolution (1994); John Anderson, Eisenhower, Brownell, and the Congress (1964); Numan Bartley, The Rise of Massive Resistance (1969); Taylor Branch, Parting the Waters: America in the King Years (1988); Robert Burk, The Eisenhower Administration and Black Civil Rights (1984); Harvard Sitkoff, The Struggle for Black Equality (1993); Nicholas Lemann, The Promised Land: The Great Black Migration and How It Changed America (1991); William Chafe, Civilities and Civil Rights (1980); David Garrow, Bearing the Cross: Martin Luther King, Jr., and the Southern Christian Leadership Conference (1986); Tony Freyer, The Litte Rock Crisis: A Constitutional Interpretation (1984); Steven Lawson, Running for Freedom (1991); Abigail Thernstrom, Whose Votes Count? Affirmative Action and Minority Voting Rights (1987); Liliard Richardson und John Scheb, »Divided Government and the Supreme Court: Judicial Behavior in Civil Rights and Civil Liberties Cases, 1954–1989«, American Politics Quarterly 21 (1992); S. 458–472; Leslie Dunbar, »Not by Law Alone: Brown in Retrospect«, Virginia Quarterly Review 70 (1994), S. 205–219.

42 Richard Kluger, Simple Justice: The History of ›Brown v. Board of Education‹ and Black America's Struggle for Equality (1976); Howard Ball und Philip Cooper, Of Power and Right: Hugo Black, William O. Douglas, and America's Constitutional Revolution (1992); Roger Newman, Hugo Black: A Biography (1994); Bernard Schwartz, Super Chief: Earl

Warren and His Supreme Court (1983); David Marion, »Justice William J. Brennan and the Spirit of Modernity«, Polity 27 (1995), S. 405–429.

43 Alexander Bickel, Politics and the Warren Court (1965); Philip Kurland, Politics, the Constitution, and the Warren Court (1970).

44 Mann, To the Halls of Jericho; Michael Mayer, »The Eisenhower Administration and the Civil Rights Act of 1957«, Congress & the Presidency 16 (1989), S. 137–154.

45 Branch, Parting the Waters; Chafe, Civilities and Civil Rights; Garrow, Bearing the Cross.

46 Daniel Bell, The End of Ideology (1960); Peter Biskind, Seeing Is Believing: How Hollywood Taught Us To Stop Worrying and Love the Fifties (1983); Bruce Cook, The Beat Generation (1971); Herbert Gans, The Levittowners: Ways of Life and Politics in a New Suburban Community (1967); Margaret Marsh, Suburban Lives (1990); Lynn Spigel, Make Room for TV (1992); Elaine Tyler May, Homeward Bound: American Families in the Cold War (1988); Joane Meyeroutz, »Beyond the Feminine Mystique: A Reassessment of Postwar Mass Culture, 1946–1956«, Journal of American History 79 (1992).

47 Patterson, Grand Expectations.

48 William Boddy, Fifties Television: The Industry and Its Critics (1990).

49 Richard Pells, The Liberal Mind in a Conservative Age (1985).

Kapitel 4

1 James Patterson, Grand Expectations: The United States, 1945–1974 (1996); William Chafe, The Unfinished Journey: The United States since 1945 (1986).

2 Robert Mann, The Walls of Jericho: Lyndon Johnson, Hubert Humphrey, Richard Russell, and the Struggle for Civil Rights (1996); Michael Foley, The New Senate: Liberal Influence in a Concervative Institution (1980).

3 Mann, Walls of Jericho; Steven Gillon, Politics and Vision: The ADA and American Liberalism (1987); John Kenneth Galbraith, The Affluent Society (1958); Charles Fonteney, Estes Kefauver: A Biography (1980); Robert Dallek, Lone Star Rising: Lyndon Johnson and His Times, 1908–1960 (1991).

4 Gillon, Politics and Vision; Randall Bennet Woods, Fulbright: A Biography (1995).

5 John Lewis Gaddis; Strategies of Containment: A Critical Appraisal of Postwar American National Security Policy (1982); Richard Welch, Response to Revolution: The United States and the Cuban Revolution, 1959–1961 (1985).

6 Michael Beschloss, The Crisis Years: Kennedy and Khrushchev, 1960–1963 (1991), S. 48.

7 Richard Reeves, President Kennedy: Profile in Power (1992); James Giglio, The Presidency of John F. Kennedy (1991); Arthur Schlesinger, A Thousand Days: John F. Kennedy in the White House (1965); Herbert Parmet, JFK: The Presidency of John F. Kennedy (1983); Philip Nash, »Nuclear Weapons in Kennedy's Foreign Policy«, Historian 56 (1994), S. 285–300; Diane Kunz, Hg., Diplomacy of the Crucial Decade: American Foreign Relations during the 1960s (1993); Thomas Paterson, Hg., Kennedy's Quest of Victory: American Foreign Policy, 1961–1963 (1985); McGeorge Bundy, Danger and Survival (1989).

8 Thomas Brown, JFK: The History of an Image (1988); David Burner, John F. Kennedy and a New Generation (1988); Allen Matusow, The Unraveling of America: A History of Liberalism in the 1960s (1984); Graham Allison, Essence of Decision (1971); Beschloss, Crisis Years; Trumbull Higgins, The Perfect Failure: Kennedy, Eisenhower and the CIA at the Bay of Pigs (1987).

9 Henry Aaron, Politics and the Professors (1978); James Giglio, The Presidency of John F. Kennedy (1991); Jim Heath, John F. Kennedy and the Business Community (1969); James Sundquist, Politics and Policy: The Eisenhower, Kennedy, and Johnson Years (1968).

10 Mark Stern, Calculating Visions: Kennedy, Johnson, and Civil Rights (1992); Carl Brauer, John F. Kennedy and the Second Reconstruction (1977); Hugh Davis Graham, The Civil Rights Era: Origins and Development of National Policy, 1960–1972 (1990).

11 Taylor Branch, Parting the Waters: America in the King Years (1988); Clayborne Carson, In Struggle: SNCC and the Black Awakening of the 1960s (1981); William Chafe, Civilities and Civil Rights: Greensboro, North Carolina and the Black Struggle for Freedom (1980).

12 Bundy, Danger and Survival.

13 Ibid.

14 Gary Hess, The United States' Emergence as a Southeast Asian Power, 1940–1950 (1987); David Anderson, Trapped by Success: The Eisenhower Administration and Vietnam, 1953–1961 (1991); Andrew Rotter, The Path to Vietnam: Origins of the American Commitment to Southeast Asia (1987); George Herring, America's Longest War: The United States and Vietnam (1979).

15 Herring, America's Longest War; George Kahin, Intervention: How America Became Involved in Vietnam (1986); Robert Schulzinger, »›It's Easy To Win a War on Paper‹: The United States and Vietnam, 1961–1968«, in Kunz, Hg., Diplomacy of the Crucial Decade; John Newman, JFK and Vietnam: Deception, Intrigue, and the Struggle for Power

(1992); William Duiker, U.S. Containment Policy and the Conflict in Indochina (Stanford: Stanford University Press, 1994); Denise Bostdorff und Steven Goldzwig, »Idealism and Pragmatism in American Foreign Policy Rhetoric: The Case of John F. Kennedy and Vietnam«, Presidential Studies Quarterly 24 (1994), S. 515–530.

16 Mary Ann Watson, The Expanding Vista: American Television in the Kennedy Years (1990); Brauer, John F. Kennedy and the Second Reconstrucion; Branch, Parting the Waters; Graham, The Civil Rights Era; Stern, Calculating Visions; Mary Nix, »Birmingham Confrontation Reconsidered: An Analysis of the Dynamics and Tactics of Mobilization«, American Sociological Review 58 (1993), S. 621–636.

17 Branch, Parting the Waters.

18 Eugene Wolfenstein, The Victims of Democracy: Malcolm X and the Black Revolution (1981).

19 Steven Lawson, Black Ballots: Voting Rights in the South, 1966–1969 (1976); Abigail Thernstrom, Whose Votes Count? Affirmative Action and Minority Voting Rights (1987); Graham, The Civil Rights Era; Stern, Calculatin Visions: Kennedy, Johnson, and Civil Rights; Mann, To the Walls of Jericho.

20 Dallek, Lone Stare Rising; Moya Ann Ball, »The Phantom of the Oval Office: The John F. Kennedy's Assassination's Impact on Lyndon B. Johnson, His Key Advisors, and the Vietnam Decision-Making Process«, Presidential Studies Quarterly 24 (1994), S. 105–120; Thomas Gaskin, »Senator Lyndon B. Johnson, the Eisenhower Administration, and U.S. Foreign Policy, 1957–1960«, Presidential Studies Quarterly 24 (1994), S. 341–362.

21 Kahin, Intervention; William Conrad Gibbons, U.S. Government and the Vietnam War, Bd. 2 (1986); Joseph Goulden, Truth Is the First Casualty: the Gulf of Tonkin Affair: Illusion and Realtiy (1969).

22 David Reinhard, The Republican Right since 1945 (1983); E.J. Dionne, Jr., Why Americans Hate Politics (1991).

23 Dan Carter, The Politics of Rage: George Wallace, the New Conservatism, and the Transformation of American Politics (1995); Thomas und Mary Adsall, Chain Reaction: The Impact of Race, Rights, and Taxes on American Politics (1991); Dionne, Why Americans Hate Politics; Thomas Sugrue, »Crabgrass-roots Politics: Race, Rights, and the Reaction against Urban Liberalism in the Urban North, 1940–1964«, Journal of American History 82 (1995).

24 John Dittmer, Local People: The Struggle for Civil Rights in Mississippi (1989); Doug McAdam, Freedom Summer (1988); Nicolaus Mills, Like a Holy Crusade: Mississippi 1964 – The Turning of the Civil Rights Movement in America (1992); Kay Mills, This Little Light of Mine: The Life of

Fanni Lou Hamer (1993); Harold Bass, »Presidential Party Leadership and Party Reform: Lyndon B. Johnson and the MFPD Controversy«, Presidential Studies Quarterly 21 (1991), S. 85–101.

25 Matusow, Unraveling of America; Theodore White, Making of the President 1964 (1965); David Castle, »Goldwater's Presidential Candidacy and the Political Realignment«, Presidential Studies Quarterly 20 (1990), S. 102–110.

26 Robert Haveman, Poverty Policy and Poverty Research: The Great Society and the Social Sciences (1987); Michael Katz, In the Shadow of the Poorhouse: A Social History of Welfare in America (1986).

27 Doris Kearns, Lyndon Johnson and the American Dream (1976); Matusow, Unraveling of America.

28 James Patterson, America's Struggle against Poverty, (1994); Graham, Civil Rights Era; Mann, To the Walls of Jericho.

29 Kahin, Intervention; Brian VanDeMark, Into the Quagmire: Lyndon Johnson and the Escalation of the Vietnam War (1991); David Barrett, Uncertain Warriors: Lyndon Johnson and His Vietnam Advisors (1989); John Morton Blum, Years of Discord: American Politics and Society, 1961–1974 (1991); Peter Levy, »The New Left, Labor, and the Vietnam War«, Peace & Change 15 (1990), S. 46–69.

30 VanDeMark, Into the Quagmire; Melvin Small, Johnson, Nixon, and the Doves (1988); George Herring, America's Longest War: The United States and Vietnam, 1945–1975 (1979); Barrett, Uncertain Warriors.

31 Tod Gitlin, The Sixties: Years of Hope, Days of Rage (1987); Maurice Isserman, »If I Had a Hammer…«: The Death of the Old Left and the Birth of the New Left (1987); James Miller, »Democracy in the Streets«: From Port Huron to the Siege of Chicago (1987); W.J. Rorabaugh, Berkeley at War (1989); Terry Anderson, The Movement and the Sixties: Protest in America from Greensboro to Wounded Knee (1995); David Darber, Hg., The Sixties: From History to Memory (1994); Small, Johnson, Nixon, and the Doves; Herring, America's Longest War, S. 144–167; Larry Berman, Lyndon Johnson's War: The Road to Stalemate in Vietnam (1989); Woods, Fulbright.

32 Graham, Civil Rights Era, S. 118.

33 James Patterson, Grand Expectations: The United States, 1945–1874 (1995); E.J. Dionne, Why Americans Hate Politics (1991); Clayborne Carson, In Struggle: SNCC and the Black Awakening of the 1960s (1981); Chafe, Civilities and Civil Rights; Graham, The Civil Rights Era; David Garrow, Protest at Selma: Martin Luther King, Jr. and the Voting Rights Act of 1965 (1978); Doug McAdam, Freedom Summer (1988).

34 Robert Conot, Years of Blood, Years of Darkness: The Unforgettable Classic Account of the Watts Riot (1968); Graham, Civil Rights Era.

35 Donald Hirsch, Making The Second Ghetto: Race and Housing in Chicago (1983); James Ralph, Jr., Nothern Protest: Martin Luther King, Jr., Chicago, and the Civil Rights Movement (1993).

36 Cynthia Harrison, On Account of Sex: The Politics of Women's Issues, 1945–1968 (1988); William Chafe, The American Woman (1972); Susan Hartmann, From Margin to Mainstream: Women and American Politics since 1960 (1989).

37 Samuel Hays in Zusammenarbeit mit Barbara Hays, Beauty, Health, and Permanence: Environmental Politics in the United States, 1955–1985 (1987).

38 Mark Tushnet, Hg., The Warren Court in Historical and Political Perspective (1993); Elizabeth Bussiere, »The Failure of Constitutional Welfare Rights in the Warren Court«, Political Science Quarterly 109 (1994), S. 105–131; John Gates, »Supreme Court Voting and Realigning Issues: A Microlevel Analysis of Supreme Court Policy Making and Electoral Realignment«, Social Science History 13 (1989), S. 255–284; Louis Michael Seidman, »Brown and Mirande«, California Law Review 80 (1992), S. 673–753.

39 Kevin Phillips, The Emerging Republican Majority (1969); Reinhard, The Republican Right since 1945.

40 Michael Kazin, The Populist Persuasion: An American History (1995); Anthony Lukas, Common Ground (1979).

41 Kazin, The Populist Persuasion; Alan Draper, Conflict of Interests: Organized Labor and the Civil Rights Movement in the South, 1954–1968 (1994).

42 Patterson, Grand Expectations; William Chafe, Never Stop Running: Allard Lowenstein and the Struggle to Save American Liberalism (1993); Arthur Schlesinger, Jr., Robert Kennedy and His Times (1978).

43 Herring, America's Longest War; Schulzinger, »It's Easy To Win a War on Paper«.

44 Schlesinger, Robert Kennedy and His Times; Jules Witcover, 68 Days: The Final Campaign of Robert F. Kennedy (1969).

45 Herring, America's Longest War; Branch, Parting the Waters.

46 David Farber, Chicago '68 (1988); Lewis Chester et al., An American Melodrama: The Presidential Election of 1968 (1969).

47 Carter, George Wallace.

48 Stephen Ambrose, Nixon: The Triumph of a Politician, 1962–1972 (1992).

Kapitel 5

1 Robert Litwak, Detente and the Nixon Doctrine: American Foreign Policy and the Pursuit of Stability (1984); Robert Schulzinger, Kissinger:

Doctor of Diplomacy (1989); Walter Isaacson, Kissinger (1992); Charles DeBenedetti mit Charles Chatfield, Autorassistent, An American Ordeal: The Antiwar Movement of the Vietnam Era (1990); George Herring, America's Longest War: The United States and Vietnam, 1945–1975 (1983); William Shawcross, Sideshow: Nixon, Kissinger, and the Destruction of Cambodia (1978).

2 Edward Bacciocco, The New Left in America (1974); Joseph Kelner und James Munves, The Kent State Coverup (1988); W.J. Rorabaugh, Berkeley at War (1989).

3 LeRoy Ashby, Fighting the Odds: The Life of Franke Church (1993); Paul Sigmund, The United States and Democracy in Chile (1993); Robert McMahon, »Commentary: Nixon, Kissinger, and the Costs of Empire«, Peace & Change 20 (1995), S. 217–225.

4 Gordon Chang, Friends and Enemies: The United States, China, and the Soviet Union, 1948–1972 (1988); John Lewis Gaddis, Strategies of Containment: A Critical Appraisal of Postwar American National Security Policy (1982); Litwak, Detente and the Nixon Doctrine; Keitz Nelson, »Nixon, Brezhnev, and Detente«, Peace & Change 16 (1991), S. 197–219.

5 E.J. Dionne, Why Americans Hate Politics (1991); Jonathan Rieder, »The Rise of the Silent Majority«, in Steve Fraser und Gary Gerstle, Hgg., The Rise and Fall of the New Deal Order, 1930–1980 (1989); W. David Baird, »The American West and the Nixon Presidency«, Journal of the West 34 (1995), S. 83–90.

6 James Simon, In His Own Image: The Supreme Court in Richard Nixon's America (1973); Michael Kahn, »The Appointment of a Supreme Court Justice: A Political Process from Beginning to End«, Presidential Studies Quarterly 25 (1995), S. 25–42.

7 Tom Wells, The War Within: America's Battle over Vietnam (1994); Rorabaugh, Berkeley at War; Tod Gitlin, The Sixties: Years of Hope, Days of Rage (1987); Ronald Taylor, Chavez and the Farm Workers (1975); Charles Wilkinson, American Indians, Time, and the Law (1987); Ronald Takaki, A Different Mirror: A History of Multicultural America (1993); Hugh Davis Graham, »Race, History, and Policy: African Americans and Civil Rights since 1964«, Journal of Policy History 6 (1994), S. 12–39,

8 James Patterson, America's Struggle against Poverty (1994); Stephen Ambrose, Nixon: The Triumph of a Politician, 1962–1972 (1993); Daniel Patrick Moynihan, The Politics of Guaranteed Income (1973); R.P. Nathan et al., Monitoring Revenue Sharing (1975); J. Larry Hood, »The Nixon Administration and the Revised Philadelphia Plan for Affirmative Action: A Study in Expanding Presidential Power and Divided Government«, Presidential Studies Quarterly 23 (1993), S. 145–168.

9 Samuel Hays, Beauty, Health, and Permanence: Environmental Politics in the United States, 1955–1985 (1987).

10 Marian Faux, Roe v. Wade (1988); Susan Hartmann, From Margin to Mainstream: Women and American Politics since 1960 (1989); Kristin Luker, Abortion and the Politics of Motherhood (1984); Winifred Wandersee, Of the Move: American Women in the 1970s (1988); James Stoner, »Common Law and Constitutionalism in the Abortion case«, Review of Politics 44 (1993), S. 421–442.

11 Stanley Kutler, The Wars of Watergate (1990), Fred Emery, Watergate: The Corruption of American Politics (1994); Arthur Schlesinger, Jr., The Imperial Presidency (1973); Louis Fisher, Presidential War Power (1995).

12 Byron Shafer, Quiet Revolution: The Struggle for the Democratic Party and the Shaping of Post-Reform Politics (1983).

13 Ambrose, Nixon; Theodore White, The Making of the President, 1972 (1973).

14 Thomas Edsall, »The Changing Shape of Power: A Realignment in Public Policy« in Fraser und Gerstle, Hgg., Rise and Fall of the New Deal Order; Michael Tanzer, The Energy Crisis (1974); Joan Spero, The Politics of International Economic Relations (1977); J.C. Hurewitz, Hg., Oil, the Arab-Israeli Dispute, and the Industrial World (1976).

15 Kutler, Wars of Watergate.

16 Fisher, Presidential War Power; Joan Hoff, Nixon Reconsidered (1994).

17 Kutler, Wars of Watergate; Mark Rozell, »President Nixon's Conception of Executive Privilege: Defining the Scope and Limits of Executive Branch Secrecy«, Presidential Studies Quarterly 22 (1992), S. 323–335.

18 Loch Johnson, A Season of Inquiry: The Senate Intelligence Investigation (1985); Frank Smist, Congress Oversees the Intelligence Community (1995); James Sundquist, The Decline and Resurgence of Congress (1981); Thomas Franck und Edward Weisband, Foreign Policy by Congress (1979).

19 Brooks Jackson, Honest Graft: Big Money and the American Political Process (1988).

20 Leroy Reiselbach, Congressional Reform; Paterson, Grand Expectations.

21 Dionne, Why Americans Hate Politics.

22 Thomas McCraw, Prophets of Regulation: Charles Francis Adams, Louis D. Brandeis, James M. Landis, Alfred E. Kahn (1984).

23 James Reichley, Conservatives in an Age of Change: The Nixon and Ford Administrations (1981); James Cannon, Time and Chance, Gerald Ford's Appointment with History (1994); John Greene, The Limits of Power: The Nixon and Ford Administrations (1992).

24 Jules Witcover, Marathon: The 1976 Campaign for the Presidency (1977).

25 Steven Gillon, The Democrats' Dilemma: Walter Mondale and the Liberal Legacy (1992); Erwin Hargrove, Jimmy Carter as President (1989); Charles O. Jones, The Trusteeship Presidency (1988); Martin Shaffer, »An Aerial Photograph of Presidential Leadership: President Carter's National Energy Plan Revisited«, Presidential Studies Quarterly 25 (1995), S. 287–300; James Anderson, »The Carter Administration and Regulatory Reform: Searching for the Right Way«, Congress & the Presidency 18 (1991), S. 121–146; A. Glenn Mower, Jr., Human Rights and American Foreign Policy (1987); Lars Schoultz, Human Rights and U.S. Policy toward Latin America (1991); Steven Poe, »Human Rights and Economic Aid Allocation under Ronald Reagan and Jimmy Carter«, American Journal of Political Science 36 (1992), S. 147–167; Friedberg Pfluger, »Human Rights Unbound: Carter's Human Rights Policy Reassessed«, Presidential Studies Quarterly 19 (1989); S. 705–716; Walter La Feber, The Panama Canal (1978); Gaddis Smith, Morality, Reason, and Power (1986); David Skidmore, »Carter and the Failure of Foreign Policy Reform«, Political Science Quarterly 108 (1993–1994), S. 699–729; Skidmore, »Foreign Policy Interest Groups and Presidential Power: Jimmy Carter and the Battle over Ratification of the Panama Canal Treaties«, Presidential Studies Quarterly 23 (1993), S.477; Gary Dorrien, The Neoconservative Mind: Politics, Culture, and the War of Ideology (1993); Peter Steinfels, The Neo-Conservatives (1979).

26 William Lasser, The Limits of Judicial Power: The Supreme Court in American Politics (1988); Gary McDowell, Curbing the Courts: The Constitution and the Limits of Judicial Power (1988); K. Jill Kiecolt und Hart Nelson, »Evangelicals and Party Realignment, 1976–1988«, Social Science Quarterly 72 (1991), S. 552–569.

27 Luker, Abortion and the Politics of Motherhood; John K. White, The New Politics of Old Values (1988); Sidney Blumenthal, The Rise of the Counter-Establishmet (1986); John Woodridge, The Evangelicals (1975); Jane Mansbridge, Why We Lost the ERA (1986); Donald Mathews und Jane Sharon De Hart, Sex, Gender, an the Politics of E.R.A.: A State and the Nation (1990).

28 Luker, Abortion and the Politics of Motherhood; Rosalind Pechesky, Abortion and Women's Choice (1984); Suzanne Staggenborg, The Pro-Choice Movement: Organization and Activism in the Abortion Conflict (1991); Byron Danes und Raymond Tatlovich, »Presidential Politics and Abortion, 1972–1988«, Presidential Studies Quarterly 22 (1992), S. 545–562; Keith Cassidy, »The Right to Life Movement: Sources, Development, and Strategies«, Journal of Policy History 7 (1995), S. 128–159.

29 George Nash, The Conservative Intellectual Movement in America since 1945 (1976); Burton Yale Pines, Back to Basics (1982); Alan Brinkley,

»The Problem of American Conservatism«, American Historial Review (1994), S. 409–452.

30 David Reinhard, The Republican Right since 1945 (1983); Dionne, Why American Hate Politics.

31 Brian J.L. Berry, The Human Consequences of Urbanization (1983); Kirkpatrick Sale, Power Shift: The Rise of the Southern Rim and Its Challenge to the Eastern Establishment (1975).

32 William Quandt, Camp David (1986); Smith, Morality, Reason, and Power; Dionne, Why American Hate Politics; Robert Haveman, Poverty Policy and Poverty Research: The Great Society and the Social Sciences (1987); Patrick Akard, »Corporate Mobilization and Political Power: The Transformation of U.S. Economic Policy in the 1970s«, American Sociological Review 57 (1992), S. 597–615.

33 Zbigniew Brzezinski, Power and Principle (1983); Smith, Morality, Reason, and Power; Jerel Rosati, »Jimmy Carter, A Man Before His Time? The Emergence and Collapse of the First Post-Cold War Presidency«, Presidential Studies Quarterly 23 (1993), S. 459–476.

34 Rowland Evans und Robert Novak, The Reagan Revolution (1981); Jack Germond und Jules Witcover, Blue Smoke and Mirrors: How Reagan Won and Why Carter Lost the Election of 1980 (1981); Michael Schaller, Reckoning with Reagan: America and Its President in the 1980s (1992).

35 Alan Brinkley, »Dilemmas of Modern Liberalism«, Prologue 22 (1990), S. 273–285; Bruce Oppenheimer, »Split Party Control of Congress, 1981–86: Exploring Electoral and Apportionment Explanations«, American Journal of Political Science 33 (1989), S. 653-669.

36 Frank Ackerman, Reaganomics (1982); Thomas Byrne Edsall, The New Politics of Inequality (1984); Benjamin Friedman, Day of Reckoning: The Consequences of American Economic Policy Under Reagan and After (1988); William Greider, The Education of David Stockman and Other Americans (1982); Hedrick Smith, The Power Game (1988); Marc Bodnick, »›Going Public‹ Reconsidered: Reagan's 1981 Tax and Budget Cuts, and Revisionist Theories of Presidential Power«, Congress & the Presidency 17 (1990), S. 13–28.

37 Frances Fox Piven und Richard A. Cloward, The New Class War: Reagan's Attack on the Welfare State and Its Consequences (1982); James Paterson, America's Struggle against Poverty, 1900–1994 (1995); Garry Wills, Reagan's America (1987).

38 Joan Claybrook, Retreat from Safety: Reagan's Attack on American Health (1984); Jonathan Lash, A Season of Spoils: The Story of the Reagan Administration's Attack on the Environment (1984); C. Brant Short, Ronald Reagan and the Public Lands: America's Conservation Debate, 1979–1984 (1989); Marc Allen Eisner und Kenneth Meier, »Presidential

Control versus Bureaucratic Power: Explaining the Reagan Revolution in Antitrust«, American Journal of Political Science 34 (1990), S. 269–287; C. Calvin Smith, »The Civil Rights Legacy of Ronald Reagan«, Western Journal of Black Studies 14 (1990), S. 102–114.

39 James Simon, The Center Holds: The Power Struggle Inside the Rehnquist Court (1995).

40 Jack Germond und Jules Witcover, Wake Us When It's Over: Presidential Politics of 1984 (1985); Gillon, Democrats' Dilema; Raymond Bonner, Weakness and Deceit: U.S. Policy and El Salvador (1984); Walter La Feber, Inevitable Revolutions (1984); John Newhouse, War and Peace in the Nuclear Age (1989); Strobe Talbott, Master of the Game: Paul Nitze and the Nuclear Peace (1988); Damiel Wirls, Bildup: The Politics of Defense in the Reagan Era (1992); Richard Melanson, Reconstructing Consensus: Foreign Policy since the Vietnam War (1991); Steven Poe, »Human Rights and U.S. Economic Aid during the Reagan Years«, Social Science Quarterly 75 (1994).

41 Bob Woodward, Veil: The Secret Wars of the CIA (1987); Steven Emerson, Secret Warriors: Inside the Covert Military Operations of the Reagan Era (1988); Edwin Timers, »Legal and Institutional Aspects of the Iran-Contra Affair«, Presidential Studies Quarterly 20 (1990), S. 31–41; Steven Elkin, »Contempt of Congress: The Iran-Contra Affair and the American Constitution«, Congress & the Presidency 18 (1991), S. 1–16.

42 Doyle McManus, Landslide: The Unmaking of the President, 1984–1988 (1988); Michael A. Bernstein und David Adler, Understanding American Economic Decline (1994); Connie Bruck, The Predator's Ball: The Junk Bond Raiders and the Man Who Staked Them (1988); Frank Leva, Dollars and Dreams: The Changing American Income Distribution (1987); Russell Renka und Bradford Jones, »The Two Presidencies' Thesis and the Reagan Administration«, Congress & the Presidency 18 (1991), S. 17–36; Suzanne Staggenborg, The Pro-Choice Movement: Organization and Activism in the Abortion Conflict (1991).

43 Dionne, Why Americans Hate Politics; Elizabeth Drew, Election Journal: The Political Events of 1987–1988 (1989); Laura Stoker, »Judging Presidential Leadership: The Demise of Gary Hart«, Political Behavior 15 (1993), S. 193–223; John Sullivan et al., »Patriotism, Politics, and the Presidential Election of 1988«, American Journal of Political Science 36 (1992); S. 200–224.

44 Bob Woodward, The Generals' War (1992); Cecil Crabb und Kevin Mulcahy, »George Bush's Management Style and Operation Desert Storm«, Presidential Studies Quarterly 25 (1995), S. 251–266.

45 Simon, The Center Holds; Staggenborg, The Pro-Choice Movement; Lawrence Baum, »Measuring Policy Change in the Rehnquist Court«,

American Politics Quarterly 23 (1995), S. 373–382; James Gimpel und Lewis Ringel, »Understandig Court Nominee Evaluation and Approval: Mass Opinion in the Bork and Thomas Cases«, Political Behavior 17 (1995), S. 135–153; Kerry Mullins und Aaron Wildavsky, »The Procedural Presidency of George Bush«, Political Science Quarterly 107 (1992), S. 31–62.

46 Peter Goldman et al., Quest for the Presidency 1992 (1994); Jack Germond und Jules Witcover, Mad As Hell: Revolt at the Ballot Box, 1992 (1993); R. Michael Alvarez und Jonathan Nagler, »Economics, Issues, and the Perot Candidacy: Voter Choice in the 1992 Presidential Election«, American Journal of Political Science 39 (1995), S. 714–744.

47 Bob Woodward, The Agenda: Inside the Clinton White House (1994); Elizabeth Drew, On the Edge: The Clinton Presidency (1994); Glenn Hastedt und Anthony Eksterowicz, »Presidential Leadership in the Post Cold War Era«, Presidential Studies Quarterly 23 (1993), S. 445–458.

48 Elizabeth Drew, Showdown: The Struggle between the Gingrich Congress and the Clinton White House (1996); Bob Woodward, The Choice (1996).

Abkürzungen

ACLU	American Civil Liberties Union
ADA	Americans for Democratic Action
AFL	American Federation of Labor
AIM	American Indian Movement
APL	American Protective League
CCC	Civilian Conservation Corps
CIA	Central Intelligence Agency
CEA	Council of Economic Advisors
CIO	Congress of Industrial Organizations
CORE	Congress of Racial Equality
CPI	Committee on Public Information
CREEP	Akronym für Nixons Wiederwahlkampagne in den siebziger Jahren
CWA	Civil Works Administration
EEOC	Equal Employment Opportunity Commission
EPA	Environmental Protection Agency
ERA	Emergency Relief Administration
FDA	Food and Drug Administration
FEC	Far Eastern Commission
FEPC	Fair Employment Practices Commission
FERA	Federal Emergency Relief Administration
FTC	Federal Trade Commission
HCUA	House Committee on Un-American Activities
ICC	Interstate Commerce Commission
KKK	Ku Klux Klan
MFDP	Mississippi Freedom Democratic Party
NAACP	National Association for the Advancement of Colored People
NATO	North Atlantic Treaty Organization
NCPAC	National Conservative Political Action Committee
NLRB	National Labor Relations Board
NOW	National Organization of Women
NRA	National Recovery Administration
NSC	National Security Council
NSL	National Security League
OEO	Office of Economic Opportunity
OPA	Office of Price Administration
OWI	Office of War Information
PCA	Progressive Citizens of America
SALT	Strategic Arms Limitation Treaty
SCLC	Southern Christian Leadership Conference

SDS	Students for a Democratic Society
SEATO	Southeast Asian Treaty Organization
SNCC	Student Nonviolent Coordinating Committee
UMW	United Mine Workers
WIB	War Industries Board
WILPF	Women's International League for Peace and Freedom
WPA	Works Progress (bzw. Projects) Administration
WPB	War Production Board

Register

Der Autor

Robert Johnson lehrt amerikanische Geschichte am Williams College in Williamstown/Massachusetts und war zuvor an der Arizona State University, an der University of Chicago und in Harvard. Zahlreiche Veröffentlichungen.

20 Tage im 20. Jahrhundert

Herausgegeben von Norbert Frei, Klaus-Dietmar Henke und Hans Woller

20 Tagesereignisse aus den letzten hundert Jahren bilden den Ausgangspunkt für eine umfassende Darstellung der historischen, gesellschaftlichen und kulturellen Entwicklung vom Beginn des Jahrhunderts bis zum Ende des Jahrtausends. Als Ergebnis liegt damit eine Bilanz des 20. Jahrhunderts vor.

Volker R. Berghahn
Sarajewo, 28. Juni 1914
Der Untergang des alten Europa
dtv 30 601

Dietrich Beyrau
Petersburg, 25. Oktober 1917
Die russische Revolution und der
Aufstieg des Kommunismus
dtv 30 602 (i. Vorb.)

Hans Woller
Rom, 28. Oktober 1922
Die faschistische Herausforderung
dtv 30 603

Jürgen Osterhammel
Shanghai, 30. Mai 1925
Die Chinesische Revolution
dtv 30 604

Hans Mommsen
Auschwitz, 17. Juli 1942
Rassenideologie, Genozid und
Ausrottungspolitik
dtv 30 605 (i. Vorb.)

Jost Dülffer
Jalta, 4. Februar 1945
Der Zweite Weltkrieg und die
Entstehung der bipolaren Welt
dtv 30 606

Detlef Bald
Hiroshima, 6. August 1945
Die nukleare Bedrohung
dtv 30 607

Dietmar Rothermund
Delhi, 15. August 1947
Das Ende kolonialer Herrschaft
dtv 30 608

Franz Knipping
Rom, 25. März 1957
Die Einigung Europas
dtv 30 609 (i. Vorb.)

Robert D. Johnson
Washington, 20. Januar 1961
Der amerikanische Traum
dtv 30 610

Helmut Mejcher
Sinai, 5. Juni 1967
Krisenherd Naher und
Mittlerer Osten
dtv 30 611

Norbert Frei
Paris, 13. Mai 1968
Kulturprotest und Gesellschaftsreform
dtv 30 612 (i. Vorb.)